国家社会科学基金教育学一般课题（项目编号：BIA140095）

可持续竞争优势理论视角下
民办高校可持续发展研究

Research on the Sustainable Development of Private Colleges Based on Perspective of Sustainable Competitive Advantage Theory

盛振文　著

中国财经出版传媒集团

经济科学出版社
Economic Science Press

图书在版编目（CIP）数据

可持续竞争优势理论视角下民办高校可持续发展研究/
盛振文著 . —北京：经济科学出版社，2019. 10
　ISBN 978 - 7 - 5218 - 0993 - 0

Ⅰ. ①可⋯　Ⅱ. ①盛⋯　Ⅲ. ①民办高校 – 可持续性
发展 – 研究 – 中国　Ⅳ. ①G648. 7

中国版本图书馆 CIP 数据核字（2019）第 216641 号

责任编辑：陈赫男
责任校对：杨晓莹
责任印制：李　鹏

可持续竞争优势理论视角下民办高校可持续发展研究
盛振文　著
经济科学出版社出版、发行　新华书店经销
社址：北京市海淀区阜成路甲 28 号　邮编：100142
总编部电话：010 – 88191217　发行部电话：010 – 88191522
网址：www. esp. com. cn
电子邮件：esp@ esp. com. cn
天猫网店：经济科学出版社旗舰店
网址：http：//jjkxcbs. tmall. com
北京季蜂印刷有限公司印装
787 × 1092　16 开　18 印张　360000 字
2019 年 10 月第 1 版　2019 年 10 月第 1 次印刷
ISBN 978 - 7 - 5218 - 0993 - 0　定价：72. 00 元
（图书出现印装问题，本社负责调换。电话：010 – 88191510）
（版权所有　侵权必究　打击盗版　举报热线：010 – 88191661
QQ：2242791300　营销中心电话：010 – 88191537
电子邮箱：dbts@ esp. com. cn）

前　言

可持续竞争优势理论认为，企业获得可持续发展的基本前提在于拥有可持续竞争优势，研究企业可持续发展问题的核心和根本是研究可持续竞争优势的问题。鉴于民办高校的类企业性，本书探索将可持续竞争优势理论引入民办高校可持续发展研究，以新的视角研究民办高校可持续发展问题，构建了民办高校可持续竞争优势动态系统模型，并以此为基础建立了民办高校可持续竞争优势指标体系，提出了民办高校可持续发展策略。

民办高校实现可持续发展以获得可持续竞争优势为前提和基础。本书一方面从民办高校可持续发展研究现状出发，归纳专家学者对这一问题的研究成果，分析研究取得的进展，找出研究存在的不足，以此为突破点形成创新之处。另一方面从民办高校发展现状出发，梳理其发展历程、取得的成绩和存在的不足，以此分析研究民办高校实现可持续发展的现实必要性。本书的重点内容是在分析可持续竞争优势理论及其实用性的基础上，构建民办高校可持续竞争优势动态系统模型。为保障动态系统模型的合理性和适用性，在模型的基础上构建相应的指标体系，并选取山东省内外18所民办高校为案例进行定量分析以及个案研究。最后，针对动态系统模型提出系统的、合理的能够促进民办高校实现可持续发展的实施策略。

第一章导论。为了更清晰地梳理已有相关研究，本书从民办高等教育研究现状、民办高校可持续发展研究现状、民办高校竞争优势与可持续竞争优势研究现状、民办高校核心竞争力研究现状等方面，对国内外相关文献进行深入归纳与总结。对于民办高校可持续发展问题的研究，学者们从多个理论视角进行了探索，丰富了民办高等教育理论研究体系。由于民办高校具有类企业属性，因此，借鉴管理学、经济学相关理论研究民办高校可持续发展问题，成为学者们研究民办高校可持续发展问题的研究路径。本书以可持续竞争优势理论为视角，在前人研究成果的基础上，弥补已有研究对动态复杂环境的分析以及适应动态复杂环境的持续竞争优势研究方面的不足之处，从培养可持续竞争优势来实现可持续发展的角度研究解决民办高校可持续发展问题。

第二章民办高校发展历程与现状分析。把握民办高校发展历程与发展现状是研究可持续发展问题的必要前提。改革开放以来，民办高校得以恢复发展。在国家政策引导和自身内驱力的共同作用下，民办高校办学层次不断跃进，逐步由自学考试助学机构、高等教育学历文凭考试试点向承担专科、本科、研究生学历教育转变，已然成为我国高等教育事业的生力军。从政府政策的颁布与实施过程梳理民办高校的发展历程，可以将其划分为恢复起步阶段、快速发展阶段、依法规范阶段和内涵提升阶段。梳理民办高校发展历程可以发现，其发展整体呈现出由低到高的螺旋式发展过程，并且伴随经济社会的快速发展和人们对高等教育的多样化诉求，在规模、结构、质量与效益上得到显著发展。然而，现实中民办高校依然面临严峻的发展形势，民办高校自身也存在着很多的问题与不足，如民办高校办学资源相对缺乏、人才培养质量不高、管理制度有待完善、文化趋同个性缺失以及行为失范引发生存危机等现象。如何把握科学发展规律、突破问题与困境，建立适应环境变化的可持续竞争优势，是民办高校可持续发展需要解决的现实问题。

第三章理论基础。民办高校作为市场经济的产物，既要遵循教育规律，发挥着为社会培养人才的重要职能，也要遵循市场规律，不断地求得生存与发展。因此，民办高校在遵循市场规律中所体现出的类企业属性是分析民办高校可持续发展不容忽视的重要观测点。本书以可持续竞争优势理论为研究视角，创新民办高校可持续发展研究分析框架和研究思路，在顾客价值理论、和谐管理理论指导下，整合影响民办高校可持续竞争优势构建的众多要素和复杂要素间的逻辑关系，实现对民办高校可持续发展的全面系统的、立体化的研究。

可持续竞争优势理论主要应用在企业战略管理领域，最新的研究突破线性思维，转为趋于动态性的可持续竞争优势研究。最新研究表明，可持续竞争优势应以动态复杂环境为前提，综合考虑多方面的影响因素。企业可持续竞争优势并不是单指某一阶段的某一种竞争优势，而是指多个竞争优势在横向上的叠加和纵向上的继起。民办高校在进行人才培养的过程中具有类似企业的行为特征，可持续竞争优势理论适用于探索解决民办高校可持续发展问题。

顾客价值理论认为企业只有提供比其他竞争者更多的价值给客户，即优异的客户价值，才能保留并造就忠诚的客户，从而在竞争中立于不败之地。顾客价值已经成为理论界和企业界共同关注的焦点，被视为竞争优势的重要来源。在市场经济环境下，从某种意义上看学生既是高校培养的对象也是高校的重要顾客。随着高等教育市场竞争环境愈演愈烈，尤其对于民办高校来说，创造顾客价值成为民办高校获得可持续竞争优势的终极目标，能否获得和维持竞争优势，必须由顾客最终检验。和谐管理理论的基本思想是如何在各个子系统中形成一种和谐状态，从而达到整体和谐的目的，其要旨是组织为了达到其目标，在变动的环境中，围绕和谐主体的分辨，以优化和不确定性消减为手段提供问题解决方案的实践活动。

可持续竞争优势理论、顾客价值理论、和谐管理理论在企业管理中的应用，对企业的可持续发展起到积极作用。民办高校在属性和行为方面与企业具有一定的类似性，将相关理论应用到民办高校发展战略研究中具有可行性和必要性。

第四章民办高校可持续竞争优势动态系统模型构建。弄清民办高校可持续发展的内涵与特征，厘清环境与民办高校可持续发展、可持续竞争优势与可持续发展的关系，深入分析民办高校可持续发展的影响因素是民办高校构建可持续竞争优势，实现可持续发展的关键。环境是民办高校赖以生存和发展的基础，民办高校在发展过程中要主动适应环境变化，与环境形成良好互动，才有利于实现可持续发展。分析民办高校可持续发展的影响因素是研究民办高校可持续竞争优势的前提。本书从民办高校可持续发展的内涵、特征出发，通过参考政府部门、社会对民办高校可持续发展的评价指标，以《教育部关于全面提高高等职业教育教学质量的若干意见》为依据，构建出民办高校可持续发展的指标体系，并运用德尔菲法筛选出影响民办高校可持续发展的因素。

已有的研究为我们进一步的研究奠定了基础。结合相关理论与民办高校发展现状以及可持续发展影响因素分析，基于可持续竞争优势理论视角构建民办高校可持续竞争优势动态系统模型。基于理论基础构建的可持续竞争优势动态系统模型是从理论分析的视角研究民办高校可持续竞争优势的产生基础、变迁过程和发展路径。该模型以人才培养为中心轴，由基础平台、跃迁动力和跃迁路径三个模块组成。基础平台模块由环境基础、资源基础、能力基础和制度基础组成，四要素合力形成民办高校竞争优势。跃迁动力由组织学习、举办者精神、高校文化和动态能力组成，四要素合力推动竞争优势向可持续竞争优势的跃迁。跃迁路径由诚信办学、持续创新和顾客价值组成，是竞争优势向可持续竞争优势跃迁的路径选择。民办高校竞争优势依托基础平台，凭借跃迁动力，沿着跃迁路径，动态生成可持续竞争优势。基于动态系统思维构建的民办高校可持续竞争优势动态系统模型，很好地整合了影响民办高校可持续竞争优势构建的众多要素和复杂要素间的逻辑关系。

第五章民办高校可持续竞争优势产生的基础平台。民办高校可持续竞争优势产生的基础平台主要包含四个要素：环境基础、资源基础、能力基础和制度基础。环境基础是竞争优势产生的条件，本书运用宏观环境（politics，economy，society，technology，即 PEST）分析方法，剖析民办高校构建可持续竞争优势过程中环境的作用，揭示环境对民办高校构建可持续竞争优势提供的机遇和产生的影响，从而使民办高校能够有的放矢地进行战略规划与调整。资源基础是竞争优势产生的基础，按照资源构成要素存在的形态将民办高校资源分为有形资源和无形资源。资源的总量决定了民办高校的定位、发展战略选择和发展规模，而特质性资源则是维系民办高校生存发展、产生竞争优势的基础。能力基础尤其是核心能力是竞争优势产生的表现。通过研究与识别，人才培养能力是民办高校的核心能力。民办高校必须具备较强的人才培养能力，才能够适应动态复杂的竞争环境，获得竞争优势，实现可持续发展。制度基础是竞争优势产生的保障。民办高校作为被制度所规制的组织，它能否形成竞争优势，在于其建立的制度能否产生适当的持续有效的刺激，并能够得到相应的效率和效益。

基础平台四要素有机结合，协调互补，共同形成一种合力，从而保障民办高校获得竞争优势。四要素形成一种合力，共同构成了民办高校可持续竞争优势产生的基础，彼此间协同作用的大小决定了民办高校竞争优势的强弱和能否持续。从基础平台对模型整体作用来讲，四个要素越强，形成的合力就越大，作为模型的底座就越大，从而民办高校的发展就越稳定。

第六章民办高校可持续竞争优势产生的跃迁动力。民办高校可持续竞争优势产生的跃迁动力主要包含四个要素：组织学习、举办者精神、高校文化和动态能力。组织学习是促进竞争优势跃迁的方式和过程，有利于提高人才培养能力。一方面，民办高校通过组织学习积累知识和技能，从而提高自身专业水平，提高人才培养能力。另一方面，当知识和技能的积累达到质变时生成有利于实现创新、促进开拓新的竞争优势。举办者精神为竞争优势提供了支持和保障。举办者精神是在民办高校的创办与管理过程中，由无数举办者所具备的众多精神品质凝聚而成。在激烈的竞争环境中，民办高校要实现对外部环境的综合审视和内部资源的综合利用与合理配置，离不开举办者精神作用的综合发挥。高校文化为民办高校竞争优势的跃迁创造了氛围和习惯。优秀的民办高校文化能够创造一个良好的校园环境，提高师生的道德和科学文化素质，对内形成民办高校的凝聚力，对外提高民办高校的竞争力，从各个环节调动并合理配置有助于民办高校发展的积极因素。动态能力是竞争优势跃迁的推动力量，具体体现在环境适应能力有助于民办高校审时度势、抓住机遇；资源整合能力有助于民办高校内外整合、增强实力；开拓创新能力有助于民办高校锐意进取、持续发展。

跃迁动力四要素之间耦合互动，组织学习、举办者精神和高校文化共同作用促成动态能力的形成，反之，动态能力的变强，又反作用于其他三个要素的优化与提升。从跃迁动力模块对模型整体作用来讲，四个要素越强，形成合力越大，作为模型纵向拉伸就越高，从而使民办高校竞争优势保持得越持久。

第七章民办高校可持续竞争优势产生的跃迁路径。跃迁路径是民办高校竞争优势跃迁为可持续竞争优势的路径选择，包含诚信办学、持续创新和顾客价值三要素。诚信办学、持续创新与顾客价值之间呈现出依次递进的关系，诚信办学是民办高校构建可持续竞争优势的基本路径，持续创新是民办高校构建可持续竞争优势的必由之路，顾客价值是民办高校构建可持续竞争优势的终极目标。民办高校竞争优势依托基础平台，在得到跃迁动力的激发后，会产生跃迁行为，而在竞争优势跃迁成为可持续竞争优势过程中需要沿着诚信办学—持续创新—顾客价值路径来进行，以确保跃迁行为不发生偏离。

第八章民办高校可持续竞争优势定量分析及个案研究。本书以民办高校可持续竞争优势动态系统模型的内涵与可持续竞争优势影响因素为依据，经过初步构建与两轮专家咨询论证，最终构建了含 2 个一级指标、8 个二级指标、20 个三级指标、71 个四级指标的民办高校可持续竞争优势指标体系。指标赋权直接影响着评价结果的真实性和科学程度。本书运用层次分析法，经过构造层次结构模型、构造判断矩阵及一致性检验、最终权重计算及权重释义三个步骤为民办高校可持续竞争优势指标体系赋权。本书分别在山东省内范围选取 12 所和省际范围选取 6 所民办高校进行可持续竞争优势定量分析。通过多种渠道获取指标数据，在对数值标准化处理的基础上，代入可持续竞争优势指标体系算法公式，可分别得到竞争优势、跃迁动力数值以及可持续竞争优势比较情况。最后，从模型的角度对定量分析中的几所民办高校展开定性分析，通过梳理总结各自的发展历程，着重分析它们自办学以来在可持续竞争优势构建过程中的得与失、优势与劣势、优点与不足，从定性的角度对定量分析结果予以诠释，发挥理论指导实践的作用。

第九章可持续竞争优势理论视角下民办高校实现可持续发展的策略。本书以可持续竞争优势理论为视角，以民办高校可持续竞争优势动态系统模型为基础，提出实现民办高校可持续发展的策略。从模型中的基础平台、跃迁动力、跃迁路径三大模块出发，基于模型中的 11 个要素，提出具有针对性的、全面系统的策略，以解决民办高校发展面临的问题，建立可持续竞争优势，最终实现可持续发展。

第十章总结与展望。本书搭建了民办高校可持续竞争优势动态系统模型，构建了民办高校可持续竞争优势指标体系，分析了民办高校实现可持续发展策略，实现了民办高校可持续发展研究的突破创新。然而，在民办高校可持续动态系统模型构建中，模块间及要素间概念关系界定仍有待明晰，民办高校可持续竞争优势指标体系的科学性与适用性仍有待更广泛的验证分析与优化。

可持续发展问题是民办高校一直关注的热点问题，呈现出多学科、多视角、多维度的研究态势。民办高校实现可持续发展不仅要遵循教育规律，更要遵循市场规律。

民办高校竞争优势依托基础平台，凭借跃迁动力，沿着诚信办学—持续创新—顾客价值的跃迁路径，动态生成可持续竞争优势。

本书以可持续竞争优势理论为视角，在构建民办高校可持续竞争优势动态系统模型的基础上，通过定量分析及个案研究，对应基础平台、跃迁动力和跃迁路径三个模块提出系统的、动态的可持续发展策略。本书研究民办高校可持续竞争优势、指标体系以及可持续发展策略，既借鉴了可持续竞争优势理论综合分析企业可持续竞争优势来源研究框架，又反映出民办高校依靠多元因素实现可持续发展的办学理念，即把一切资源整合起来，把一切力量团结起来，把一切智慧凝聚起来，把一切潜能挖掘出来，把一切活力激发出来。

目 录

第一章

导　　论

第一节　研究缘起

40 年的发展实践表明，民办高校在增强我国教育能力、推动高等教育大众化进程、促进教育公平、满足人们多样化的高等教育需求、增加高等教育服务种类等方面起到不可替代的作用。民办高校的进一步发展是高等教育发展的内在需求，同时，民办高校自身机制灵活的特性和较强的市场适应能力表明民办高校仍具有广阔的发展空间。然而，民办高校发展至今仍面临着严峻挑战，淘汰、破产、倒闭现象时有发生。如何使民办高校在激烈的竞争中获得可持续的竞争优势、实现可持续发展，是民办高校发展过程中面临的重大课题。

一、民办高校面临的动态复杂环境需要深化该研究

改革开放 40 年来，民办高校在国家政策法规的保障与支持下，得到了长足的发展，已经成为我国高等教育事业的重要组成部分。据教育部《2018 年教育统计公报》显示，全国有民办普通高校 749 所（含独立学院 265 所），占全国普通高校总数的 26.71%；在校生规模达到 649.6 万人，占全国各类高校在校生总数的 23.27%，其中，硕士研究生在校生 1 490 人，本科在校生 417.09 万人，专科在校生 232.51 万人。[①] 民办高校发展至今，办学层次和办学水平有了明显提升，但是面对日益激烈的竞争环境，在管理运行、资金来源等方面还存在很多问题，面临诸多挑战。在经历了一个阶段的快速发展之后，开始进入发展滞缓、举步维艰的"高原期"，出现生源逐渐萎缩、财力日趋拮据、教育质量迟滞不前、社会声誉提升缓慢等"症状"。

[①]　教育部，《2018 年全国教育事业发展统计公报》，http://www.gov.cn/xinwen/2019 - 07/24/content_5414053.html.

　　这些"症状"的出现与民办高校所处的环境有着直接的联系。民办高校是市场经济的产物，存在于一定的环境中并不断与环境进行物质与能量的交换。民办高校面临的环境具有动态性、复杂性等特点。具体表现为民办高校面临的政策环境、经济环境呈现动态性特征。目前来看，我国民办高校发展的兴衰与政府的相关政策息息相关。政策的动态性给民办高校的发展带来很大不确定性，会影响民间资金对教育事业的投入倾向和举办者以及广大教职员工对民办教育事业的工作热情与发展信心。同时，经济环境变化对民办高校发展也会产生很大影响，主要体现在经济发展对人才需求的变化，进而影响民办高校专业设置与人才培养。民办高校面临的竞争环境呈现复杂性特征，主要表现在以下三个方面：一是竞争对手不断增多，面临的竞争对手不仅包括同类型民办高校、公办高校，还有因教育国际化带来的国外教育组织或机构。二是竞争强度不断变大，主要是因为公办高校在政策扶持和资金支持下发展势头更猛，加大了民办高校与公办高校之间的差距；同时还源于社会对人才的需求呈现出高标准、个性化以及多样化的特点，对民办高校办学质量提出了更高的要求。三是竞争范围逐渐扩展，既有资源的竞争，包括人力、物力、财力等有形资源的竞争和声誉、品牌、文化、社会关系等无形资源的竞争，也有人才培养、科学研究、社会服务等能力的竞争。

　　环境的动态复杂变化加剧了民办高校生存与发展的困境。如何在新形势下克服困难，形成可持续竞争优势，实现可持续发展，成为民办高校目前面临的重要而又紧迫的问题。

二、可持续竞争优势理论与民办高校可持续发展的内在联系

　　可持续竞争优势理论主要应用于企业战略管理中。随着经济社会的不断发展变化，企业战略管理面临着新的挑战。当企业能够随时适应市场动态复杂变化，并能够实施以创造高质量产品来满足市场需求的发展战略，而其他"竞争对手或潜在竞争者都没办法同时并成功实施这些战略，也没有模仿与复制这些战略为企业带来全部收益的能力时，就可以认为该企业具有持续竞争优势"[①]。可持续竞争优势理论揭示了企业、战略与环境之间是一种耦合性的关系，企业只有拥有了适合的发展战略才能适应环境，只有适应环境的企业才能够实现可持续发展。[②]

　　民办高校是一个开放的组织，其面临的环境是不断变化的，为了实现生存与可持续发展，民办高校必须制定适应环境变化的发展战略。民办高校、战略与环境之间也存在一种耦合互动的关系。民办高校要突破自身障碍，形成与环境之间的良好互动，实现可持续发展，需要科学的理论做指导。从属性来看，民办高校在经营管理、服务社会等方面与企业具有相似之处，因此，可持续竞争优势理论

　　① 霍春辉. 动态竞争优势 [M]. 北京：经济管理出版社，2006.
　　② 霍春辉. 动态复杂环境下企业可持续竞争优势研究 [D]. 大连：辽宁大学，2006.

适用于研究与解决民办高校应对动态复杂环境实现可持续发展的问题。

第二节　文献综述

随着高等教育需求的多样化与个性化，以及国外高等教育对生源的吸引，高等教育市场竞争更加激烈、更加复杂，尤其对于民办高校而言，其生存与发展都面临着愈来愈大的挑战。如何在激烈的市场竞争中赢得优势并保持优势的持续性问题，是学术界和民办高校关注的重大课题。对这一问题，人们从不同的视角提出不同的认识和看法，因此对民办高校可持续发展问题的研究得到了丰富与发展。本书以"剥洋葱"的方式，分别从民办高等教育研究现状、民办高校可持续发展研究现状、民办高校竞争优势与可持续竞争优势的研究现状、民办高校核心竞争力的研究现状四个方面，"由外及里"对民办高校可持续发展研究相关资料进行了深入的梳理。

一、民办高等教育研究现状

（一）国外私立高等教育研究现状

在国外没有民办教育或民办高等教育这种表述方式，大多数国家把非政府举办的、面向社会的教育机构归入私立教育领域。国外关于私立高等教育的研究成果大都出现于"二战"后。随着人口的增加、适龄青少年数量增多、高等教育大众化进程加快，单靠政府办学已不能满足日益多样化的学生入学需求，私立高等教育随之开始在世界各国出现，并呈现出了较好的发展势头。与此同时，国外关于私立高等教育的研究成果也不断增多，主要表现在以下几个方面：

1. 私立高等教育发展模式研究

关于私立高等教育的发展模式，美国耶鲁大学罗杰·盖格（Roger L. Geiger）教授通过对私立高等教育系统进行国际比较分析，于 1987 年依据私立高校在整个高等教育体系中所占的比重，将其划分为私立主导型、公私并立型、私立边缘型以及美国模式。私立主导型，即私立高等教育在国家高等教育体系中占绝对优势，私立高校数量及其学生数量占高校总数和在校生总数的比例均过半。公私并立型，即公、私立高校的数量基本相当，在国家高等教育体系中所占比例也大致相当。私立边缘型，即私立高等教育在国家高等教育体系中占很小的比例，处于边缘位置。美国模式，源于美国高等教育情况的特殊性，即私立高校数量比公立高校多，但在校生总人数却比公立高校少。长期以来私立高校在美国历届大学排名中都处于领先地位，排名前 20 位的都是私立高校。日本学者马越彻教授在综述国际有关高等教育理论的基础上，根据私立高等教育在扩大高等教育规模中的重要性程度，把东亚、东南亚国家的私立高等教育划分为私立边缘型、私立补充型和私立主导型。①

2. 私立高等教育营利性问题研究

私立高等教育有营利性和非营利性的划分，非营利性即公益性，营利性教育就是教育以追求利润为目的。国外关于营利性教育的发展前景仍存在一定争议，出现了反对派与支持派之争。反对营利性教育的美国学者迈克尔·艾普尔（Michael Epoor）认为，营利性教育不利于实现教育的公平，其运行的结果是将那些市场上失利的人们置于更加不利的境地。② 支持营利性教育的观点认为，营利性教育会在课程设计、教学创新上追求运营效率和创新速度，从而达到最佳效果，给公益性教育树立好的发展典范。③ 营利性教育已被美国、日本等现代化程度较高的国家广泛接受与认可。对营利性教育的存在与发展无论是支持还是反对，它已经成为一个重要的全球现象，并成为理论界重要的研究课题而受到关注。

3. 私立高等教育市场化研究

美国芝加哥大学教授、诺贝尔奖获得者米尔顿·弗里德曼（Milton Friedman）在其发表的《政府在教育中的作用》中探讨了把市场机制引入教育领域的思想。著名经济学家西奥多·W. 舒尔茨（Thodore W. Schults）在 1960 年和 1963 年先后出版了《教育和经济增长》《教育的经济价值》两部著作，触发了一场对教育价值问题的全新思考。④ 1990 年，布鲁金斯研究所（Broo kings Institution）的高级研究员约翰·丘伯（John Chubb）和特里·蒙（Terry Moe）撰写的《政治、市场与美国学校》一书的出版，在当时引起了很大反响，书中通过大量的统计分析证明了教育市场化的优越性，并提出依赖市场规则解决教育问题的改革措施。⑤ 希拉·斯拉夫特（Sheila Slaughter）及拉里·莱斯利（Larry L. Leslie）对高等教育领域的市场取向行为进行了研究，从市场机制、国家意志和高校的关系角度，深入剖析了高等教育如何实现市场化。⑥ 同时，加里·路（Gary Roades）对所谓的学术资本主义与新知识经济之间的关系进行了阐述。⑦ 弗兰克·纽曼（Frank Newman）等认为，高等教育所处的外在环境瞬息变化，高等教育的投资

① 马越彻. 亚洲高等教育的扩大与私立高校［J］. 高益民，译. 比较教育研究，1999（5）.

② 迈克尔·艾普尔. 市场、标准与不平等［J］. 刘丽玲，译. 教育研究，2004（7）.

③ 理查德·鲁赫. 高等教育公司：营利性大学的崛起［M］. 于培文，译. 北京：北京大学出版社，2006.

④ 黄藤，谢安邦，曲艺. 外国私立教育［M］. 北京：中国社会科学出版社，2003.

⑤ John Chubb, Terry Moe. Politics, Markets and American's Schools［M］. Washington DC：The Brookings Institution，1990.

⑥ Sheila Slaughter, Larry L. Leslie. Academic Capitalism：Politics, Policies and the Entrepreneurial University［M］. Baltimore：The Johns Hopkins University Press，1997.

⑦ Sheila Slaughter, Gary Roades. Academic Capitalism and the New Economy［M］. Baltimore：The Johns Hopkins University Press，2004.

体制要依赖市场机制，高等教育投资的市场化在所难免。① 哈佛大学前校长德里克·博克（Derek Bok）在《大学评价：高等教育商业化》中探讨了传统高等教育进行商业化的缘由、表现及利弊得失。② 综合学者们的研究成果可以看出，多数学者不但肯定了私立高等教育市场化运作，也提出了一些适应市场化运作的措施。

（二）国内民办高等教育研究现状

我国最早关注民办高等教育的学者是潘懋元教授，他于 1988 年在《光明日报》上发表的《关于民办高等教育体制的探讨》，引发了教育界对民办高等教育领域的研究与关注。杜作润对比了欧美等发达国家以及部分发展中国家的私立高等教育，指出中国发展民办高等教育非常具有必要性。③

1. 对民办高等教育整体发展的研究

以民办高等教育整体为研究对象的研究成果主要集中在两个方面：一是必要性研究，即为什么要发展民办高等教育；二是策略性研究，即如何发展民办高等教育。胡卫的《民办教育的发展与规范》、吴畏的《民办教育的改革与发展》、陈桂生的《中国民办教育问题》、房剑森的《中国民办教育发展报告》、刘莉莉的《中国民办高等教育发展的研究》、徐绪卿的《新时期中国民办高等教育发展研究》等研究成果在一定程度上分析和总结了我国民办高等教育的发展现状、存在问题以及发展趋势。

2. 对民办高等教育的定位研究

华灵燕根据社会对人才的需求和民办高校的现实条件与优势，将民办高等教育定位于教学型本科大学、教学应用型专科高校和职业技术型专科高校。④ 民办高等教育的定位主要体现在学校的办学定位上。民办高校的办学定位主要集中在办学目标、办学水平、人才培养等方面。朱平对民办高校办学定位的原因、主体以及具体做法做了较为详细的论述；⑤ 温锐、刘世强、熊建平从民办高校的办学目的、办学规模、办学层次、专业设置四个方面分析了民办高校办学定位存在的问题，进而提出了民办高校转型定位的策略。⑥

3. 对民办高等教育政策法规的研究

现实中，政策法规对民办高校的支持与保障还有待完善。学者从不同角度对这一问题做出了探讨。阎凤桥从经济学视角出发，指出政府应综合、合理利用各

① Frank Newman, Lara Coutre, Jamie Scurry. The Future of Higher Education：Rhetoric, Reality and the Risks of the Market ［M］. San Francisco：Jossey – Bass, 2004.

② 德里克·伯克. 大学评价：高等教育商业化 ［M］. 杨振富, 译. 台北：天下远见出版股份有限公司, 2004.

③ 杜作润. 高等教育的民办和私立 ［M］. 上海：科学技术文献出版社, 1998.

④ 华灵燕. 民办高等教育定位研究 ［J］. 民办教育研究, 2009（3）.

⑤ 朱平. 民办高校定位问题浅析 ［J］. 当代教育论坛, 2006（9）.

⑥ 温锐, 刘世强, 熊建平. 略论当前我国民办高校发展定位的转型 ［J］. 教育研究, 2008（11）.

项政策对民办教育进行管理和调控，对民办教育机构进行营利性和非营利性划分并予以区别对待。① 邬大光通过实证分析，指出我国民办高等教育的许多运行机制仍缺乏相关法律和政策的保障，其发展还受到一定程度的歧视对待。所以，民办高等教育发展的政策环境应得到进一步改善。② 作为民办高校的举办者，张剑波对政府政策资助问题展开研究。他认为，政府对民办高校的资助不仅有利于强化政府的管理职责，更有利于民办高校公益性属性的充分发挥，并通过借鉴国际发展经验，提出我国政府可以借鉴的支持民办教育发展的主要举措。

4. 对民办高等教育营利性和产权问题的研究

针对民办高等教育营利性与非营利性问题的研究是目前学术界较为关注的热点。《国务院关于鼓励社会力量兴办教育促进民办教育健康发展的若干意见》于2016 年 12 月 29 日正式发布，明确对营利性和非营利性民办学校进行分类管理，更是引发了学者对民办高校分类管理以及产权归属问题的研究热潮，形成了一些研究成果，如贾西津的《对民办教育营利性与非营利性的思考》、石邦宏等的《民办高校营利性与非营利性的制度思考》、任芳的《刍议民办高等院校公益性与营利性的内在联系》等。民办高校分类管理将对民办高等教育产权制度提出明确要求。

二、民办高校可持续发展研究现状

（一）高等教育可持续发展的研究概况

1. 教育可持续发展研究

1983 年，联合国秘书长授命时任挪威首相格罗·哈莱姆·布伦特兰夫人（Gro Harlem Brundtland）组建了世界环境与发展委员会（WCED）。该委员会在《我们共同的未来》中首次提出了可持续发展的概念，并给出了被人们广泛认可的定义："既满足当代人的需要，而又不损害后代满足他们需求的能力的发展"③，涵盖社会各方面的可持续发展，其中教育在推进社会可持续发展中发挥重要作用。

1996 年 4 月，联合国可持续发展委员会（CSD）在纽约召开了第四次会议，总结了教育对促进可持续发展发挥的作用。④ 对此，学术界也展开了探讨，如学者约翰·赫克尔（John Huckle）和乔伊·A. 帕尔默（Joy A. Palmer）指出，教育可以培养公众的意识、价值和态度，使其有效地参与当地、国家乃至全球的可

---

① 阎凤桥. 对我国民办教育有关政策的经济学分析 [J]. 浙江树人大学学报, 2005 (3).

② 邬大光. 中国民办高等教育发展状况分析 (下) ——兼论民办高等教育政策 [J]. 教育发展研究, 2001 (7).

③ 张坤民. 切实行动走可持续发展之路 [M]. 北京：中国环境科学出版社, 1994.

④ 朱达. 可持续发展教育 [J]. 环境教育, 1997 (2).

持续发展，帮助人们实现更为平等的、可持续的未来而努力，从而使他们有效地参与到可持续发展的实际行动中来。① 1992 年，《21 世纪议程》指出："教育对提高人们解决环境和发展问题的能力具有重要的作用，有助于推动社会的可持续发展。"② 国内学者杨移贻早在 1998 年就指出了教育对社会可持续发展肩负的重要使命。他认为，对学生进行可持续发展的思想教育可以培育文化认同感，有利于提升学生的价值观、道德观和伦理观；教育可以向社会宣传可持续发展的思想，有利于可持续发展的观念深入人心；教育可以为社会培育可持续发展的专门人才，为社会的可持续发展提供人力资源和智力支撑。③

高等教育与社会政治、经济与科技等子系统协调发展，共同组成社会发展的大系统。同时，它具有相对独立性，包含诸个子系统，要实现自身的可持续发展，必须合理、高效地配置各项资源，处理好质量、规模、结构、效益四个发展基本要素的动态平衡关系。④

2. 国外高等教育可持续发展研究

目前，还没有收集到直接运用可持续发展理论研究高等教育发展的国外研究成果。国外先行对高等教育可持续发展进行关注与研究的国家主要有美国、日本、俄罗斯。

美国最早倡导和开展可持续发展研究，曾先后在农业、工业、环境和教育等方面提出了许多设想。在高等教育可持续发展方面，具有里程碑意义的是 1989 年美国促进科学协会制定的《普及科学——美国 2061 计划》（以下简称为《2061 计划》）。⑤《2061 计划》指出，"可持续发展高等教育"的提出是为了满足高等教育所处的内外环境提出的客观要求，致力于培养适应未来社会的人，以提高国家公民科学素养为目的。《2061 计划》强调学科之间的相互衔接，弱化学科之间的分类界限，致力于通过高等教育培养学生终身学习的理念，有利于从根本上提高国家竞争力，其提倡的理念和具体改革措施彰显了美国高等教育改革走可持续发展道路的方向。

日本为了确保自己在未来世界中的地位，在第三次高等教育改革的催化下，选择科技立国战略，走可持续发展的道路。⑥ 日本高等教育可持续发展以始于1971 年的第三次高等教育改革为转折点。第三次高等教育改革提出了高等教育担负着培养"人格形成"的使命。"人格形成"即多元性的统一，也就是生活在自然界和社会中的人，不仅要适应自然法则处理好人与自然的关系，更要注重培

① 乔伊·A. 帕尔默. 21 世纪的环境教育 [M]. 田青，刘丰，译. 北京：中国轻工业出版社，2002.
② 联合国环境与发展大会文件，21 世纪议程（国家环境保护局）[M]. 北京：中国环境科学出版社，1993.
③ 杨移贻. 教育是实现经济社会可持续发展的关键 [J]. 教育导刊，1998（2）.
④ 徐绪卿. 新时期中国民办高等教育发展研究 [M]. 杭州：浙江大学出版社，2006.
⑤ 陈逸洁. 从《普及科学——美国 2061 计划》看走"可持续发展教育"之路 [J]. 上海师范大学学报（教育版），2000（11）.
⑥ 朱永新. 日本教育的问题与前瞻 [J]. 外国教育研究，1993（1）.

养与社会相联系的意识和责任感，追求更高层次的文化价值，形成真正的人格。第三次高等教育改革强调要体现尊重个性与自由发展，构建终身教育体系，引领高等教育走向国际、向世界开放，打破了以往高等教育统一性、封闭性的弊端。日本以高等教育立国、人才立国为方略，以尊重人的尊严为基础，培养具有"国际视野"的、能够更新知识以及解决问题的人才。

俄罗斯高等教育实现可持续发展主要依赖于普京上任后颁布的《俄联邦国民高等教育要义》。它强调了高等教育的战略目标与社会发展的紧密关系：一是高等教育要为经济社会的顺利发展奠定基础，要有助于保证国家安全及人民生活质量；二是要巩固国家民主法制；三是要为市场经济的开放发展提供高质量人才；四是要为国家在国际交往中发挥强国地位提供保障。①

3. 国内高等教育可持续发展研究

（1）高等教育可持续发展研究现状。20 世纪 90 年代后期，随着可持续发展思想在我国受到广泛关注，高等教育理论界也逐渐运用这一思想展开对高等教育可持续发展的问题研究。我国研究高等教育学的鼻祖潘懋元教授从高等教育的发展现实出发，依据社会在实现可持续发展目标中的努力情况，从以下两个方面探讨了高等教育与可持续发展的关系：一是高等教育为经济与社会的可持续发展提供战略服务；二是在可持续发展理论与原则指导下高等教育自身进行改革。将可持续发展理论阐述运用到高等教育发展中的研究见方惠坚、范德清主编的《2000 年中国高等教育的改革与发展》研究报告。该报告从校园环境、办学条件和师资队伍三个方面展开论述，呼吁高等教育可持续发展问题应当引起政府和社会的关注。

21 世纪以来，随着对高等教育可持续发展研究的不断深入，其研究角度和研究内容逐渐呈现出多样化趋势，主要集中在高等教育可持续发展的研究视角、内涵及策略方面。在研究视角方面，慕静从经济学的视角，结合新经济增长理论、人力资本理论，提出了高等教育可持续发展的理论框架、经济价值及其功能；胡保卫、杜坤林从教育生态学角度揭示出高等教育发展的规律及生态机制。在高等教育可持续发展的内涵方面，孙艳认为，高等教育可持续发展要以满足社会可持续发展需要为前提、坚持高等教育的"优先发展"、重视高等教育的"整体发展"；朱丽萍指出高等教育的可持续发展与素质教育是相通的，其内涵和精神实质是同质的。在高等教育可持续发展的策略方面，徐烈辉、李琳从教师队伍建设、学科专业建设等方面构建高等教育可持续发展的战略框架；刘金同则从加强保障性质量机制、消费性质量机制与激励性质量机制建设等方面提出高等教育可持续发展质量机制建设的具体策略。

（2）高等职业教育可持续发展研究现状。高等职业教育是组成高等教育的不可或缺的部分，能够促进经济社会发展、提高就业率。时代的变迁与发展，要求

---

①　王义高.《俄联邦国民高等教育要义》概述［J］. 比较高等教育研究，2002（7）.

高等职业教育承载的政治、经济、文化的功能与促进整个社会的可持续发展相适应。学者们选用不同的理论视角对高等职业教育可持续发展的内涵、策略等方面展开研究，并形成了一定的研究成果。

一是关于高职教育可持续发展视角的研究。纵观对高职教育可持续发展的研究视角，呈现出了包罗生态化视角、哲学视角、可持续发展视角等多元化的趋势。例如，马晓阳从生态化角度对高职教育可持续发展中面临的问题进行了分析，认为高职教育存在生态失衡现象，具体表现在生态理念的缺失、生态承载力超载、生态区域失衡以及生态位错位。黄俭基于可持续发展视角，针对民办高校高职教育的定位问题展开了探讨。申培轩则从中、高职衔接的独特角度，在分析高职教育发展的应然状态的基础上，结合发展中存在的问题，指出了促进中、高职有效衔接的路径和方法。

二是关于高职教育可持续发展内涵的研究。众学者对高职教育可持续发展内涵的论述各有侧重，有的注重高职教育数量和规模的可持续，有的从体制机制层面论述高职教育的可持续，还有的从高职教育可持续发展的过程与状态来阐述高职教育的可持续发展问题。如陈明秀从高职教育与经济社会发展的关系层面，指出高职教育可持续发展是指高职教育在遵循自身发展规律的前提下，最大限度地、持续稳定地实现与经济社会可持续发展的协调。[①] 有研究者认为高职教育可持续发展可概括为发展的目的性、前瞻性、持续性、整体性、开放性和平等性六个方面。总体看来，对高职教育可持续发展内涵的研究已相对比较全面，覆盖面比较广。

三是关于高职教育可持续发展策略的研究。关于高职教育可持续发展策略的研究总体呈现出一定的系统性。如卢联珍、黄宾质认为，要保持高职教育可持续发展的生机与活力，就要转变理念、创新体制、建立市场调节机制，以打造品牌为核心，强化保障为基础。李名梁从我国高职教育发展现状出发，指出要运用多元化和系统化的思考方式，从社会、政府和学校三个主体维度来实现高职教育的可持续发展。卢红学认为，高职教育必须在清楚认识自身的优势和不足的基础上，准确把握自身角色，积极与地方经济社会发展相融合，主动适应地方产业结构，走稳健、和谐发展之路。许祖禄以江西高职教育为个案进行研究，从营造良好环境、树立科学发展观、优化资源配置、加大校企合作深度等方面提出了江西省高职教育发展的具体措施。陈功江认为，21 世纪高职教育在取得长足发展的同时，还面临着巨大挑战。因此要注重教育与培训并举，以教育为主线，培养学生职业可持续发展能力；积极洞察职业技术发展的趋势，为职业新技术的推广和应用培养人才；及时了解国际高职教育发展新动向，努力促进高等职业教育的国际化。

---

① 陈明秀. 树立职业教育可持续发展理念 [J]. 职业技术教育，2003 (6).

（二）关于民办高校可持续发展的研究

1. 国外私立高校可持续发展研究现状

由于国情不同，国外私立高等教育与我国民办高等教育有着显著差别。国外关于教育可持续发展的研究成果可散见于高等教育可持续发展的研究中，从目前掌握的国外研究资料来看，虽然没有发现对私立高等教育（学校）可持续发展方面的研究，但是国外学者对私立高校的发展情况还是有一定的关注。

发达国家政策制度环境相对宽松，使得私立高校取得了较好的发展成绩。矢野真和等日本学者强调了政策对私立高校发展的重要性。哥伦比亚大学曾满超教授分析比较了制度不同对私立高等教育发展的不同影响。而理查德·鲁克（Richard Luke）则论述了经营能力、质量、诚信对私立高校发展具有至关重要的作用，在他看来成功的私立高校能够积极适应市场、进行组织结构的调整、重新界定共同管理、尽可能地构建顾客服务体系。欧美、东亚的学者虽然没有直接论述私立高校持续发展问题，但在总结私立高校成长经验时都强调了师资、质量、筹资能力、校长等是关键因素。

2. 国内民办高校可持续发展研究现状

（1）民办高校可持续发展的必要性研究。20世纪90年代，国家将可持续发展战略纳入"九五"计划，明确提出了要在经济、生态环境和社会和谐方面实现可持续发展。之后，可持续发展思想引入教育领域，关于民办高校可持续发展的研究不断出现。在国家提出公办与民办"两条腿走路"的宏观政策背景下，学者朱九思指出，高等教育更要坚持公办高校与民办高校共同发展，民办高校的发展对推动高等教育大众化进程发挥着不可替代的重要作用。[1] 我国实行改革开放和市场经济体制后，传统公办教育体制不能适应市场经济对资源自由流动的现实要求，民办教育由此获得快速发展。吴华认为，民办高校是社会主义市场经济体制的内在要求，会随着社会主义市场经济的存在而一直存在。[2] 钟秉林也提出了民办高校的存在与发展，缓解了政府财政对整个高等教育投入不足的窘况，有长期发展的必要性。[3]《国家中长期教育改革和发展规划纲要（2010~2020年）》（以下简称《规划纲要（2010~2020年）》）更明确指出要使民办教育成为教育事业发展的重要生长点和促进教育改革的重要力量。

（2）民办高校可持续发展的研究视角。有学者从教育领域出发，运用教育学原理研究民办高校可持续发展问题。如李纯真运用高等教育学原理为研究基础，提出了民办高等教育可持续发展的内涵，认为民办高等教育是高等教育的一个子

---

① 朱九思. 高等教育必须两条腿走路——为刘莉莉著《中国民办高等教育的发展》作序 [J]. 高等教育研究, 2002 (6).
② 吴华. 民办教育在中国的前景 [J]. 民办教育研究, 2008 (1).
③ 钟秉林. 我国民办高等教育和发展重要问题探析 [J]. 中国高教研究, 2011 (7).

系统，其可持续发展在满足社会可持续发展需要的前提下，要体现全面发展、和谐发展和自主发展，在统筹市场和资源、均衡教育要素之间关系的基础上实现质量、规模、结构和效益的协调发展。①

随着研究的不断深入，有学者跳出教育领域，运用多元视角展开对民办高校可持续发展问题的研究。如任迪辉将社会"三元结构"理论、社会公共产品理论、可持续发展理论作为理论基础，分析了湖南省民办高等教育可持续发展中的障碍，并从这些理论基础的内涵出发提出问题解决的对策。谢永利认为，科学管理是民办高校可持续发展的关键因素。② 魏火艳从寻求相对稳定的生态位、共生和协同进化的角度提出民办高校可持续发展路径。还有学者从战略营销管理与民办高校发展的内在联系方面来研究民办高校可持续发展。也有学者从核心竞争力出发研究民办高校可持续发展战略，如杨树兵认为民办高校只有积极适应竞争并通过核心竞争力的培育促使自身在竞争中获胜，才能获得生存发展的空间。

（3）民办高校可持续发展的影响因素研究。通过对相关文献的梳理与归纳，总结出影响民办高校可持续发展的外部因素与内部因素两个方面的研究成果。

一是民办高校可持续发展的外部影响因素研究。通过对相关文献的分析，发现影响民办高校可持续发展的外部因素主要有社会观念和国家及地方政府政策两大方面。

社会观念层面上，对民办高校的整体认识有失偏颇。房剑森认为，从目前民办高校所处外部环境来看，社会上依然存在着对民办高校的各种片面、带有偏见的看法。③ 吴霞也持有相似的观点，指出社会上对民办高校普遍存在偏见，公众对民办高校持怀疑、不信任态度，认为只有公立高校才是正宗的学校，民办高校发不了国家承认的学历，在解决学生户口、就业等问题方面有所欠缺。这些不公正的社会观念影响着民办高校的进一步发展。

除社会观念外，国家和地方政府的政策法规也是影响民办高校可持续发展的重要因素。邬大光指出，法律、政策等外部制度对民办高校的内部运行机制缺乏足够的保证，保障性的制度基础和鼓励性的外部政策环境的缺失使民办高校在当今的经济社会没有得到应有的"尊重"。④ 鲍威认为政府政策取向、经济社会发展水平、公办高等教育资源以及公民对高等教育的需求是影响民办高校可持续发展的重要因素。⑤ 孙艳认为，现行民办教育法规缺乏可操作性，民办高校的有关法规政策界限和概念比较模糊，一些法律法规政策落实不到位，如有些教育行政部门没有贯彻实施《中华人民共和国民办教育促进法》（以下简称《民办教育促

① 李纯真. 辽宁省民办高等教育可持续发展研究 [D]. 大连：辽宁师范大学，2011.
② 谢永利. 民办本科高校可持续发展研究 [J]. 黑龙江高教研究，2012 (10).
③ 房剑森. 中国民办教育发展报告 [M]. 北京：中国社会科学出版社，2003.
④ 邬大光. 中国民办高等教育发展状况分析（下）——兼论民办高等教育政策 [J]. 教育发展研究，2001 (7).
⑤ 鲍威. 关于我国民办高等教育发展路径和发展机制的实证研究 [J]. 教育发展研究，2005 (12).

进法》）及《中华人民共和国民办教育促进法实施条例》（以下简称《民办教育促进法实施条例》）中对教师管理的具体规定，使得民办高校教师在医疗保险、职称评定、进修评优等方面的权益得不到根本保障。张博树、王桂兰通过对全国15 所民办高校的校长展开问卷调查发现，"国家承认学历"的限制、与公立学校的发展不平等等政策性问题严重制约着民办高校的可持续发展。① 王娜娜运用态势（strengths，weaknesses，opportunities，threats，即 SWOT）分析法，探析民办高校发展的优势、劣势以及机遇和挑战，得出政府的重视和扶持、政策的大力扶植、教育市场需求是影响民办高校可持续发展的外部因素。

二是民办高校可持续发展的内部影响因素研究。周江林认为制约民办高校可持续发展的内部影响因素有师资队伍、办学定位、办学经费和管理体制。② 任芳和李子猷通过归纳整理理论界有关民办高校发展的几大问题，认为办学定位不明、办学特色缺乏、治理结构混乱、发展资金受限、教学质量不高、人力资源管理不善等问题制约着民办高校自身的健康发展。③ 李纯真认为，从民办高校自身来看，影响其可持续发展的因素主要有教学质量、办学定位、专业特色。④

网罗学者们的研究观点，可以看出影响民办高校可持续发展的内部因素主要有经费来源、办学定位与特色、师资队伍、人才培养、治理结构等。吴霞认为，我国民办高校走的是"自筹资金、以学养学、滚动发展"的道路，经费来源从根本上影响着民办高校的生存、运行和发展；高伟云指出办学特色是民办高校可持续发展的灵魂；金彦龙认为，一支高素质的、稳定的师资队伍是民办高校不断发展壮大的重要保障；邬大光指出，民办高校的核心职能是培养人才，而人才培养的数量与质量依靠校内精简的管理结构提供保障。

（4）民办高校可持续发展的指标体系构建研究。目前，国内关于民办高校可持续发展评价指标体系构建的研究成果主要集中在对民办高校办学水平评估方面的指标上。按照评价主体，将有关民办高校评价指标的文献资料划分为学术界、政府及社会三类。这些文献资料为构建民办高校可持续竞争优势指标体系提供了丰富的借鉴素材。

一是学术界的研究观点。学术界早在 1985 年便开始了对高校评估的理论研究。国家对高校实施简政放权后，上海高教界著名人士建议用评估制度的办法来检验办学质量，提高办学水平。⑤ 曹善华针对评估高校办学质量这一问题展开探讨时提出，对办学水平有所影响的因素主要有：领导者水平与素质、学科建设、人才培养质量与数量、科研成果、基础办学条件、教学与后勤管理、经济与社会

① 张博树，王桂兰. 重建中国私立大学：理念、现实与前景 [M]. 北京：教育科学出版社，2003.
② 周江林. 我国民办高校存在问题的统计分析：实证的方法——兼谈教育研究者的问题意识 [J]. 黄河科技大学学报，2010 (6).
③ 任芳，李子猷. 中国民办高校可持续发展问题研究 [M]. 北京：北京出版社，2011.
④ 李纯真. 辽宁省民办高等教育可持续发展研究 [D]. 大连：辽宁师范大学，2011.
⑤ 江维方. 上海高教界著名人士建议建立高校办学水平评估制度 [J]. 黑龙江财专学报，1985 (2).

效益等。干城指出了高校分类评估的具体方法，他在 1989 年对当时试点的评估方案做了记录，指出对办学水平进行衡量的十项评估项目：思想政治教育、人才培养质量、师资队伍建设、教学改革与管理、校领导指导思想、教学设备管理、科学研究、办学综合效益、后勤管理、社会评价。而符宗胤以教育主管部门为视角，指出在特定的办学条件下，一所学校应综合体现出其教育水平、科研水平、师资水平、学校管理水平、思想政治教育水平、校园建设、办学条件、办学能力及效益等方面。陈磊、唐建平提出民办高校评价指标体系的内容要涵盖社会效益和经济效益两方面的内容，并对其进行综合性价值判断。其中，社会效益包括社会贡献、社会评价，而经济效益则包括教育资源投入水平、资源利用效率水平、经济利润水平。① 在各地开始重视对民办高校实施评估以提高其办学水平时，史秋衡从理论上探讨了民办高校实施分层分类评估的策略，认为应该突出反映办学效益和社会服务的要素。② 徐君在分析高校可持续发展内涵的基础上，找出影响高校可持续发展的因素，构建高校可持续发展的评价指标体系。③

别敦荣在第三届中外民办（私立）高等教育发展论坛暨全国民办本科院校教学评估研讨会上明确指出，要从办学理念、师资发展、办学规范、条件利用、学科专业结构这五方面开展对民办高等教育的评估。④ 为了简单明了地反映民办高校的可持续发展情况，方勇将民办高校可持续发展的一级指标设计为办学条件、学科建设、课程设置、教师、学生、科研、管理、财政、交流与合作九种；将二级指标设计为规模指标、结构指标、质量指标、效益指标四种，并确定了评价指数。⑤ 李海涛在对美国、英国以及国内最具影响力的五种高校评价体系的最新内容和特点进行分析的基础上，"从评价指标体系构建角度出发对各评价体系的适用性、内容的科学性、指标的可比性以及权重的分配等问题进行了比较，进而提出改进和完善国内高校评价体系的四个方面的建议"。⑥

二是政府的评价指标体系。张国华记录了 2001 年北京市教委对北京地区民办高校教育教学工作的综合评估，旨在推进民办高等学校的结构调整。评估指标包括学校行政管理、教学管理、办学条件和教学效果 4 个一级指标，细致划分为 17 个二级指标，39 个观测点。⑦ 2011 年《教育部关于普通高等学校本科教学评估工作的意见》明确规定了本科教学评估的具体内容，规定各高校"围绕教学条件、教学过程、教学效果进行评估，包括院系评估、学科专业评估、课程评估等多项内容"。随后发布的《教育部办公厅关于开展普通高等学校本科教学工作合格评估的通知》，包括 7 个一级指标——办学思路与领导作用、教师队伍、教学

① 陈磊，唐建平. 民办高校办学水平评价研究 [J]. 理工高教研究，2003 (4).
② 史秋衡，王平，宁顺兰. 论我国民办高等学校教育评估的策略 [J]. 中国高等教育，2003 (6).
③ 徐君. 浅析高校可持续发展的内涵 [J]. 辽宁工程技术大学学报，2004 (1).
④ 别敦荣，孟凡. 民办本科院校办学水平评估的导向及内容 [J]. 教育发展研究，2008 (12).
⑤ 方勇. 我国民办高校可持续发展评价指标研究 [J]. 大学·研究与评价，2008 (7).
⑥ 李海涛. 国内外高校评价体系最新内容比较及其启示 [J]. 高等教育研究，2010 (3).
⑦ 张国华. 以评促建全面提升民办高校办学水平 [J]. 中国高等教育，2002 (10).

条件与利用、专业与课程建设、质量管理、学风建设与学生指导和教学质量，20个二级指标和 39 个观测点。2013 年《普通高等学校本科教学工作审核评估方案》，明确了本科教学工作审核评估范围，主要包括定位与目标、师资队伍、教学资源、培养过程、学生发展、质量保障以及自选特色项目 7 个方面。

三是社会的评价指标体系。社会的认可度是民办高校发展水平的重要衡量指标。2008 年以来，出现了以网络评价为主要形式的中国民办高校排行榜，逐渐发展成为社会公众评价民办高校的重要形式之一。排行榜采用三级评价指标：一级评价指标是人才培养、办学设施和综合声誉；二级指标是师资队伍、学科建设、人才培养数量与质量、资金投入、软硬件设施和学校声誉；三级指标包括固定资产、图书馆生均藏书、教学仪器设备价值、毕业生就业率、师生比、人均学费和本地生源比例等 20 多项指标。①

（5）民办高校可持续发展的策略研究。学者们大都从某一视角出发或通过研究民办高校某一方面存在的问题而提出具有针对性的策略。

鉴于政府政策对民办高校可持续发展的重要影响，有学者专门从政府角度提出促进民办高校可持续发展的策略。如，秦国柱提出立法是民办高校可持续发展的基本保障。② 阎凤桥指出，政府部门应当建立长期有效的外部激励和质量保障制度，实现对民办教育系统进行调控和管理。③ 杨炜长强调，政府要一视同仁地对待公办高校与民办高校，适当放宽对民办高校的管理，为民办高校的发展多提供诸如资金、信息等方面的服务。④

从民办高校可持续发展的内部影响因素来看，就民办高校自身的规范管理而言，徐绪卿以浙江树人大学为案例，指出民办高校可持续发展的关键在于健全与完善董事会领导下的校长负责制，⑤ 并于 2013 年在《教育发展研究》撰文指出，民办高校健康发展的重要路径在于转变观念、苦练内功、提高质量、突显特色、加强内涵建设等。韩忠春从完善教师聘用制度、提高民办高校教师社会地位和待遇等方面为师资队伍建设提出了建议。⑥ 张剑波认为，优化政策制度环境，优化校内运行机制，规模、速度、质量和效益协调发展，是实现民办高等教育可持续发展的有效保证。⑦ 朱中华认为，新建本科院校要实现可持续发展，必须正确处理好规模发展与质量提高的关系、本科教育与其他办学层次的关系等十个方面的关系。⑧ 邓宗琦指出民办高校可持续发展的前提条件在于科学规范的管理，生命

① 中国校友会网. 2010 中国大学排行榜评价指标体系，http：//www. cuaa. net/cur/2010/zhibiao. shtml [EB/OL]. 2012 – 3 – 5/2016 – 05 – 21.
② 秦国柱. 论广东民办高校的崛起与可持续发展 [J]. 韶关学院学报（社会科学版），2001（7）.
③ 阎凤桥. 对我国民办教育有关政策的经济学分析 [J]. 浙江树人大学学报，2005（3）.
④ 杨炜长. 民办高校治理制度研究 [M]. 北京：国防科技出版社，2006.
⑤ 徐绪卿. 树大模式和民办高校的可持续发展 [J]. 民办教育研究，2004（1）.
⑥ 韩忠春. 民办高校师资队伍建设问题研究 [J]. 中国高教研究，2004（7）.
⑦ 张剑波. 民办高等教育可持续发展的战略思考 [J]. 现代大学教育，2004（3）.
⑧ 朱中华. 论新建本科院校可持续发展必须处理好的十大关系 [J]. 现代大学教育，2005（1）.

线在于不断提高质量，培育文化则为民办高校可持续发展提供不竭动力。① 同样，李继红也针对制约民办高校可持续发展的问题，论述了民办高校可持续发展的对策，如走特色发展道路、拓宽融资渠道、科学管理、打造品牌、建立专职师资队伍、加强文化建设等。

三、民办高校竞争优势与可持续竞争优势研究现状

（一）竞争优势与可持续竞争优势

可持续竞争优势的出现为企业高效率和可持续的运作指明了方向，因此在经济学领域，各企业都致力于构建自身的可持续竞争优势。各学者也从不同视角阐述可持续竞争优势的获得。伯格·沃纳菲尔特（Birger Wernerfelt）和杰恩·巴尼（Jay B. Barney）等人认为企业是由一系列资源束组成的集合，企业的可持续竞争优势源自企业所拥有的资源，尤其是这些有价值的、稀缺的、不可完全模仿和不可替代的异质性资源。② 付晓蓉认为，由于企业的外部环境和顾客价值都是动态的，资源的价值性和稀缺性不可能恒定不变，要获得持续竞争优势，企业必须扩大资源的稀缺性，对资源稀缺性的关注就演变成对相关资产和流程如何创造卓越的顾客价值的考虑。③ 赵骅等认为企业的持续竞争优势来源于企业与外界环境的物质能量的交换过程之中，分析创建企业持续竞争优势的要素应当从企业的内外两个维度加以考虑，并将异质性资源、特异能力、创新和行业环境作为四个关键维度要素。④ 陆奇岸认为，在动态环境下企业竞争优势的演化不是线性的，而是非线性的，企业获得可持续竞争优势的关键在于实施相应的战略，突破原有的均衡态，从而不断获得新优势。⑤ 谭力文等指出创新是企业竞争优势的源泉，而可持续竞争优势的来源则是不断地创新。企业的持续竞争优势是各个竞争优势的连续积分的过程，即竞争优势的动态演化。⑥

（二）民办高校竞争优势

随着高等教育体制改革的深入和高等教育大众化的推进，高等教育日渐呈现市场化趋势，民办高校发展面临着机遇与挑战。如何在日益激烈的教育市场竞争中脱颖而出，以求得更好的生存和发展，成为民办高校面临的重大课题，学者们

① 邓宗琦，孔德文，于宗高. 民办高校可持续发展的路径选择 [J]. 中国高等教育，2008（2）.
② Barney，J. B. Firm Resources and Sustained Competitive Advantage [J]. Journal of Management，1986（1）.
③ 付晓蓉. 顾客关系导向的企业持续竞争优势 [J]. 经济导刊，2005（1）.
④ 赵骅，李德玉，陈晓慧. 企业持续竞争优势动态模型 [J]. 中国软科学，2004（1）.
⑤ 陆奇岸. 动态环境下企业可持续竞争优势的战略选择 [J]. 工业技术经济，2004（5）.
⑥ 谭力文，彭志军，罗韵轩. 现代企业战略调整的成本与效益——从核心能力跃迁和持续竞争优势动态演化的视角 [J]. 经济管理，2007（17）.

逐渐将研究视野对准民办高校竞争优势的获得。

竞争优势与可持续竞争优势均是经济学领域的术语，属于经济管理范畴，将经济学术语运用于教育领域需要进行充分全面的论证分析，加之我国民办高校起步较晚，关于民办高校的理论研究仍处于不断丰富之中。目前，学术界对民办高校竞争优势与民办高校可持续竞争优势的研究成果不是很多，现有文献资料中也是将重点聚焦在民办高校如何获取竞争优势方面。朱依萍在梳理我国民办高校的历史发展与现状的基础上，分析了民办高校的外部发展优势和内部运行优势，并从外部条件的创设上和内部的改革与完善方面提出了一些建议和方法，以促使民办高校竞争优势的发挥。如外部发展环境创设方面有优化政府职能、健全法规政策、政府提供财政上的资助、构建民办高校教育质量评估体系等；内部的改革和完善方面，完善法人治理结构、明确办学理念、加强学校经营管理能力、建立和完善竞争机制、实现特色办学等。① 潘喜润通过分析高等教育大众化背景下民办高校面临的竞争环境（与公办高校、独立学院、外资合资办学机构之间的竞争日趋激烈），提出从明确发展定位、形成办学特色、发挥机制优势实现制度创新、实施人力资源战略打造核心软实力、培育品牌赢得美誉度、提高办学质量、打造战略联盟以及走向国际化发展道路等方面去培养民办高校的竞争优势，使其获得长远发展立于不败之地。② 叶才福对民办高校自身的竞争优势进行了挖掘，认为民办高校具有资源有效、反应敏捷、制度稳定、供给优质的天然优势，但是仍存在一些制约因素，如师资队伍不稳定、人才培养模式有待完善、学生教育管理与公办高校存在较大差距、质量监控体系不完善等，因而从科学构建高效的领导管理体制、构建科学的质量保障制度、构建契合市场的反应机制、构建人才培养模式、制订长远的师资发展规划等方面提出民办高校发挥竞争优势的对策。③ 此外，李然还从比较优势理论视角出发，提出民办高校在发展过程中应充分认识社会、区域经济、文化特点，逐步形成自身的办学特色，从而构建竞争优势。

四、民办高校核心竞争力研究现状

竞争力是一个综合性的概念，不是指竞争的某一方面，而是其整体、全部。

随着民办高校的发展壮大，民办高等教育逐渐成为高等教育的重要组成部分。民办高校面临的竞争环境也日趋激烈，关注民办高校核心竞争力的研究也愈来愈多，主要包括民办高校核心竞争力内涵、影响因素、培育策略以及核心竞争力评价四个方面。

---

① 朱依萍. 论民办高校的发展优势及其发挥 [D]. 天津：天津师范大学，2006.
② 潘喜润. 竞争优势的形成：民办高校发展战略的选择 [J]. 高教研究，2007 (9).
③ 叶才福. 谈民办高校如何发挥竞争优势 [J]. 教育探索，2011 (6).

1. 民办高校核心竞争力的内涵

关于民办高校核心竞争力内涵的研究，由于学者们的思考角度不一致，尚未达成统一意见，有的研究者是从宏观角度分析民办高校核心竞争力的内涵，如陈洁将民办高校的核心竞争力定义为"以提供优质教育产品为最终目标，以先进的教育理念和技术为核心，通过对战略决策、课程设置与讲授、人力资源开发、组织管理等的整合，使学校获得持续竞争优势的能力"[①]，民办高校核心竞争力的形成是学校各资源要素有机整合的结果。有的研究者则从微观入手，何峻提出，民办高校核心竞争力的本质在于以知识为基础的大学能力诸要素实体性与过程性相统一的成长协调系统。还有研究者将民办高校核心竞争力视为学校发展的某一具体方面。如邹长城从一个全新的视角——社会公信力探讨我国民办高校的核心竞争力，认为民办高校核心竞争力的内涵和主要构成是自身良好的社会公信力。良好的社会公信力是民办高等教育和民办高校真正的、持久的核心竞争力，是能够让民办高校实现现阶段的生存与发展以及长久发展目标的唯一源泉。[②]

2. 民办高校核心竞争力的影响因素

对于民办高校核心竞争力的制约因素，目前学者们的研究比较全面，通过归纳分析，可以分为外部因素和内部因素两个方面。外部因素主要包括竞争对手、生源、高等教育市场、政府政策待遇等。如贾少华指出，民办高校的发展目前面临的竞争，首先是公办高校的迅猛发展，使得公民办高校的竞争尖锐化。其次是高校数量的增加和招生规模的扩大，使得高等教育市场买方化。杨树兵将研究重点放到政府角度，认为民办高校核心竞争力的提升离不开政府政策的扶持和支撑，政府出台扶持民办高校发展的支持性政策，能够切实为民办高校核心竞争力的提升创造良好的机制和体制环境。

内部因素主要包括人才培养质量、学科专业设置、教学管理队伍、科研水平、高校文化与社会声誉等。其实这些因素都是构成高校竞争力不可或缺的环节，贾少华将这些因素串成几大环节，并指出：学校要以教学为中心，高校的实力主要体现在学科建设；高校的产品，一是科研成果的数量、质量及社会效益，二是毕业生的数量、质量和社会评价。这既体现学校的贡献，也是学校影响力和美誉度提高的关键。而学校知名度的提高、学科建设的上档次、教学质量的保障、科研成果的取得和高素质学生的培养，最终都要取决于教师队伍。[③]

3. 民办高校核心竞争力的培育策略

关于民办高校核心竞争力的培育策略，学者们大都从各自认为的制约因素角度出发，阐述自己的观点。因此，策略的提出与制约因素的研究是一脉相承的。

---

① 陈洁. 民办高校构筑核心竞争力的若干措施 [J]. 浙江树人大学学报，2004 (3).
② 邹长城. 社会公信力——中国民办高校的核心竞争力 [J]. 船山学刊，2005 (2).
③ 贾少华. 民办高校的核心竞争力及提升 [J]. 西南民族大学学报 (人文社科版)，2004.

周国平、胡一波在论述民办高校核心竞争力时则强调优质教育资源的整合（主要包括吸纳、转化、运用）能力。民办高校在提升核心竞争力时要增加和拓展学校资源的存量和增量，更应注重构建、完善现有各种资源的整合机制，同时要有科学的定位，而不是盲目的发展。① 杨树兵重点探讨了提升民办高校核心竞争力的十大战略：品牌战略、特色战略、规模效益战略、联盟战略、多元战略、引资战略、人才战略、管理战略、营销战略和文化战略，全面而深入，并且有侧重地提出民办高校核心竞争力提升对政策的需求，建议国家进一步完善民办高校的风险防范政策、产权政策、合理回报政策、资助政策、税收政策、评估政策、收费政策、课程政策、教师政策以及招生政策。

4. 民办高校核心竞争力的评价

基于对民办高校核心竞争力内涵认识的不同，学者们也分别从不同层面展开对民办高校核心竞争力评价方面的研究。如张俊基于层次分析法，通过设计包括环境竞争力、学科竞争力、整合竞争力在内的三级指标，对各指标具体划分要素并赋予权重，构建了民办高校核心竞争力的评价因素集，并对江西省有代表性的4 所民办高校进行了实证分析，论证评价指标的科学性和实用性。吴晓波从科技基础、科技投入、科技产出和科技环境等方面构建了高校科技竞争力指标体系。刘龙刚提出并阐述了民办高校竞争取决于价值链竞争的观点，从教学绩效评价指标、科研绩效评价指标、民办高校文化评价指标、基础办学能力指标等方面建立了价值链视角下民办高校核心竞争力评价指标体系和评价方法。②

五、研究述评

从以上文献可以看出，对于民办高校可持续发展问题的研究，越来越受到学术界的重视，研究视角不再拘泥于教育学领域自身，而是融合了管理学、生态学等多元视角，研究成果不断得到丰富，为在可持续竞争优势理论视角下研究民办高校可持续发展提供了借鉴。

随着研究视角的不断多元化，民办高校可持续发展理论逐渐得到深化，聚焦点也逐渐聚焦到可持续发展战略研究上。民办高校竞争优势是实现可持续发展的重要战略选择，然而已有关于民办高校竞争优势或可持续竞争优势的研究较少且局限在传统研究视角中，理论体系尚显单薄。已有研究不足之处具体体现在三个方面：一是已有研究多以静态发展环境为前提，基于静态发展环境所提出的民办高校发展战略和对策，能否从容应对动态复杂的竞争环境还有待商榷。二是已有研究把核心竞争力作为竞争优势之源，可持续发展的重要条件，关于民办高校核心竞争力的研究也取得了一定成果，但研究模式仍比较单

① 周国平，胡一波. 民办高校核心竞争力初探［J］. 黑龙江高教研究，2006（9）.
② 刘龙刚. 价值链视角下民办高校核心竞争力评价［J］. 统计与决策，2011（9）.

一，沿用企业核心竞争力与公办高校核心竞争力的研究范式较多，实证研究与案例分析也较少。另外，已有研究并未对民办高校竞争优势或可持续竞争优势来源、构成要素进行深入研究，只是将核心竞争力视为民办高校竞争优势或可持续竞争优势之源，缺乏理论支撑。三是对民办高校可持续发展的研究较为零散，已有研究成果多是针对问题提出具体的应对措施，缺乏整体的、立体的、全方位的深入研究，尚未形成促进民办高校可持续发展的完整机制和体系。

鉴于上述分析，本书运用动态思维，以可持续竞争优势理论为视角，以民办高校面临的动态复杂环境为研究前提，在借鉴管理学中企业可持续竞争优势分析框架的基础上，结合民办高校发展实际，系统整合内外部影响因素，构建民办高校可持续竞争优势动态系统模型，创立民办高校可持续竞争优势指标体系，提出较为全面的民办高校可持续发展的策略。

第三节 研究内容、方法及创新点

一、研究内容

（一）民办高校可持续发展研究的文献综述

为了更清晰地梳理已有相关研究，本书从民办高等教育研究现状、民办高校可持续发展研究现状、民办高校竞争优势与可持续竞争优势研究现状、民办高校核心竞争力研究现状等方面，对国内外相关文献进行深入归纳与总结。对于民办高校可持续发展问题的研究，学者们从多个理论视角进行了探索，丰富了民办高等教育理论研究体系。由于民办高校具有类企业属性，因此，借鉴管理学、经济学相关理论研究民办高校可持续发展问题，成为学者们研究民办高校可持续发展问题的研究路径。本书以可持续竞争优势理论为视角，在前人研究成果的基础上，弥补已有研究对动态复杂环境的分析以及适应动态复杂环境的持续竞争优势研究方面的不足之处，从培养可持续竞争优势来实现可持续发展的角度研究解决民办高校可持续发展问题。

（二）民办高校发展历程与现状分析

把握民办高校发展历程与发展现状是研究可持续发展问题的必要前提。改革开放以来，民办高校得以恢复发展。在国家政策引导和自身内驱力的共同作用下，民办高校办学层次不断跃进，逐步由自学考试助学机构、高等教育学历文凭考试试点向承担专科、本科、研究生学历教育转变，已然成为我国高等教育事业的生力军。从政府政策的颁布与实施过程梳理民办高校的发展历程，可以将其划分为恢复起步阶段、快速发展阶段、依法规范阶段和内涵提升阶段。梳理民办高校发展历程可以发现，其发展整体呈现出由低到高的螺旋式发展过程，并且伴随经济社会的快速发展和人们对高等教育的多样化诉求，在规模、结构、质量与效益上得到显著发展。然而，现实中民办高校依然面临严峻的发展形势，民办高校自身也存在着很多的问题与不足，如民办高校办学资源相对缺乏、人才培养质量不高、管理制度有待完善、文化趋同个性缺失以及行为失范引发生存危机等现象。如何把握科学发展规律、解决问题与突破困境，建立适应环境变化的可持续竞争优势，是民办高校可持续发展需要解决的现实问题。

（三）理论基础

民办高校作为市场经济的产物，既要遵循教育规律，发挥为社会培养人才的重要职能，也要遵循市场规律，不断地求得生存与发展。因此，民办高校在遵循市场规律中所体现出的类企业属性是分析民办高校可持续发展不容忽视的重要观测点。本书以可持续竞争优势理论为研究视角，创新民办高校可持续发展研究分析框架和研究思路，在顾客价值理论、和谐管理理论指导下，整合影响民办高校可持续竞争优势构建的众多要素和复杂要素间的逻辑关系，实现对民办高校可持续发展的全面系统的、立体化的研究。

可持续竞争优势理论主要应用在企业战略管理领域，最新的研究突破线性思维，转为趋于动态性的可持续竞争优势研究。最新研究表明，可持续竞争优势应以动态复杂环境为前提，综合考虑多方面的影响因素。企业可持续竞争优势并不是单指某一阶段的某一种竞争优势，而是指多个竞争优势在横向上的叠加和纵向上的继起。民办高校在进行人才培养的过程中具有类似企业的行为特征，可持续竞争优势理论适用于探索解决民办高校可持续发展问题。

顾客价值理论认为企业只有提供比其他竞争者更多的价值给客户，即优异的客户价值，才能保留并造就忠诚的客户，从而在竞争中立于不败之地。顾客价值已经成为理论界和企业界共同关注的焦点，被视为竞争优势的重要来源。在市场经济环境下，从某种意义上看，学生既是高校培养的对象也是高校的重要顾客。随着高等教育市场竞争环境愈演愈烈，尤其对于民办高校来说，创造顾客价值成为民办高校获得可持续竞争优势的终极目标，能否获得和维持竞争优势，必须由顾客最终检验。

和谐管理理论的基本思想是如何在各个子系统中形成一种和谐状态，从而达到整体和谐的目的，其要旨是组织为了达到其目标，在变动的环境中，围绕和谐主体的分辨，以优化和不确定性消减为手段提供问题解决方案的实践活动。基于对该理论的认识与理解，本书认为，民办高校构建可持续竞争优势，实现可持续发展应当遵循"五个一",即把一切资源整合起来,把一切力量团结起来,把一切智慧凝聚起来,把一切潜能挖掘出来,把一切活力激发出来。

综上所述,可持续竞争优势理论、顾客价值理论、和谐管理理论在企业管理中的应用,对企业的可持续发展起到积极作用。民办高校在属性和行为方面与企业具有一定的类似性,将相关理论应用到民办高校发展战略研究中具有可行性和必要性。

(四)民办高校可持续竞争优势动态系统模型构建

弄清民办高校可持续发展的内涵与特征,厘清环境与民办高校可持续发展、可持续竞争优势与可持续发展的关系,深入分析民办高校可持续发展的影响因素是民办高校构建可持续竞争优势,实现可持续发展的关键。环境是民办高校赖以生存和发展的基础,民办高校在发展过程中要主动适应环境变化,与环境形成良好互动,而不是被动接受环境变化,才有利于实现可持续发展。分析民办高校可持续发展的影响因素是研究民办高校可持续竞争优势的前提。本书从民办高校可持续发展的内涵、特征出发,通过参考政府部门、社会对民办高校可持续发展的评价指标,以《教育部关于全面提高高等职业教育教学质量的若干意见》为依据,构建出民办高校可持续发展的指标体系,并运用德尔菲法筛选出影响民办高校可持续发展的因素。

已有的研究为我们进一步的研究鉴定了基础。结合相关理论与民办高校发展现状以及可持续发展影响因素分析,基于可持续竞争优势理论视角构建民办高校可持续竞争优势动态系统模型。基于理论基础构建的可持续竞争优势动态系统模型,是从理论分析的视角研究民办高校可持续竞争优势的产生基础、变迁过程和发展路径。该模型以人才培养为中心轴,由基础平台、跃迁动力和跃迁路径三个模块组成。基础平台模块由环境基础、资源基础、能力基础和制度基础组成,这四个要素合力形成民办高校竞争优势。跃迁动力由组织学习、举办者精神、高校文化和动态能力组成,这四个要素合力推动竞争优势向可持续竞争优势的跃迁。跃迁路径由诚信办学、持续创新和顾客价值组成,是竞争优势向可持续竞争优势跃迁的路径选择。民办高校竞争优势依托基础平台,凭借跃迁动力,沿着跃迁路径,动态生成可持续竞争优势。基于动态系统思维构建的民办高校可持续竞争优势动态系统模型,很好地整合了影响民办高校可持续竞争优势构建的众多要素和复杂要素间的逻辑关系。

(五)民办高校可持续竞争优势产生的基础平台

民办高校可持续竞争优势产生的基础平台主要包含四个要素:环境基础、资源基础、能力基础和制度基础。环境基础是竞争优势产生的条件,本书运用PEST分析方法,剖析民办高校构建可持续竞争优势过程中环境的作用,揭示环境对民办高校构建可持续竞争优势提供的机遇和产生的影响，从而使民办高校能够有的放矢地进行战略规划与调整。资源基础是竞争优势产生的基础，按照资源构成要素存在的形态将民办高校资源分为有形资源和无形资源。资源的总量决定了民办高校的定位、发展战略选择和发展规模，而特质性资源则是维系民办高校生存发展、产生竞争优势的基础。能力基础尤其是核心能力是竞争优势产生的表现。通过研究与识别，人才培养能力是民办高校的核心能力。民办高校必须具备较强的人才培养能力，才能够适应动态复杂的竞争环境，获得竞争优势实现可持续发展。制度基础是竞争优势产生的保障。民办高校作为被制度所规制的组织，它能否形成竞争优势，在于其建立的制度能否产生适当的持续有效的刺激，并能够得到相应的效率和效益。

基础平台四要素有机结合，协调互补，共同形成一种合力，从而保障民办高校获得竞争优势。四要素形成一种合力，共同构成了民办高校可持续竞争优势产生的基础，彼此间协同作用的大小决定了民办高校竞争优势的强弱和能否持续。从基础平台对模型整体作用来讲，四个要素越强，形成的合力就越大，作为模型的底座就越大，从而民办高校的发展就越稳定。

（六）民办高校可持续竞争优势产生的跃迁动力

民办高校可持续竞争优势产生的跃迁动力主要包含四个要素：组织学习、举办者精神、高校文化和动态能力。组织学习是促进竞争优势跃迁的方式和过程，有利于提高人才培养能力。一方面，民办高校通过组织学习积累知识和技能，从而提高自身专业水平，提高人才培养能力；另一方面，当知识和技能的积累达到质变时生成有利于实现创新、促进开拓新的竞争优势。举办者精神为竞争优势提供了支持和保障。举办者精神是在民办高校的创办与管理过程中，由无数举办者所具备的众多精神品质凝聚而成。在激烈的竞争环境中，民办高校要实现对外部环境的综合审视和内部资源的综合利用与合理配置，离不开举办者精神作用的综合发挥。高校文化为民办高校竞争优势的跃迁创造了氛围和习惯。优秀的民办高校文化能够创造一个良好的校园环境，提高师生的道德水平和科学文化素质，对内形成民办高校的凝聚力，对外提高民办高校的竞争力，从各个环节调动并合理配置有助于民办高校发展的积极因素。动态能力是竞争优势跃迁的推动力量，具体体现在环境适应能力有助于民办高校审时度势、抓住机遇，资源整合能力有助于民办高校内外整合、增强实力，开拓创新能力有助于民办高校锐意进取、持续发展。

跃迁动力四要素之间耦合互动，组织学习、举办者精神和高校文化共同作用促成动态能力的形成，反之，动态能力的变强，又反过来促进其他三个要素的优化与提升。从跃迁动力模块对模型的整体作用来讲，四个要素越强，形成合力越大，模型纵向拉伸就越高，从而使民办高校竞争优势保持得更持久。

（七）民办高校可持续竞争优势产生的跃迁路径

跃迁路径是民办高校竞争优势跃迁为可持续竞争优势的路径选择，包含诚信办学、持续创新和顾客价值三要素。诚信办学、持续创新与顾客价值之间呈现出依次递进的关系，诚信办学是民办高校构建可持续竞争优势的基本路径，持续创新是民办高校构建可持续竞争优势的必由之路，顾客价值是民办高校构建可持续竞争优势的终极目标。民办高校竞争优势依托基础平台，在得到跃迁动力的激发后，会产生跃迁行为，而在竞争优势跃迁成为可持续竞争优势过程中需要沿着诚信办学—持续创新—顾客价值路径来进行，以确保跃迁行为不发生偏离。

（八）民办高校可持续竞争优势定量分析及个案研究

本书以民办高校可持续竞争优势动态系统模型的内涵与可持续竞争优势影响因素为依据，经过初步构建与两轮专家咨询论证，最终构建了含两个一级指标、8个二级指标、20个三级指标、71个四级指标的民办高校可持续竞争优势指标体系。指标赋权直接影响着评价结果的真实性和科学程度。本书运用层次分析法，经过构造层次结构模型、构造判断矩阵及一致性检验、最终权重计算及权重释义三个步骤为民办高校可持续竞争优势指标体系赋权。本书在山东省内范围选取12所民办高校，省际范围内选取6所民办高校进行可持续竞争优势定量分析。通过多种渠道获取指标数据，在对数值标准化处理的基础上，代入可持续竞争优势指标体系算法公式，可分别得到竞争优势、跃迁动力数值以及可持续竞争优势比较情况。最后，从模型的角度对定量分析中的几所民办高校展开定性分析，通过梳理总结它们各自的发展历程，着重分析它们自办学以来在可持续竞争优势构建过程中的得与失、优势与劣势、优点与不足，从定性的角度对定量分析结果予以诠释，发挥理论指导实践的作用。

（九）可持续竞争优势理论视角下民办高校实现可持续发展的策略

本书以可持续竞争优势理论为视角，以民办高校可持续竞争优势动态系统模型为基础，提出实现民办高校可持续发展的策略。从模型中的基础平台、跃迁动力、跃迁路径三大模块出发，基于模型中的11个要素，提出具有针对性的、全面系统的策略，以解决民办高校发展面临的问题，建立可持续竞争优势，最终实现可持续发展。

二、研究方法

（一）文献研究法

文献研究法主要指搜集、鉴别、整理文献，并通过对文献的研究形成对事实的科学认识的方法。本书主要通过搜集、整理国内外有关可持续竞争优势理论、民办高校竞争优势、民办高校核心竞争力、高等教育及其可持续发展、民办高等教育及其可持续发展等方面的文献资料并做出相应的分析、评价，为拟定研究思路、确定研究核心问题提供基本依据。同时，对民办高校的发展历程也主要通过文献研究法进行梳理，并总结出民办高校在每一阶段的主要发展特征。

（二）调查研究法

调查研究法是通过考察了解客观情况直接获取有关材料，并对这些材料进行分析的研究方法。通过对全国教育事业发展统计公报的数据整理以及个别地区民办高校发展情况的调查，归纳总结出民办高校发展取得的成绩以及面临的问题，将其作为研究民办高校可持续发展现实必要性的分析基础。同时，选取具有代表性的民办高校，通过数据搜集、问卷调查的方法获得与指标体系相匹配的数据进行定量分析。

（三）德尔菲法

本书中民办高校可持续竞争优势指标体系的建立主要分"三步走"。在调查研究并参考相关的评估或评价指标体系的基础上，初步构建指标体系。然后邀请20位咨询专家进行问卷调查，通过两轮的专家咨询，确定三、四级指标，逐步完善指标体系。最后在对各指标进行赋权的基础上，形成最终的指标体系。

（四）层次分析法

本书在民办高校可持续竞争优势层次结构模型的基础上，对各个层次的要素进行两两比较，构造出判断矩阵；在专家问卷的基础上对判断矩阵进行一致性检验，通过统计分析求平均值的方法获得最终的指标权重。

三、研究创新点

一是构建了民办高校可持续竞争优势动态系统模型。在企业可持续竞争优势理论视角下，将影响民办高校可持续竞争优势的多个要素整合在一起，构建了民办高校可持续竞争优势动态系统模型。分别对模型中基础平台、跃迁动力、跃迁路径三大模块所包含的11个要素进行内涵解析，形成了三维立体、多层面的民办高校可持续竞争优势分析框架，丰富了研究民办高校可持续发展的理论视角。

二是研发了民办高校可持续竞争优势指标体系。以民办高校可持续竞争优势动态系统模型为基础，研发了民办高校可持续竞争优势指标体系。依据指标体系对选定研究对象的可持续竞争优势构建情况进行定量分析，有助于研究对象有针对性地改进自身在可持续竞争优势构建过程中存在的问题，促进其可持续竞争优势的获得，达到理论指导实践的效果。

　　三是提出了民办高校可持续发展的系统性策略。以往对民办高校可持续发展对策的提出相对单一，多是以静态发展环境为前提，并未形成促进民办高校可持续发展的完整机制和体系。本书结合工作实践和经验总结，从基础平台、跃迁动力、跃迁路径三个方面系统地提出促进民办高校可持续发展的策略，更具针对性。本书研究成果作为理论探索与实践应用的统一，丰富和发展了民办高校可持续发展研究。

第二章

民办高校发展历程与现状分析

我国民办高校恢复发展以来，整体呈现出由低到高的螺旋式发展过程，并且伴随经济社会的快速发展和人们对高等教育的多样化诉求，在规模、结构、质量与效益上得到显著发展。然而，现实中民办高校依然面临严峻的发展形势，回顾发展历程，分析发展现状，可以看出把握科学发展规律、实现可持续发展是民办高校的必然选择。

第一节　民办高校的发展历程

在国家政策引导和自身内驱力的共同作用下，民办高校办学层次不断跃进，逐步由自学考试助学机构、高等教育学历文凭考试试点向承担专科、本科、研究生学历教育转变，已然成为我国高等教育事业的生力军。从政府政策的颁布与实施过程梳理民办高校的发展历程，可以将其划分为恢复起步阶段（1978～1991年）、快速发展阶段（1992～1996年）、依法规范阶段（1997～2005年）和内涵提升阶段（2006年至今）。

一、恢复起步阶段

1978年，党的十一届三中全会做出把党和国家的工作重心转移到经济建设上来、实行改革开放的重大决策，自此，我国进入了改革开放和社会主义现代化建设的历史新时期。随着高等院校招生考试制度的恢复，我国重新迎来了尊重知识、尊重人才的春天，民办高等教育也迎来了历史机遇期。1981年，国家创立高等教育自学考试制度，以"高考补习""自学考试辅导"为主要形式的民办社会大学一时间纷纷兴起，随之出现了第一批以助学为主要教学任务的民办高等教育机构，这类学校的典型代表有湖南中山进修大学、黄河科技大学（1994年更名为黄河科技学院）等。1982年3月，中华社会大学（2005年更名为北京经贸职业学院）在北京成立，这是我国历史上第一所民办性质的高等教育机构。随后，北京自修大学、中国逻辑与语言函授大学、广州业余大学等民办大学（含高职）相继出现。

1982 年颁布的《中华人民共和国宪法》规定：国家鼓励集体经济组织、国家企业事业组织和其他社会力量依照法律规定举办各种教育事业。我国首次以根本大法的形式将社会力量办学作为国家教育事业的组成部分，但当时的民办社会大学尚未被纳入正规的高等教育体系。1985 年《中共中央关于教育体制改革的决定》，明确指出地方政府要鼓励和指导企事业单位、社会团体和个人办学，重申了教育发展要坚持公办和民办"两条腿走路"的方针，支持民办教育的发展。高等教育自学考试制度的建立，把民办教育从高考文化补习班引导到"准学历教育"的轨道上来，激发了社会力量的办学热情。民办高校在具备学历教育资格后，开始与公办高校在同样的高等教育市场环境下相竞争。这一阶段我国高等教育处于招生计划少、考生生源多的市场状态，高等教育发展难以满足广大人民群众接受高等教育的迫切需求。据统计，2000 年全国参加高考的人数为 375 万人，全国普通高等学校有 1 041 所，招生 220. 61 万人，高等教育毛入学率为 12. 5%。其中具备学历教育资格的民办高校有 37 所，仅占全国高校总数的 3. 55%。因此，民办高校在这一发展阶段主要是作为公办高校的补充，进行高考复习辅导和高等教育自学考试助考，整体起到"拾遗补缺"的作用。

1987 年，国家教委发布了《关于社会力量办学的若干暂行规定》，这一规定成为我国第一个较为全面的有关社会力量办学的法规性文件。随后国家教委等部委又先后发布了《社会力量办学教学管理暂行规定》《社会力量办学财务管理暂行规定》等一系列管理文件。

这一时期的民办高校总体处在恢复起步阶段，资金来源比较单一、条件相对简陋、师资队伍极不稳定，主要依靠租借校舍、聘请公办高校退休教师等方式开展教育教学工作，并通过以学养学、滚动发展的方式积累办学资源，在组织形式、办学模式及管理机制等方面有所发展。

二、快速发展阶段

1992 年春，邓小平南方谈话，强调"发展才是硬道理"[①]，确立了社会主义市场经济的地位，以经济体制改革为背景，提出建立社会主义市场经济体制，拓展了民营经济的发展空间，也使得不少社会资金进入民办高等教育领域。1993年《中国教育改革和发展纲要》提出"积极鼓励，大力支持，正确引导，加强管理"的十六字方针以支持和鼓励民办高等教育。同时指出"改变政府包揽办学

---

① 邓小平. 在武昌、深圳、珠海、上海等地的谈话要点，邓小平文选：第 3 卷 ［M］. 北京：人民出版社，1993.

的格局，逐步建立以政府办学为主体、社会各界共同办学的体制"①。自此，民办高校被正式纳入高等教育体系。

1993 年 8 月，国家教委颁布了针对民办高校的第一个专门性规章——《民办高等学校设置暂行规定》，明确了民办普通高校的设置条件和程序，为民办高校的规范发展提供了新的依据。国家教育行政主管部门先后批准一些省、自治区、直辖市开展高等教育学历文凭考试的试点工作，成立了一批具有学历文凭考试资格的民办高等学校。同年 10 月，国家教委评定黄河科技学院、浙江树人大学、上海杉达学院和四川天一学院具有大专文凭颁发资格，这也是国家首次批准民办高校具有独立颁发学历文凭的资格。1994 年，又评定三江学院、黑龙江东方学院具有大专文凭颁发资格，加上在这以前批准的民办公助性质的海淀走读大学（后成立北京城市学院），成为我国首批民办高校。自 1994 年以来，我国民办高校数量出现逐年增加趋势，非学历民办高等教育机构经历了快速发展的 1993 ~ 2003 年后进入稳定发展期。

1995 年颁布的《中华人民共和国教育法》第 26 条明确规定："国家鼓励企业事业组织、社会团体、其他社会组织及其公民个人依法举办学校及其他教育机构。"在国家政府、教育行政部门的积极鼓励、正确引导下，民办高校数量呈现逐年增加的趋势，取得较快进展。

这一时期国家尝试以宽进严出的方式发展民办高等学历教育，正式批准了一批民办普通高校。自此，民办高校逐步由"拾遗补缺"发展成为高等教育体系的组成部分。相对来说，这一阶段的民办高校社会认可度较低、影响范围较小，加之学费较高等问题使其在招生过程中还存在很多困难，不论从数量上还是规模上都处于较低层次的发展阶段。

三、依法规范阶段

1997 年，国务院发布了第一部专门规范民办教育的行政法规——《社会力量办学条例》，有效规范了民办教育的发展，把民办高等教育进一步纳入法制轨道，我国民办教育进入依法治教、依法管理和依法办学阶段。随后相继出台的《中华人民共和国高等教育法》《面向 21 世纪教育振兴行动计划》等法规政策，进一步促进了民办高校的规范发展。

1999 年，国家开始施行大学扩招的教育改革政策。为适应我国高等教育的扩招需要，同年 5 月，《中共中央、国务院关于深化教育改革全面推进素质教育的决定》提出，要"进一步解放思想，转变观念，积极鼓励和支持社会力量以多种形式办学，满足人民群众日益增长的教育需求，形成以政府办学为主体，公办

---

① 国家教育委员会. 新的里程碑［M］. 北京：教育科学出版社，1994.

学校与民办学校共同发展的格局"。

2000 年以来，一批发展较好的民办高校如黄河科技学院、浙江树人大学、上海杉达学院、北京城市学院在竞争中抓住了发展机遇，逐步由专科学历层次提升为本科学历层次。但是也存在一些不规范办学的行为，影响和阻碍着民办高等教育的良性发展。

2002 年，《民办教育促进法》的颁布成为我国民办教育法制管理的里程碑，为民办教育事业提供了有力的法律保障。2004 年《民办教育促进法实施条例》出台，使民办教育法制管理更具可操作性。两部法律法规的实施，有效规范了民办教育的办学形式与办学行为。与此同时，政府不断推出有利于民办高校招生的政策。到 2005 年，获得教育部批准的民办本科院校已达 27 所。

这一时期一系列政策法规的颁布与实施促进了更多的社会力量参与到民办教育事业中，民办教育的法律地位得到巩固，并呈现出快速发展之势，涌现出一批教育质量较高、办学特色较为鲜明的民办高校。同时，一些民办高校的办学层次得到提升。然而，快速发展引发的规模扩张在一定程度上也为民办高校发展带来一系列问题，由规模扩张向内涵发展成为必然之势。

四、内涵提升阶段

从 2006 年开始，随着高校扩招速度大幅放缓，高校间逐渐由规模竞争向内涵竞争转变，加强内涵与特色建设成为这一阶段民办高校面临的主要任务。2006 年，教育部下发了《关于全面提高高等职业教育教学质量的若干意见》。同年 12 月，国务院办公厅下发《关于加强民办高校规范管理引导民办高等教育健康发展的通知》，要求把民办高校发展的重点转移到稳定规模、规范管理、提高质量的轨道上来。2007 年《民办高等学校办学管理若干规定》，开始进行引导民办高校如何正确定位、强化质量、特色办学。提高质量、转变发展模式、加强内涵建设成为民办高校发展新阶段的重要目标。2009 年，我国民办大学 100 强中已有 40 所升格为本科院校。2012 年，包括北京城市学院在内的 5 所民办高校首次获得研究生教育资格，打破了以往只由公办院校和科研院所培养研究生的局面。

《规划纲要（2010～2020 年）》提出要"大力支持民办教育"，"各级政府要把发展民办教育作为重要的工作职责，鼓励出资办学，促进社会力量以独立举办、共同举办等多种形式兴办教育"，"办好一批高水平民办学校"。还针对民办高等教育发展提出了如"积极探索营利性和非营利性民办学校分类管理""开展对营利性和非营利性民办学校分类管理试点"等一系列指导措施。[①] 许多省市如浙江、福建、上海、山东等，也开始通过区域试点等举措实施民办高校分类管

---

① 《国家中长期教育改革和发展规划纲要（2010～2020 年）》。

理。2014 年，教育部关于民办教育的工作要点也着手推进民办学校的分类管理工作。2016 年，第十二届全国人民代表大会常务委员会第二十四次会议通过了《关于修改〈中华人民共和国民办教育促进法〉的决定》，决定了分类管理的法律定位。

这一时期民办高校开始由注重规模主导的外延式发展向以提高质量为核心的内涵式发展转型。国家和地方政府相继出台一系列政策法规，规范引导民办高校发展，使其法律地位日趋稳固，社会认可度普遍提升。然而，民办高校要想获得更多的政策扶持，实现完全的办学自主权还需要经历一个较长的发展过程。

民办高校的发展经历了一个从无到有、从小变大、由弱变强、从无序到有序的过程。在这个过程中有机遇也有挑战，有成绩也有不足，抓住机遇，迎接挑战，实现可持续发展是今后民办高校努力的方向。

第二节　民办高校取得的成绩

经过四个阶段的不断发展，民办高校在应用型人才培养、技术技能传承、促进教育公平与就业方面做出了重要贡献，为我国经济社会建设培养了大量的高素质技术技能型人才，无论在发展规模、办学条件还是办学结构上，都取得了显著成绩。

一、发展规模持续扩大

（一）民办高校数量持续增长

根据教育部公布的教育统计数据，2004 年至 2018 年间全国民办高校数量持续增长，从 2004 年的 226 所到 2018 年的 750 所，如表 2 - 1 所示。尤其在 2008 年，比 2004 年的数量增长近 3 倍。短期内民办高校迅猛发展，这种情形的发生与国家在一定时期内出台的优惠扶持政策有重要关系。

表 2 - 1　　　　2004 ~ 2018 年全国民办普通高校本、专科院校数量统计　　　单位：所

年份	民办高校数	本科院校数	专科院校数
2018	749	419	330
2017	746	426	320
2016	741	424	317
2015	734	423	311

年份	民办高校数	本科院校数	专科院校数
2014	727	420	307
2013	717	392	325
2012	707	303	404
2011	698	309	389
2010	676	323	353
2009	656	370	286
2008	638	369	269
2007	295	30	265
2006	276	29	247
2005	250	27	223
2004	226	9	217

资料来源：2004～2018 年教育部公布的教育统计数据。

（二）学生数量持续增长

民办高校不论是在校生数还是招生数都呈现出逐年递增的趋势。由表 2 - 2 可以看出，从 2004 年到 2018 年，经过十多年的发展，民办高校的在校生人数由 81. 17 万人发展到 649. 6 万人，增长了 8 倍。据教育部 2018 年教育统计数据，全国共有民办高校 749 所，在校生总数 6 497 493 人，其中，研究生 1 490 人，本科生 4 170 860 人，专科生 2 325 143 人，占全国普通高校在校生人数的 22. 95%，民办高校已然成为我国高等教育体系的重要组成部分。

表 2 - 2　　　　**2004～2018 年全国民办高校在校生数统计**　　　　单位：人

年份	民办高校在校生数	民办高校招生数
2018	6 497 493	1 840 179
2017	6 285 777	1 754 447
2016	6 162 750	1 738 963
2015	6 109 013	1 779 676
2014	5 871 547	1 729 617
2013	5 575 218	1 601 879
2012	5 331 770	1 602 828

续表

年份	民办高校在校生数	民办高校招生数
2011	5 050 687	1 537 292
2010	4 766 845	1 467 431
2009	4 359 808	1 364 136
2008	3 927 410	1 304 788
2007	3 439 878	1 156 233
2006	2 769 091	1 009 073
2005	2 098 509	866 756
2004	811 715	376 288

资料来源：2004～2018 年教育部公布的教育统计数据。

二、办学条件逐渐改善

(一) 形成以专职为主的师资队伍

师资是影响民办高校发展的重要人力资源。如表 2 - 3 所示，民办高校以往"专兼结合，兼职为主"的师资结构已得到较大改善。根据教育部公布的教育统计数据整理统计，民办高校专任教师比例已占到教职工总数的 72.86%，师资力量逐年扩充，民办高校形成了较为完备的师资队伍。

表 2 - 3　　　　　　　　2009～2018 年民办高校教职工数量统计

年份	民办高校教职工数（人）	民办高校专任教师（人）	专任教师占教职工数比例（%）
2018	445 161	324 338	72.86
2017	436 819	316 174	72.38
2016	431 358	311 512	72.22
2015	423 620	304 817	71.96
2014	412 824	293 954	71.21
2013	398 400	281 415	70.64
2012	387 458	267 180	68.96
2011	371 554	252 441	67.94
2010	348 857	236 468	67.78
2009	326 592	221 908	67.95

资料来源：2009～2018 年教育部公布的教育统计数据。

（二）办学基本条件大幅改善

随着民办高校的发展壮大，办学基本条件得到大幅改善。民办高校在政府资助缺失的情况下，依然坚持勤俭办学、广拓融资渠道，逐步改善办学条件。经过多年的积累与发展，目前民办高校的办学条件在某些方面并不亚于公办院校，特别是在校园规划、教研仪器设备、教学用房、图书资料建设等方面有明显提升。根据《2013 年山东省民办高等教育发展现状调研报告》，全省民办高校（不含独立学院）固定资产总值达 145 亿元，校园面积合计达 2.5 万亩，教学行政用房面积达 370 万平方米，教学科研仪器设备总值达到 15 亿余元，学校纸质图书总量达 2 000 万册，办学基本条件不断改善。

三、办学结构日趋合理

（一）办学分布呈现地域特色

我国民办高校在发展过程中表现出了区域化特征，呈现出小规模地域集中的现象。比如，处于西部地区的陕西省拥有多所万人民办高校的"西安现象"、为经济大省广东培养和输送人才的"江西现象"、进行院校改制和民办二级学院探索的"浙江现象"、多元化办学体制探索的"广东现象"。民办高校地域性的集中现象成因很复杂，有历史文化原因、政策导向原因、经济发展原因，也与当地高等教育发展布局有一定关系。如"西安现象"，当地政府对民办教育发展的重视与扶持是很重要的助推因素。

（二）办学层次逐步提高

1. 以专科教育为主，本科教育并进

民办高校以培养应用型人才为目标，总体来说，办学层次定位主要以专科教育为主、本科教育为辅，有些学校升格为本科院校后并行开展本科与专科学历的教育。本科民办高校数量自 2008 年起有大幅递增，如表 2-1 所示。民办高校的整体办学层次得到逐步提升。

2. 新增硕士研究生学位授予试点

2011 年初，在国家开展的"服务国家特殊需求人才培养项目"中，全国 52 所高校获准试点招收专业学位硕士研究生，其中包括 5 所民办高校。这一项目的实施使得民办高校在办学层次上有了新的突破，也打破了我国近 800 个研究生培养单位全部为公办高校或科研院所的局面。民办高校增设研究生学位授予试点，是民办高校提升办学层次的新的里程碑，为未来开展博士研究生教育奠定了基础。

民办高校自恢复发展以来，不论是在外延建设还是内涵发展方面都有较大幅度提升，形成了与公办高校共同发展的新局面。但在办学层次、办学规模和办学质量等方面与公办高校相比还存在一定差距。从世界范围内私立高等教育的发展形势来看，我国民办高校的发展更是存在较大差距。为此，民办高校需要在现有成绩的基础上，进一步发展壮大。

第三节　民办高校可持续发展存在的问题

民办高校在发展规模、办学条件和办学层次上都有了明显提升，但是其中还隐含着诸多问题。民办高校要正视现实问题、直面困境，才能够勇于迎接挑战，这也使得民办高校实现可持续发展更具现实紧迫性。

一、学校资源相对缺乏

相对于公办高校而言，民办高校资源相对缺乏，要想在激烈的市场竞争中获得竞争优势，还存在很多的困难。民办高校资源问题突出表现在财力资源和人力资源两个方面的相对不足。

首先，在财力资源方面，由于政府投资缺位，民办高校的办学经费主要依靠学费收入、银行贷款等方式。根据中国教育科学研究院对全国 38 所民办高校经费来源展开的调查研究，结果显示"学费收入占学校总收入 80% 以上的共有 31 所，占被调查学校总数的 82%"。[①] 办学经费不足，来源渠道单一，使得民办高校在经费预算与分配方面往往捉襟见肘，顾此失彼，这成为制约民办高校提高教育质量、扩大办学规模的瓶颈之一，同时也造成了民办高校和公办高校在教育资源分配和获取机会上的不平等以及生存发展权利的不平等。[②]

其次，在人力资源方面，民办高校存在教师结构不合理和中、高级职称教师相对偏少的问题。民办高校教师总体学历层次偏低，研究生及以上学历教师占教师总数的比例较小，尤其缺乏具有博士学位的高学历教师。同时，与公办高校相比，民办高校中、高级职称教师比例较低。根据 2018 年山东省教育事业统计资料整理统计，民办高校副高级及以上职称教师数占专任教师的比例为 33.39%，公办高校的比例则为 42%，相差 8.61 个百分点；民办高校与公办高校中级职称教师比例数分别为 38.55% 和 43.34%，相差近 5 个百分点。见表 2-4。

---

① 方勇. 民办高等教育经费应多渠道筹措 [J]. 教育与职业, 2007 (9).
② 赵敏, 何华宇. 民办学校可持续发展的战略路径 [J]. 教育发展研究, 2009 (4).

表 2 - 4　　　　2018 年山东省民办高校与公办高校专任教师职称结构统计

学校类别	总计	正高级数（人）及比例（%）	副高级数（人）及比例（%）	中级数（人）及比例（%）	初级数（人）及比例（%）	无职称数（人）及比例（%）
民办	20 441	1 627	5 199	7 879	3 939	1 797
		7.96	25.43	38.55	19.27	8.79
公办	92 276	10 366	28 389	39 992	9 051	4 478
		11.23	30.77	43.34	9.80	4.85

资料来源：2018 年山东省教育事业统计资料。

二、人才培养质量不高

民办高校在发展过程中，招生数量不断增加，规模不断扩大。但是，由于偏重规模发展导致内涵建设相对薄弱，使得民办高校在人才培养方面存在质量不高的问题，具体体现在专业设置趋同、教师教学水平有待提高、人才培养过程有待优化等方面。

专业设置求全趋同。在专业设置方面相对缺乏科学论证，在现实中，民办高校往往会优先选择模仿公办高校或发展较好的其他民办高校，造成专业设置趋同现象，缺乏专业特色。由此，培养的学生也难以满足经济社会对人才的多样化需求。对于民办高校而言，专业趋同、缺乏特色将不利于实现可持续发展。

教师教学水平有待提高。民办高校师资力量较弱，骨干力量以外聘专家和教师为主，专职教师水平有待提高。目前，民办高校"双师型"教师相对缺乏，不利于应用型人才培养目标的实现。另外，教学评估体系不够健全也不利于督促教师教育教学水平的提高，且在实际操作过程中往往流于形式，缺乏科学有效的教学质量监控。

人才培养过程有待优化。这一问题主要体现在以下三个方面：一是人才培养方案有待优化。民办高校人才培养方案的制定缺乏用人单位的参与，制定主体比较单一。在制定过程中对市场所需人才的实际调研较少，缺乏一定的科学性，难以实现对学生创新能力的培养。二是课程体系建设有待完善。民办高校在课程体系建设方面仍存在照搬公办高校课程体系等问题。这就导致民办高校课程体系缺乏自身特色，同时在课程设置中通识教育比重较低，不利于学生综合素质的提高。三是人才培养模式有待改革与创新。目前，民办高校人才培养模式存在培养方式单一、缺乏特色等问题。随着市场对应用型人才要求的提高，以往灌输式的课堂教学方式、封闭式的学生管理模式对人才培养起到一定的阻碍作用。

三、管理制度有待完善

在制度建设方面，民办高校仍然存在产权界定不清晰、法人治理结构不成熟、内部管理制度不健全等问题，不利于民办高校实现科学化、民主化管理。

产权界定不清晰。在相关法律中，关于民办高校的财产收益权、剩余财产的分配以及控制权等方面没有做出具体而清晰的规定。我国关系到民办高校产权问题的相关法律主要有《社会力量办学条例》《民办教育促进法》以及《民办教育促进法实施条例》。学者方铭琳认为《民办教育促进法》中对民办高校产权的相关规定尚不够明确，"即产权界定不周全、产权模糊和产权配置不当造成现实中存在的权利、责任和利益的缺失、不清楚和不对称等问题"[①]，致使民办高校在实际运行过程中时常出现产权纠纷、产权关系混乱等问题。

法人治理结构不成熟。目前，多数民办高校实行的董事会领导下校长负责制在现实运用中尚不成熟，所有权和控制权之间还没有达到合理制衡。比如，董事长和校长之间责权仍不够清晰。民办高校校长一般是通过聘任的方式任命，而董事长一般代表民办高校的出资方。在民办高校实际运行过程中，往往会出现董事长过多参与民办高校的行政管理，校长的管理权无法得到保障，董事长和校长之间出现"越位""错位"或"缺位"现象。

内部管理制度不健全。由于民办高校受到投资形式和现有发展水平的影响，目前还存在内部管理制度不健全的问题。受到财力资金的限制，很多民办高校考虑到办学成本和自身运行问题，将有限资金主要用于基本建设和改善教学设施等方面，而对于管理机构的设置却控制严格。比如，民办高校学术委员会、学位委员会、教授委员会等学术组织的设置不够完善，教职工代表大会制度、工会制度等保障教职工参与民主管理的制度不够健全。有些民办高校虽然设立了相应的机构，制定了相关规章制度，但是在实际管理工作中，却因功能单一、活动有限等问题，很难真正发挥作用。

四、文化趋同个性缺失

文化的形成是一个长期总结、历史积累与凝练的过程，讲求潜移默化、厚积薄发。高校文化代表着一所学校独特的精神气质，内化于高校的办学理念和大学精神，外显于高校的制度、办学行为及物质条件等方面。

民办高校以培养应用型人才为目标，其文化应当突出这一目标，展现自身的个性与特色。然而，现实中许多民办高校由于发展起步晚，为追求快速发展，大

---

① 方铭琳. 民办高校产权明晰的法律保护 [J]. 高等教育研究, 2005 (8).

多通过借鉴或复制公办高校办学理念以及办学经验来发展校园文化。而且大部分民办高校在文化建设过程中，奉行"拿来主义"，没能从自身实际出发充分结合校史、校情，也没能很好地结合自身办学定位与办学特色，使得文化建设主题不突出，呈现出共性多、个性少的状态，趋同现象较为严重。比如，校徽的设计往往拘泥于形式或美感，缺乏标新立异；校训、校风、学风等方面的制定大都盲目追求语句的工整、对仗、押韵，千篇一律，缺乏新意与创新思维。民办高校文化建设的同质化现象导致了高校文化的趋同与个性缺失，不利于创新，也不利于民办高校内涵建设与特色发展。

五、行为失范引发危机

作为市场经济的产物，民办高校办学时间短、发展尚不成熟，在社会信用体系尚不健全的情况下，如在招生、教学以及办学目的等方面存在一定的失范行为，从而引发民办高校面临生存危机。

有些民办高校在招生方面存在弄虚作假行为。生源是民办高校经费的主要来源，有些学校为了招徕、争夺生源，存在夸大宣传、虚假招生的现象。比如在招生时肆意夸大师资力量、虚假宣传高额奖学金或百分百推荐就业等，混淆公众视听，扰乱了正常的招生秩序。招生工作中的诚信失范行为不仅损害了学生及家长的利益，不利于学校发展，也容易使整体民办教育的社会声誉受到影响。

有些民办高校在教学方面也存在失范现象。比如，在教学内容设置方面，有些学校片面强调热门科目，并不以遵循学生成长规律为出发点，忽略学生的个性需求，违背了以学生为本的教育原则；有些学校片面追求学生升本率、考研率，缩减学生文体活动课时，忽视学生人文精神培育，不利于学生的全面发展。在教学方法方面，有些学校限于传统的灌输式、填鸭式教学方式，难以调动学生学习积极性，使得教学质量不高，学生知识水平与能力也没能得到很好的提高。

有些民办高校存在办学目的不端正，盲目追求功利性的办学行为。民办高校属于自主经营、自负盈亏的组织，一些学校举办者打着教育服务社会的公益性招牌，实际追求短期经济利益，置学生与家长的利益于不顾，存在严重的不规范办学行为。也有一些学校举办者并没有将有限的资金重点投入在人才培养方面，影响了教育教学质量，使得培养的学生缺乏社会竞争力。各种不规范的办学行为，最终将导致民办高校面临严重的生存危机，更无从谈及可持续发展。

第四节　推进民办高校可持续发展的必要性分析

民办高校是在我国计划经济向市场经济转轨过程中逐渐发展起来的，学习并吸收了各种先进的办学理念，建立了自主灵活的办学机制，办学过程遵循市场规律，为高等教育事业的发展带来了生机与活力。民办高校不仅为公众提供了更为丰富的教育选择机会，有利于满足多样化的社会需求，缓解教育需求与政府教育经费投入之间的供需矛盾，还在开发利用教育资源、优化资源配置方面起到了积极作用。民办高校的可持续发展是时代所趋，客观上必将促进整个教育事业的发展。然而，现实中民办高校依然面临严峻的发展形势，自身发展也存在诸多亟待解决的问题。

伴随着我国社会主义市场经济体制的建立、高等教育规模的扩大以及受加入世界贸易组织的影响，民办高校不但要面临与国内公办高校的竞争压力，还要应对因教育市场不断扩大而出现的国外独资大学、中外合作办学的竞争市场，生源竞争日益激烈，发展形势日趋严峻。加之民办高校发展的基础仍较为薄弱，不仅在师资力量、社会认可度、人才培养质量以及高校文化建设等方面存在诸多问题，还缺乏强有力的政策支持和良好的外部环境，在我国高等教育体系中仍处于弱势地位。如何实现可持续发展是当前民办高校面临的必须要解决的重要问题。在这种形势下，民办高校应当通过建立可持续竞争优势，把握科学发展规律、解决问题与突破困境，从而实现可持续发展。以理论为指导的实践才更具科学性，本书将以可持续竞争优势理论为视角，研究解决民办高校可持续发展问题。

第三章

理 论 基 础

本书以可持续竞争优势理论为研究视角，同时又兼收了顾客价值理论、和谐管理理论。可持续竞争优势理论是本书分析民办高校可持续发展问题的基础理论，是构建民办高校可持续竞争优势动态系统模型的理论支撑。顾客价值理论是本书分析民办高校可持续竞争优势的理论基础。和谐管理理论是本书分析可持续发展问题的指导理念，也是本书总体思路的理论指导。

第一节　可持续竞争优势理论

一、可持续竞争优势理论的形成与发展

（一）竞争优势外生论

企业竞争优势的外生论是指企业竞争优势主要来源于企业外部的某些因素。这一理论以新古典经济学领域的梅森（E. S. Masson）、贝恩（J. S. Bain）和战略管理领域的波特（Porter）为代表。

可持续竞争优势理论经历了由外生到内生再到整合发展的历程。波特构建了"五力"模型用以描述产业吸引力及其竞争规律，这五力主要是：新进入者的威胁、顾客的讨价还价能力、供应者讨价还价能力、替代产品或替代服务的威胁、本产品现存企业之间的竞争。五种作用力的综合决定处于某一产业领域中的企业获取盈利的能力。企业的竞争优势由影响企业绩效的产业结构特性而决定。

竞争优势外生论将企业作为一个"黑箱"处理，把所有企业视为同质性模型，单纯地强调外部环境的影响，忽视了企业内部的异质性资源与能力，也就是说该理论无法解释在相同的外部市场环境下，同类型企业竞争能力存在差异的问题。同时，该理论将企业在行业中的定位视为获取竞争优势的关键因素之一，这与事实情况并不相符。此外，20 世纪 80 年代的实证研究结果也证实了这一点，

鲁梅特（Richard Rumelt，1982，1987）相关研究指出，企业的超额利润率的竞争优势并非来自市场外部，而是存在于企业自身的某种因素在起作用，这便是竞争优势的内生论。

（二）竞争优势内生论

竞争优势的内生论强调企业内部条件对获得竞争优势有决定作用。目前，关于竞争优势理论的内生论主要有四种观点：一是认为企业竞争优势来源于企业内部异质性资源的资源基础观；二是认为企业竞争优势来源于企业组织能力的核心能力理论；三是知识是竞争优势根源的知识基础观；四是认为管理者可以通过积极的战略选择来改变组织的环境、结构及其运作模式的战略选择观。

资源基础观为企业的持续发展指明了方向，即培育、获取能够为企业带来竞争优势的异质性资源。关于如何获取异质性资源，资源基础观也给出了组织学习、知识管理及建立外部网络等方向性的建议。

关于竞争优势理论的论述都是从不同的角度探讨企业竞争优势的内部来源。可以看出，这几种理论从不同的角度提出竞争优势的来源，这在某一环节是有一定的意义的，但这些观点都是基于静态的角度提出，并且只是着眼于竞争优势来源的某一方面，未将复杂动态的环境因素考虑进来，其自身有一定的局限性。基于此，有研究者提出了基于动态能力的竞争优势的整合论。

（三）竞争优势整合论

企业竞争优势的整合论认为在分析企业竞争优势问题时，单一要素分析具有一定局限性，因此在某种理论的应用中出现局限性的时候应该扩大分析问题的角度，借助其他学派的观点。实际上，从古典战略管理理论形成以来，甚至是更早，就一直没有非常严格地将企业内、外完全分开，只是侧重点不同而已。

20世纪60年代以来，随着对可持续竞争优势理论研究的不断深入，学者们从不同角度提出了研究构建可持续竞争优势的分析框架或模型。比如，安德鲁斯（Andrews）等主张用SWOT分析框架，综合企业内外部因素，分析企业所面临的机遇与威胁，研究解决企业可持续竞争优势构建问题。但是SWOT分析框架容易受分析者主观因素的影响，而难以揭示战略分析的复杂性。总体上讲，以上关于可持续竞争优势的分析框架，从不同角度或层面剖析了企业构建可持续竞争优势的关键因素，然而结合企业面临的动态复杂环境，这些研究框架或模型仍缺乏对企业获取可持续竞争优势的全面的、系统的论述。

霍春辉、芮明杰以企业面临的动态复杂环境为研究前提，在综合分析企业知识理论、战略柔性理论、动态能力理论等多种理论的基础上，借鉴提斯（Teece）提出的动态理论分析框架，构建了可持续竞争优势动态系统模型。该模型由基础平台、跃迁动力以及跃迁路径三个模块组成。模型中模块之间以及要素之间的协同作用机理是动态系统模型的关键。模块中各要素之间相互作用、相互影响，促进了模块的动态调整。三大模块之间又是协同作用的，依托基础平台产生的竞争优势在跃迁动力的推动下，沿着合理的路径最终实现企业的可持续竞争优势，从而动态适应环境的复杂变化。模块间、要素间的相互作用使得整个模型实现了横向扩展与纵向拉伸，从而使企业在交织作用中获得可持续竞争优势，进而实现可持续发展。企业可持续竞争优势动态系统模型丰富和发展了可持续竞争优势理论研究，"提供了在动态复杂环境下分析企业可持续竞争优势的动态、系统、整合的分析方法"①。此后，有相关研究者借鉴并运用可持续竞争优势动态系统模型展开研究。比如，张博借鉴可持续竞争优势动态系统模型构建了基于战略动力模型的企业持续竞争优势分析框架。朱美荣借鉴并运用了可持续竞争优势动态系统模型的研究思想及相关成果。那么，能否将企业可持续竞争优势动态系统模型，特别是这一研究思想应用于解决民办高校可持续发展问题的相关研究中，是值得思考的一个问题。

二、可持续竞争优势理论的内涵

可持续竞争优势理论具体包括以下四个方面的内容：一是竞争优势的"义"，即什么是竞争优势；二是竞争优势的"源"，即什么能带给企业竞争优势；三是竞争优势的"生成逻辑"，即竞争优势的"源"与竞争优势之间的逻辑关系；四是竞争优势的"可持续"，即企业的竞争优势满足什么条件才是可持续的。

企业可持续竞争优势既可以是内生的，由内部核心能力决定；也可以是外生的，由外部环境条件赋予。因而，它是企业系统化的综合能力，具有持久的生命力②。战略管理理论认为，持续竞争优势就是指能够在长期内一直存在或维持的竞争优势。如波特（1985）认为企业通过实施基本的竞争战略可以获得长期持续竞争优势。而巴尼（1986）清楚地界定了企业可持续竞争优势的概念，即"当一个企业实施一项价值创造战略而同时没有被现有或潜在的竞争对手实施，并且其他企业不能复制这项战略而获利时，就说这个企业拥有可持续的竞争优势"③。"只要复制该竞争优势的努力停止后该优势继续存在，就称这种竞争优势是可持续性的。"④ 巴尼强调企业必须同时考虑到现存的及潜在的竞争对手，持续性不是一个时间性概念，也不意味着竞争优势的永存。在巴尼提出的企业持续竞争优势的基础上，尼科尔·P.霍夫曼（Nicole P. Hoffman，2000）正式提出可持续竞争优势的概念，即企业通过实施独特的战略而获得持续的利益，企业实施的这种

① 刘东华. 企业战略的动态能力研究 [D]. 天津：天津大学，2010.
② 沈月华. 企业可持续竞争优势理论文献综述 [J]. 商场现代化，2009 (8).
③ Barney J. B. Firm Resources and Sustained Competitive Advantage [J]. Journal of Management，1986 (1).
④ Rumelt R. Towards a Strategic Theory of the Firm [M] //Lamb R. Competitive Strategic Management. Englewood Cliffs, NJ: Prentice – Hall, 1984.

独特战略既不能被现存的或潜在的竞争对手所实施，这种战略利益也不能被它们所复制。

霍春辉认为："企业的持续竞争优势是指在各种竞争环境中（既包括相对稳定的、简单竞争环境，也包括急剧变动的、复杂的竞争环境），当一个企业能够适时地实施相应的创造高度市场价值的战略，而其他任何现有和潜在的竞争者都无法同时成功地实施这些战略，而且也缺乏进行模仿或'复制'该企业战略所带来的全部收益的信心与能力时，就可以认为该企业具有持续竞争优势。"① 企业可持续竞争优势是多个竞争优势在横向上的叠加和纵向上的继承、发展，不是单一指某一阶段的某一个竞争优势。企业在先前的竞争优势被竞争对手赶超之前，就应该积极寻找新的竞争优势，这样在企业纵向发展过程中，始终不断有新的竞争优势补充进来使其保持在相关领域的竞争优势地位。纵观企业发展，就会呈现出旧的竞争优势不断被新的竞争优势所替代从而推动企业波浪式发展的状态。

三、可持续竞争优势理论的应用与借鉴

可持续竞争优势理论起初主要应用于企业管理中，属于战略管理的范畴。随着市场的多变、政府政策的变更和规模经济效益的弱化，多方支撑的企业生存环境日益复杂多变，这对企业的战略管理提出更高的要求。理论研究主要表现为从传统的战略管理衍生为可持续竞争优势的战略管理，最新的相关研究则突破线性思维，转为趋于动态性的可持续竞争优势研究。关于可持续竞争优势理论的研究，主要应用于动态复杂环境下企业的可持续竞争战略管理，引导着企业培育并发展其竞争优势，尤其是让企业在激烈的、不断发展变化的动态市场竞争环境中掌握主动权，最终获得可持续竞争优势。这种观点应用于企业实践中同样获得了良好的效果，比如海尔集团在动态复杂环境中，在相应战略指导下已经实现连续多年的营业增长，使理论在实践应用中得到进一步印证。

尽管可持续竞争优势理论最初是用于研究营利性的企业组织，但是其研究思路和方法也适用于非营利性或准营利性的民办高校组织。可持续竞争优势理论所关注的问题也是民办高校可持续发展过程中需要解决的关键问题。首先，民办高校与企业具有一定的相似性，在本章最后一节理论适应性分析中将着重分析民办高校的类企业属性。民办高校面临的竞争环境与竞争压力与日俱增，如何主动适应动态复杂的竞争环境，充分发挥自身优势，扬长避短从而立于不败之地，实现可持续发展，这些既是可持续竞争优势理论研究解决的重要问题，也是民办高校面临的重大课题。其次，从当前我国民办高校发展过程中凸显的问题来看，有如

---

① 霍春辉. 动态竞争优势 [M]. 北京：经济管理出版社，2006.

下问题亟待解决：（1）民办高校面临着怎样的竞争环境？该如何适应动态复杂变化的竞争环境获得可持续发展？（2）民办高校可持续竞争优势是什么？源于什么？民办高校如何构建可持续竞争优势？（3）民办高校竞争优势满足什么样的条件能够实现可持续？可以发现，这些问题正好是可持续竞争优势理论所关注的问题。但是，由于人才培养是民办高校的根本职能，作为公益性组织，它和营利性的企业还是有很多不同之处，在借鉴可持续竞争优势理论的同时还需要结合民办高校实际。本书借鉴可持续竞争优势理论的研究思路和方法，结合民办高校实际，深入分析民办高校发展过程中可持续竞争优势构建的问题。

第二节　顾客价值理论

一、顾客价值理论的形成与发展

（一）顾客价值理论的起源

哈佛大学波特教授按照其竞争优势思想提出波特"五力"模型之后，得到了学术界和企业界的广泛认可，自此，企业管理层和学术研究人员都铆足精神，不断创新自己的理念，争取从理论和实践两方面，找到所谓的可持续竞争优势，达到企业的持续运营，使企业处于竞争的最高点。他们的努力更多地着眼于企业内部之间的变革，包括价值链管理、质量管理、组织与过程再造、企业文化、裁员等多种理论措施，忽视了市场发展过程中顾客的需求，只是单方面的提高企业管理效率和产品质量水平。他们也没有意识到，只有生产顾客需要的产品和服务，才能适应市场的发展，找到真正的可持续竞争优势。

与此同时，企业之间的竞争在不断完善的市场条件下愈发激烈，产品的供给方逐渐达到饱和状态，当初的企业占据主要优势的卖方市场已经不能适应市场逐渐转向买方市场的趋势。就在企业家和学者们经过内部改革，组织创新无法达到预期效果，未寻得竞争优势的时候，人们开始着眼于企业所处的市场，开始关注商品交易的另一方——顾客。20世纪70年代开始，就有很多经营管理者和研究人员开始顺应市场变化趋势，研究新的市场营销方法，将当初"以产品为中心、以提高企业管理水平和运营效率为辅"转向"以顾客为导向"，从之前重视产品的功能品质、质量品质，转向当今的为顾客服务，让顾客达到心理预期。自20世纪90年代起，科学技术发展迅速，新发明、新创造也井喷式地出现，差异化、多样化的产品应运而生，这也促使消费者们的消费意识发生变化，不断地更新自己的消费观念，对产品和服务也有了较高的要求和心理预期。顾客价值（Customer Value，CV）的概念开始出现，市场营销理论也有了新的发展方向，企业家们和学者们开始意识到，在当今买方市场条件下，市场供应充足，竞争激烈，顾客需求才是竞争优势所在。并且消费者现今已经接收了先进的教育，有了与世界同步的视野和眼界，他们有了先进的知识储备、多元的产品信息和甄别商品的技能，更喜欢根据自己的想法学习、实践和进行多种尝试，不再是当初被动地接受现成的产品和服务，变被动为主动，有了商品选择的主动权。

企业只有在商品生产研发过程中比其他竞争对手更多地面向市场，更多地考虑顾客需求，才能维系自己的老客户，使其成为忠实的客户，同时争取到对手的客户，企业与顾客之间保持一种良好的互动关系，形成新的竞争优势，在惨烈的市场角逐中一枝独秀。因此，顾客价值得到了学者和企业家的广泛关注，伍德鲁夫（Woodroff，1997）视其为可持续竞争优势的新来源。格朗鲁斯（Gronroos，1997）认为企业给顾客提供优异顾客价值的能力是 20 世纪 90 年代最成功的战略之一。奥梅伊（Kenichi Ohmae，1988）强调，战略的本质在于为顾客创造价值，而非在产品市场上战胜对手。

（二）顾客价值理论的发展

对于顾客价值的讨论，是从 20 世纪 90 年代开始的，对于什么是顾客价值，其内涵到底是什么，学术界一直争论不休，没有达成统一意见。随着时间的推移，顾客价值的内涵不断丰富，也发生了很多变化，整体来看还是不断完善的。

1. 劳特朋的 4Cs 理论

1990 年，英国营销专家劳特朋在传统营销的 4P 理论 ［四个基本策略的组合，即产品（product）、价格（price）、渠道（place）、促销（promotion）］ 基础上，相应提出了著名的 4Cs 营销理论，即消费者（customer）、成本（cost）、便利（convenience）、沟通（communication）。他把市场营销从"以产品为中心"过渡到"以顾客需求为导向"。4Cs 理论的核心内容具体体现在以下几方面：

顾客：顾客需求是企业一切经营活动的核心，产品的设计、生产、营销都应该紧紧围绕在顾客需求上，不能生产顾客不需要的产品。企业首先应该把满足顾客需求摆在前面，要对顾客需求进行详细的调查、研究和把握，并不是先考虑到企业内部的生产能力、可以生产什么产品，这样才能适销对路。

成本：成本包括两部分，第一部分是来自企业，企业的生产成本，就是 4P 理论之中的价格，即企业为生产消费者需要的产品付出的成本；另一部分来自顾客，顾客的购买成本，这个成本不再是传统意义上的货币支出。因为顾客在购买自己需要的产品过程中会耗费人力、物力、时间、体力和精力，并承担一定的风险，所以顾客的心理是希望购物的成本能够补偿他们的付出，弥补他们的风险。价格只有在消费者愿意承受的范围之内，并且在生产成本之上，企业才会有更多的利润。提高生产率，改进生产技术，企业才会有更多的利润空间。

便利：便利就是为顾客提供全方位的购物体验，营销过程中，要充分考虑到顾客的便利。要让便利贯穿于整个购物过程，包括售前企业及时的信息披露，例如完全告知消费者产品的种类、功能、操作方式以及使用效果；产品售卖过程中，企业要给顾客提供最大的便利，如商品引导，信息解说，快捷的付款，送货上门等；产品售出后企业应重视信息反馈，及时答复和处理顾客意见，对有问题的产品要主动包退、包换，对产品的使用故障要积极提供维修方便等。4Cs 理论更重视服务环节，强调企业既出售产品，也出售服务；消费者既购买到产品，也购买到便利。

沟通：企业应以消费者为中心实施有效的营销沟通，通过互动、沟通等方式，将企业内外营销不断进行整合，把顾客和企业双方的利益无形地整合在一起。4Cs 理论用沟通取代促销，强调企业应重视与顾客的双向沟通，以积极的方式适应顾客的情感，建立基于共同利益上的新型企业—顾客关系。双向沟通有利于协调矛盾，融洽感情，培养忠诚的顾客。

4Cs 理论以顾客需求为导向，与以产品为中心的 4P 理论相比，具有先进性，但是 4Cs 理论也有不足：一是 4Cs 理论是顾客导向非竞争导向型的，在营销过程中没有充分考虑到竞争对手的决策对自己的影响，应该冷静地分析企业所处的位置，竞争的利弊，更好、更低廉、更快速地应对激烈的市场竞争。二是 4Cs 理论被动的适应顾客的需求，忽视了企业的自主创新能力，没有看到顾客有时存在的盲目消费性，可能导致产品对市场的扭曲，造成资源的浪费，更减少了消费者的福利，应该建立更高层次的买卖双方的高效沟通机制。三是 4Cs 理论忽视了合作的生产力源泉，也没有看到消费者的长远利益。顾客导向，往往只会关注顾客短时的利益诉求，企业就会为了迎合顾客此种需求进行量产，并没有考虑这是否有利于社会的长远发展，是否是可持续的竞争优势。更忽视了企业之间、社会各个要素之间的合作，才是生产力得以快速进步的真正源泉。

2. 泽瑟摩尔的顾客感知价值理论

1988 年，泽瑟摩尔（Zaithaml）在价值概念中引入心理学元素（如感知、权衡、评价）和经济学的元素（如收益、成本、效用），从顾客心理的角度展开了他的顾客感知价值理论。他抛弃了以往以企业为中心的地位，而将顾客对价值的感知视为核心，认为企业要从顾客角度去运行，为顾客设计、生产、销售产品和服务，强调了顾客导向和顾客对价值能否感知的重要性。

他将顾客感知价值定义为顾客所能感知到的利益与其在获取产品或服务时所付出的成本进行权衡后，对产品或服务效用的总体评价。顾客价值是由顾客而不是由企业决定的，顾客价值实际上是顾客感知价值。这一概念可以从两个角度来解释：首先，每个人是有差异的，故价值也是差异化的，每个消费者对于同一产品或服务有不同的价值感受即感知价值不同；其次，价值是效用和成本、收益和代价之间的博弈取舍，消费者或综合考虑自身感受来衡量价值的多寡做出购买决定，而不是根据某一个单一要素决定。

顾客感知价值理论的结论：价值中收益成分包括显著的内部特性、外部特性、感知质量和其他相关的高层次的抽象概念。在衡量价值收益的时候不能仅仅考虑顾客对产品质量即产品的内部特性的关注，要意识到顾客在衡量自己的价值收益时，会综合考虑产品的各个方面，比如产品的外形、颜色、设计、标识等外部特性，还有相关生产企业的声誉、形象、便利、广告、口碑等更高层次的抽象的利益，还会考虑到自己使用该产品或者享受该服务时别人对自己的评价，对自己心理上的满足感。

感知价值中所付出的包括货币成本、时间成本、精力成本和体力成本。对于某些顾客，他们的价格敏感度高，价格的微小变动都会造成他们消费量的较大变动，价格就是他们消费的决定性因素，产品降低价格就会提高他们对该产品的感知价值；还有一些顾客，对价格变动不敏感，价格的变化不会引起他们对于产品价值的感知，这时，非货币方面就是他们感知价值变化的根源所在，只要提高便利程度，节约时间，减少精力、体力付出，就会增加他们的感知价值。

顾客在对产品或服务进行评价时，由于生产者和消费者之间的信息不对称，他们对各种产品的组成要素并没有充分的认知，并不能完全对成本和价值进行合理评估。由于时间的限制，他们往往根据产品的外部特性来形成自己的感知价值，也就是通过对产品的标识或者外部宣传来形成价值映像，这时的价值，只是他们根据有限的信息在脑海中虚拟形成的价值。他们会成为某一类产品，或者某个企业的忠实客户，只是利用产品或服务的外部特性来节约时间，简化挑选过程，达到感知价值的最大化。

价值感性认识依赖于顾客进行估价的参照系统，即依赖于进行估值的背景。顾客的感知价值并不是一成不变的，而是随时处于动态变化之中。顾客购买产品或服务的背景如时间、地点及当时的心情等都会影响顾客对产品价值的感知。为顾客营造良好的购物环境、提高顾客的消费满意度，也会提高顾客的感知价值。

3. 科特勒的可让渡价值理论

菲利普·科特勒（Philip Kotler）是从顾客让渡价值和顾客满意的角度来阐述顾客价值的。当今市场产品种类繁多，竞争激烈，相似产品之间的选择很难直接做出，顾客会根据品牌、价格等要素根据自己的满意程度对产品价值进行评价，找出价值最高的商品。由于缺乏足够的商品信息，没有足够的评价时间，顾客会在现有的知识储备、信息程度和收入水平下，尽可能地用较低成本，根据自己的价值期望行动，追求自身利益最大化，进而追求价值最大化。科特勒认为，顾客对于每一件商品都有自己的价值预期，并且所有的购买和消费行为都会以此为标准进行，消费者总是选择在他们看来能够提供最高顾客让渡价值的公司购买商品。

科特勒在 4Cs 的基础上，对顾客的总价值和顾客总成本做出了详细的区分，并对每一项都具体指的是什么做了介绍，为消费者衡量成本和价值，并以自己的切身感受为基础进行比较分析，提供了理论基础。他提出，企业要想在激烈的市场竞争中获得胜利，打败实际竞争者和潜在竞争者，保住已有客户、开拓新客户，就一定要以满足顾客需要为根本，在增加顾客收益和减少顾客成本两方面进行努力，为顾客提供含有更高顾客让渡价值的产品或服务。

4. 格隆罗斯的顾客价值过程理论

在顾客价值理论的发展过程中，不断有各种理论融入，斯图尔特·麦尔斯（Stewart C. Myers）的价值工程方法也被引入到了其中，形成了独特的顾客价值分析方法。在对服务业进行详尽的研究之后，詹姆斯·赫斯克特（James L. Heskett）等人发现了顾客价值在满足消费者需求方面具有很重要的地位，总结出了顾客价值等式的价值工程模式：价值 = 效用/成本。其中，效用 = 为顾客创造的服务效用 + 服务过程质量；成本 = 服务的价格 + 获得服务的成本。在此基础之上，1985 年，巴巴拉·本德·杰克逊（Barbara B. Jackson）将 20 世纪 70 年代北欧学者的关系营销引入了顾客价值理论模型之中，在克里斯琴·格隆罗斯（Christian Gronroos）等人的不断完善之下，形成了注重关系的顾客价值过程理论。

格隆罗斯认为，顾客在消费过程中，不能仅仅感知到产品现在的价值，应该体会到随着时间的推移，产品在持续的关系中拥有的价值。顾客价值不是在某一个时点瞬时形成的，而是在很长的一段时间里形成的，这就是价值过程。价值过程贯穿于关系营销的始终，而关系营销又要为交易各方提供比一般营销更大的价值，这种持续关系中的价值，更有关注的意义。他也对顾客感知理论进行了批判，认为感知理论中，效用和成本的界定，仅仅是顾客针对自己的所得和付出进行直观的感知，具有很大的主观性，只考虑了顾客自身的感受，而忽略了企业一方提供商品的关系，这个关系又在顾客对产品的总感知价值中占有举足轻重的地位。

提供物之间的关系，是从总体上、宏观上对所有消费物进行把握，这种关系有时可以对产品感受形成替代。比如，顾客虽然对产品不是十分的满意，但是购买商品以后，在与商品之间、与企业之间的长期关系之中，能够得到更多的满足。这样，顾客与企业仍能进行交易，这是因为顾客此时不再仅仅关注一时的享受，而转为对整体的关系进行价值评估。基于此，价值成为关系营销的重要组成部分，企业提供给顾客超级价值的能力被认为是 20 世纪 90 年代最成功的战略之一。这种能力已经成为差别化的工具和建立持久竞争优势的关键。

在关系存在的前提下，顾客感知价值是随着时间的推移而产生，并且是处于不断的动态变化之中的，同时对于关系的评价也是不同的。第一个公式中，既包含短期因素，也包含长期因素，是对顾客感知价值的综合考虑。其中，价格是短期因素，在交易双方进行交换的时候，按照双方都满意的价格实现。关系成本是长期因素，伴随着关系的产生发展而出现和改变，有边际成本递减的趋势。核心产品和附加服务也需要一段时间来实现其效用。与此对比，第二个公式中的附加价值也是一个长期因素，要伴随着关系的发展而实现。对两个公式进行对比，二者各有侧重，前者强调短期价值过程中的顾客价值，后者强调长期价值过程中的顾客价值。

针对顾客价值的实现，格隆罗斯指出，关系营销过程中，交互过程和对话过程之间的相互协调、不断交流具有很重要的作用。它们相辅相成，缺一不可，一个环节出现错误，就会影响其他过程的实现，甚至产生错误的诱导，出现错误的结果。例如，顾客的价值过程没有良好的实现，交互过程就无法准确高效的实现，容易引发不正确的举动；交互过程和对话过程产生矛盾，价值过程就可能因为顾客产生错误的信号引发错误的结果。

上述四个理论的介绍，体现了顾客价值理论的产生、发展和深化的过程，它们在彼此的基础上不断创新，引入新的元素。但是，顾客价值理论的核心没有发生变化，都是"以顾客价值为导向"。企业应当从顾客角度来设计、生产、销售产品或服务，它们的价值也应当由顾客来评断，不是由企业单方面决定。顾客价值理论从产生仅仅经历了几十年的发展，还需要不断地完善，其中的很多问题还有待解决，需要结合多个学科来进行研究。

二、顾客价值理论的应用与借鉴

（一）顾客价值理论在高等教育研究中的应用

早在 20 世纪 80 年代初，国内学术界即注重教育价值的研究。[①] 现实中，教育的社会价值比教育的个人价值更为突出，也更被关注。随着高等教育的发展以及高等教育研究视角的拓展，企业管理相关理论被借鉴到高等教育研究中，以研究解决高等教育发展中存在的现实问题。顾客价值理论在高等教育研究中的引进与应用也是如此。

自顾客价值理论引入高等教育就被应用在高校发展的各个方面，如高校竞争力、高校教育教学质量、高校教学改革、校企合作、就业、专业课程设置、体育馆管理、图书馆管理、高校食堂管理等方面，其中在高校核心竞争力方面的研究尤为集中和突出。随着市场规则逐渐步入高等教育市场，高等院校也无可避免地进入到越来越激烈的市场竞争当中。[②] 面对逐渐加剧的竞争环境，该如何持续发展，如何在竞争中取得优势，如何增强自身的竞争实力成为高校尤其是处于弱势

---

① 李长吉. 教育价值研究二十年 [J]. 高等师范教育研究，2001 (4).
② 戚牧. 从顾客让渡价值谈高校竞争力 [J]. 科教文汇，2006 (8).

的民办高校面临的重要现实问题。诸多学者从顾客价值角度探索构建高校核心竞争力。

戚牧从顾客让渡价值理论出发，提出高校应从社会需求出发，在构建专业结构、根据市场需求合理定位附加服务价值、加强教师队伍建设、提高教学与管理人员的服务水平、树立品牌形象，增强形象价值等方面提高高校顾客总价值；应从增加教育服务含金量、减少非正常支出，从设置弹性学制、多种培养方式等降低时间成本方面降低高校顾客总成本。同时，他也强调高校作为非营利性组织，在运营管理中应把握顾客价值的合理界限，在满足顾客价值最大化的同时实现高校长远发展。[①]

与公办高校相比，民办高校面临着更严酷的竞争环境，构建自身核心竞争力，走可持续发展之路是民办高校的必然选择。基于民办高校类企业特质，构建了由核心层、支撑层、外在表现层三层结构的民办高校核心竞争力体系。[②] 孙芳以顾客让渡价值理论为视角，基于民办高校的组织性质，通过提高"顾客总价值"，降低"顾客总成本"来增强其吸引力，达到在竞争中立足的目的，进而消解"发展趋同"的矛盾，促进我国民办高等教育的可持续发展。[③]

（二）顾客价值理论在民办高校可持续发展中的借鉴

本书认为民办高校应通过构建可持续竞争优势以适应动态复杂的环境变化，实现可持续发展。在管理理论中，顾客价值战略被认为是能够为企业带来持续的竞争优势的新来源。[④] 在传统竞争战略思维逻辑中，对于企业的竞争与发展，战胜竞争对手的目标比满足顾客需求更为重要。然而，如果不能为顾客创造更大的价值，企业间的任何竞争行为对于顾客而言都将是毫无意义的。[⑤] 企业只有以创造顾客价值为目标，最大限度地将有限资源转化为更大的顾客价值，才能更具竞争力与竞争对手抗衡，占据有利的竞争战略位置。

从职能上看，民办高校与公办高校并无差别，都要承担人才培养、科学研究、社会服务和文化传承的重要职能，但是从职能的实现路径上看，二者有着明显的区别。民办高校作为社会资本办学，是自主经营、自负盈亏的经济实体，并依靠市场运作方式求得生存与发展，其本身具有明显的类企业性。对于民办高校而言，社会需求是其发展的原动力，而生源则是其生存与发展的根本支撑。"没有生源既没有经济来源。"因此，民办高校应当围绕着顾客价值这一中心点，不断地探索、满足社会及个体的顾客价值需求，进而保持竞争优势的可持续性，实

---

① 戚牧. 从顾客让渡价值谈高校竞争力 [J]. 科教文汇, 2006 (8).
② 马继征. 基于顾客价值的民办高校核心竞争力体系的构建 [J]. 中国成人教育, 2015 (13).
③ 孙芳, 魏佳佳. "顾客让渡价值"理论视角下民办高校异质竞争力的生成 [J]. 教育与职业, 2014 (23).
④ 姜大鹏, 和炳全. 顾客价值与持续竞争优势 [J]. 商业研究, 2005 (6).
⑤ 何元秀. 基于顾客价值的企业可持续竞争优势研究 [D]. 武汉: 武汉理工大学, 2007.

现可持续发展。民办高校应当把顾客价值作为自身发展的引导者和终极目标。人才培养是民办高校的核心职能，而人才培养的对象即民办高校的顾客——学生，围绕顾客价值培育与提升民办高校人才培养能力是民办高校获得可持续竞争优势的重要途径。

第三节　和谐管理理论

一、和谐管理理论的发展与内涵

（一）和谐管理理论的起源

和谐管理的思想起源于我国古代的天人合一论与和合论，天人合一论始于《周易》"天道与人道必须和谐统一"，和合论就是说在处理事物内部或外部的关系时，都必须保持和谐和协和①。席酉民、刘鹏等②指出，和谐管理理论直接来源于对中国改革开放以来组织发展的经验观察。一方面，组织在人员、资源和精力等方面普遍存在着内耗，内耗较高时，组织容易出现较大冲突而导致组织效率低下，内耗较低时，组织才会有较高的效率；另一方面，人的主观能动性在组织的内耗中起着关键作用。人并不是完全理性的，在进行决策选择时，组织管理者不可能掌握目前所有的情况，还可能会受到个人情感的影响，所以制定出的决策不可能十分完美，也就不能解决存在的所有问题。这就是所谓管理者的有限理性，它将导致不可避免的组织内耗。

伴随经济全球化发展的趋势，日益复杂多变和具有高度不确定性的组织发展环境要求组织能够做出快速而灵活的应变。然而，组织现行的管理制度和组织结构使得组织在这种状况面前表现出反应迟钝、应对能力有限，已有的管理理论因局限于各自特定的研究视角，难以给出应对不确定性和复杂性的全面的、有效的指导，致使管理者们在管理过程中越来越捉襟见肘。

1. 具有高度不确定性的组织发展环境

任何一个组织的管理活动都离不开组织所处的环境，包括外部环境和内部环境。外部环境包括一般外部环境和特定外部环境。一般外部环境指政治、法律、经济、社会文化、人口条件、技术条件、全球条件等，当这些因素发生变化时，一般会对组织产生间接的、长远的影响，导致组织产生重大变革；特定外部环境指组织所面对的政府、竞争者、顾客、供应商等，这些因素会对组织产生直接

---

① 谢永川. 浅谈高校和谐管理 [J]. 中国成人教育，2007 (5).
② 席酉民，刘鹏等. 和谐管理理论：起源、启示与前景 [M]. 管理工程学报，2013 (1).

的、迅速的影响。内部环境包括组织文化、员工人际关系、办公环境等，例如，组织中个体成员知识能力的普遍提高和追求自我实现价值观念的提升，这些因素会对员工的工作积极性、创造性、工作效率等产生直接的影响。

经济全球化发展的背景下，市场竞争日趋激烈，组织环境的各个要素时刻处于变化之中，导致人们难以掌握所有信息且没有能力区分有用与无用的信息。因此很难把握环境的发展动向，也就是说，组织环境具有不确定性。不确定性是指个体由于认知有限和情感因素而对客体难以准确预测，组织环境的不确定性是指组织管理者因为认知有限及情感因素对来自组织环境因素的难以准确预测①。组织环境的不确定性来自组织环境的复杂性、多变性和难以预测性。复杂性指组织面临的环境要素非常多，且时刻有新的环境要素加入。从组织外部环境来看，宏观的经济环境、社会秩序、文化氛围、区域的产业发展态势都无时不在变化之中，且变化速度和幅度也不是一成不变的。从组织内部环境来看，知识型员工的行为相对体力劳动者的行为较为隐性，组织难以对其进行确切的预测。组织职能、组织结构和组织模式的变化也使得员工的行为难以确定。

2. 局限于各自特定研究视角的管理理论

孔茨将管理理论划分为经验学派、人际关系学派、群体行为关系学派、社会协作系统学派、社会技术系统学派、决策理论学派、系统学派、数理学派（管理科学）、权变理论、经理角色学派、经营学派（管理过程学派）。② 这些管理理论或管理学派大都源自西方，它们从不同的角度，采用不同的研究方法，对不同的研究对象展开研究，研究结果各有侧重。它们的共性是强调科学性、理性、精密性、确定性，所以当涉及具有能动作用的人参与的较为复杂的系统时，这些管理理论就会显现出难以掌控或处理管理问题的弊端。与西方管理理论相比，东方管理理论更加注重人与大自然的和谐共处，重视人与人之间的关系融洽，强调在管理的过程中最大限度地发挥人的主观能动作用。

基于复杂多变的组织发展环境，组织管理者既要应对外部环境的不确定性、内部员工和组织发展的不确定性，又要应对自身管理方法的不确定性，在这样的背景条件下组织要实现可持续发展，就需要和谐管理，运用系统论方法建构其理论构架③。和谐管理理论由此产生，它致力于对复杂多变环境下充满不确定性的一系列管理问题提出一种较为全面、系统的解决方法。

（二）和谐管理理论的发展

19 世纪初期，管理教育先驱之一的安德鲁·尤尔（Andrew Youl）针对工业时代的效率、控制问题以及工人管理问题开始了在实践中摸索和谐管理方案。20

---

①② 席酉民，肖宏文等．和谐管理理论的提出及其原理的新发展 [J]．管理学报，2005（5）.

③ 周建波．中西思维范式差别与中国管理情境问题——和谐管理理论与信息经济学理论研究范式的比较 [J]．管理学报，2011（7）.

世纪 80 年代，和谐理论正式作为较成熟的理论被我国管理学者席酉民教授首次提出，受到了国内管理学界普遍的关注和重视。① 和谐理论初步形成，它以系统理论的"老三论""新三论"为基础，针对中国的社会经济系统发展战略研究，给出了一般系统论的分析，即一般系统如何深化到和谐状态并维持和谐运转的思路和方法，在这个分析过程中注入了中国自己的哲学、文化和思维方式。在之后的二十年中，席酉民教授和他的研究团队不断进行理论研究和实践摸索，并结合流行的管理理念和思想，形成了较为完善的和谐管理理论和思想。2002 年，和谐理论开始由一般系统理论向组织管理理论转变，通过"和""谐"的界定，"和则""谐则"的阐述，"优化设计""不确定性消减""互动耦合"路径的提出，建立起多变环境下复杂管理问题的解决学——和谐管理理论②。席酉民、王亚刚③指出，经过多年的探索、研究、发展与深化，和谐管理理论在和谐理论的基础上升华、完善而逐步形成了一套具备较完整框架的现代管理理论体系。

（三）和谐管理理论的内涵

辩证唯物主义和谐观认为，和谐是指对立事物之间、构成一个整体的各个要素之间，在一定的条件下、具体、动态、相对、辩证的统一，最终形成优势互补、相辅相成、互助合作、互利互惠、共同发展的关系。和谐管理的宗旨即使组织达到这样一种和谐的状态，组织内部和外部的各种关系得以协调处理、各项秩序得以有效维护。

和谐管理作为一种新的理论探索，是组织在复杂多变的环境中，为实现战略目标，围绕"和谐主题"的分辨，采用"问题导向"的分析思路，以优化设计和不确定性消减及利用为手段提供问题解决方案的实践活动。这里所指的"和谐主题"是指组织在某一特定的发展时期或情境下，为实现组织长期战略目标眼前所要解决的核心问题或要完成的核心任务，具体来说，就是指组织针对眼下急需解决的问题而确立的阶段性工作重点。

和谐管理理论利用"谐则"或"和则"或两者的有机组合来解决问题。"谐则"指有关组织优化设计的制度、流程和结构，包括在组织管理制度、工作流程方面的各种统筹规划和规范化。它对组织成员的具体工作流程、组织职能的实际运作程序进行周密的预先设计和严格的过程控制，使员工严格按照如上所说的制度、流程等开展工作。"和则"指有关人的能动作用的机理、机制或者规律，它通过构筑必要的组织环境、创造必要的组织氛围，比如组织中的传统、惯例、规

　　① 单锋. 传统文化视域下的企业和谐管理研究 [J]. 管理世界，2015 (7).
　　② 刘鹏，席酉民. 和谐理论：系统视角与时间透镜下的组织过程模型 [J]. 系统工程理论与实践，2012 (11).
　　③ 席酉民，王亚刚. 和谐社会秩序形成机制的系统分析：和谐管理理论的启示和价值 [J]. 系统工程理论与实践，2007 (3).

则、共识、契约等要素，来应对组织中人的不确定性并诱导组织成员充分发挥主观能动性①。为实现和谐管理，"谐则"与"和则"的有机组织是最大化消减、降低组织不确定性程度的最佳选择，也就是说，"谐则"与"和则"围绕和谐主题在不同条件下、不同层次间的相互协调、相互作用、相互转化，是应对管理问题的最优方案②。姚裕萍③指出，和谐管理就是一方面用优化的思路解决客观科学的一面，另一方面用减少不确定性的思路解决人的主观情感、行为的一面，前者为"谐则"，后者为"和则"。使用和谐管理理论解决问题的作用机制如图3-1所示④。

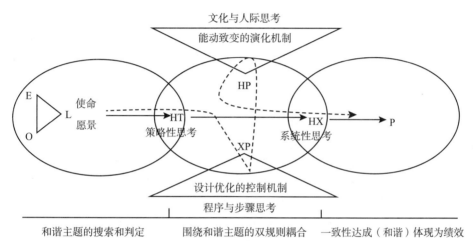

图3-1　和谐管理理论提供问题解决方案的作用机制

　　和谐管理理论是建立在系统论的基础上的，其目的是通过在各个子系统中形成一种和谐共处、协同发展的和谐状态，进而实现组织整体的一种和谐状态，即组织中的各个要素之间、要素与系统之间、系统与环境之间达到高度的统一、力量均衡、协调一致，致力于提高系统和谐性。和谐管理就是对组织外部和外部秩序状态的谋划，对组织自身品质或组织内部关系的管理，其核心是组织在特定的发展时期和情景下，为实现组织长期目标所要解决的核心问题或要完成的核心任务。

　　① 周建波. 中西思维范式差别与中国管理情境问题——和谐管理理论与信息经济学理论研究范式的比较［J］. 管理学报，2011（7）.
　　② 刘鹏，席酉民. 基于和谐管理理论的多变环境下可持续竞争优势构建机理研究［J］. 管理学报，2010（12）.
　　③ 姚裕萍. 论高校和谐管理机制的构建和创新［J］. 浙江工业大学学报（社会科学版），2008（12）.
　　④ 刘鹏，席酉民. 基于和谐管理理论的多变环境下可持续竞争优势构建机理研究［J］. 管理学报，2010（12）.

二、和谐管理理论的认识与应用

和谐管理理论已经被应用在许多不同领域的组织与管理问题的研究中，解决了许多实际问题，比如，人力资源管理领域、企业管理、高校管理、工程项目管理等。这些领域的研究充分证明和谐管理理论在复杂多变环境下解决复杂管理问题的重要意义，为现实问题的解决提供了理论基础，发挥了显著的理论指导实践的作用。

（一）民办高校和谐管理的内涵

民办高校在发展的不同时期和不同阶段，面临着不同的内外部发展环境，存在着不同的阶段性工作重心，需要解决各种各样不同的管理问题。民办高校面临的主要外部环境变化包括：生源市场的变化、竞争院校的变化、政策的变化、社会经济状况的变化等宏观环境。学校创办初期，需要解决生存的问题；规模扩大期，需要解决占领市场、提高市场占有率的问题；发展稳定期，需要解决可持续发展问题。

有些民办高校在管理过程中不同程度地存在着诸多不和谐现象。(1) 管理理念方面，不和谐主要可能表现在以下几个方面：高等教育改革一直在进行之中，有些民办高校跟不上政策的发展变化，不具备发展意识和创新精神，将很难适应新的形势；有些民办高校不具备整体和系统的思维，过于急功近利，眼光短浅，心态浮躁，在工作中过度强调局部利益而忽视整体利益，片面追求个人利益，将无法发挥民办高校最大效能，也就不能创造性地开展工作；有些民办高校未能根据自身的情况、特色、优势确立适合自己的发展目标、人才培养目标，导致培养出来的学生与其他学校的学生相比没有优势、不具备竞争力，不能适应社会快速发展的需要。(2) 管理机制方面，有些民办高校采用的科层等级结构模式，往往会造成学校在管理过程中重权力、轻能力，导致教职员工的创造力和创新性被扼杀，活力难以激发出来，制约民办高校发展的驱动力，办学效率低下；有些民办高校不能合理分配所拥有的资源，在师资培养、科学研究、教学改革等方面投入的人力、物力、财力相对不足。(3) 管理运作方面，有些民办高校仅靠各项规章制度来约束人、控制人、管理人，让教职员工难以发挥主体性、主动性。另外，师资队伍结构不合理、学科（专业）设置不合理，不能完全满足人才培养的需要。①

对于民办高校来说，和谐管理就是在民办高校发展过程中，学校管理者通过充分调动各个利益相关者的积极性和能动性，有效协调处理好学校内部和外部各

---

① 李静 . 基于和谐管理理论的工程项目 HSE 管理体系设计与绩效研究 [D]. 天津：天津大学，2007.

种利益关系，使各个利益相关者处于和平共处、协同并进的状态，营造出一种和谐、愉悦的氛围；合理规划配置并有效监督协调学校内外部各类资源，使各项资源发挥其最大效能，最终达到学校有序发展、健康发展、可持续发展的目的。民办高校和谐管理的目标具体体现在教学管理、学生就业、师资队伍建设、科研管理、实习实训等各项职能在民办高校发展过程中达到一种"和合"的状态，既存在差异性和多样性，又协调共处在同一个组织系统中。既包括民办高校与社会、外部环境的和谐，又包括民办高校自身与内部各要素的和谐。

和谐管理理论的思想可集中体现在其对组织运行模式的理解上。从民办高校的日常运行来看，外部环境、民办高校和校长是和谐主题形成的基础和来源，校长在对学校及其内外部环境发展变化感知理解的基础上辨识学校当前的任务和问题。当确定了和谐主题以后，民办高校需要根据自身情况、依据已有经验搜索有效的"谐则"与"和则"的耦合模式。对于能够通过组织结构、流程设计、制度设计等"优化设计"予以解决的作用机制称之为"谐则"，它通过设计和规定管理对象的行为来发挥作用；对于通过激发教职员工的主观能动性、诱导教职员工自主行动等"能动致变"予以解决的作用机制称之为"和则"，它通过减小教职员工在认知、意愿和能力等方面的不确定性来发挥作用。"谐则"与"和则"是民办高校在寻求问题解决方案的过程中可遵循的两种不同规则，它可指导民办高校解决、应对复杂变化的环境。

民办高校的正常运转离不开每一位教职员工和学生，对民办高校实行和谐管理必须建立在以人为本的思想基础上。一方面，以人为本指民办高校高度尊重、信任与接纳每一位教职员工，把关心人、爱护人放在学校工作的第一位，发挥教职员工的主观能动作用，让他们参与到学校的各项决策中来，为教师创造一个沟通顺畅、公平竞争、身心愉悦的工作环境。以人为本要求民办高校尊重教师的主体性，最大化挖掘教师的潜能，为每一位教师增长知识技能、积累教学经验、增加教学能力、成长与发展创造条件、搭建平台，形成合理的教师发展机制。另一方面，以人为本还要求民办高校以育人为根本，一切为了学生，为了一切学生，为了学生的一切，培养"自由而全面发展"的人。在管理中育人，任何管理工作都把培养人放在第一位。着重挖掘所有学生的潜能，着眼于满足全体学生发展的需求，既要满足绝大部分人的共性需求，又要满足少部分人的个性需求；既要教给学生书本上的知识，培养学生毕业所需要的能力，又要教会学生书本上没有的知识，满足学生面向社会、未来发展的需求，为学生创造一个轻松愉快、积极向上、和谐融洽的学习环境。

（二）和谐管理理论与民办高校可持续竞争优势

民办高校具有人才培养、科学研究、服务社会、文化传承四大职能，如何协调处理好这四大职能之间的关系并有效发挥好这四大职能的作用，进而使得民办高校高效运转，成为民办高校可持续竞争优势的主要来源。在复杂多变的环境下，民办高校面临的挑战是要快速应对各种环境变化，当不确定性不断增加时，努力将各种不确定转变为确定。

民办高校具有可持续竞争优势，表现为这所民办高校是一个具有完善运转机制的、高效的系统，它能独立地面对社会、承担社会责任，它能够与外界进行资金、信息、人才等各项物质、资源的交换，能够适应外界环境变化和社会发展的趋势，它具有适合自己发展状况的各阶段的发展目标，并能不断地实现一个又一个发展目标。

民办高校作为一种社会组织，与企业一样，是将一定的投入转化为产出的系统。将投入转化为产出的效率越高，民办高校越有可能获得竞争优势。提高效率，从整体上要降低投入、产出比，在办学的每个环节上均需要提高效率。有效的民办高校管理过程要求能够实现两个职能目标，一是使民办高校四大职能涉及的各项任务活动高效运转，二是在实现四大职能的过程中创造可持续竞争优势。

民办高校可持续竞争优势的构建是一个非常复杂的问题，而且是一个动态的过程，它受到多种因素的综合影响且这些因素也处在一直变化之中。以和谐管理理论为指导，民办高校可分两步走构建可持续竞争优势。第一步，确立和谐主题。民办高校在不同发展阶段会遇到不同的问题和阶段性任务，每一阶段的发展都离不开目标任务的指引。在长期战略目标的基础上，根据目前所处的形势和具有的各类资源条件，在目前所处的这一特定时期内确立合理的、相对稳定的目标任务，也就是和谐主题，这将决定民办高校的发展方向。第二步，利用"和则"与"谐则"来解决完成目标任务过程中存在的问题。这里要注意的是，需要明确哪些问题用"和则"解决、哪些问题用"谐则"来解决，并且要努力使二者有机结合、协调互助、整体统一，达到高度的协调。

民办高校的行为主体（即教职员工）是具有主观能动性的人，每位教职员工都具有自我认知，都是追求个人利益最大化的，并不都是始终围绕在学校利益周围。民办高校无法使用某种确定性的规则或制度去让全体教职员工和学生都始终按照学校的意志去做事情，否则，容易导致教职员工产生逆反心理，事倍功半。此时，只能通过某种心理上的手段去影响或诱导教职员工在工作上尽可能最大化地符合学校的意志。比如说通过文化氛围、考核激励制度等手段，让教职员工的个人目标在某种程度上与学校的目标达到和谐一致，同时学校为教职员工个人目标的实现创造条件。和谐的民办高校文化氛围通常表现为和谐的人际关系，学校领导与普通教职员工之间关系和谐，教职员工之间关系和谐，能够让教职员工产生归属感和主人翁感，能增强民办高校的凝聚力和吸引力。合理的考核激励制度能够充分调动教职员工的工作积极性，激发其工作热忱，进而更好地完成工作任务。这就是民办高校的"和则"，即借助并发挥人的主观能动性去完成民办高校的目标任务，去应对民办高校遇到的各种不确定性。"和则"的关键在于让教职员工充分地信任学校，然后在信任的基础上，最大化发挥其主观能动性，主动地去为实现学校的目标任务工作。

与企业一样，民办高校也是由各种各样的人力、物力、财力资源组成的有机整体，它也强调各种要素投入能产生最大的效能。为了构建民办高校可持续竞争优势，民办高校也需要考虑如何提高工作效率的问题，这时就需要基于"和谐主题"协调配置各项资源，可通过调整内部的管理体制和制度安排、优化组织结构设计和流程设计、设定资源分配机制等措施来实现。

在实际管理过程中，因为管理问题并不能完全分隔开来，因此，"和则"与"谐则"必然具有一定程度的交叉，并不是各自孤立地解决问题。"和则"与"谐则"分别是从人的方面与物的方面出发，来帮助实现"和谐主题"的，二者有机组合才能确保"和谐主题"顺利实现。当民办高校所处的内外环境相对较为稳定时，此时民办高校可主要依赖规则的制定来解决问题，也就是说，主要使用"谐则"的力量，而"和则"的力量相对减弱。当所处的环境趋于复杂多变时，就需要主要借助人的力量来发挥作用。在这个过程中，要通过"谐则"与"和则"的交互协调发挥作用，来有力消减民办高校发展过程中遇到的不确定性。有的民办高校擅于使用"和则"，有的民办高校擅于使用"谐则"；有些"和谐主题"适合使用"和则"，有些"和谐主题"适合使用"谐则"。随着民办高校的发展，随着"和谐主题"的更替，民办高校要特别注意"谐则"与"和则"之间的相互配合、相互作用，以达到二者耦合的最大作用，这就是最有效的和谐耦合模式。通过这种耦合，能在给出局部问题最优解决方案的前提下，提出整体最优解决方案。

具体来说，民办高校可针对各自发展过程中存在的不和谐现象分别采取"和则"或"谐则"的手段进行和谐管理。然而，和谐机制的建立则是一个长期的过程，需要根据环境变化不断调整"和则"与"谐则"。（1）管理理念方面。时刻紧跟时代发展的步伐，以上级政策为准绳，更新教育观念，一切以学生为本，培养全面发展的、社会需要的合格人才；更新教学手段、教学内容、教学方法，更新学生的知识体系，培养适应新时代发展要求的优秀人才。（2）管理机制方面。坚持以人为本，人既是管理的客体，也是管理的主体，做到制度管理与情感管理的协调统一，在尊重人、关爱人的基础上，依靠人、发展人，充分调动教职员工的主观能动性，发挥其主人翁的主体作用，做到人尽其用。坚持"和为贵"，在正视矛盾的前提下，妥善处理人与人之间的关系，包括上级和下属的关系、同事之间的关系、师生之间的关系等，形成人与人之间相互尊重、相互理解、相互关心、相互帮助的友好氛围[①]。（3）管理运作方面。在兼顾学校自身情况与外部环境的前提下，合理分配人力、物力、精力、财力等各项资源。坚持教学在学校

---

① 王志健. 论高校和谐管理理念的科学内涵及其构建 [J]. 高等农业教育, 2009 (7).

工作中的核心地位，科研服务教学；软件建设与硬件建设并重；行政管理人员与教师并重，不偏不倚。

民办高校在和谐管理理论的指导下创建可持续竞争优势的作用机理可描述如下：首先，和谐是指民办高校在组织上、结构上、各项要素上的总体协调，和谐管理通过调动全校教职工的主观能动性来达到利用不确定性的目的，实现在一定的输入下达到最大输出，保证学校高效运转。也就是说，民办高校运用和谐管理理论能够把一切力量都团结起来、把一切智慧凝聚起来、把一切潜能挖掘出来、把一切活力激发出来、把一切资源都整合起来、把一切积极性都调动起来。如此，便具有了竞争优势。其次，通过和谐管理理论创建的竞争优势具有可持续性，原因在于：第一，和谐管理依赖于民办高校各自独特的组织文化，民办高校一旦形成具有竞争优势的和谐态势，竞争对手很难进行复制；第二，和谐管理强调依据不确定的环境变化随时进行快速响应，能够及时确定各个时期的核心任务和关键问题，从而进行适时调整组织战略，保证学校时刻具有竞争优势。

第四节　理论适用性分析

综上所述，可持续竞争优势理论、顾客价值理论、利益相关者理论以及和谐管理理论的应用，对企业发展起了积极的作用，并可以引用到与企业具有类似性质的领域。能否将这些理论引用到民办高校中，首先要看民办高校是否具有类企业性，民办高校的类企业性是可持续竞争优势理论对其适用的基础和前提。实际上，民办高校在属性和行为两大方面与企业有一定的类似性，下面对其进行具体分析。

一、民办高校的类企业属性分析

民办高校是在 20 世纪 80 年代高等教育不断走向市场化和全球化的背景下逐渐发展壮大的，产生缘由和发展过程使其具备了类似于企业的经济属性和社会属性。

（一）民办高校的类企业经济属性

从传统观点来看，民办高校是教育组织，而企业是纯粹的经济组织，两者之间存在明显的差异。但是民办高校不同于纯粹的教育组织，具有类似企业的经济属性。主要体现在以下几个方面：

1. 民办高校在组织性质上具有类企业经济属性

人力资本之父舒尔茨认为，学校可以看作是为社会再生产劳动力的一个专门场所,而学生则是学校的作用对象。学生刚进入学校时,各方面知识并不完备,学校通过对学生进行教育培养,让学生在毕业前掌握一定的知识和就业能力,为毕业生颁发学历证书并推荐其就业。

2. 民办高校在经营目标上具有类企业经济属性

民办高校与公办高校相比,在国家经费投入方面存在缺失,因此,资源匮乏是民办高校面临的主要问题。经费的缺失使民办高校面临成本压力和办学风险。为此,民办高校难以像公办高校那样简单追求公益性或非营利性,必须考虑办学成本。目前,民办高校仍以学生学费为主要经费来源,以保持学校正常经营运转和教育教学中心工作的正常开展。通过积累资金才能够有效抵御办学风险,也才能够进一步服务社会。

3. 民办高校在制度建设上具有类企业经济属性

民办高校机制灵活,学校制度建设主要面向市场,与企业制度类似。比如,我国大部分的民办高校主要实行董事会领导下的校长负责制,实现决策权与执行权的分离。民办高校全体教职员工实行聘任制,劳动报酬形式灵活多样。

(二) 民办高校的类企业社会属性

1. 民办高校具有类似企业的社会服务性

企业生产经营目的之一是更好地服务回馈社会,企业最基本的社会责任就是做好企业,生产社会所需要的产品,为社会服务。民办高校办学的根本宗旨是教书育人,而教育的本质是一种培养人的社会服务活动,培养人的同时便产生了公益服务性,即教育要为社会服务,实现个体或群体的社会化,实现教育的政治、经济及文化等社会功能。由此可见,民办高校具有与企业相似的社会服务性。

2. 民办高校办学要充分利用社会力量

与公办高校相比,民办高校一方面缺失国家财政补贴,另一方面缺失国家相关政策的大力支持,因此,必须依靠社会单位、捐赠群体以及个人投资等社会力量来筹资办学。另外,在民办高校发展过程中,也必须依靠社会关系网络,不断地充实资源。由此可见,民办高校办学与管理过程中需要充分依靠社会,利用社会力量这一点与民营企业依靠社会力量筹资经营具有很大的相似性。

3. 民办高校要适应社会的发展和变化

民办高校从恢复发展起,不存在既定的发展道路和方向,只能依靠自己来巩固生存根基,并在实践中摸索发展路径,面对动态复杂环境变化带来的机遇与挑战,民办高校和企业一样不是被动地接受,而是会选择积极主动地抓住机遇、迎接挑战。具体体现为民办高校的专业设置、师资培养、招生就业等办学行为都应该根据不同时期的社会需求来调整。

通过上述对民办高校属性的分析可以看出,民办高校在其经济属性和社会属性上与企业都有极大的类似性。因此,民办高校在属性特征上具有类企业性。

二、民办高校的类企业行为分析

民办高校的办学过程与企业的运作经营过程具有相似性。具体分析如下：

（一）民办高校的竞争与民营企业类似

民办高校在发展过程中面临的诸多竞争因素与企业面临竞争因素类似，主要体现在以下几个方面：

1. 民办高校面临的竞争环境与民营企业类似

民营企业是在我国经济高速发展、公有制经济需要非公有制经济对其进行有益补充的背景下逐渐发展起来的。虽然在发展的过程中也有政府政策的支持，但是整体受传统计划体制的限制，其相关待遇与国有企业相比还存在较大差距。比如在贷款方面，银行等金融机构对民营企业设置的贷款限制比国有企业多。民办高校也面临着类似的情况。从恢复发展至今，虽然国家和地方政府在政策法规方面对民办高校给予了一定的鼓励与扶持，但与公办高校相比，政策待遇差距还很明显。

2. 民办高校发展面临的竞争压力与民营企业类似

民营企业是在国有经济体系的夹缝中成长起来的，需独自承担风险，接受市场的考验，独自摸索生存与发展之道，在发展初期面临着巨大的生存压力。同样地，民办高校的发展也面临着巨大的竞争压力。由于民办高校的特殊性质，其生存和发展也必须面对市场的考验，在办学资金、师资、教学设施等诸多方面必须由民办高校自行解决。民办高校在办学过程中虽有时面临被淘汰的风险，但与公办高校相比有自身的优势和特色，如办学机制灵活等。民办高校要想在激烈的竞争中处于不败之地，实现可持续发展，必须把握机遇，充分发挥自身优势，扬长避短，寻求特色发展。

（二）民办高校的教育管理过程与企业的生产经营过程类似

在《规划纲要（2010~2020年）》的指导下，越来越多的社会力量加入民办高校的发展中，因此民办高校中社会力量的角色不断强化，民办高校的市场化运作也愈加明显。与此同时，在向国内外同类院校借鉴生存与发展经验的基础上，民办高校的各种知识活动和教育管理活动已经逐步市场化，反映到其组织运营上，民办高校已经明显带有企业化运作的特征，比如通过打造自身品牌形象、实行企业化管理等手段，来追求自身的可持续发展。

企业经营运作分为三个过程，即要素购买过程、生产经营过程和销售过程。现代企业经营的目标为利润最大化，在利润最大化的目标引导下，企业在要素购买、生产经营到销售这三个过程中都要进行成本约束控制。民办高校的经营目标虽然不是利润最大化,但也要充分考虑办学成本问题。民办高校运作过程可以总结为招生、教育教学和就业推荐三个环节。

在民办高校人才培养过程中,招生是必须经历的第一个环节。学生是民办高校人才培养的对象,生源是民办高校生存和发展的根本,对于民办高校而言,没有生源其他都无从谈起。这主要是因为,不同于公办高校,民办高校的办学资金绝大部分来源于学生的学费,大部分民办高校都是靠"以学养学"的方式维系生存并得以发展。但是,近年来,基于生源的重要性和招生工作的严峻性,能否在激烈的市场竞争中获取一定的生源成为影响民办高校生存与发展的重要条件。

民办高校人才培养的第二大环节是教育教学。民办高校对各种办学要素进行科学配置,并合理运用到人才培养过程中。民办高校主要培养应用型人才,在教育过程中除了注重学生对基础知识和基本理论的学习之外,更加注重相关专业领域技能的培养与训练。在具体的教育教学过程中,通过配备"双师型"教师,建立实习实训基地,进行校企合作等多种方式实现对学生的全面培养。

民办高校人才培养的第三个环节是就业推荐,即把通过教育培养出来的学生推荐给用人单位的过程。民办高校就业推介过程对学校招生有广告推动作用。民办高校学生就业好,会提升学校的社会知名度,从而扩大生源。因此,民办高校要重视该过程,需要建立众多校企合作基地、就业实习基地,甚至采用必要的类似企业营销手段来促进学生就业。

因此,民办高校在进行人才培养的过程中具有类似企业的行为特征。由于可持续竞争优势理论、顾客价值理论、利益相关者理论及和谐理论同时也可以应用于与企业具有类似性质的领域中,而民办高校具有类企业性,因此可持续竞争优势理论适用于民办高校的可持续发展。

第四章

民办高校可持续竞争优势
动态系统模型构建

第一节　民办高校可持续发展内涵及其特征

一、民办高校可持续发展内涵

可持续发展概念最早是在联合国环境规划署第十五届理事会通过的《关于可持续发展的声明》中提出："所谓可持续发展系指既满足当代发展的需要，又不削弱后代发展能力的发展观。"它是一个生态学和社会学概念，是人类经济、社会、文化等各方面全面发展的新型发展方式。它以经济的持续发展为前提条件，以资源的可持续利用和维持生态环境的平衡为基点，谋求一种经济、人口、资源、生态相互协调的发展模式。

目前，对于民办高校可持续发展没有明确的定义，通过前期综述，学术界认为，"民办高校可持续发展"是指将可持续发展的理论和观念引入民办高校的发展领域中，探索新的民办高校发展模式。其内涵包括两个方面：一是民办高校发展与政治、经济、文化相适应，需要良好的外部环境给予支撑；二是民办高校必须遵循自身教育规律，实现规模、质量、结构和效益的有机统一。

本书认为，民办高校可持续发展是指民办高校以可持续发展理论为指导，遵循教育规律为前提，坚持以人的可持续发展为核心，充分发挥民办教育机制的优势，适应并利用好外部环境，实现规模、质量、结构和效益的全面发展，达到民办高校自身发展与社会、经济发展相协调。本书从以下几方面分析民办高校可持续发展的内涵：

一是民办高校可持续发展必须遵循教育规律。民办高校作为教育的载体，必须承担教育的基本责任，在教育过程中遵循学生身心发展规律，培养目标符合教育规律的需求。

二是民办高校可持续发展应以人的可持续发展为核心。民办高校中人的可持续发展应包括学生的可持续发展和教师的可持续发展两个方面。《21世纪的高等教育：展望与行动世界宣言》提出："在当今这个日新月异的社会，高等教育要有以学生为中心的新视角和新模式。"人才培养成为高等教育的核心任务，培养人才也是民办高校可持续发展的根本职能和核心任务。民办高校以培养面向生产、经营、管理的应用技术型人才为目标。在教学中，以学科教学为基础，以德育为核心，以创新能力培养为重点，培养全面发展的应用型人才。同时，教师资源是决定民办高校可持续发展的核心资源，师资的规模、层次、结构等影响着民办高校的发展。只有坚持以人为本，将教师的个人发展与学校发展高度统一，才能增强教师的归属感和幸福感，提高师资队伍的稳定性，增强学校的软实力。

三是民办高校可持续发展要适应并利用好外部环境。民办高校的发展受到外部环境的影响，包括政治环境、经济环境、法律环境、社会文化环境、政策体制以及外部竞争者等方面的影响。民办高校作为社会组织，必须适应外部环境。民办高校又必须利用环境变化，适时把握机遇，推动发展，分析形势，预见并防御危机。

四是民办高校可持续发展应发挥民办教育体制机制优势。民办高校具有灵活的体制机制，办学自主权大，较少受各种层面的禁锢和束缚，内部人员机构精简、高效，对市场需求有较高灵敏度，并能准确迅速做出调整，民办高校的发展总是处于创新的状态。民办高校可持续发展应积极发挥体制机制优势，形成自身特色，提高竞争优势。

二、民办高校可持续发展特征

（一）民办高校可持续发展的全面性

民办高校的发展，不是某一方面或某些方面的发展，而应当是一种全面的发展。当前，我国民办高校的数量与经济社会发展还不适应，发展的质量虽然有所提高，但与普通高校的差距仍然较为明显。与此同时，民办高校在发展中还面临着一些不容忽视的问题，比如，关于民办高校投资的性质如何界定、收益如何获得等瓶颈问题，也制约着民办高校的科学发展。发展是硬道理。民办高校可持续发展，发展是基本前提。只有发展，才能解决实践中的问题；只有全面发展，才能实现可持续。根据我国的相关规定以及当前的实际情况，本书认为，质量、规模、结构、效益四个方面，是民办高校发展的核心问题，也是我国民办高校改革、发展的主旋律。从这个意义上讲，民办高校的可持续发展，必须要求民办高校适应经济社会发展要求，不断提高教学质量，合理控制发展规模，不断调整投资结构，切实提高办学效益，实现全面的而不是片面的发展。

（二）民办高校可持续发展的协调性

近年来，我国民办高校呈现良好的发展态势，涌现出了一批办学特色鲜明、教学质量较高的学校。这些成功的民办高校，一个共同的特点就是发展较为均衡，不仅具有一定的财力投入，而且师资力量较为雄厚，发展的硬件、软件方面相对协调。本书认为，民办高校能否实现可持续发展，一个关键的问题是将有限的各种资源进行合理配置。在各种资源中，人力、财力、物力资源是最为宝贵、最为关键的资源。当前，我国民办高校在发展过程中，虽然与前些年相比取得了明显进展，但生师比较低，学校占地面积较小等问题，仍是制约其可持续发展的重要因素。只有对人力、物力、财力三个方面的资源进行科学、协调配置，达到资源配置最优化，才能真正推动我国民办高校的可持续发展。因此，协调性是民办高校可持续发展的必然要求。

（三）民办高校可持续发展的持续性

改革开放三十多年来，我国民办高校的发展几经波折，政策不断宽松，但由于经济、社会、管理等方面因素的限制，我国民办高校的存续时间较短，平均只有10年左右，有的民办高校存续时间更短。这虽然与国家政策调整有关，但更为重要的是这些民办高校本身的法人治理结构不合理，容易引发变更；社会知名度不够，在招生方面存在突出的、普遍性问题，使民办高校根本谈不上可持续，而是发展难以为继。与此相反，国外一些民办高校不仅办学水平高，而且筹资能力强，有的还是世界名校，呈现出可持续发展的良好态势。我国民办高校总体上还处于一个初步发展的阶段，需要不断破解发展难题，提升管理水平，具备一定的社会满意度，支撑其可持续发展。

第二节　环境与民办高校可持续发展

环境是民办高校赖以生存和发展的基础，民办高校在发展过程中要主动适应环境变化，而不是被动接受环境变化，与环境形成良好互动，才有利于实现可持续发展。环境变化给民办高校可持续发展带来挑战，如何应对挑战、适应环境变化是民办高校实现可持续发展的关键。

一、民办高校面临的环境特征分析

（一）民办高校面临的环境

分析民办高校面临环境的特征，是研究民办高校可持续发展的前提和基础，认识、了解民办高校面临的环境又是特征分析的基础。民办高校面临着政治、经济、社会、文化、教育等多样复杂的生存环境。其中政治环境、经济环境和教育环境是影响民办高校生存的直接因素，也是影响民办高校可持续发展的关键因素；社会环境和文化环境是影响民办高校生存的间接因素，也是支持民办高校可持续发展不可或缺的重要因素。民办高校面临的政治环境主要是民办高校在一定时期内的政治大背景，比如，国家和政府对教育尤其民办教育的发展取向的变化，有关民办教育的法律、法规、政策、规定的变化等。民办高校面临的经济环境是指民办高校生存和发展的社会经济状况和国家、地方经济政策，包括经济产业结构的变化、市场对人才需求的变化、家庭收入水平的变化等。民办高校面临的教育环境主要包含高等教育适龄人口数量、高等教育布局、高等教育需求情况等。民办高校面临的社会文化环境主要包括传统社会观念中对民办教育的认识与理解、社会媒体对民办教育的关注程度与关注取向等。这里只对民办高校面临的环境进行简单描述，在后续研究中还将进行详细阐释。

（二）民办高校面临环境的主要特征

民办高校面临的环境主要呈现出不确定性和复杂性的特征。

1. 民办高校面临环境的不确定性特征分析

民办高校面临环境的不确定性主要体现在法律、法规、政策、制度方面，并随着民办高校的发展逐渐显现。虽然《民办教育促进法》以及《民办教育促进法实施条例》的颁布与实施，解决了民办教育发展的一些重大原则性问题，对民办教育的发展起到了积极的推动作用，但是其中一些法律规定仍不够明确，如法人属性、产权界定、合理回报、招生政策、师资待遇以及扶持政策等方面。具体来说，如民办高校的法人属性问题。我国《民法通则》中将法人分为企业法人和非企业法人。非企业法人又分为机关法人、事业单位法人和社会团体法人，而1999年民政部颁布的《民办非企业单位登记暂行办法》规定，民办高校属于民办非企业单位，其法人属性既不是事业单位法人，又不是企业法人，在法律上面临着身份难以确认的尴尬境地。法人属性的不明确，也直接导致了"民办高校与公办高校具有同等的法律地位"的法律规定难以落到实处。再如，民办高校产权界定问题。虽然《民办教育促进法》明确规定，民办学校的出资者可以从学校办学结余中取得合理回报，但是作为"民办非企业单位"，财政部现行的《民办非营利组织会计制度》却规定，"资源提供者向组织投入资源不取得经济回报，也不享有组织的所有权"，这就使得法律法规无法兑现。现有法律在强调学校法人财产权完整的同时，并未对民办学校剩余资产的所有权问题做出明确界定，举办者、办学者、教育者和受教育者的权益也难以得到切实保护。

法律法规中一些规定不够明确，也使得一些地方政府政策存在一定的不确定性。地方政府为贯彻落实教育法律、法规精神，加强民办教育规范管理，保障民办学校举办者和受教育者的合法权益，引导、促进民办教育事业健康发展，结合地方实际，制定地方民办教育管理办法，提出促进民办教育发展意见。地方政策是对法律、法规及国家政策的进一步细化与落实，然而在一些关键性问题上，在依据不明确的情况下，也难以做出明确规定。如《山东省人民政府关于加强民办教育规范管理引导民办教育健康发展的意见》中也详细规定了民办学校的教职工在资格认定、专业技术资格评审、职务聘任、业务培训、表彰奖励、教龄和工龄计算、科研项目申报与经费支持、社会活动等方面依法享有与公办学校教职工同等权利，但是并未就"民办学校教师如何在社会保险、福利待遇、人才交流等方面享有与公办学校同等地位"等关键性问题做出明确规定。地方政府政策还需要落实在各相关职能部门中，如土地、建设、人事、财政、税收、物价、公安、工商、环保、文化、新闻出版等。有些职能部门针对民办学校制定有专门的管理办法或相关政策，但是多数部门只是参考企业或公办学校的有关政策实施管理或业务办理，并未形成明确、具体的管理办法，使得民办学校的有关政策难以真正落到实处。然而，法律、法规的修订、完善以及落实并不是一蹴而就的，还需要一定的过程，在这个过程中，诸多不确定的政策环境因素给民办高校可持续发展带来巨大挑战。

2. 民办高校面临环境的复杂性特征分析

民办高校面临环境的复杂性主要体现在经济、社会与文化发展对高等教育越来越多样化的需求以及高校之间不断增强的竞争态势等方面。

随着经济社会的发展，经济结构不断调整、行业企业转型升级，人们的社会价值观念、消费观念也在不断变化，市场对高等教育人才培养的要求也越来越多样化。一方面，国家及地方层面的经济发展战略对民办高校办学理念、专业和课程设置、人才培养模式等方面产生重要影响。如国家层面的创新驱动发展、中国制造2025、互联网＋、大众创新万众创业、"一带一路"发展战略，地方层面的如《黄河三角洲高效生态经济区发展规划》《山东半岛蓝色经济区发展规划》等经济发展战略对高校人才培养提出了更高要求。另一方面，高等教育适龄人口数量变化、企业与社会公众对民办高校的认可程度、社会的舆论导向等都会对民办高校招生、就业产生重要影响。社会的认可度及舆论导向既是民办高校社会声誉、教育质量、学生素质的综合体现，也受到传统社会观念的深刻影响，并随着经济社会的发展不断发展变化。由此可见，民办高校面临的经济社会环境呈现出多层面、多区域、多交叉的特征，多样且复杂，这对民办高校制定发展战略、调整人才培养目标、优化人才培养模式等提出了多重挑战。

高校之间的竞争态势是民办高校面临的来自高等教育体系内部的环境因素。民办高校面临的高校之间的竞争态势复杂而又激烈，主要体现在：一是竞争对手不断增多。随着高等教育体制改革的不断深化，高等教育办学层次、办学主体以及办学类型也日趋多元化。民办高校不可避免地受到来自更多高校及教育形式的竞争与挑战，如与公办高校的竞争、与独立学院的竞争、民办高校之间的竞争，以及因教育国际化带来的国外教育组织或机构的竞争。多种类型的竞争对手为了争取生源和那些利于自身发展的各种资源，都会不遗余力地发挥自身优势，凭借优势获取优质生源及资源，从而使各方竞争者都面临更大的竞争压力。国外的高等教育组织或机构凭借自身硬件设施、优质的师资队伍以及毕业生明朗的就业前景等条件进军国内教育市场，更是挤压了民办高校的生存空间。二是竞争强度不断变大。近年来，在政府重视、政策扶持以及资金支持下，公办高校整体得到增强，特别是一些重点大学建设战略如"985工程""211工程"的实施，更是拉大了民办高校与公办高校之间的差距，从而加大了民办高校面临的竞争强度。三是竞争范围逐渐扩展。民办高校与竞争对手之间的竞争是多方面的，既有生源的竞争又有资源的竞争，既有有形资源的竞争又有无形资源的竞争，还包括办学能力的竞争。生源对民办高校的生存与发展起着至关重要的作用，生源数量的多少影响着民办高校办学经费的来源，生源质量的高低影响着民办高校教育质量的提升。因此，生源特别是优质生源是民办高校竞争的着力点之一。民办高校竞争的另一着力点是资源，并且逐渐由物力、财力、人力等有形资源扩展到品牌、关系、文化等无形资源的竞争。由资源的竞争又逐渐引发出能力的竞争，主要有资源配置能力的竞争和人才培养能力的竞争。随着竞争范围在不断扩展，这就要民办高校培育更加全面的优势，才能够在竞争中谋求发展。

二、民办高校、环境与发展战略之间的关系分析

民办高校是一个开放的组织，其面临的环境是不断变化的，为了生存和发展，必须制定柔性的发展战略。民办高校只有制定了适应环境变化的发展战略，才有利于获得可持续竞争优势，实现可持续发展。民办高校、战略与环境之间存在一种耦合互动的关系。民办高校与其面临的环境之间是相互交流、相互影响、相互作用的关系，这种关系在两者互动过程中又是不断发展

变化的。

环境是民办高校生存与发展的基础。民办高校是特定环境下的产物，环境变化与调整影响并决定了民办高校的生存与发展，反过来，民办高校也能够能动于环境、影响环境。民办高校与环境之间的关系主要体现在物质资源、财力资源、人力资源等方面与环境之间的交流与互动。这种互动关系直接影响着民办高校资源的配置与利用，进而影响到学校发展战略的制定与实施，如在战略规划目标的制定、战略实施过程中资源的调配、战略执行过程中组织结构的变化等方面。

环境为民办高校发展带来机遇与挑战。国家、地方政策的完善与优化、经济社会的快速发展、网络信息化背景下教育多样化与个性化需求等环境因素为民办高校发展带来机遇。同时，一些环境因素如适龄人口数量减少、公办高校的快速发展、教育国际化趋势增强、同类型院校之间的竞争加剧等会给民办高校带来巨大的挑战与威胁。

环境变化给民办高校带来的不论是机遇还是挑战，都会影响民办高校发展战略的调整。环境变化与战略调整之间存在着相互影响的关系。民办高校所处的环境是不断发展变化的，因此，以环境为静态或固态形式为前提的民办高校发展战略规划思想并不能适应实现环境变化。民办高校只有制定柔性的战略以适应动态复杂环境，形成与环境之间的良好互动关系，才能够实现长远发展。民办高校战略的调整也能够影响到环境的变化，如民办高校与竞争对手之间的战略联盟或竞争博弈也会引起环境的变化。民办高校对环境变化不是被动的适应，而是可以积极主动地适应与改造，这种适应与改造的过程也是民办高校发展战略规划制定与调整的过程。民办高校只有适应了环境才能够生存，实现了生存才能够影响或改变环境，使环境朝着对学校发展有利的方向变化。

为适应环境变化，民办高校需要制定柔性的发展战略。柔性战略制定以扫描与分析环境为前提，有利于充分利用有利因素，避免或预防不利因素可能产生的影响。民办高校只有改变原有的被动适应环境的战略思想，制定能够主动适应当前及未来环境变化的柔性战略，才能够降低因环境变化带来的威胁，进而实现在适应环境变化的过程中获得并保持优势。将民办高校建立的、一系列适应环境变化的、相对独立的竞争优势综合起来，又能够形成并影响民办高校整体的战略规划。这样的战略规划是柔性的，具有能够适应环境和应对环境变化的能力。适应环境变化的发展战略能够为民办高校赢得可持续竞争优势。因此，分析环境、适应环境成为民办高校构建可持续竞争优势实现可持续发展的首要问题。

第三节 民办高校可持续发展的影响因素

一、民办高校可持续发展影响因素的分析方法

本书对民办高校可持续发展要素的分析主要从两个角度出发：

一是从民办高校可持续发展的内涵及特征方面概括民办高校可持续发展构成要素。即通过剖析民办高校可持续发展四个方面内容及全面性、协调性、可持续性等方面特征，分析民办高校可持续发展等相关要素。通过此种方法，能体现出各要素的动态性。但在选取过程中，由于内涵界定的主观性，无形之中剔除影响民办高校可持续发展的次要因素，无法保证要素的全面性、科学性。

二是构建民办高校可持续发展的指标体系。通过文献梳理大多采用这种方法建立指标体系。通过参考政府部门、社会对民办高校可持续发展的评价指标，根据《教育部关于全面提高高等职业教育教学质量的若干意见》，构建出民办高校可持续发展的指标体系。以此所选出的要素全面、科学。但影响民办高校可持续发展的要素很多，无法界定其主要因素与次要因素。

通过分析发现，以上两种要素分析方法各有利弊。本书将两种方法有机结合，通过对内涵及特征的分析，概括出影响民办高校可持续发展的关键因素。通过构建民办高校可持续发展的指标体系，综合学术界、政府部门、社会对民办高校的评估，补充相关因素，保证全面性。为保证所选要素的可行性，通过运用德尔菲法，筛选出影响民办高校可持续发展的因素。

二、民办高校可持续发展影响要素的构成

（一）民办高校可持续发展内涵要素

前文中分析民办高校可持续发展的内涵及特征包括：第一，民办高校的可持续以人的可持续发展为核心，"人"应包含民办高校的教师和学生，因此教师队伍建设和学生可持续发展是民办高校可持续发展的核心要素；第二，民办高校必须适应并利用外部环境，推动自身发展，因此民办高校应具备适应外部环境、应对外部环境的能力；第三，民办高校较公立高校有灵活的管理体制和运行机制，对外部环境的变化能够迅速做出反应，因此，灵活的体制机制是民办高校可持续发展的重要因素；第四，民办高校发展具有协调性，使自身发展的同时，为社会发展做出贡献，民办高校发展具有社会效益。

通过上述分析，民办高校可持续发展应包含师资队伍、人才培养、适应能力、管理体制机制、社会效益五个要素，但此五个要素不能全面概括民办高校可持续发展的所有因素。因此本书建立指标体系来分析民办高校可持续发展的要素。

（二）民办高校可持续发展评价要素

学术界对民办高校可持续发展评价指标体系的研究有：张勇格提出教育可持续发展评价指标，该指标体系包括全民教育、素质教育、终身教育、社会联系、投资增长、外部环境、内部环境、系统效益等 8 个方面 109 个具体指标；张晓明分析高等教育可持续发展从硬件条件和软件条件两个方面进行评价；方勇结合民办高校自身特点，提出民办高校可持续发展的评价指标，包括的指标包括办学条件、学科建设、课程设置、教师、学生、科研、管理、财政、交流与合作 9 个一级评价指标，并从规模、质量、结构、效益 4 个方面对每个指标进行具体分析；黄俭从民办高校可持续发展的全面性、协调性、高效性、持续性 4 个方面出发，运用分层思考的方法，得出民办高校可持续发展的 23 个评价指标。

政府对民办高校的评估指标，2010 年 7 月教育部高等教育司针对"新建本科院校"颁布的《普通高等学校本科教学工作水平评估方案》，其中包括办学指导思想、教师队伍、教学条件与利用、专业与课程建议、教学管理、学风建设与学生指导、教学效果等 7 个一级指标、21 个二级指标和 40 个观测指标。

社会组织对民办高校进行评价，主要从人才培养、办学设施、社会声誉 3 个一级指标，8 个二级指标和 22 个三级指标进行分析。

（三）民办高校可持续发展的构成要素

本书依据民办高校可持续发展的内涵及特征概括的五大要素，结合学术界、政府机构对民办高校可持续发展评价指标体系的分析，通过对各类评价指标同类项合并，归纳出民办高校可持续发展的构成要素指标体系，主要包括：

外部环境：政治环境、经济环境、文化环境、社会环境、政策环境、竞争者等。

学校规划：办学理念、办学思路、办学模式、办学定位等。

办学条件：办学设施、办学经费、人力资源等。

管理规范：产权制度、法人治理结构、内部管理制度等。

师资队伍：师资队伍的规模、师资队伍的结构、师资队伍的培养等。

人才培养：人才培养目标、专业及课程设置、实践教学等。

科学研究：科研管理体制机制、科研投入、科研效益等。

学校稳定：校园文化建设、平安校园建设等。

社会效益：学校声誉、学校品牌、诚信办学、社会满意度等。

民办高校可持续发展的具体评估指标见表4-1。

表4-1　　　　　　　　　　民办高校可持续发展评估指标

学术界评估指标	政府评估指标	社会组织的评价	本书观点
第一种观点 全民教育 素质教育 终身教育 社会联系 投资增长 外部环境 内部环境 系统效益			
第二种观点 办学条件 学科建设 课程设置 教师 学生 科研 管理 财政 交流与合作	办学指导思想 教师队伍 教学条件与利用 专业与课程建议 教学管理 学风建设与学生指导 学校稳定 教学效果	人才培养 办学设施 综合声誉	学校规划 办学条件 管理规范 师资队伍 人才培养 科学研究 校园文化 社会效益
第三种观点 全面性 协调性 高效性 持续性			
评述	评述	评述	评述
学术界对民办高校可持续发展的评价大多从内涵及特征发展角度分析。第一种观点过于宏观；第二种观点内容过于庞杂，内容交叉；第三种观点内容清晰，但不全面	政府对民办高校的评估侧重对教学的评价。对民办教育管理方面的评价较少涉及	社会组织的评价侧重对民办高校形象、声誉等方面的评价	本书综合以上三类观点，并采用德尔菲法对所选指标进行筛选、验证

三、民办高校可持续发展影响因素的指标构建

本部分研究以上述文献综述为基础，采用德尔菲法的修正版，可以省去传统

版第一回合开放式问卷的烦琐，改为通过文献相关研究、相关政策文件等总结归纳出结构性问卷，作为第一回合的问卷进行调查。这样可以节约开放性问卷的调查时间，将专家的注意力集中在研究主题上，提高效率。根据专家组的意见对行业特色高校发展的影响因素指标进行修正和调整。

（一）专家选择

本书选择的专家小组为 17 人。专家组包括三大类：第一类是不同层次民办高校内部管理者，第二类是国内民办高等教育研究专家，第三类是民办高校教育主管部门的相关负责人。其中山东省 8 位，江西省 3 位，浙江省 3 位，陕西省 3 位。专家们来自不同领域、不同地区，既保证了研究的专业性，也体现了调查对象在研究主题上的实验感知。

（二）德尔菲问卷的设计、发送、回收与修正

本书在民办高校可持续发展内涵及特征解析的基础上，通过搜集、整理大量民办高校可持续发展的文献资料，借鉴政府及社会组织对民办高校发展的评价指标体系，初步形成民办高校可持续发展的要素指标。该指标共包含 9 个二级指标和 31 个三级指标，分为外部指标和内部指标两大类。外部指标是由外部环境 1 个指标组成，其中包括政治环境、经济环境、文化环境、社会环境、政策环境、竞争环境 6 个二级指标。通过对外部指标的分析，可以明确民办高校所面临的外部机遇和威胁。内部指标是民办高校发展的自身因素。包括 8 个一级指标，25 个二级指标。分别是学校规划、办学能力、办学条件、制度规范、人才培养、科学研究、校园稳定、社会效益。通过对内部指标的分析可以全面了解民办高校的优势和劣势。

第一回合问卷设计的问题是："您认为哪些可以反映和衡量我国民办高校可持续发展的影响因素？"根据上文对民办高校可持续发展影响因素指标的初步指标的构建，问卷中共列出 31 项，专家们从 31 项中勾选出相应选项。

本书采用两回合的问卷调查。2015 年 10 月 10 日起，采用电子邮件的形式发送问卷。按照德尔菲法的要求，专家成员之间不见面，不交换意见。到 11 月 20 日，共收回第一轮问卷 17 份，问卷回收率 100%，有效率 100%。本回合问卷共有 31 个项目，以李克特表格五等分式收集、分析专家的同意程度。

从问卷分析来看，17 位专家对民办高校可持续发展要素指标整体上给予肯定，对 31 个二级指标认可度达 78%，见表 4 - 2。专家们对"外部环境""办学条件""学校规划"等方面提出修改建议，本书根据专家意见对民办高校可持续发展要素指标进行修正，具体修改措施如下。

（1）因问卷主要是对民办高校可持续发展影响因素的调查，所涉及的指标大多是内部指标，因此就没有必要分为"内部指标"和"外部指标"两类。

（2）将一级指标中"外部环境"的名称改为"环境因素"，影响民办高校可持续发展的环境既有外部环境又包括内部环境，因此应改为环境因素。

（3）将一级指标"环境因素"下的二级指标进行调整，将"政治环境""经济环境""社会文化环境"等整合为"经济社会发展的基础环境"。同时增加"教育环境"和"政府支持"两项。

（4）在一级指标"办学条件"增加"办学资源"一项。因为办学资源是民办高校办学条件的关键因素。

（5）一级指标"办学能力"是民办高校"办学条件"的环节，因此将办学能力并入"办学条件"一项中。

（6）一级指标"学校规划"中的"办学思路"包含在"办学理念"中，因此，应将"办学思路"删除。

（7）一级指标"社会效益"过于片面，将其替换为"办学效益"，分为"经济效益"和"社会效益"。

（8）一级指标"师资队伍"中需要对民办高校师资队伍的稳定性进行讨论，因此应增加"师资队伍稳定性"；

（9）一级指标"人才培养"中，二级指标"实践教学"一项指标过于狭窄，替换为"人才培养途径"。

根据专家在第一回合问卷调查中对问题提出的修改建议，为将这些指标进行量化分析，本书根据第一回合专家对问卷的建议修改后，形成第二回合问卷，本回合问卷共包括 27 个项目。在问卷中，选择了李克特五级量表，每个指标设置"非常同意""同意""没有意见""不同意""非常不同意"五个选项分别赋予分数值 5、4、3、2、1。

于 2015 年 12 月 10 日通过邮件方式发给专家。并于 2015 年 12 月 30 日共回收问卷 17 份，回收率达 100%，经过统计分析，所有项目专家们的意见达到高度一致或中度一致。第二回合问卷专家没有进行修改。因此完成民办高校可持续发展影响因素的德尔菲法调查。

表 4 - 2　　　　　　　　民办高校可持续发展影响因素指标分析

项目	平均数	标准差	四分位差
A11 经济社会发展的基础环境	4.29	0.470	0
A12 政府支持	4.59	0.507	0.5
A13 教育环境	4.65	0.493	0.5
A14 竞争环境	3.29	0.985	0.5
A21 办学理念	4.71	0.470	0.5

续表

项目	平均数	标准差	四分位差
A22 办学模式	4.47	0.624	0.5
A23 办学定位	4.71	0.470	0.5
A31 办学设施	3.65	0.702	0.5
A32 办学经费	4.00	0.500	0
A33 人力资源	4.88	0.332	0
A41 法人治理结构	4.59	0.507	0.5
A42 产权制度	4.71	0.470	0.5
A43 内部管理制度	4.59	0.507	0.5
A51 师资队伍的规模	4.12	0.781	0.5
A52 师资队伍的结构	4.53	0.514	0.5
A53 师资队伍的稳定性	4.82	0.393	0.5
A54 师资队伍的培养	4.24	0.437	0.5
A61 人才培养目标	4.53	0.514	0.5
A62 专业及课程设置	3.82	1.074	0.5
A63 人才培养途径	3.71	0.985	0.5
A71 科研管理体制机制	4.47	0.717	0.5
A72 科研投入	3.88	0.332	0
A73 科研效益	3.88	0.332	0
A81 校园文化	3.35	0.702	0.5
A82 平安校园建设	3.29	0.920	0.5
A91 经济效益	4.41	0.507	0.5
A92 社会效益	3.94	0.827	0

（三）德尔菲调查结果

本书对德尔菲问卷的第二轮结果进行了整理和分析，并选择平均得分大于等于 3 的指标作为民办高校可持续发展的影响因素的最终构成指标，见表 4 - 3。

表 4 - 3　　　　　　　　民办高校可持续发展影响因素指标众数分布

项目	非常同意	同意	没有意见	不同意	非常不同意
A11 经济社会发展的基础环境	29.4%	70.5%	0	0	0
A12 政府支持	58.5%	41.1%	0	0	0
A13 教育环境	64.7%	35.2%	0	0	0
A14 竞争环境	0	52.9%	35.2%	11.7%	0
A21 办学理念	70.5%	29.4%	0	0	0
A22 办学模式	52.9%	41.1%	5.8%	0	0
A23 办学定位	70.5%	29.4%	0	0	0
A31 办学设施	11.7%	52.9%	17.6%	23.5%	23.5%
A32 办学经费	17.6%	70.5%	11.7%	0	0
A33 人力资源	23.5%	41.1%	5.8%	29.4%	0
A41 法人治理结构	58.8%	41.1%	0	0	0
A42 产权制度	70.5%	29.4%	0	0	0
A43 内部管理制度	58.8%	41.1%	0	0	0
A51 师资队伍的规模	41.1%	58.8%	0	0	0
A52 师资队伍的结构	82.3%	23.5%	0	0	0
A53 师资队伍的稳定性	41.1%	58.8%	0	0	0
A54 师资队伍的培养	64.7%	35.2%	0	0	0
A61 人才培养目标	52.9%	47.1%	0	0	0
A62 专业及课程设置	29.4%	41.1%	11.7%	17.6%	0
A63 人才培养途径	17.6%	41.1%	29.4%	11.7%	0
A71 科研管理体制机制		58.8%	29.4%	11.7%	
A72 科研收入	0	88.2%	11.7%	0	0
A73 科研效益	0	88.2%	11.7%	0	0
A81 校园文化	0	47.1%	41.1%	11.7%	0
A82 平安校园建设	0	52.9%	29.4%	11.7%	5.8%
A91 经济效益	41.1%	5.8%	0	0	0
A92 社会效益	17.6%	64.7%	0	17.6%	0

1. 民办高校可持续发展影响因素的直观分析

为能对民办高校可持续发展的影响因素更为直观地观察，本书根据上述方法进行专家问卷。通过运用众数、平均数、标准差、四分位差作为资料统计工具，分析问卷资料。首先对每一个问题的意见进行众数和平均数分析，衡量专家对指标的统一程度及意见分布情况，本书选择平均分大于 3 的指标作为民办高校可持续发展影响因素的指标。在分析结果中"办学规模"一项平均值为 2.29，集中在"不同意"选项中，说明专家不认为学校办学规模是民办高校可持续发展的影响因素，故将其删除。通过进行众数分析了解专家群体意见趋同情况，即专家同意程度高的选项，代表专家群体对该问题叙述内容的同意程度与趋向。其次对每一问题进行四分位差分析，衡量专家的意见是否一致。若该问题的四分位差数值小于或等于 0.6 时，表示专家小组对该问题叙述所表示的意见达到高度一致；若该问题的四分位差数值小于或等于 1.0 且大于 0.6，则表示专家小组对该问题叙述所表示的意见达到中度一致；若四分位差数值大于 1.0，则表示专家小组对该问题叙述所表示的意见仅达低度一致，不宜列入结论之中。

（1）环境因素。环境因素中的四个项目中，四个项目的四分位差都小于 0.6，专家同意程度都达到高度一致，平均值都在 3 以上，表明专家同意上述项目。其中"政府支持"和"教育环境"集中趋势量数为 5，即对上述两项专家持"非常同意"的观点。"经济社会发展的基础环境"和"竞争环境"集中趋势量数为 4，即专家"同意"上述两项。通过分析发现，专家组认为"经济社会发展的基础环境""竞争环境""政府支持"和"教育环境"四项指标可以作为民办高校可持续发展影响因素。

（2）学校规划。学校规划项目的三个项目中，三个项目的四分位差都小于 0.6，专家的同意程度高度一致，平均值在 4 以上，三个项目的集中趋势量数都为 5，表明专家对"非常同意"以上四个项目，通过分析发现专家组认可"办学理念""办学模式""办学定位"作为民办高校可持续发展的影响因素。

（3）办学条件。办学条件的三个项目中，四分位差都小于 0.6，专家的意见高度一致，其中"办学经费""人力资源"和"办学设施"集中趋势量数为 4，说明专家对以上三项"同意"，通过分析，专家组一致认为"办学设施""办学经费""人力资源"可作为民办高校可持续发展的影响因素。

（4）制度规范。制度规范的三个项目中，四分位差均为 0.5，其平均值都在 4 以上，表明专家的意见非常统一。四个项目的集中趋势量数为 5，专家对以上三个项目"非常同意"，认可"产权制度""法人治理结构"和"内部管理制度"作为民办高校可持续发展的影响因素。

（5）师资队伍。师资队伍的四个项目中，四分位差均为 0.5，其均值都在 4

以上，表明专家的意见非常一致。四个项目的集中趋势量数为5，专家认可以上"师资队伍的规模""师资队伍的结构""师资队伍的稳定性"和"师资队伍的培养"作为民办高校可持续发展的影响因素。

（6）人才培养。人才培养的三个项目中，四分位差均为0.5，专家组的意见高度一致。平均数都在3以上，"人才培养目标"的集中趋势量数为5，说明专家对该项目"非常同意"，"专业及课程设置"和"人才培养途径"两项的集中趋势量数为4，说明专家对以上两个项目"同意"。通过分析发现专家组认为"人才培养目标""专业及课程设置"和"人才培养途径"三项指标可作为民办高校可持续发展影响因素。

（7）科学研究。科学研究的三个项目中，四分位差小于0.6，专家组的意见高度一致，三个项目的平均数均在3以上。集中趋势量数为4，表明专家组对三个项目表示"同意"。通过分析可知，专家组认为"科研管理体制机制""科研投入"和"科研效益"应作为民办高校可持续发展的影响因素。

（8）校园稳定。校园稳定的两个项目，四分位差小于0.6，专家对两个项目的意见程度高度一致，两个项目的平均数在3以上，集中趋势量数为4，表明专家组对以上两个项目表示"同意"。说明专家一致认为"校园文化"和"平安校园建设"可作为民办高校可持续发展的影响因素。

（9）办学效益。社会效益下的两个项目，四分位差小于0.6，专家对四个项目的意见程度高度一致，四个项目的平均数为3以上，"经济效益"和"社会效益"的集中趋势量数为4，表明专家"同意"以上两个项目。通过分析，专家认为"经济效益"和"社会效益"可作为民办高校可持续发展的影响因素。

2. 民办高校可持续发展影响因素指标的信度分析

信度分析指对量表测试结果的一致性和稳定性的分析。一致性主要反映的是测验内部题目之间的关系，考察测验的各个题目是否测量了相同的内容或特质。稳定性是指用一种测量工具（譬如同一份问卷）对同一群受试者进行不同时间上的重复测量结果间的可靠系数。如果问卷设计合理，重复测量的结果间应该高度相关。为了检验本量表的信度，运用 SPSS 17.0 软件对指标进行内部一致性检验，如表4-4所示。指标内部一致性由克隆巴赫信度系数（Cronbach's α）标度。

其中，α 为信度系数，二为测验题目数，S_i 为每题各被试得分的方差，S_t 为所有被试所得总分的方差。Cronbach's α 系数值介于 0 与 1 之间，值越大表示问卷项目间相关性越好，内部一致性可信度越高。一般而言，大于0.8表示内部一致性极好，在0.6到0.8表示较好，而低于0.6表示内部一致性较差。在实际应用上，Cronbach's α 值至少要大于0，最好能大于0.5。

表 4 – 4　　　　　　　　　　　　　二级指标信度分析

项目	可测变量个数	Cronbach's α
A1 环境因素	4	0.853
A2 学校规划	4	0.931
A3 办学条件	5	0.888
A4 制度规范	3	0.944
A5 师资队伍	4	0.828
A6 人才培养	5	0.956
A7 科学研究	3	0.848
A8 校园稳定	2	0.926
A9 办学效益	4	0.809

从表 4 – 4 发现，"环境因素"维度上，包括 4 个变量，其 Cronbach's α 值为 0.853，信度为极好；"学校规划"维度上，包括 4 个变量，Cronbach's α 为 0.931，信度极好；"办学条件"维度上，包括 4 个变量，Cronbach's α 为 0.888，信度为极好；"制度规范"维度上，包括 3 个变量，Cronbach's α 为 0.944，信度为极好；"师资队伍"维度上，包括 4 个维度，Cronbach's α 为 0.828，信度极好；"人才培养"维度上，包括 5 个维度，Cronbach's α 为 0.956，信度极好；"科学研究"维度上，包括 3 个维度，Cronbach's α 为 0.848，信度极好；"校园稳定"维度上，包括 2 个维度，Cronbach's α 为 0.926，信度极好；"办学效益"维度上，包括 4 个维度，Cronbach's α 为 0.809，信度极好。通过上述分析发现，指标的 Cronbach's α 值均大于 0.5，表明二级指标的信度极高，可以进行进一步统计分析。

通过对量表三级指标进行单因素的信度分析发现，民办高校可持续发展影响因素三级指标的克隆巴赫系数均大于 0.9，并与相关系数一致。说明本量表信度极好见表 4 – 5。因此，在此基础上确定民办高校可持续发展影响因素有效测量指标为 27 个。

表 4 – 5　　　　　　　　　　　　　三级指标信度分析

指标	尺度平均数	尺度变异	更正后项目总数相关	Cronbach's α
A11 经济社会发展的基础环境	138.41	297.632	0.678	0.985
A12 政府支持	138.12	293.485	0.869	0.984

续表

指标	尺度平均数	尺度变异	更正后项目总数相关	Cronbach's α
A13 教育环境	138.06	294.434	0.838	0.984
A14 竞争环境	139.41	277.632	0.921	0.984
A21 办学理念	138.00	295.500	0.813	0.984
A22 办学模式	138.24	289.191	0.907	0.984
A23 办学定位	138.00	295.500	0.813	0.984
A31 办学设施	139.06	288.184	0.846	0.984
A32 办学经费	138.71	295.596	0.756	0.984
A33 人力资源	137.82	300.779	0.691	0.985
A41 法人治理结构	138.12	293.485	0.869	0.984
A42 产权制度	138.00	295.500	0.813	0.984
A43 内部管理制度	138.12	293.485	0.869	0.984
A51 师资队伍的规模	138.59	284.632	0.895	0.984
A52 师资队伍的结构	138.18	293.279	0.868	0.984
A53 师资队伍的稳定性	137.88	298.735	0.733	0.984
A54 师资队伍的培养	138.47	299.390	0.612	0.985
A61 人才培养目标	138.18	293.279	0.868	0.984
A62 专业及课程设置	138.88	274.735	0.925	0.984
A63 人才培养途径	139.06	278.309	0.955	0.984
A71 科研创新	138.24	285.566	0.939	0.984
A72 科研成果转化	138.82	300.779	0.691	0.985
A73 科研效益	138.82	300.779	0.691	0.985
A81 校园文化	139.35	286.118	0.936	0.984
A82 平安校园建设	139.41	279.382	0.931	0.984
A91 经济效益	138.29	295.096	0.774	0.984
A92 社会效益	138.76	285.566	0.808	0.984

本书严格按照德尔菲法分析步骤进行，所选专家在民办高校发展方面都有较为深入的见解，能够很好地确定民办高校可持续发展影响因素的相关指标。因此，能够保证所选指标能够保证测量的要求和目的，指标间具有清晰的逻辑关系，使得该量表具有较高的内容效度。

3. 民办高校可持续发展影响因素的指标构成分析

通过对民办高校可持续发展的影响因素指标数据进行直观分析和信度分析。最终确定量表有 9 个二级指标：环境因素、学校规划、办学条件、制度规范、师资队伍、人才培养、科学研究、校园稳定、社会效益。其中包含 33 个三级指标见表 4－6。

表 4－6　　　　　　　　　民办高校可持续发展影响因素的指标构成

一级指标	二级指标	三级指标
民办高校可持续发展影响因素 A	环境因素 A1	经济社会发展的基础环境 A11
		政府支持 A12
		竞争环境 A13
		教育环境 A14
	学校规划 A2	办学理念 A21
		办学模式 A22
		办学定位 A23
	办学条件 A3	办学设施 A31
		办学经费 A32
		人力资源 A33
	制度规范 A4	法人治理结构 A41
		产权制度 A42
		内部管理制度 A43
	师资队伍 A5	师资队伍的规模 A51
		师资队伍的结构 A52
		师资队伍的稳定性 A53
		师资队伍的培养 A54
	人才培养 A6	人才培养目标 A61
		专业及课程设置 A62
		人才培养途径 A63
	科学研究 A7	科研管理体制机制 A71
		科研投入 A72
		科研效益 A73
	校园稳定 A8	校园文化 A81
		平安校园建设 A82
	办学效益 A9	经济效益 A91
		社会效益 A92

4. 结论与讨论

本书结合政府评估指标、社会组织的评价指标，运用相关研究成果，采用两回合德尔菲法对民办高校影响因素的指标进行评价，数据采集过程中专家之间没有交流，符合德尔菲法研究要求。对数据进行了直观分析和信度分析，保证影响因素指标具有较好的目标一致性、内容逻辑性。

本书结果中包含 9 个二级指标，28 个三级指标，具体为：环境因素（经济社会发展的基础环境、政府支持、竞争环境、教育环境）、学校规划（办学理念、办学模式、办学定位）、办学条件（办学设施、办学经费、人力资源）、制度规范（法人治理结构、产权制度、内部管理制度）、师资队伍（师资队伍的规模、师资队伍的结构、师资队伍的稳定性、师资队伍的培养）、人才培养（人才培养目标、专业及课程设置、人才培养途径）、科学研究（科研管理体制机制、科研投入、科研效益）、校园稳定（校园文化、平安校园建设）、办学效益（经济效益、社会效益），以上各指标即为民办高校可持续发展影响因素。这一结论符合民办高校发展规律，与民办高校可持续发展内涵相一致，为推动民办高校可持续发展奠定了基础。

四、民办高校可持续发展影响因素的内涵分析

（一）环境因素

民办高校可持续发展的环境要素是由国家政治经济社会发展基础环境、政府支持、竞争环境和教育环境四个因素构成。

1. 经济社会发展的基础环境

社会经济发展水平决定着民办高校发展的程度。民办高校发展的物质建设、办学规模的扩大、教职工的福利待遇及学费等等方面都受到社会经济条件的制约。目前我国经济发展呈现出运行机制的多样化、复杂化、发展高速化，使得民办高校输出的学生适应经济发展的人力资源的需求，促进经济发展，迎来民办高校难得的发展机遇。

2. 政府支持

民办高校的发展离不开政府的支持，政府对民办高校的支持主要包括政策支持和经费支持。在政策方面，我国政府出台一系列政策法规，推动民办高校发展，政策的优惠，又保护民办高校健康成长。民办高校的发展程度与国家政策的扶持力度、导向及行政管理严格程度息息相关，其发展过程中的转折点多以政策颁布为标志。从 1982 年《宪法》赋予社会力量办学的合法性到 1993 年《民办高等学校设置暂行规定》的出台，再到 1999 年《向 21 世纪教育振兴行动计划》的颁布，直至 2010 年《规划纲要（2010～2020 年）》的制定与实施，国家对民办

高校的扶持政策经历了"合法—限制—规范—扶持"四个阶段。民办高校随着政策的变化呈现出迅速发展的态势，当前民办高等教育已经成为高等教育大众化阶段的主要力量。在经费方面，当前政府对民办高校经费的组织主要有三种形式：一是通过减免民办高校的税收，减轻学校的财政压力；二是通过明确获得资助的条件，对民办高校直接进行经费资助；三是政府通过降低民办高校的收费标准，促进教育机会均等。政府当前正在开展新的资助方式，对民办高校进行经费支持，一定程度上减轻其经济压力，促进其健康发展。

3. 竞争环境

民办高校面临激烈的竞争环境，一是竞争主体多元化，随着高等教育体制的不断改革，高等教育结构多样化，民办高校面临来自公立高校、民办高校及其他办学形式的竞争。在有限的资源下，为了获得良好的办学条件，赢得办学效益最大化，竞争者各施所长，给民办高校带来较大的竞争压力。二是竞争范围的扩大化，当前民办高校与竞争者在政府资助、社会关系、师资、生源、学生就业、社会声誉等方面展开了激烈的竞争。

4. 教育环境

近年来，教育出现了国际化、产业化、信息化、个性化、大众化、终身化等发展趋势，顺应这些趋势，将使高校拥有更多的发展平台。民办世界多元文化取向也有利于民办高校的大发展。多元文化教育是以教育中存在的文化多样性为出发点，依据受教育者不同的文化背景、文化特征所实施的教育。可以说，民办高校的发展是适应多元文化的取向而出现和发展的，而且这种多元的文化取向将为民办高校的大发展创造良好的社会文化环境。

（二）学校规划

民办高校发展只有遵循教育的基本规律，符合教育的内在发展逻辑，学校功能才能正常发挥。民办高校学校规划体现在办学理念、办学模式、办学定位、办学目标四个方面。

1. 办学理念

是在遵循教育观念的前提下，指导学校整体发展的理想信念，是教育理论与教育发展相结合的产物，渗透在学校发展的全过程，并在教育实践中形成办学特色。民办高校当前的办学理念有所差异，有的民办高校坚持以社会需求为导向，倡导教育为社会服务，发挥科学知识对实践的作用；有的坚持以人为本的办学理念，注重人才培养质量；有的认为重要的是处理好教育效益、经济效益和社会效益关系；有的坚持走国际化、开放式办学，加强国际交流与合作。只有树立正确的办学理念，才能从根本上实现民办高校的健康发展。

2. 办学模式

教育的办学模式是在一定的历史条件下形成的，以办学思想为指导，在办学实践中形成的结构形态和运行机制。它是有关办学体制、投资体制、管理体制与学校之间形成的相对稳定的权力结构和关系。民办高校办学模式是指，在一定办学理念支配下，民办高校内部形成规范化的结构、运行机制和某些典型特征的办学模型或式样，主要涉及学校产权的界定，办学主体、资金来源和内部管理体制等相关内容。当前民办高校办学类型的多样化，使民办高校的办学模式呈现出多样化的特点。办学模式直接关系高校的未来，体现高校的办学特色，决定高校的生机和活力，反映高校的办学质量与效益，制约民办高校的可持续发展。

3. 办学定位

办学定位是高校发展方向、办学特色、办学目标、建设重点的建设定位。学校发展中根据政治、经济、文化发展及所处环境，从自身条件出发，确定自身的发展定位，以履行自身的社会角色和职能。办学定位内涵丰富，涉及诸多方面，主要包括民办高校层次定位、职能定位及人才培养定位、服务区域定位等方面。层次定位，是民办高校在整个大学群落中所处的层次位置。这是一种纵向定位，民办高校明确自身办学定位确定层次发展目标。当前，民办高校层次结构的现状分析，无论是学历教育还是非学历教育，我国民办高校分为专科教育、本科教育和研究生教育。职能定位及人才培养定位，是民办高校职能重心的具体体现。民办高校按职能发展重心不同，划分为教学研究型民办大学、教学应用型民办大学、职业技术型专科民办高校。不同类型的民办高校职能发展重心不同，人才培养规格也应不同。服务区域定位，即民办高校所服务区域和行业的定位，这主要受民办高校所在地理位置和专业发展特色的影响。在服务行业定位上，集中在为各类企事业单位，培养有一定理论知识和动手能力较强的高等职业技术人才。

（三）办学条件

民办高校办学资源，指在一定的历史时期，能够给高校产生经济价值，推动高校发展的一切物质和非物质要素。

1. 基础设施

民办高校基础设施是为保证人才培养活动顺利开展而建构的资源、仪器设备、资产等的总称。主要包括校园面积、教学仪器设备、图书资料、生活设施及相关资源和服务等。基础设施建设是民办高校可持续发展的基础，也是对民办高校进行评估的重要条件之一。其中《普通高等学校本科教学工作水平评估方案》从校舍状况、实验室、实习基地状况、图书馆状况、运动场及体育设施等方面对教学设施进行全面的评价。因此，实现民办高校可持续发展，改善办学条件，加强教学基础设施建设，不断提高仪器设备的利用率，加大图书信息化投入，加快校园网建设，改进实训、实习基地条件，为培养应用型人才提供必要条件。

2. 办学经费

办学经费可以从经费来源和盈余经费两个方面进行分析，民办高校经费来源结构大致由政府拨款、学费收入、科研经费收入、社会捐赠收入、社会服务收入等方面构成。大多采取"以学养学"的模式，学费收入为最主要的经费来源。但由于生源萎缩、物价上涨、政府公共财政支持极为有限、融资不畅、缺乏社会捐赠和学校基金会运作等原因，当前，民办高校办学经费不足影响着学校发展的现象较为普遍。民办高校采用多元化的融资模式，拓宽经费来源渠道，增加经费投入的持续性和稳定性。同时，合理使用办学经费，将盈余资金适当投入办学中，构建民办高校可持续发展的合理的经费使用体制机制。

3. 人力资源

民办高校人力资源是指投入到民办高校发展中的教学人员、行政人员、后勤人员等。其中教学人员是民办高校人力资源的核心，教师队伍的规模、质量和结构最终决定民办高校的教学质量、毕业生质量。行政人员是进行各项行政管理工作，承担着为学校教学、科研提供服务的职能。其中包含民办高校的领导班子、职能部门管理者及学生管理者等。后勤人员是为民办高校发展提供后勤保障服务的工作人员。民办高校三种不同人员在数量结构、能力结构上合理搭配，明确分工以保证教育教学活动的效率和质量。

（四）制度规范

1. 法人治理结构

董事会领导下的校长负责制是当前民办高校法人治理结构的特色，董事会作为法人的最高权力机构和最高决策机构，决定学校的重大事务，全权负责学校的经营运行；校长受聘于董事会，是董事会意志的执行者，在其职责范围内管理学校的日常事务；民办高校监督部门主要包括董事会和监事会的监督。董事会主要对校长任免进行监督。监事会作为学校内部专职的监督机构，其监督活动具有独立性，监督学校的一切活动，以董事会和校长作为其监督的主要对象。民办高校决策权、执行权、监督权相互制约，建立利益相关者共治机制，建立利益相关者的权利救济机制，保护利益相关者的合法权益。

2. 民办高校产权制度

学者们大多从经济学和法学角度对民办高校的产权进行解析，民办高校的产权是民办高校的所有权、使用权、收益权、处分权及与财产所有权相关的其他权利形成的权利关系和结构。由权能和利益两个部分组成，即产权主体对财产的拥有权力或行使的职能，产权为产权主体带来的效用或利益。坚持"谁投资，谁受益"的原则，从而明确产权主体必须做什么，可以做什么，以及从中能够获得什么，尊重产权主体的权利。当前，影响民办高校产权的因素包括明晰的产权主体、明确的收益权与处分权以及完善的产权法规。

3. 民办高校内部管理制度

民办高校的内部管理制度是属于组织内的管理制度，学校的规章制度是学校内部管理中各种规定、条例、章程、制度、标准、方法、守则等的总称。主要包括学校章程以及各种机构的规章制度、各项财务的规章制度、各项人事的制度规范和各种工作的规范等。民办高校组织的内部治理结构是以董事会为决策机构、以校长为首的执行机构和监事会为监督机构的三大组织架构。这三大机构是民办高校内部组织结构的"骨架"，那么内部管理制度就是民办高校内部组织结构的"血肉"，保障学校的正常运行，提高办学效率，保证民办高校依法办学，实现发展目标。

（五）师资队伍

师资队伍是民办高校可持续发展的关键因素。师资队伍建设是高校发展的重中之重。师资队伍的特征主要表现在以下几方面。

1. 师资队伍的规模

具有足够数量的教师是建设结构合理、素质优良的师资队伍的基础，配比合理的师资数量需要考虑两个方面，一是师生比，二是学校学科专业发展要求。师生比是反映办学条件状况和监测教学状态的一个指标，教师数量应根据学生人数的变化而做出调整，应保持一定合理的师生比。学校不同学科专业发展要求是不一样的，充分考虑重点学科专业建设问题，调整教师数量，保证学科专业的教学、科研等需要。

2. 师资队伍的结构

民办高校师资队伍结构主要是专兼职教师结构、年龄结构、职称结构、学历结构中各方面的比例关系。在民办高校发展中，合理的师资结构要求，专职教师应是师资队伍的主力，降低兼职教师比例，从而保证师资的稳定性，便于民办高校师资管理。以中青年骨干教师作为发展的重点，提高民办高校教师的学历水平，增加高层次人才的引进，保证教学和科研的质量。注重教师能力的提高，积极培养"双师型"教师，构建高学历、高职称、高素质、高技能的"双师型"教师队伍为目标。

3. 师资队伍的稳定性

适当稳定的师资队伍有利于学校办学水平的稳定与提升。其主要影响因素包括民办高校人才引进政策、教师管理政策和学术环境等方面。民办高校完善的人才引进政策能够增强人才吸引力，其中民办高校广阔的招聘渠道和高层次人才引进的特殊政策能够影响人才的引进，只有足够的吸引力才能吸引优秀人才加入。民办高校除了要引进人才，更重要的是要留得住人才，民办高校的人事管理制度正是留住人才的核心，主要包括科学的考核制度和合理的激励机制两个方面。学术环境也是影响民办高校教师稳定性的重要因素，适度宽松的教学、科研环境和浓厚的学术交流氛围，有利于提高教师的归属感，提高教师队伍的稳定性。

4. 师资队伍的培养

民办高校为提高教师专业水平，根据学校学科专业建设需要，结合教师自身发展能力和成长目标，制订培养计划，为教师提供多元成长措施。包括入职教育、师德教育、课堂学习、在职攻读学位、出国进修、企业外派实践、项目实践、在岗培训等多种学习形式。

（六）人才培养

民办高校人才培养是民办高校的核心任务，也是民办高校的最根本职能。它指民办高校在教育思想和办学理念的指导下，根据人才培养目标和人才质量标准，构建学生的知识、能力和素质结构而形成的组织样式和运行方式。其包括人才培养目标、专业与课程设置、教育教学活动及学生管理等方面。

1. 人才培养目标

民办高校与用人单位依据教育理论、结合民办高校学生特点，根据社会需求共同设定的，即培养能够胜任生产一线工作的技能型和管理型人才，区别于公立高校的人才培养目标，更具有职业导向性。这要求其专业及课程设置、教育教学活动应与部门和企业的生产实际状况相联系。

2. 专业及课程设置

民办高等教育专业设置要符合教育规律，根据社会对人才的需求，结合学校自身条件，根据主管部门所设定的专业目录进行设置。其影响因素是多方面，包括市场需求、学校自身条件、上级主管部门管理，所设置专业既要有前瞻性、可持续性，又要体现出学校特色和竞争优势。民办高校课程体系建设，要以公共基础课为基础，强化专业课，根据职业性要求调整选修课，保证学生知识、能力和素质的全面提升。

3. 人才培养途径

民办高校人才培养目标的特殊性决定了其培养途径的多样化，既包括基本的课程教学、科学研究和社会实践，又包括产、学、研结合的一体化培养途径。其中，实践教学和校企合作是民办高校人才培养的主要途径。实践教学是民办高校教学过程中的重要环节，在培养计划中占有较大比重，民办高校和产业部门合作，教学与生产、科研工作以及社会实践相结合是民办高等教育培养人才和提高质量的重要途径。民办高校的人才培养目标、专业及课程设置、教育教学方法等方面与企业需求相匹配，企业能够在成本范围内获取所需人才，这是其他竞争对手无法企及的。民办高校吸引企业投资办学，建立合作关系。有利于提供给学校充足的资金，为学校带来优质的教学资源，解决毕业生就业问题，同时为企业培养所需人才，实现双方共赢。

（七）科学研究

科学研究是民办高校发展的主要职能，参加科研是民办高校教师理应承担的社会责任，当前民办高校拥有进行科学研究的现实条件。

1. 科研管理体制机制

民办高校科研管理体制主要包括科研管理机构、科研管理制度、科研激励机制和科研评价机制等四个方面。民办高校应设立专门的科研部门对科研立项、科研成果以及各项科研活动进行全面管理，建立学术委员会，作为教学、科研的决策咨询机构，有利于科研体制的建立与改革。配套的科研管理制度主要包括立项管理制度、科研成果管理制度等。科研激励机制能够充分发挥广大教职工的科研热情和创新能力，对优秀的科研成果进行物质和精神两方面奖励，激发广大专业技术人员的科研积极性，激励他们夺取高质量、高层次的学术成果。科研评价机制在于对教师科研工作量根据科学的考核指标进行评价，它将与教师的年终考核、职称评定、职称晋升等切身利益相关。

2. 科研投入

科研投入力度是影响科研任务完成、科研成果质量的重要因素。包括科研设备投入、科研经费投入和科研团队建设。先进的科研实验室、先进的实验设备、足够的实验器材和实验材料等实验设备投入是开展科研工作的基础。充足的科研经费投入，建立科研发展基金或科研专项经费，主要用于科研项目，特别是对重要科研项目予以重点扶持。民办高校科研发展，要舍得在引进和培养人才方面投入，加大吸引和留住人才的力度，建立精干高效的科研队伍，吸引一流的专家学者和高水平的学科带头人。

3. 科研效益

民办高校科研成果是其无形资产的重要组成部分，是民办高校与社会联系的纽带，能够为高校发展带来经济效益和社会效益。民办高校科研效益具有多样性的特点。例如，有的科研成果可以直接以经济效益的形式表现出来，推动社会的物质生产，而有的科研成果则以社会效益的形式表现出来，对社会发挥着潜在的推动作用。加大科研成果转化，提高成果效益，科研成果通过转化能够更好地体现其实用价值，当前民办高校与企业联系紧密，企业借助民办高校科研成果转化产品创新、技术创新，提高企业竞争力。民办高校以企业为载体实现科研成果转化，实现与社会特别是企业的广泛联系，提高其经济效益和社会效益。

（八）校园稳定

1. 校园文化

校园文化作为院校优良传统、办学理念、办学特色、大学精神、内在凝聚力和外在竞争力的集中体现。它是以社会文化为背景，以校园为载体，对师生的思想、意识、观念、情感和行为等产生较为重要的影响，主要体现在办学理念、价值取向、精神风貌、舆论氛围、校园环境、条件设施、规章制度、教风学风、行为方式等方面。

2. 平安校园建设

校园是教师工作、学生生活成长的主要场所，其安全稳定关系到学校正常教学秩序的开展。《规划纲要（2010～2020年）》明确提出：加强师生安全教育和学校安全管理，提高预防灾害、应急避险和防范违法犯罪活动的能力，是维护学校正常教育、教学及生活秩序的必要保证。平安校园的内涵既包括校园及周边环境安全稳定，也包括学校内部个体身心、财产安全稳定等。平安校园建设离不开全体师生员工的参与。平安校园建设追求的目标是以学校为主导、在各方力量的共同努力下，避免发生危及师生生命财产安全的重大安全事故，为广大师生营造乐于教学、乐于学习，身心健康成长的校园环境，从而推进学校健康持续发展。

（九）办学效益

办学效益反映了学校的办学效果即投入产出比，决定着学校的生存和发展。主要包括经济效益和社会效益。作为顾客支持型而非公众支持型的非营利组织，民办高校既要考虑学校的办学经济效益，更要注重办学的社会效益。唯有坚持全面效益观，民办高校才能在教育市场竞争中得到又好又快的发展。

1. 经济效益

当前，在未进行"营非"选择前，民办高校仍然是一种非营利性组织，这种组织需要依靠市场获取发展资金，同时采取类似于企业的高效管理及运营模式。简而言之，民办高校在增强和提高组织的运作和管理水平的同时，仍需要取得良好的经济效益，才能获得大量活动经费，既促进自身发展，也适应社会的发展。

2. 社会效益

民办高校是公益性组织，承担着服务社会的职能，民办高校的社会效益主要体现在通过培养人才，对社会发展和经济建设做出贡献。当前民办高校要获得长足发展，只有注重内涵发展，从品牌建设、特色发展、诚信办学等方面提高社会声誉，树立良好的民办高校形象，获得学生认可，才能实现学校的良性发展。

第四节　民办高校可持续竞争优势与可持续发展

一、民办高校组织的生命周期理论

最初对组织的生命周期进行系统研究的是美国学者戈登·尼尔（Gordon Neil），他在1965年以"如何防止组织的停滞与衰老"为题，探讨了组织生命力和生命周期的相关问题。戈登尼尔认为，不同于动物或者植物，一个组织的生命周期"甚至不可粗略地预测"，而且一个组织即使经历了衰退也有可能在以后恢复活力。所以，"一个组织可以持续不断地实现自我更新，这对我们的未来无疑有着深远的意义"。1972年，格林纳（Greiner）提出了组织成长阶段模型，一个组织生命周期可以分为创业、聚合、规范化、成熟、再发展和衰退五个阶段，不同的阶段要采用一定的管理策略以达到成长的目的。最开始生命周期理论被用来研究组织和企业寿命问题，后来将这一理论用于民办高校发展研究中。民办高校作为企业事业组织、社会团体以及其他社会组织和公民个人利用非国家财政性教育经费，面向社会举办的高等学校以及其他教育机构，就其本质来说，民办高校依然是组织且具有组织特征。因此，通过生命周期理论，分析民办高校的兴衰发展有着积极意义。

民办高校生命周期是民办高校发展的过程，也是民办高校发展的规律。其中既包括高校的先天条件，也包括高校的后天发展。生命周期是民办高校的生命轨迹，与民办高校的生存与发展密切相关。也就是说，把握住生命周期的变化规律，才能促进民办高校的发展。然而，不同的民办高校有着不同的生命周期，每个生命周期有着不同的发展特点，同一个生命周期有着不同的发展阶段，也有着不同的特点。民办高校生命周期的一般顺序呈现倒"U"型，具体表现为"上升期—巅峰期—平稳期—衰弱期"。根据生命周期理论，民办高校的生命周期受到国家政策法规、社会经济形式、社会发展规模、居民收入水平、居民受教育水平等多种因素的影响。民办高校生命周期除了会受到外在因素的冲击，也会受到民办高校内部的运行机制和运行效率的影响。因此，民办高校要延长生命周期，必须要审视其目前处于生命周期的哪个阶段，预测下一个周期到来的时间并且进行调整和创新。既要对民办高校所处的外部环境变化提前预测和及时适应，又要对民办高校内部的各种要素进行系统而有效的统筹和调整。当民办高校进入巅峰期时，要总结经验，发挥全部力量，延长生命周期，并在下一个衰弱期到来的时候，通过调整和创新，准备步入新一轮周期的发展。

二、竞争优势的可持续性分析

企业的竞争优势虽然不同学者的具体表述不同，但是其核心内涵基本一致，即一个企业向顾客提供超越竞争对手的产品或者服务，并获得超额利润或者取得高于平均水平盈利率的能力或状态。但是，这种竞争优势不会永远保存原态，必然会通过有意识和无意识的行为而产生变化。企业的竞争优势存在一定的发展周期，竞争优势也会随着时间变化而变化，从产生到消退。在激烈的市场竞争中，竞争优势不仅受到环境、竞争对手等外在因素的影响，也受到其自身内部因素的影响。外在因素主要包括新企业的冲击、消费者的选择、市场环境的变化、政府政策的变革等，内在因素包括竞争优势本身的脆弱、企业内部的特质等。随着竞争对手的报复和反击或者环境的变动，而企业自身应对不足，其竞争优势就会衰退甚至消失。

在传统竞争思维中，竞争优势的可持续性主要是指在相对稳定的环境中，能够长期存在或维持的竞争优势。然而，市场环境不是一成不变的，随时面临着技术、产业结构的变化，从而导致企业的竞争优势减弱或者消失。因此，可持续竞争优势并不是在某段时间或者某个过程中某种优势的存在和维持，而应该是在动态的环境中企业适应组织系统变化，创造出新的竞争优势，并且能同时创造出相应的顾客价值，以及其他竞争对手不能模仿或者因成本约束难以模仿的状态。具体而言，竞争优势的可持续性不同于在传统的静态角度下存在或者维持的优势，而是面对复杂和动态的环境变化而不断创造新的优势"连续性"。学者蒋学伟将竞争优势的可持续性描述为一个"竞争优势连续统"，在当前竞争优势衰退之前，便展开另一个竞争优势，不同阶段的竞争优势形成相互连接的"连续统"，使整个系统呈现出一种波浪式前进的趋势。也就是说，企业真正的可持续竞争优势，应该是能够经受住环境的变化和竞争对手的报复，并在此过程中创造出新的竞争优势，然后做好迎接下一次竞争优势衰退的准备。企业通过竞争优势的革新，获得时间上的延续，从而获得持续不断的竞争优势。

三、构建可持续竞争优势，实现可持续发展

综上，民办高校要保持生命周期的延续可以在企业可持续竞争优势理论中得到启发。民办高校与企业具有一定的相似性，特定竞争优势的发展也存在发展周期。一般来说，发展周期会经历三个阶段，即形成阶段、维持阶段和侵蚀阶段。具有竞争优势的民办高校在竞争优势的维持阶段利用这种竞争优势获得更高的效益，随着环境的变化和来自其他高校的竞争，使得民办高校原有竞争优势受到侵蚀以致最终消失。因此，面对社会环境和市场环境的剧烈变化，民办高校可持续竞争优势在动态的环境中适应组织系统变化，创造出民办高校新的竞争优势而不断创造新的优势"连续统"。民办高校的可持续竞争优势，应该是能够经受住环境的变化和市场的考验，在此过程中创造出新的竞争优势，然后做好迎接下一次竞争优势衰退的准备。高校通过竞争优势的革新，获得生命周期的延续，从而推动民办高校可持续发展。

从整个民办高校生命周期和竞争优势发展来看，在逻辑时间周期上获得延展性是民办高校应追求的目标；从每个民办高校竞争优势来看，民办高校也要以竞争优势的质量为重，既满足当前民办高校的需要，也为接下来展开新的竞争优势提供基础和契机，使之既具有活力，又不幼稚，既成熟，又不呆滞。虽然民办高校并不完全是独立的企业，但对于竞争优势的期望与企业不尽相同。民办高校要具有预测竞争优势周期发展的能力，针对自身的情况制定发展战略和管理规范，具有创新精神，不断从一个竞争优势发展到另一个竞争优势，通过改善和延长生

命周期，从而实现可持续发展。

第五节　民办高校可持续竞争优势动态系统模型

　　与企业相比较而言，民办高校可持续发展有自身的规律性和特殊性，关于可持续竞争优势的研究必须与民办高校实际相契合。基于此，结合民办高校发展实际，综合可持续竞争优势的相关理论，借鉴企业可持续竞争优势的研究思路，受企业可持续竞争优势动态系统模型启发，在综合考虑影响民办高校可持续竞争优势各因素的基础上，构建了民办高校可持续竞争优势动态系统模型。如图 4 – 1 所示。

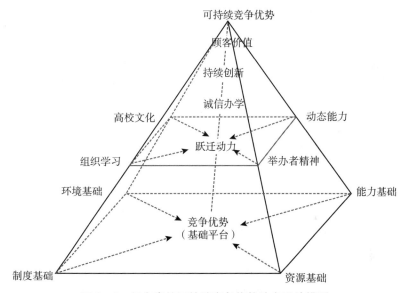

图 4 – 1　民办高校可持续竞争优势动态系统模型

　　该模型中有些要素与企业可持续竞争优势动态系统模型有相似之处，如制度基础、资源基础、组织学习、动态能力等，有些要素具有民办高校的独特性，如举办者精神、高校文化、诚信办学等。举办者精神对于民办高校可持续发展起到了关键性的引领作用。举办者精神与企业家精神既相似又不同，成功的举办者不仅要具有企业家素质，还要具备教育家素质和社会活动家素质。选取举办者精神作为跃迁动力中的重要影响因素更贴合民办高校的发展实际。高校文化也不同于企业文化，民办高校是专门传播知识和文化、传递文明的高等学府。文化能够对学校的发展产生潜移默化的影响。诚信办学是民办高校生存和发展的基本路径，是民办高校获得竞争优势，实现可持续发展的基本保障，这是由民办高校所面临的现实环境和自身发展特点所决定的，也是社会对民办高校办学的基本要求。

第一个模块是由环境基础、资源基础、能力基础和制度基础四要素组成的基础平台模块。环境基础是竞争优势产生的条件，环境变换周期的长短决定了现有竞争优势的生命周期。资源基础，尤其是特质性资源是竞争优势产生的基础。能力基础是民办高校能否获得竞争优势的外在表现，其中核心能力是获得竞争优势的关键。民办高校的核心能力是人才培养能力，是贯穿整个模型的主线。制度基础为竞争优势提供保障，有利于提高民办高校的资源配置效率，从而影响民办高校竞争优势的获得。四要素有机结合，形成一种合力，为民办高校获得竞争优势奠定基础。

第二个模块是由组织学习、举办者精神、高校文化和动态能力构成的跃迁动力模块，四者之间相互影响、耦合互动。举办者精神为民办高校获取竞争优势提供了支持和保障，是引领民办高校实现可持续发展的关键所在。高校文化的主要作用在于为竞争优势的跃迁创造良好的氛围和习惯，为组织学习提供良好的环境，创造融洽的氛围。组织学习为竞争优势的跃迁提供一种方式与过程，在这个过程中民办高校不断地积累知识和经验，提升自身信息占有量并学会运用，在积累的过程中实现竞争优势的升华与提升。举办者精神引导组织学习，影响高校文化的形成，三者共同作用于动态能力的形成。动态能力提升了核心能力，为民办高校人才培养增加驱动力，从而推动竞争优势的跃迁。同时，动态能力反过来又促进举办者精神、组织学习和高校文化三大要素的发展。跃迁动力中的四大要素相互作用，相辅相成，从而使民办高校走向良性循环，为竞争优势跃迁提供动力。

第三个模块是竞争优势的跃迁路径模块，即诚信办学、持续创新和顾客价值是竞争优势跃迁为可持续竞争优势的路径选择。民办高校必须以诚信办学为生存与发展的基石，坚持走诚信办学之路是民办高校获得可持续竞争优势的基本路径。持续创新是民办高校在激烈的竞争中不断提升竞争优势，实现可持续发展的必由之路。实现顾客价值是民办高校获得可持续竞争优势的终极目标，其能否获得和维持竞争优势，必须由顾客最终检验。民办高校经过诚信办学、持续创新、顾客价值三个依次递进的路径选择，最终获得可持续竞争优势，实现可持续发展。

模型中所包含的三大模块是民办高校可持续竞争优势动态系统模型得以正常运转必不可少的三个重要组成部分。民办高校竞争优势依托基础平台，凭借跃迁动力，沿着跃迁路径，动态生成可持续竞争优势。基础平台产生的竞争优势必须经过跃迁才能够形成持久性的、可持续的竞争优势，跃迁行为还必须沿着合理的路径才能最终实现可持续竞争优势的获得。其中，人才培养能力是民办高校可持续竞争优势动态系统模型的中心轴，所有要素的构建与发展都需要围绕中心轴进行。民办高校的核心能力为人才培养能力，其获得竞争优势的表现主要在于人才培养能力的提高。在竞争优势跃迁中，主要通过动态能力洞悉外部环境变化、协调整合民办高校内部多种要素，促进人才培养能力与外部环境、社会需求协调发展，从而使民办高校培养出适应社会需要，甚至是推动社会发展的高水平应用型人才，实现顾客价值，最终实现民办高校可持续发展。民办高校可持续竞争优势动态系统模型是一个有机联系的整体，形象地表现为横向叠加和纵向拉伸，各个部分相互促进、协同互动，从而实现民办高校的可持续发展。

第五章

民办高校可持续竞争优势
产生的基础平台

第一节 环境基础

任何系统都存在于一定的环境之中，民办高校作为社会大系统中的一分子，其生存和发展也必然受到社会环境的影响。本书对民办高校可持续竞争优势动态系统模型中环境因素的分析，主要侧重于民办高校的外部发展环境，包括政治、经济、社会文化以及教育教学环境等方面。

一、民办高校面临的主要环境

PEST 分析方法是一种较为具体的宏观环境分析方法，使用这种方法主要是分析政治（political）、经济（economic）、社会（social）和技术（technological）这四类要素，从而对宏观环境有一个整体把握。民办高校可持续发展所面临的环境是复杂变化的，通过对影响民办高校发展的外部环境进行 PEST 分析，剖析民办高校构建可持续竞争优势过程中环境的具体作用，揭示环境对民办高校构建可持续竞争优势提供的机遇和产生的影响，从而使民办高校能够有的放矢地进行战略规划与调整，提高自身竞争力，获得可持续竞争优势。但是，民办高校发展有自身的特点，面临的宏观环境也有一定的特殊性，如教育教学环境相对于技术环境而言更具有针对性。在进行 PEST 分析过程中，主要分析政治法律环境（political legal environment）、经济环境（economic environment）、社会文化环境（social cultural environment）和教育教学环境（teaching and education environment）四类要素。

（一）政治法律环境
1. 国家政策法规
国家通过制定宏观政策，如立法政策、经费政策和管理政策等，实现对民办高校的宏观调控。民办高校的兴衰深受国家政策法规的影响。从 20 世纪 80 年代，国家出台了一系列规章制度，为民办高校走依法办学之路奠定了良好基础。我国第一部专门规范民办教育的行政法规是《社会力量办学条例》。在此之后颁布与实施的《民办教育促进法》和《民办教育促进法实施条例》，作为"一法一例"成为民办教育法制管理的里程碑，为民办教育事业发展提供了有力的法律保障。《规划纲要（2010～2020 年）》明确提出要"大力支持民办教育"。党的十八届三中全会通过的《中共中央关于全面深化改革若干重大问题的决定》对民办教育提出了"健全政府补贴、政府购买服务、助学贷款、基金奖励、捐资激励等制度，鼓励社会力量兴办教育"的发展方针。这些政策法规的相继出台，促使我国民办高校朝着法治化、正规化的方向发展。党和政府的高度重视，为民办高校的发展提供了良好契机，尤其是在分类管理、产权政策、税收政策、资助政策及评估政策等方面，政府表现出积极态度，并对一些可操作性的法规进行探索与改革，对民办高校的未来发展具有深远意义。

2. 地方政府政策

在中央政府的宏观政策指导下，各级地方政府结合区域发展情况，因地制宜地开展区域性民办教育规章制度的改革与探索。区域的社会发展状况影响着地方政策的制定与实施。地方政府政策更具针对性和可操作性，对民办高校发展的影响更直接、更细致。受各方面因素影响，地方政府对民办教育扶持的力度也不尽相同，在促进民办高校发展方面也有一定的差别。政策扶持力度大，能够落实到位，有利于民办高校稳固发展，反之，政府对民办教育发展的热情度不高，制定扶持政策的主观意愿不强、随意性较大，则不利于民办高校的稳固发展。

（二）经济环境

1. 高等教育市场的竞争程度

民办高校面临的高等教育市场竞争程度主要体现在教育资源方面的竞争。通过教育资源的竞争有利于产生利益驱动，并通过"市场力"检验市场选择的结果。民办高校具有机制灵活的先天优势，能够依据市场需求及时调整办学行为。然而，随着我国教育事业不断发展与教育市场的不断开放，民办高校面临的竞争对象不断增多。不仅有其他民办高校、公办高校以及具有"名校办民校"背景的独立学院，还有来自国外教育机构的竞争。特别是在 2003 年《中外合作办学条例》颁布之后，促进了国外资本和办学机构的大量涌入，使得教育资源的竞争逐渐演变为国内与国际的竞争，进一步加剧了我国高等教育市场的竞争程度。

2. 人才培养的多样化诉求

进入大众化阶段后，高等教育面临着多样化发展的道路选择。这是因为，一方面，市场经济的发展对人才需求提出更多、更高要求，既需要高层次、高学历的精尖人才，又需要能够满足一般生产制造的应用型人才；既需要具备创新型理论知识的人才，又需要具有熟练技术技能的人才。另一方面，随着物质生活水平的提高，人们对终身教育的需求越来越强烈①，学生、家长对高等教育提出了多样化需求，比如：在学习专业知识的同时，提升专业技能的诉求；多样化的学习方式的诉求，如课堂学习与远程学习相结合；通识教育与专业教育相结合，提升综合素质与能力的诉求等。民办高校具备灵活的办学机制和较大的办学自主权，能够更好地满足人才培养的多元化诉求。比如，通过短期培训提高职业技能、开展网络教育实现学习资源共享、进行创新教育提高创新能力、加强国际性的教学与科研的合作等等，甚至是专门针对学生个体开发设计独特的教育教学模式等，从而突破地域局限，满足不同地区、不同时段人们对教育的最大化要求。

3. 公民对教育支出的意愿与能力

公民的教育支出在很大程度上弥补了政府对教育公共支出的不足。人们不仅把教育支出看作是教育活动的消费支出，也把教育看作是生产性投资，通过提高劳动力素质，增加人力资本的价值。通过国内外大量的研究证实，收入、性别、职业、年龄、价值观等是影响家庭教育支出的主要因素。其中，收入是影响教育支出的重要条件变量，"在家庭储蓄动机中，子女教育名列前茅"②。高等教育不同于强制性免费义务教育，学费支出是受教育者需要具备的条件之一。公民可支配性收入越多，可用于教育的支出也就越多，使得公民对高等教育的潜在需求转变为现实需求的可能性就越大，对于自负盈亏的民办高校发展的拉动力就越强。民办高校通过满足公民对教育的多样化需求吸引生源，从而增加办学经费、改善办学条件、提升办学质量，形成良好的社会效应和办学声誉，为民办高校竞争优势的建立提供可能。

（三）社会文化环境

1. 传统社会观念

传统社会观念是在一定社会群体中自发产生并广为流传的社会心理或观念体系，表现为社会群体的意志、愿望或一定的风尚、习俗等，是反映社会现实的一种精神状态。传统社会观念影响着社会群体对教育活动的看法，使教育活动体现着一定社会群体的价值取向。目前，传统社会观念对民办教育存在一定的消极影响。民办高校多以职业技术学院为办学起点，致力于为社会培养"蓝领"或"灰领"等应用型人才，而这样的发展起点和培养目标使得社会对民办高校的认识总是与"落榜生""差生"联系起来，产生的歧视与偏见进一步加剧了民办高校招生、融资、学生就业等方面的困境。传统的社会观念影响着社会各层对民办高校的认知，如何在长期的发展过程中，通过自身努力提高社会认可度，是民办高校在建立竞争优势时需要考虑的重要因素。

---

①② 郭树清. 影响中国经济未来发展的几个决定性因素［J］. 经济社会体制比较，2002（2）.

2. 媒体宣传

媒体作为传播信息的媒介，是人们用来传递与获取信息的工具与载体。媒体宣传是影响民办高校声誉和社会认可度的重要因素之一。民办高校的变革或事件都会吸引媒体的关注。媒体对民办高校的关注聚焦在教育职能、科研创新、管理模式、运作理念、行为范式等方面。媒体宣传一方面有利于扩大民办高校知名度、提升办学美誉度，另一方面在一定程度上对民办高校科学发展、规范办学起到一定的监督作用，还能够起到引导社会客观公正评价民办高校的作用。

（四）教育教学环境

1. 高等教育的适龄人口数量

生源的多少影响着民办高校的生存与发展。高等教育适龄人口的数量，影响着高校的生源招录，决定了高等教育市场的存量与容量。"21 世纪初中国人口对教育影响"课题组对中国未来 50 年里各年龄段学龄人口进行了预测，从 2009 年至 2022 年，大学学龄人口数将持续下降，整体下降幅度将超过 20%[①]。未来高等教育适龄生源的大幅下降，一方面将有助于优化高等教育结构，实现高等教育规模、质量、结构和效益协调发展；但是，另一方面会引发更加激烈的高等教育"买方市场"的竞争，供求关系也会发生根本性变化，民办高校将面临更加严峻的生存考验。

高等教育生源供求关系的变化，使得适龄生源的高等教育需求越来越趋于理性化与多元化。这对于民办高校来说是机遇更是挑战，既要稳定招生规模，保证充实的办学经费，有效利用办学资源，降低办学成本，又要提升整体实力和社会声誉，通过准确的市场定位，满足社会多样化需求。在外部力量的推动下，民办高校的改革与发展逐步由外延发展转移到内涵建设上来，这些改革与变化极有可能为民办高校竞争优势的建立提供强劲动力，争取在有限的教育市场份额中取得更大的主动权，尽可能地降低因生源减少带来的负面效应。

2. 高等教育布局

高等教育布局受政治、经济、文化、人口等多种因素的影响和制约。民办高校所在地区的高等教育布局主要表现为高等教育机构在当地的密集程度、分布状况、地区的行业竞争程度以及整体发展的环境与氛围等。一方面，民办高校的发展受当地公办高校的数量、层次及结构的影响。一般来说，在其他条件一定的情况下，公办高校发展水平越高，民办高校的发展空间就越小。与公办高校的错位发展、异轨竞争才利于民办高校竞争优势的建立。另一方面，高校之间的聚集程度也会影响民办高校个体发展。在同一地理区域聚集的高校越多，越有利于民办高校整合资源。地理位置上的临近使高校有利于实现公共设施、图书资料、体育

---

① 高书国. 21 世纪初中国高等教育大众化水平预测与分析［J］. 教育发展研究，2002（4）.

设施、师资甚至是课程的有效交流与共享。当地民办高校整体发展越好，规模集聚效应越显现，社会影响力越大，越能够得到公众的普遍认可。公众认可度提升又会进一步作用于民办高校的整体发展，为其创造良好、开放的发展环境。

3. 地理区位

一般而言，民办高校的地理区位主要表现为经济发展水平对当地教育发展的助推力、教育资源的规模集群效应以及对优质教育资源的共享利用等。地理区位的优越程度如交通便利条件、人口稠密度和当地的经济发展水平与民办高校的发展呈现一定的正相关。地理区位越优越，经济生活条件就会越便利，可利用的优质教育资源也就越多。具体表现为，在全国地域划分上，东部民办高校发展的数量与质量高于中部地区，中部地区的发展明显强于西部地区，呈现出了民办高校在发展区域空间上的不均衡。在城市分布上，位于经济发达地区或省会城市的民办高校发展要优于一般城市或县级地市及城乡民办高校的发展。这与该地区作为经济发展中心或是政治发展中心拥有更丰富的社会资源是分不开的。由此可见，地理区位是师资队伍引进以及考生报考的重要参考因素，也是民办高校形成竞争优势的重要环境因素。

二、环境对民办高校竞争优势的作用

民办高校的生存和发展离不开环境，环境为其提供了基础条件。民办高校要想获得竞争优势，必须积极主动适应环境，制定灵活的、有利于适应环境变化的发展战略从而为自身获得竞争优势创造机会。

（一）环境影响民办高校竞争优势的存续

首先，环境影响民办高校的生存。相对于公办高校而言，民办高校的发展根基尚不够牢固。在这种情况下，民办高校极易受到外部环境的影响，尤其是政治法律环境的影响。我国民办高校伴随着民办教育政策的演变而不断发展，几乎每个转折点都是以某项政策法规的颁布为标志。政治法律环境的影响不仅关乎民办高校的生存也直接影响着未来的发展趋势。"20 世纪 50 年代我国私立大学的完全消失到 20 世纪 80 年代民办高等教育的恢复发展无不是政策法规作用的结果"[①]。通过前文对民办高校发展历程的梳理，不难发现，关于民办教育的每一项重大政策的出台，都会给民办高校的发展带来不小的影响。而这些政策法规的合理性与科学性程度直接决定着民办高校面临的政治法律环境的利与弊，环境的利弊又会对民办高校的发展产生明显的推动或阻碍作用。

其次，环境影响民办高校竞争优势的延续。民办高校具有类企业性质，具有

---

① 饶爱京. 民办高等教育政策及其对民办高等教育发展的影响 [J]. 黑龙江高教研究，2006 (10).

天然的市场属性和灵活的办学机制。运用灵活的机制，民办高校可以依据市场变化设置专业，与就业市场实现紧密相连，使培养的应用型人才实现零距离对接。但同时也说明民办高校会受到急剧变动的市场环境的影响。当就业市场发生变化，家长、学生需求发生改变时，就会使先前构建的竞争优势逐渐削弱。另外，民办高校在确立竞争优势并由此产生巨大效益时，民办高校竞争优势已经处于模仿者和革新者的冲击环境中。竞争对手会通过模仿或创新对获取竞争优势的民办高校发出挑战，而这种挑战能力的大小直接决定了民办高校竞争优势存续的时间长短。在激烈的市场竞争压力之下，随着后来者的迅速模仿、跟进及超越，民办高校获取的竞争优势会逐一被销蚀，最终失去效力。[1]

（二）环境为民办高校可持续竞争优势的形成提供资源

资源是民办高校赖以生存和发展的重要条件，是可持续竞争优势形成的基础。民办高校对资源的占有有利于创造竞争优势，提升办学效益，占领较多就业市场份额。民办高校发展起步较晚，资源总量和存量都相对不足，需要从环境中获取诸如人力、物力、财力等资源，做到不能为我所有，但能为我所用。纵观民办高校发展布局可以看出，公办高校数量多的城市，民办高校数量也会偏多。这恰恰说明与民办高校在同一城市的公办高校越多，越有利于民办高校整合资源，促进可持续发展。民办高校构建可持续竞争优势的过程就是这样沿着获取资源—占领市场份额—环境变动—新创投资—获取资源的过程，构成连续往复的循环，即所谓的"竞争优势循环"[2]。

民办高校无时无刻不在与外界环境进行着物质与信息的交换。与民办高校发展相关的各种环境要素影响着办学行为，在资源有限的竞争态势下，民办高校只有适应环境变化，主动挖掘环境中潜在的机遇，形成与环境之间的良性互动，促使环境向利于自己发展的方向演化，才能获得可持续竞争优势。

第二节　资源基础

一、民办高校资源的内涵

资源是民办高校获得竞争优势，实现可持续发展的基础。资源基础理论是企业可持续竞争优势理论中的重要观点之一。该理论认为企业是资源的集合体，包括企业控制的所有资产、能力、组织过程、信息、知识等。民办高校具

---

[1]　梁新弘、王迎军. 动态环境中企业持续竞争优势构建探讨［J］. 华东经济管理，2003（4）.
[2]　霍春辉. 动态竞争优势［M］. 北京：经济管理出版社，2006.

有类企业性质，虽然在发展目标上与企业有本质的不同，但它同样是一个资源的集合体，民办高校拥有的资源总量和资源特质在学校发展过程中起着关键性基础作用。民办高校资源是指在发挥人才培养、科学研究、社会服务三大职能的过程中，可以支配的、能够实现民办高校发展目标的各种要素的组合。结合民办高校特点，按照资源构成要素存在的形态可将民办高校资源分为有形资源和无形资源。

（一）有形资源

民办高校的有形资源是指具有一定实物形态的资源，是民办高校生存与发展的基础性资源，有形资源又包括物力资源、财力资源和人力资源。

1. 物力资源

民办高校的物力资源主要体现在"硬件"建设方面，是所有具有外在表现的、能够计量统计的实物资产的总和，是学校开展人才培养、科学研究所需的物质性资源，主要有土地资源、教学用房、教学实验仪器设备、图书资料、办公设施等。物力资源的优化配置对民办高校发展起着基础性支撑作用。物力资源通过生均校园面积、生均建筑面积、生均教学行政用房面积、生均教学科研仪器设备值、生均图书馆藏书量等指标形式体现，成为民办高校满足办学基本需求与核定年度招生规模的衡量标准和依据。

2. 财力资源

民办高校的财力资源是学校在创办与发展过程中的办学经费总量。财力资源是建设物力资源、引进人力资源的前提和保障。在财力资源同样充足的情况下，不同的民办高校由于存在发展战略规划、人力资源等方面的差异，在财力资源配置和有效利用方面会有所不同，进而影响竞争优势的产生与发展。

一般来说，民办高校财力主要来源于学费收入、社会组织或个人的捐赠与资助、银行贷款、集团企业的投资以及通过科研成果转化、知识产权、校办企业、培训等服务社会获得的收益等。目前，我国民办高校主要的财力收入仍依赖于学生学费，其他资金来源相对较少，多元化融资环境尚不理想，如捐赠、资助制度尚不完善，捐赠氛围尚未形成，很少有以个人名义或企事业单位名义资助民办高校发展。财力资源的不稳定、筹集渠道不畅通是民办高校普遍面临的问题，如何突破这些问题，有效配置和高效利用有限的财力资源，是民办高校获得竞争优势的前提。

3. 人力资源

民办高校人力资源主要是指民办高校拥有的领导团队、师资队伍和管理队伍。人力资源所蕴含和衍生出来的能力和水平，是民办高校提高人才培养质量、获得可持续发展的关键。

（1）领导团队。民办高校领导团队在学校发展中发挥着主导作用，团队成员的领导素养体现在学校办学理念、战略决策、文化建设等方面，特别是举办者素养，其独特的精神品质是学校发展的动力源泉。一般来说，能够满足民办高校需求的领导资源主要有政府，尤其是教育行政系统或者是公办高校中在职或已退休的有较高政治和社会地位、较高文化修养的领导。[①] 领导团队能力的发挥有助于民办高校稳定发展大局，把握发展方向，更好地应对外界环境的变化，合理、有效地整合与配置民办高校内外部各种资源，多渠道筹集办学资金，从而有助于提升民办高校核心能力。高素质的民办高校领导团队是学校获取竞争优势，实现可持续发展的重要资源。

（2）师资队伍。师资队伍是民办高校实现人才培养职能的主体，是开展教育教学实践活动的关键资源。一支规范的、高水平的、稳定的师资队伍（尤其是"双师型"师资队伍）是保证和提升民办高校人才培养质量的关键因素。民办高校师资队伍的教学水平代表着学校整体教育教学水平。目前，随着我国民办高校的迅速发展，其师资队伍不断扩大，师资队伍来源也日趋多样，主要有公办学校的离退休教师和民办高校面向社会招聘的高校应届毕业生或高学历的年轻教师，还有民办高校聘请的公办高校或企事业单位的在职人员。

（3）管理队伍。民办高校管理队伍是对教育资源进行计划、协调、配置、管理和监督的工作人员，是落实发展规划、提升人才培养质量等战略举措的具体实践者与执行者，是把民办高校发展战略和规划转化成效益和成果的基础。管理人员的工作水平是影响民办高校教育资源能否实现有效配置和高效利用的重要因素，是推动民办高校高效运行的生力军。建设一支能够满足民办高校发展需要的，懂得民办教育规律，爱岗敬业的管理队伍是民办高校生存与发展的重要保障。[②]

有形资源从数量上体现着民办高校的发展规模，也决定了学校的办学定位和发展战略。物力资源以物质形态存在，财力资源以货币形态存在，人力资源以人的形态和附着在人的头脑中的智力形态存在。物力资源和财力资源的优化配置是学校有效运行的重要保障，而人是配置资源的决策者和执行者。人力资源的综合水平直接影响着资源作用的大小和作用效果的发挥。财力资源是获得物力资源和人力资源的资金保障，校舍建设、设备引进、人才招聘等无一不需要财力的支持与保障。而民办高校已拥有的土地、校舍又可以作为学校筹集资金申请贷款的抵押和担保，人力资源中的人缘关系也是筹集资金的渠道之一。这三种有形资源相互作用，相互协调，从而能够适时有力地满足民办高校的资源配置。

---

① 周国平. 社会资本与民办高校资源整合研究 [M]. 广州：广东高等教育出版社，2012.
② 赖爱春，陈洁. 透视民办高校管理干部的内部提升与外部引进之争 [J]. 民办教育研究，2010 (3).

（二）无形资源

无形资源是一种常常容易被忽略但对民办高校运行和竞争具有重要作用的非物质形态的资源。如果把有形资源比作是有形的人体，那么无形资源就是人的知识、思想和理念，两者有着相互依存的关系。

无形资源具有以下几方面的特征：一是无形性，没有物质实体，但是在某些方面能够反映到具体的物质形态上来体现它的价值；二是不确定性，无形资源产生的效益是很难量化计算的，在不同情况下，同样的无形资源带来的价值是不确定的；三是效益性或价值性，无形资源是以间接的方式为民办高校的发展带来长期效益，如民办高校的社会声誉、高校文化都与毕业生在社会上的影响力有一定的关系。而效益或价值的大小与显性程度则是由民办高校对其开发利用的重视程度和无形资源物化过程的难易程度来决定的。无形资源是民办高校在发挥职能的过程中拥有的，不具有实物形态的可以为民办高校带来效益的资源，包括声誉资源、文化资源、关系资源、知识资源等。

1. 声誉资源

对于民办高校来说，声誉资源是一种重要的无形资源，是民办高校向社会公众展示各种职能履行情况的信号。社会公众根据这一信号形成对民办高校的评价，主要体现在社会公众对大学的认可程度和选择倾向。声誉资源反映了民办高校在社会中的形象和地位。良好的声誉资源能够广泛地吸引家长、学生和企业的注意力及兴趣，是一种不可忽视的具有较强磁场效应的作用力。民办高校良好的声誉资源，对于学生来说，意味着将学校的声誉价值附着于个人价值，从而在未来的就业竞争市场中具备一定的竞争优势；对于投融资者（包括捐资者和银行方面）而言，意味着较低的投资风险和较高的投资回报，以及一定程度上社会公众较高的认可度。民办高校的声誉受若干个人声誉好坏的直接影响，特别是举办者的个人品格、学识魅力和社会责任等。

2. 文化资源

高校文化是指高校在发展过程中不断积淀形成的反映师生和员工价值取向、思维方式和行为规范的一种团体意识，是师生和员工所特有的工作学习状态、心态和精神风貌。高校文化主要是为学校各项活动营造环境和氛围，融合在学校的发展历程、校容校貌、教风、学风以及行政管理风格等因素中。高校文化具有相对稳定性和意识能动性，能够凝聚人心、积聚力量，是推动高校发展的软实力。民办高校作为高等学校的一种，其文化除具有高校文化的普遍特征外，还具有独有的特色和风格。其独特性主要表现在由于民办高校受市场因素影响较大，因此，民办高校文化更加注重营造和谐文化氛围，强调积极进取和开拓创新的精神文化，注重建设灵活务实、高效透明的制度文化。

3. 关系资源

民办高校能够凭借与政府、企业、竞争院校、金融机构、专家学者等组织或个人之间良好的关系而获得可以利用的资源，这些关系是民办高校的关系资源。民办高校通过与外部利益相关者之间形成既相互交叉又相互影响的关系，从而构成关系资源。关系资源是学校协调处理在发展过程中遇到的多重问题的重要基础。从校政关系、校企关系、校校关系、国际交流与合作关系等方面入手，有利于民办高校开发关系资源。目前，在民办教育领域产权制度等相关制度尚不完善的情况下，人为因素在一定范围和空间里能够发挥巨大作用，良好的关系是民办高校获得人为因素倾向的重要资源。

4. 知识资源

民办高校知识资源是指民办高校所拥有的能为其带来经济和社会效益的知识成果和能力的总称，包括显性知识资源和隐性知识资源两方面[①]。显性知识资源相对易于识别、管理和量化，一般能用文字编码，指那些民办高校已经拥有的知识产品和成果，主要有学校的发展战略、发展目标、组织结构、规章制度，学校拥有所有权的专利、版权等科研成果。隐性知识资源则相对难以识别、管理和量化，未被文字编码，反映着民办高校能够不断创造和生产这些产品和成果的能力和机制，主要有学校的组织协调能力、学习能力、适应能力，学校的运行机制、组织手段等。显性知识资源和隐性知识资源之间相互补充、相互依赖、相互转化。显性知识资源强调的是民办高校凭借隐性知识资源创造出的知识成果，隐性知识资源强调的是能够创造显性知识资源的能力。对于承担着知识传承与创新任务的民办高校来说，知识资源在其生存和发展过程中正扮演着越来越重要的角色，也是竞争优势的来源之一。

二、民办高校特质性资源对竞争优势的作用

（一）资源的特质与民办高校特质性资源

1. 资源的特质

资源在一定条件下，可以成为竞争优势的来源。彭罗斯（Penrose）认为企业是由资源集合而成的。资源基础论认为，引起经营资源重要性程度差异的是资源位障碍，可以理解为优先拥有某种具有重要价值资源的企业能够形成与竞争企业的差别，同时还会影响到后来拥有者的成本投入与收益成效。[②] 因此，对于民办高校来说，通过率先获取优质资源能够使民办高校与竞争院校相比具有某种资源优势。

---

①　刘志国，张玉清等. 高校知识资源及其创新管理研究 [J]. 现代教育科学，2007（4）.

②　霍春辉. 动态竞争优势 [J]. 北京：经济管理出版社，2006.

　　资源基础论认为，能够促进竞争优势产生的资源具有一定的特质，即价值性、稀缺性、难以模仿性和不可替代性。资源具有价值性，只有当企业所拥有的资源比竞争对手的资源更能满足顾客的动态需求时，才具有了价值，具有价值的资源才能够影响竞争优势的形成。资源具有稀缺性，当某种资源既具备特殊价值又是相对稀缺的，才能够与其他企业相比更加有优势，对于供应充足的资源并不能产生这种优势。资源具有难以模仿性，企业所拥有的某种资源不能够或者难以被竞争对手在同样的市场条件下获取，从而促使企业形成竞争优势。资源具有不可替代性，企业所拥有的某种资源不存在一种既可复制又不稀缺的替代品，这种资源就可以形成企业竞争优势。资源的特质决定了资源是企业竞争优势获得的基础。

　　2. 民办高校的特质性资源

　　民办高校的管理运营需要多种资源，每种资源都能发挥作用，但并不是所有资源的作用都是同等重要的。在民办高校中广泛存在的，通过市场能够容易获得的资源，是民办高校发展的一般资源，对形成竞争优势的贡献率比较低。特质性资源是对民办高校发展有价值性的、稀缺性的并且难以模仿和不可替代的资源。与公办高校相比，民办高校的资源配置受到市场机制调节，通过市场交易可以获取的资源如教学仪器设备、一般层次的管理人员等，具有较小的资源位障碍，并不能够使优先获得者与其他高校相比形成优势。而学科带头人、专家学者等关键性人力资源具有很好的资源位障碍，能够使民办高校获得并保持与其他高校相比存在的优势，因此，它们可以成为民办高校的特质性资源。在有些情况下，其他一些有形资源如财力资源或土地资源随着学校的开发与积累，达到一定规模并超出其他同类高校规模时，使得其他同类高校很难在短时间内模仿或者超越，这时的财力资源和土地资源也可以成为民办高校的特质性资源。

　　资源特别是特质性资源是民办高校获得竞争优势的源泉和基础。一般情况下，民办高校的特质性资源主要包括关键性人力资源和无形资源。关键性人力资源包括高层领导团队、学科带头人、知名专家学者等。关键性人力资源能够比竞争对手更能满足学生对知识和成才的需求以及企业对人才的需求时，具有一定的价值性，且难以获得。关键性人力资源衍生出的能力和水平是民办高校提高人才培养质量、获得健康发展的关键，并且是难以复制和难以模仿的。

　　无形资源中的品牌、形象、广阔的关系网络等，都在以间接的方式为民办高校的人才培养和学校发展带来长期的价值。这些资源是民办高校经过不断的努力，逐渐积累形成的，形成过程面临着环境的不确定性，形成结果具有高度的复杂性，从而难以被竞争院校模仿和复制。民办高校无形资源的复杂性体现在无形资源形成的主体是以全校师生员工为载体的，其开发与使用与人的智慧、知识、文化、情感等有着密切的关系；还体现在无形资源对民办高校发展产生的价值的不确定性，难以确定是哪种无形资源产生的价值，也难以估量产生价值的大小。

民办高校的特质性资源不是固定的或者唯一的，是可以通过挖掘、引进、培养、培育等途径来获得的，因此，民办高校应该在特质性资源的获取、保持等方面有所措施。

（二）民办高校特质性资源对竞争优势的作用

民办高校想要办出特色走可持续发展道路，需要关注那些能够促进民办高校形成特色以实现发展的资源，那么这样的资源对于民办高校的发展来说是有价值的。单依靠资源的价值性并不一定能使民办高校获得竞争优势，这是因为，竞争院校通过购买、模仿也能获得同样资源，发挥同等价值，从而使其产生的优势逐渐消散。比如，优质的教学仪器设备是保障民办高校人才培养的有价值的资源，但是其他民办高校也能够引进优质教学仪器设备，两者相比较，同样都能为各自民办高校的人才培养创造价值，并不能说明哪一方更具有优势。

当某种资源既能够为民办高校的可持续发展带来价值，又不能被其他竞争对手或潜在竞争对手同时获得时，就可以说这样的资源具有稀缺性，能够为民办高校带来竞争优势。比如，土地资源属于稀缺性资源，特别是优质地段的土地使用权更是难以获得，民办高校的地理区位是影响生源和优质师资的重要因素之一，优先获得优质地段土地使用权的民办高校形成了一定的资源位障碍，阻碍或限制其他民办高校以同样的方式获得同样的稀缺资源。但是这种资源的稀缺性也是相对的，而且是可以实现交易的，因此，当竞争院校通过提高佣金争取到相当地域的土地使用权时，或者通过其他优势比如提供便利的交通工具以弥补地理区位不足时，资源的稀缺性特征就逐渐被削弱，由此产生的竞争优势也难以持久。

因此，民办高校想要获得持续的竞争优势，在拥有一般资源的基础上，还必须掌握有价值的、稀缺的，同时也不易被竞争对手模仿和不易被其他资源替代的特质性资源。比如，民办高校的声誉资源是社会对民办高校认可度的重要体现，良好的声誉能够为民办高校的发展带来重要价值，也是吸引生源的重要因素之一。良好的声誉是民办高校不断积累逐渐形成的，是难以被其他民办高校随意模仿，也不能够轻易以其他资源来替代的，这样的资源能够为民办高校带来持续的竞争优势。特质性资源的价值性和稀缺性有利于竞争优势的产生，难以模仿和不可替代的资源有利于竞争优势的保留。由此可见，特质性资源有助于民办高校获取和保持竞争优势。

总而言之，资源的总量决定了民办高校的定位、发展战略选择和发展规模，而特质性资源则是维系民办高校生存发展，产生竞争优势的基础。民办高校可持续竞争优势来自特质性资源的形成、积累、维持和更新的动态过程。但是随着社会发展和教育环境的改变，资源的难以模仿性和不可替代性也会逐渐被削弱，以特质性资源为基础形成的竞争优势也会逐渐消散。由此，民办高校还应当摒弃以往专注的、静态的竞争资源的获取，而应该以动态思维来思考竞争优势的获取问题。资源是能力产生的基础，民办高校所具备的特质性资源为核心能力的独特性和不可模仿性提供了支撑基础。

第三节　能力基础

一、民办高校能力的内涵

（一）能力

一般情况下，能力是指人们在完成某项工作或任务的过程中所体现出来的素质。不同的研究领域对能力的解释不同。《美国百科全书》（管理类）中认为，"能力在一定程度上被称为一种定性的度量单位，常常用来指一个人工作质量的好坏"①。资源基础理论认为，能力是对资源加以组合利用的方法和技能。个体能力的差异会对资源有不同的配置，对资源利用的结果也不同。

（二）民办高校能力

民办高校能力是民办高校为实现发展目标，整合内外部资源、有效进行内部治理、不断提高人才培养质量过程中所表现出来的综合素质。民办高校能力的发挥同样也是在充分利用资源的前提下所表现出来的，是衡量一所民办高校发展潜力的重要依据。民办高校的运营需要多种能力，从不同的角度有很多分类方式，以民办高校主要职能划分，其能力主要包括人才培养能力、科学研究能力、社会服务能力，同时，为了保障民办高校主要职能的履行及其正常运行还需要内部治理能力。

1. 人才培养能力

人才培养能力是指民办高校对人才进行培养、教育的能力总和。人才培养能力涉及的因素比较多，主要包括师资队伍、学科专业、教学改革等方面。

（1）师资队伍。民办高校师资队伍是人才培养的重要影响因素，包括师资队伍的教育教学水平，年龄结构、学历结构和学缘结构等。师资水平直接影响着民办高校的教学质量和专业发展水平。高素质的、结构合理的师资队伍有助于提高民办高校人才培养能力和综合竞争力。

（2）学科专业。学科是一定科学领域或一门科学的分支，是专业建设的本源，专业是依托相应学科培养专门人才的具体分类方式。相对于其他高校，民办

---

① Sturgeon. T，Encyclopedia Americana of Management［J］. Danbury CT：Grolier，1996.

高校学科专业建设有自身的特色，以培养应用型人才为目标，并结合地区经济发展和社会需求，适时进行专业调整，以增强人才培养的社会适应性。

（3）教学改革。教学改革是人才培养的重要组成部分，其中主要包括人才培养理念、课程体系、人才培养模式、实践教学体系的更新与构建。人才培养理念是高校在人才培养中应该具有的基本认识或基本信念，对民办高校而言主要是树立应用型人才培养的理念。课程体系建设是民办高校人才培养能力的重要表现，体现了民办高校为实现人才培养目标而设置的知识框架体系，是教学工作的基本落脚点，主要包括课程的开发、设计及教材建设等。人才培养模式是学校和用人单位根据教育目标共同确定的培养目标、培养内容、培养过程、培养制度和培养评价的综合，并在实践中形成的定型化范式。民办高校人才培养模式具有灵活多样性，改革的核心主要在于应用型人才培养模式改革。实践教学是民办高校提高学生实际操作能力，为其将来工作做准备的重要学习环节。实践教学体系是学校围绕人才培养目标，合理配置实验、实训、实习、毕业设计、社会实践等教学实践环节，形成与理论教学相辅相成的教学体系。

2. 科学研究能力

民办高校的科学研究工作主要是为人才培养服务的，科研方向主要以应用性研究和教学型研究为主。应用性研究带有明显的应用特征，选题内容与现实问题密切相关，以理论研究指导实际。研究涉及的主题既有学校自身发展中的相关问题研究，如办学思想、发展特色、发展战略、教学质量、内部治理、师资队伍建设、成本与效率、学生管理、学生就业创业教育等，又有相关专业领域的学术探究。通过开展应用性研究有利于指导民办高校科学管理，依据科学规律解决人才培养过程中遇到的问题；也有利于开展专业层面的学术探讨，增强学术氛围，提升学术水平，进而应用到教育教学中。教学型研究主要是民办高校针对教学建设、教学改革、教学管理等方面开展的研究。其目的在于提高教育教学水平、优化人才培养模式、探索教学方法，从而更好地服务于人才培养工作。

3. 社会服务能力

社会服务能力主要是指民办高校充分利用自身现有的资源和专业优势为社会服务的能力。民办高校的社会服务包括直接为社会服务和间接为社会服务。

直接为社会服务是民办高校利用自身现有资源面向社会开展的社会培训、科技成果转化、技术服务以及教师直接为社会服务。社会培训是民办高校利用自身的师资、教学设备、教学场所为企业或社会工作人员提供培训服务；科技成果转化与技术服务是民办高校将专利技术转化为社会生产力的过程，有利于促进校企合作；教师直接为社会服务主要是以"项目＋合作"的模式提供专业服务，或者在专业建设中，将课程教学设计成具体的技能训练项目，或者通过校企合作与企业搭建社会服务平台等。

间接为社会服务是民办高校通过对学生的培养，使其掌握相关领域的基本知识和技能，并在实践锻炼中提高其操作技能和应用水平，将其培养成社会所需要的应用型人才。学生就业后，通过具体工作为社会服务，贡献自己的力量。民办高校日常教学活动主要围绕人才培养而展开，其所培养的应用型人才分布在社会各行各业，为社会的发展做出积极贡献。

此外，民办高校还具备内部治理能力，以保障运行过程中教学活动、科学研究、筹资运营、人事管理、后勤管理、财务管理等方面工作的正常有序开展。在长期的办学实践中，民办高校逐渐形成独具特色的管理风格，并在实践中不断完善和提高，有效保障其高效率运转，从而更好地为人才培养工作服务。

二、民办高校核心能力对竞争优势的作用

（一）民办高校核心能力

民办高校运营需要多种能力，但并不是所有的能力都能够直接作用于可持续竞争优势的形成。民办高校要形成可持续竞争优势必须着力于核心能力的构建。核心能力与一般能力相比，它所关注的并非民办高校现有显性的、外在于学校自身的静态物力和财力，而是在竞争环境中所显现出来的根植于其内在的深层的竞争能力。核心能力是民办高校拥有的各种能力的核心，也是各种能力交融升华而成的精华。

1. 核心能力的内涵与特征

核心能力是基于资源基础论提出的。资源基础论认为企业的竞争优势来自其所控制的战略性资源。这种资源可能是基于具有经验的企业家资源、难以模仿的无形资源（如产品声誉等）等。在此基础上，普拉哈拉德和哈默尔在《公司的核心竞争力》中首次提出了核心能力的概念，即"组织中的积累性学识，特别是关于协调不同的生产技能和有机结合多种技术流派的学识，是企业开发独特产品、发展独特技术和发明独特营销手段的能力"[①]，同时把核心能力作为企业获得竞争优势的源泉。核心能力主要具备五个方面的特征：一是顾客价值性。只有能够为顾客带来长期性利益的技能才能成为企业的核心能力。二是独特性。企业核心能力的独特性体现在同类行业中几乎没有两个企业拥有一样的核心能力。三是整合性。核心能力不是单元素的能力，而是多种能力和技巧的综合，是一种综合性能力。四是不可模仿性。核心能力是企业独特技能或绝密技巧等关键性技术技能的集中体现，其形成过程又受到企业经营方式、产品营销模式以及企业文化等因素影响，表现出较强的因果关系模糊性，因此难以被竞争对手模仿或复制。五是不可交易性。核心能力与企业员工、文化、特定的行为方式等紧密相连，不

---

① C. K. Prahalad, Gary Hamel. The Core Competence of the Corporation [J]. Harvard Business Review, 1990.

可分割，因此，核心能力可以被感知，但是无法进行市场交易。

2. 民办高校核心能力的识别

核心能力理论引入高校战略管理后，许多学者对民办高校的核心能力开展研究，并形成了两种比较典型的观点即"组合观"与"核力观"。"组合观"从核心能力本质出发，认为民办高校核心能力是由资源、知识、能力等系统组合形成的竞争能力。如崔波认为民办高校核心能力伴随着学校的发展，以优质教育服务为目标，以先进教学技术和水平为核心，通过对学校资源与能力等要素进行整合，在不断地改革与创新中加强对学校具备的一般能力的提升，进而形成对学校发展产生持久竞争优势的能力。[①] "核力观"从核心能力的表现形式出发，将民办高校竞争优势形成过程中作用最大的相关能力作为民办高校核心能力。如邹长城认为良好的社会公信力是民办高校真正的、持久的核心能力，是实现现阶段生存以及可持续发展目标的唯一源泉。[②] 贾少华则将灵活的体制机制作为民办高校核心能力。

两种观点各有利弊，其中"组合观"定义的核心能力符合整合性、不可模仿性、不可交易性等基本特征，但是又过于抽象，不够严谨，容易使不同研究者依据主观判断随意将一些资源、知识或能力作为核心能力的组成部分，造成核心能力概念界定混乱。同时也缺乏可操作性，难以发挥核心能力对竞争优势的作用。而"核力观"定义的核心能力虽具有一定的直观性与可操作性，明确了资源、知识与能力的整合方向与重点，但是内涵表述又过于简单，不符合核心能力的基本特征属性。

研究民办高校核心能力的主要目的是引导其办学行为，提高"顾客"对"核心产品"的满意度，争取"顾客"的购买倾向。因此，识别民办高校核心能力到底是什么，就必须弄清民办高校的组织性质、核心职能和顾客群体等问题。基于此，才能够建立符合民办高校实际、促进竞争优势获取的核心能力，从而增强民办高校核心能力在实践过程中的吸引力和可操作性。

（1）民办高校的组织性质——人力资本加工组织。教育是提升人力资本的重要途径之一，民办高校作为教育的重要组成形式具有提升人力资本的组织属性。与物力资本相比，人力资本是更为重要的资本。真正能够促进经济增长的来源是人力资本投资，而不是物力资本投资。[③] 人力资本投资有多种方式，包括教育、医疗保健、引进高素质移民等，其中教育投资被认为是人力资本形成的最重要方式。这一观点从以往的研究中可以得到证实，古典经济学家李斯特（Liszt）把人类的才智、体力归为精神资本，也就是现实意义中的人力资本。他认为一个国家

① 崔波. 论民办高校的核心竞争力战略 [J]. 民办教育研究, 2004 (6).
② 邹长城. 社会公信力——中国民办高校的核心竞争力 [J]. 船山学刊, 2005 (2).
③ 郭树清, 樊纲. 中国经济的内外平衡: 一种三管齐下的战略 [J]. 国际经济评论, 2006 (7 - 8).

的重要投资应该用于后一代的教育即培养未来的生产力。① 我国学者郭树清认为，人力资本开发是最重要的资源开发。不论是个人层面还是国家层面，教育投资的回报率都是最高的。②

教育作为一种人力资本的投资方式又可以划分为多种类型，不同类型的教育培养出的人力资本具有不同的状态。当教育作为重要的人力资本投资方式对经济发展贡献显著时，民办教育所起的作用也是不容忽视的。民办高校作为教育的载体，承担着人才培养的重要职能。民办高校是在遵循教育规律和市场规律的前提下发展起来的，因此更了解市场对人才的需求，也更能够根据市场变化及时调整人才培养方式或目标。对于市场来说，民办高校的人才培养能够更好地满足其对多样化人才的需求。当人才的需求得到较好的满足时，市场的资源配置和调整才更趋合理，从而能够更快促进产业的扩大再生产，最终实现经济的快速发展。由此可以认为，民办高校作为人力资本加工组织为市场培养了大批专业技能人才。对于学生和家长来说，民办高校侧重为社会培养应用型人才以满足市场需求，学生通过接受这样的人才培养过程，在毕业后更容易凭借掌握的专业技能谋得合适工作岗位，从而使这种教育投资更容易获得收益。

（2）民办高校的核心职能——人才培养。随着经济社会的不断发展，高等教育的职能也在不断充实和完善，由最初的以人才培养为主兼顾科学研究，到后来的社会服务职能逐渐显现，形成了高等教育的三大基本职能。高等教育职能是高等学校分层、分类的重要依据。目前，在我国依据高等教育履行的三大职能，可将高校划分为三种类型，分别是研究型、教学研究型和教学型。不同类型、不同层次的高校在履行三大职能过程中的侧重点也有所不同。

民办高校在国家相关政策的鼓励、扶持与指导下，经过30多年的发展，已经成为我国高等教育事业的重要组成部分，在推动高等教育大众化进程、满足教育多样化需求等方面发挥了积极作用。民办高校不论是办学起点、办学条件、师资队伍还是资金来源都无法与公办高校相比。鉴于此，民办高校为了求得生存，应充分利用机制灵活、办学自主权较大、把握市场规律等特点，面向企、事业单位一线岗位和农村经济发展需求，为地方经济和社会发展培养应用型人才。由此可以判断，我国民办高校整体应该属于教学型大学类别，以教学任务为"主业"，以人才培养为核心职能和任务。

人才培养作为民办高校的核心职能，其职能的发挥离不开科学研究与社会服务的共同作用。民办高校的科学研究与社会服务最终都要作用于人才培养，并围绕人才培养而展开。其中，民办高校的科学研究主要以应用性研究和教学型研究为主，一般用于研究解决办学实践中教育理念、体制机制、培养模式等方面的问题，进而促进人才培养职能的更好发挥；民办高校的社会服务主要体现在应用成

---

① 李斯特. 政治经济学的国民体系 [M]. 陈万煦译，北京：商务印书馆，1961.
② 郭树清. 影响中国经济未来发展的几个决定性因素 [J]. 经济社会体制比较，2002（2）.

果转化、社会培训、技术服务等方面，这些方面也是民办高校把人才培养职能向社会辐射的具体体现。

（3）民办高校的内部顾客——学生。目前，高校对谁是真正的顾客仍缺乏清楚的认识。旧金山大学策略领导中心主任丹尼尔·朱利叶斯（Daniel Julius）认为，任何行业，尤其是服务性行业，不清楚服务对象是谁很可能是它的致命问题。① 在市场经济条件下，民办高校必须像企业那样首要明确自身的顾客主体是谁，只有认清楚这一点才能把握好发展方向。胡祖光教授认为，在市场经济条件下，从社会角度看，如果把学校比作是一座工厂，那么学生就是教育产品，高校及教师的职责是为企业和用人单位提供符合需求的人才产品；从高校自身看，高校又像是提供教育服务的机构，学生则是享用教学服务的内部顾客。② 满足内部顾客需求是满足学校外部顾客需求的前提条件，也是民办高校赖以生存与发展的基础条件。

综上所述，作为人力资本加工组织，学生是民办高校的主体，经过"加工"即人才培养过程，实现人力资本增值。民办高校的核心职能是人才培养，内部顾客是学生，其发展始终围绕学生主体展开，核心能力也主要聚焦在提高人才培养质量上。由此推断，民办高校的核心能力是人才培养能力。民办高校师资队伍建设、学科专业建设、教育教学改革等活动中的各种能力系统组合形成人才培养能力，符合"组合观"的基本观点。将人才培养能力作为民办高校的核心能力，具备整合性、不可模仿性、不可交易性等优势，还具有资源、知识及能力整合重心明确等优势，又较好地克服了缺乏操作性的弊端。民办高校必须具备较强的人才培养能力，才能够适应动态复杂的竞争环境，获得竞争优势实现可持续发展。

（二）民办高校核心能力对竞争优势的作用

民办高校的根本任务是培养适应现代经济社会发展需要的应用型人才，探讨人才培养能力对民办高校竞争优势的作用机制，有助于我们进一步探讨民办高校怎样培育和提升人才培养能力以获取可持续竞争优势。

首先，人才培养能力有利于提高民办高校的社会认可度，为学校争取有利的市场位势。民办高校的社会影响力如何，在高等教育市场中的竞争位势如何，在很大程度上取决于社会对民办高校的满意度。而社会满意度是以民办高校培养的学生的社会认可程度来衡量的。人才培养质量成为影响民办高校能否在激烈的竞争中占有优势的重要因素。通过培养高素质应用型人才，为社会提供优质教育服务，满足消费者（社会、家庭、学生）的需求和偏好，满足消费者所追求价值的

---

① 理查德·鲁赫. 高等教育公司：营利性大学的崛起 [J]. 于培文，译. 北京：北京大学出版社，2006.

② 胡祖光. 高校教学管理的双重角色及转变 [C] //1993 浙江省高等教育学会第七届年会论文选集——社会主义市场经济与高教改革. 杭州：杭州大学出版社，1994.

维护和增值，有利于民办高校获得社会认可，以此为自身争取到有利的市场位势，占据市场份额，从而有助于形成竞争优势。

其次，人才培养能力有利于民办高校聚拢资源，提高办学效益。人才培养能力作为民办高校的核心能力，能够将有限的资源聚拢到人才培养活动中来。民办高校在充分分析市场需求的基础上，设置专业，招收学生，配置人、财、物等资源，建立品牌专业、优质课程等，进而生成人才培养能力，为社会培养理论基础扎实、应用技术强、综合素质高的学生。人才培养能力的形成与提升，有利于提高资源配置效率，促进办学行为更加务实、高效，从而形成竞争优势，实现学校健康、可持续发展。

第四节　制度基础

"制度"一词在我国历史上的基本含义是"以法令为主要形式用以维护某种秩序的规则或规定"[①]。民办高校作为一个独立的法人实体，需要构建起相应的学校制度协调关系，维护自身价值。制度的优化和创新是高校发展的根本保证，是提升高校管理效益的重要途径。民办高校是被制度所规制的一个组织，它能否形成竞争优势，取决于其建立的制度能否产生适当的持续有效的刺激，并能够得到相应的效率和效益。本书中所指的民办高校制度主要包括产权制度、法人治理结构和内部管理制度。

一、民办高校制度内涵

（一）产权制度

目前，学术界对民办高校产权制度的认定主要有两种，即激励性产权制度和公益性产权制度。这两种产权制度的共性在于都能很好地解决民办高校产权归属问题，明晰产权制度。激励性产权制度更好地迎合了当前民办高等教育发展现状，所以成为学术界的主流观点；但若从民办高校实现可持续发展来看，王一涛教授提出的公益性产权制度更有利于民办高校获得竞争优势，实现可持续发展。公益性产权制度是指民办高校"产权公有"的制度安排，"即收益权、控制权和剩余财产分配权为整个民办高校所拥有，而非为某个（些）特定的人所拥有"[②]。收益权的"公有化"体现为学校整体中的各类主体都不得以营利为办学动机，追求回报；控制权的"公有化"体现为举办者不再是学校的长期控制主体，而是由

① 杨运鑫. 多中心大学制序研究 [D]. 上海：华东师范大学，2004.
② 王一涛. 论公益性民办高校产权制度的构建 [J]. 中国高教研究，2010（9）.

学校整体控制；剩余财产分配"公有化"体现为学校终止办学后的剩余财产不能归于举办者所有，而是集体公有。

（二）法人治理结构

法人治理结构的概念源于企业管理理论，主要是指企业的所有者、董事会成员以及职业经理人之间形成的组织结构。三方利益相关者在这一结构中形成相互制衡的关系，从而有利于企业的经营与管理。

民办高校具有类企业的性质，也是按照市场机制进行管理和运营的。民办高校法人治理结构是指民办高校作为独立法人实体，建立一种能够平衡各方利益相关者（包括举办者、管理者以及教职员工等）权力配置的机制或组织结构，从而实现学校科学运营与合理发展。在这种机制或组织结构中，不同部门依据不同职权，各司其职，相互配合与制衡，主要有两个层面的分权与制衡，一是举办者、董事会、监事会形成的三权主体的分权结构和制衡关系，二是董事会与校长及管理层形成的经营权与决策权相分离的分权结构与制衡关系。

（三）内部管理制度

内部管理制度实际上就是民办高校的规章制度，是民办高校内部管理中各种规定、条例、章程、制度、标准、办法、守则等的总称。它是用文字形式规定管理活动的内容、程序和办法，是管理人员的行为规范和准则①。内部管理制度制定的目的就是为了维护高校的顺利运行和人才培养功能的具体实现，它对学校的各项活动的规范运行具有长期、稳定的作用。

二、民办高校制度对竞争优势的作用

（一）公益性产权制度对民办高校竞争优势的作用

目前，我国民办高等教育还处于"投资办学"的阶段，大部分民办高校都是"投资"设立的。从资本运营角度来说，投资必须考虑到成本控制和收益分析。激励性产权制度可以更好地保护民办高校投资者的权利和权益，鼓励更多社会资本投入民办高等教育、稳定现有投资者的投资信心。但民办高校也是一种人力资本加工组织，其核心职能是人才培养，公益性是其固有的属性。虽然当前政府为了让更多的社会资本投入民办高等教育，出台法律法规同意民办高校投资者可以取得合理回报，但是从长远发展来看，"捐资办学"才是民办高校发展的主导模式，坚持公益性办学和公益性产权制度更有利于民办高校理性认识教育的本质、

---

① 徐绪卿. 我国民办高校内部管理体制改革和创新研究［M］. 北京：中国社会科学出版社，2012.

实现稳定发展，更有利于其提高社会认可度、吸附更多社会资本。

1. 公益性产权制度可以有效避免民办高校的趋利行为

民办高校的根本任务是人才培养，获得社会认可的重要途径也是人才培养。但人才培养的"最终产品"——学生不会像企业所生产的产品一样，一旦投放市场，就会马上或在短期内有市场反应和反馈。学生是一个"综合体"，市场对其需求程度、用人单位对其满意程度是由诸多因素组合而成的，民办高校对其的培养只是其中一部分。在这一现实情况下，民办高校为了维护自身持续发展，缓解生源状况不好、融资渠道不畅的局面，会通过各种方式抢占人才培养资源，降低教学要求与标准、降低人才培养规格，出现严重的趋利现象。而坚持公益性产权制度的民办高校，能有效避免急功近利行为，坚持教育的公益性，用冷静的心态考虑教育应有的本意，也会考虑什么才是民办高校的核心、什么才是实现民办高校可持续发展的动力源泉。

2. 公益性产权制度可以增强公共资金和社会捐赠的吸附能力

民办高校虽然经过 30 多年的发展取得了一些成绩，但是由于其公益意识淡薄，存在一定的趋利行为，已经严重影响了民办高校的社会声誉，主要表现在人才培养质量不高、招生虚假宣传等方面。这不仅会影响到民办高校在社会上的认可度，更会影响社会各界对民办教育的投资信心。历史实践证明，教育事业能够较为广泛地吸附公共资金与社会捐赠，而只有坚持公益性的教育才能更好地吸附公共资金和社会捐赠。比如，美国的哈佛大学、斯坦福大学，我国早期的厦门大学、南开大学等，要么是直接由社会捐赠资金建立，要么是在发展过程中得到了大量社会捐赠资金的扶持[①]。因此，民办高校只有走公益性之路，实行公益性产权才能吸引公共经费与社会捐赠的投入，也才能够获得政府资助，为竞争优势的形成提供财力支持。

（二）法人治理结构对民办高校竞争优势的作用

当前，董事会领导下的校长负责制是民办高校法人治理结构的核心。国家颁布实施的"一法一例"规定民办高校应设立学校董事会，并且对董事会成员组成、董事会章程等进行了相关规定，对于不符合法定要求，经告知仍不改正的，审批机关不予批准办学。民办高校法人治理结构可以实现最高决策层与执行管理层有效分离，决策权、执行权和监督权相互制衡，利益相关者共同治理，通过建立责权利明晰的制度安排实现对竞争优势的作用。

1. 法人治理结构有助于实现最高决策层与执行管理层分离

如上所述，民办高校法人治理结构的核心是董事会领导下的校长负责制。委托—代理理论认为，委托人与代理人之间存在目标不一致和信息不对称问题，在

---

① 王一涛. 论公益性民办高校产权制度的构建 [J]. 中国高教研究，2010 (9).

这种情况下，代理人会利用信息优势谋取个人利益。为了最大限度地克服代理人出现这一情况，委托人需要通过设立健全的监督机制和有效的激励机制，遵循委托契约，实施科学管理。民办高校作为既遵循教育规律、又遵循市场规律的组织，在当前管理较为薄弱的情况下需要引入法人治理结构，即董事会领导下的校长负责制，形成科学合理的委托—代理关系，有效实现委托契约的科学管理与实施。从而有利于校长在履行执行权时不以任期为界限，不以任期绩效忽视学校长远利益，而是关注学校的可持续发展。同时还可以预防校长思维方式僵化、决策过程任意化，从而避免校长为获取眼前利益而侵蚀学校可持续竞争优势。首先，随着民办高校不断发展壮大，学校的综合管理事务也逐渐复杂化、细致化，董事会已经难以胜任统揽学校的各项管理事宜。而且董事会介入过深还会加剧与执行阶层的矛盾冲突，影响员工工作积极性。其次，作为投资主体，决策层——董事会追求学校价值最大化，其管理目标是节省开支，增加营利，追求利益最大化；而作为执行层——校长则追求自身效用的最大化，其工作目标是人才培养质量的提高，坚持遵循教育规律办学。如果董事会与校长不适当分离，学校就有可能偏离正常轨道。综上所述，建立法人治理结构，将学校决策层与执行管理层进行有效分离，对学校内部制度权利进行相关说明和界定，可以有效提高工作效率，提升决策质量。

2. 法人治理结构有助于实现决策、执行和监督三权制衡

完善的法人治理结构体现了集中决策、相互制衡的原则，有利于民办高校确立公开、民主的决策机制以及与权利和责任相称的问责机制。著名学者孟德斯鸠提出三权分立说，他认为司法、立法和行政三种权利不能集中在某一个人或某一机构上，也不能够彼此合并，三者之间应该是彼此分立、相互制衡的关系。这就是著名的三权分立说理论的主要观点。民办高校法人治理结构就是将决策权、执行权和监督权分离，形成三权分立制衡的局面，相互制衡，各司其职，从而有效解决管理者之间的各种矛盾，有效提高学校运营的效率和效益。

3. 法人治理结构有助于实现利益相关者共同治理

利益相关者管理理论指出企业的经营管理者为了综合各方利益相关者的利益需求而进行管理。民办高校作为非营利性组织，由于其行为本身就是出于社会公共利益或其成员的非经济利益考虑，其服务宗旨就是要考虑到社会各方面的利益。对于民办高校来说，实行由上述列举的多方利益主体共同参与的法人治理，通过在法人内部构建利益平衡和制约机制，全面反映各方面的利益诉求和意见主张，并形成相应的权力博弈机制，从而维护其服务宗旨，确保组织使命的完成，促进学校的民主管理和秩序稳定不仅是必要的，而且也是必需的。

（三）内部管理制度对民办高校竞争优势的作用

民办高校内部管理制度是维护学校教育教学秩序的基本保障，是内部管理的

基本依据。制度是现代还是传统、是先进还是保守、是务实还是形式主义、是追求功利还是体现利益、是民主集中还是高度集权、是井井有条还是松散凌乱，都直接反映出学校的品位、档次和水平。[①]

1. 加强内部管理制度建设，促进民办高校办学理念更好地转化为行为实践

办学理念是民办高校的灵魂，是各项工作的纲领，对大学发展起着定向、统筹和指导的作用。它不仅引导和支配着学校的运行过程，而且还影响和决定着学校的改革发展。而民办高校内部管理制度就是在办学理念的指导下制定并执行的。它紧紧围绕办学理念，将其本质、内涵进行分解，具体表现在诸如行政工作管理制度、教学管理制度、财务管理制度、后勤管理制度等各项制度中，并转化为行为实践。

2. 加强内部管理制度建设，确保民办高校管理工作有章可循、有据可依

民办高校要想实现民主化、法制化管理，优化配置全校各种资源，做到有所为有所不为，就必须把建章立制摆上学校重要议事日程。有了合理的规章制度，学校管理工作才能有章可循、有据可依，为建立学校正常的运行秩序、维护学校各项工作的正常运行，规范学校领导、职能部门和全体师生员工的行为提供坚实的保障。另外，民办高校内部管理是一项复杂的系统工程，管理工作要做到秩序井然，就必须有系统全面的制度来协调和约束，使本身分散、无序的个体活动变得统一、有序。

总之，法人治理结构是民办高校制度的核心，构建法人治理结构以公益性的、明晰的产权制度为基础，以内部管理制度为保障，三者自上而下、有机结合形成坚实的民办高校制度基础，为竞争优势的形成做好保障。

第五节　民办高校可持续竞争优势基础要素的协同机理分析

环境基础、资源基础、能力基础和制度基础能够对竞争优势的形成产生作用，它们相互之间的作用机理更是竞争优势形成的必要条件。环境基础是竞争优势产生的条件，资源基础是竞争优势产生的基础，能力基础是竞争优势产生的表现，制度基础是竞争优势产生的保障，四个要素有机结合，协调互补，共同形成一种合力，从而能够保障民办高校获得竞争优势。

一、从各个要素相互关联的角度分析协同机理

要分析民办高校可持续竞争优势动态系统模型基础平台各要素的耦合关系，

---

① 徐绪卿. 我国民办高校内部管理体制改革和创新研究 [M]. 北京：中国社会科学出版社，2012.

首先要理清资源基础与能力基础的相互作用。民办高校竞争优势的分析需要从资源基础开始，资源是民办高校生存和发展的重要条件，是产生竞争优势的基础。要了解民办高校如何产生竞争优势，就必须关注能够创造出价值的资源。单个的资源不能产生较大作用，通过协调配置形成资源组合方式，才有利于激发资源潜在的价值。协调配置的技能形成了民办高校的能力，由此可见，资源是能力产生的基础，没有资源难以形成能力，特别是民办高校的核心能力，必须依托资源产生作用。因而能力依附于资源而存在。

不管是有形资源还是无形资源，都为民办高校能力的形成和作用的发挥提供了支持。比如，民办高校的师资队伍是重要的人力资源，特别是专家学者、学科带头人等是民办高校的关键性人力资源。这些人力资源与知识、技能相结合，成了民办高校人才培养能力所需的能力要素，再与其他能力共同组合成民办高校的核心能力，即人才培养能力。而这些能力都是由于民办高校资源的存在而存在的。关键性人力资源作为民办高校的重要资源，由民办高校的管理者统一调配和使用，以充分发挥他们的潜在作用。

资源的组织、调配与利用会给民办高校能力的种类或强弱带来变化，会形成新的能力，也可能导致某种能力的消散。比如说，优秀教学团队的组合方式，会强化民办高校的人才培养能力；校内资源的对外开放，能够为民办高校增加社会服务能力；关键性人力资源的离开也会使其产生的能力随之消散。反之，有些资源也是能力发生作用的结果。能力与资源的结合可以使民办高校更有效地识别、产生或引进新的资源。比如，随着民办高校综合能力的提升，声誉资源作为民办高校无形资源中的重要资源，也会得到加强和提升，从而有利于为民办高校带来更多的资源，如财力资源包括银行贷款、集团投资、社会捐赠等，还会带来重要的关系资源等。

民办高校的生存和发展离不开外部环境的作用。环境基础的作用主要体现在两个方面：一方面民办高校的发展受到外部环境影响很大，另一方面民办高校需要与外部建立关系汲取资源才能够更好地发展。仅仅依靠民办高校现有的资源和能力来构建竞争优势是不够的，还需要从外部引入资源及其附着的能力和知识，才能够实现资源和能力的持续优化。环境是民办高校赖以生存和发展的基础，通过对外部环境的扫描与分析，有利于民办高校适应环境并获取资源。

制度基础是合理配置资源和有效发挥能力的重要保障。制度的优化与创新是民办高校发展和管理效益提升的重要途径，是民办高校竞争优势形成的又一重要基础。合理、规范的制度保障了民办高校资源的优化配置，也可以有效防止民办高校管理过程中的非理性行为，从而最大限度地发挥民办高校的各种能力。

从各个要素之间的作用机理来讲，如果没有对环境基础的洞察而形成明确的民办高校发展规划，特质性资源和人才培养能力就会无所适从；民办高校如果没有特质性资源，就很难形成以人才培养能力为核心能力的能力基础；如果没有特质性资源和人才培养能力作支撑，民办高校的发展定位和环境分析都只能是空谈，如果没有能力，再好的资源也无法整合和利用；如果没有良好的制度安排，民办高校的能力将无从发挥，优质的资源也得不到合理配置。可以看出，四个要素之间是相互作用的，并且两个要素的相互作用又会引起其他要素作用的发挥，它们之间的协同作用，促成了民办高校竞争优势的形成与发展。

二、从整体角度分析基础平台要素的协同机理

从基础平台对模型整体作用来讲，四个要素越强，形成的合力就越大，作为模型的底座就越大，从而民办高校的发展就越稳定。某一要素的力量增大，整个基础平台就会横向变大；某一要素的力量趋弱，同时其他要素的力量又较为突出，可以弥补一时的不足而不影响整个基础平台的稳定。然而两个及以上要素的缺位则会使基础平台稳定性变弱，即使能够产生竞争优势也是不稳定的。四个要素形成一种合力，共同构成了民办高校可持续竞争优势产生的基础，彼此间协同作用的大小决定了民办高校竞争优势的强弱和能否持续。

第六章

民办高校可持续竞争优势
产生的跃迁动力

第一节 组织学习

组织学习的使命就是要对各种知识和技能加以积累、整合，并在此基础上实现知识的创造，从而促进民办高校产生新的竞争优势。组织学习为民办高校竞争优势的维持提供重要动力，能够促进人才培养能力的提升。同时，民办高校通过组织学习，能够实现知识的吸收、积累和共享，维持并创造竞争优势，最终实现可持续发展。

一、民办高校组织学习的内涵

民办高校作为高等教育的重要组成部分，本质属性是教育属性，对社会最主要的贡献在于培养应用型人才。应用型人才的培养虽然注重操作技能，但也离不开知识的传授，而占有知识是进行知识传授的前提。为适应社会发展，同时满足自身的内在发展需求，民办高校必须占有丰富的知识。但是，知识又是在不断变化的，必须对其进行不断地分享、创造、转移和学习才能够加以运用。如何促进隐性知识显性化、显性知识隐性化、个体知识集体化、集体知识个体化，是促进知识在民办高校中的作用达到最大，最终为民办高校发展服务的一个重要问题。

不同于公办高校，民办高校生存和发展所面临的环境是复杂变化的，正是这种动态复杂的环境推动民办高校必须不断学习。民办高校不仅要面对与其他高校的激烈竞争，还要满足内部教职员工的生存与发展诉求。为适应复杂变化的环境，民办高校必须不断进行学习，从而提高自身水平，增强竞争力。然而，个体或部分人的学习并不能满足民办高校的不断发展，民办高校必须进行组织学习才能实现全员育人，整体发展。民办高校组织学习的过程即是通过各种有效途径或方式不断获取知识、传递知识、创造新的知识以增强组织自身能力，改善组织行为或绩效的持续过程。①

关于组织学习的研究有多种观点，其中根据于海波关于组织学习的相关研究成果②，结合民办高校实际和自身发展特点，将民办高校组织学习按照一定的维度进行分类，具体体现在三个方面：一是按照学习的主体主要划分为个体学习和集体学习；二是按照学习过程中知识的流动方向主要划分为利用式学习和开发式学习；三是按照参与学习的层次划分为组织间学习和组织层学习。

（一）按照学习的主体主要划分为个体学习和集体学习

1. 个体学习

个体学习是指民办高校内部个体的探索和总结，主要包括个人的工作经验总结及其在工作中的尝试和试验。民办高校的发展离不开个体学习。个体学习过程包括两个部分，"人们学到了什么（指操作技能）以及人们怎样理解和运用客观存在的知识（指理解能力）"③。在民办高校，个体学习包括应用层次上的学习和概念层次上的学习。应用层次上的学习主要指个体对操作性技能和知识的学习，如管理者对资源配置技能、组织协调能力的学习，教师对教学技巧、教学方法或教学内容的实践操作技能的学习等；概念层次上的学习主要是指个体对各种概念性问题理解能力的提高，如领导对国家政策法规、主管部门相关文件的学习，管理者对学校办学理念、人才培养模式、战略规划的学习以及教师对人才培养方案、教育理念的学习等。民办高校要想培养出高技能人才，作为人才培养主体力量的教师必须要带头学习，从而掌握前沿知识和先进技术，提高自身水平。同时，为适应当今知识和信息频繁更替的时代特点，民办高校教师必须进行如互联网、电话会议、国际合作与交流等多种形式、多种渠道的学习，才能适应人才培养的需要。

2. 集体学习

集体学习是指民办高校内部人与人之间的相互激发和相互借鉴。民办高校要想获得可持续发展，必须通过全体教职员工各司其职、相互帮助、相互合作。学校建设不仅需要指挥全局的领导者，还需要贯彻执行学校政策的管理队伍，教学工作的顺利开展不仅需要占主导地位的师资队伍，还需要后勤人员提供后勤服务保障。但是，每一位教职员工的具体工作和任务不同，其所关注和学习的内容也有所不同。民办高校领导层主要通过对国家法律法规、相关政策的研究和学习，制定和调整顺应时代发展的战略，把握办学方向，明确办学指导思想，进行合理定位，同时吸收和引进国外先进理念，提升办学水平。在领导层"顶层设计"指导下，民办高校的管理队伍在集体学习中领悟、内化领导层精神，在此基础上制

---

① 霍春辉. 动态复杂环境下企业可持续竞争优势研究 [D]. 大连：辽宁大学，2006.
② 于海波，方俐洛，凌文辁. 组织学习整合理论模型 [J]. 心理科学进展，2004 (12).
③ 王伟. 组织学习理论研究述评 [J]. 郑州大学学报（哲学社会科学版），2005 (1).

定相应的措施并予以落实。教师是民办高校教学工作的主体，其学习对民办高校人才培养质量的提高具有重要的影响。民办高校教师在学习过程中不仅要提高自身师德修养，更要钻研业务，提高教学能力、科研能力和社会服务能力，提高自身专业水平。同时，为提高民办高校后勤服务质量，保障正常教学工作开展，后勤人员也要不断学习，从而增强职业观念，提高服务意识。

（二）按照学习过程中知识的流动方向主要划分为利用式学习和开发式学习

1. 利用式学习

利用式学习主要是指知识或信息自民办高校的组织和集体层次向教职员工的个体层次流动，即民办高校对现有知识的利用和制度化。利用式学习主要将集体知识分享、传递给民办高校中的每一个个体，使个体在利用式学习中得到发展和进步，从而为学校的进一步发展贡献更多的力量。在实践中利用式学习主要表现为各类培训，如教师专业资格培训，现代教育技术培训，教师与行政人员关于职业道德、相关法律法规以及业务等方面的定期培训等。

2. 开发式学习

开发式学习主要是指知识或信息由民办高校内部个体或集体层次向组织层次的流动，即民办高校对个人或各职能部门、教学单位等新知识的开发或制度化。开发式学习可以使个体先进的知识及理念能够被整理与传播，为集体所接受和掌握，在民办高校集体中得到开发和制度化，从而更好地服务于学校。比如，在民办高校中通过名师导向、开展教学观摩课、举办专家讲座等多种途径进行的提高教师教学水平和科研水平的活动。名师导向有利于充分发挥专家学者在教研活动中的引导作用，带动全体教师进行积极有效的学习，提高教师集体的教学水平和科研能力；开展教学观摩课有利于教师集体向个别优秀教师学习从而提高整体教学水平；举办专家讲座有利于开拓全体教师视野，丰富教师理论知识，促进其科学研究。

（三）按照参与学习的层次划分为组织间学习和组织层学习

1. 组织间学习

组织间学习主要是指民办高校与民办高校之间、民办高校与公办高校之间、民办高校与企业之间的相互借鉴和学习。民办高校之间的学习，民办高校之间并不仅仅是竞争关系还可以成为同盟关系，在相互学习与借鉴的过程中能够更清楚地认识自身，还可以借鉴其他民办高校的优势弥补自身不足，从而在竞争与博弈中做到有的放矢，在联盟过程中做到取长补短。民办高校与公办高校之间的学习，主要是指民办高校向公办高校的学习。民办高校发展历史短，办学经验不足，需要通过学习借鉴公办高校的发展经验、管理经验以及优秀师资的教学经验等，具体学习途径有参观考察公办高校、聘请公办高校管理人员来校帮扶、聘请公办高校教师来校授课或讲座等。民办高校向企业学习，在管理过程中学习企业的高效运营理念、精简的组织结构和创新的管理模式等，以弥补民办高校资源有限的不足；在教学过程中学习企业的先进技术与生产知识，以培养符合市场需求的高质量人才。

2. 组织层学习

组织层学习主要指民办高校领导层和管理层根据环境变化而进行的不断学习与调整，以使民办高校办学定位更准确、战略设计更能符合其发展实际。组织层学习有利于促进民办高校内部隐性知识和显性知识的相互转化，吸收外部资源，引进国外先进教育理念，及时发现民办高校自身战略发展的问题并适时调整，维护民办高校的竞争优势地位。

在民办高校组织学习各要素中，个体学习和集体学习主要体现了民办高校学习主体的学习状况，突出强调了学习主体的重要性。利用式学习和开发式学习主要体现出民办高校内部知识的流动状况，突出强调了知识或信息的重要性。组织层学习主要体现民办高校组织战略和结构的调整状况，突出强调了办学定位及发展战略等调整的重要性。组织间学习体现出民办高校向其他高校、企业学习与交流的状况，突出强调了组织学习不仅是民办高校内部的学习，而是要开放办学，积极向其他高校和企业学习。

二、民办高校组织学习对竞争优势跃迁的作用

组织学习是民办高校获取、传递和创造知识的过程，有利于提高人才培养能力。组织学习为民办高校竞争优势跃迁提供重要动力。一方面，民办高校通过组织学习积累知识和技能，从而提高自身专业水平，提高人才培养能力；另一方面，当知识和技能的积累达到质变时便有利于实现创新，促进开拓新的竞争优势。

（一）组织学习是民办高校积累知识和技能、开拓新的竞争优势的根本力量

知识和技能的积累与创新是民办高校学习力的重要表现，也是获得和维持竞争优势的基础。当民办高校面临发展转型时，学校的创新能力成为关键因素，而学习是其培育创新能力的基础。民办高校通过有效的组织学习，在实现知识和技能积累的同时培育其学习力，提高自身运用知识和技能的能力，最终实现知识和技能的创新。同时，组织学习有利于民办高校发挥自身优势进一步整合资源，根据社会对人才的需求适当调整发展策略，开拓自身新的竞争优势，从而避免与其他高校的同质性发展，凸显民办高校的发展特色。

民办高校通过组织学习能够有效地积累知识和技能，在学习过程中还必须渗

透创新精神，学会在过去经验基础上进行创新。学习意味着新知识和旧知识以不同方式的组合，在不断的学习过程中积累相关知识，促进知识体系的丰富与完整，从而促进新旧知识间的优化组合，在组合过程中实现创新。在组织学习中产生的创新成果是一种稀缺性资源或能力，能反映出民办高校的组织学习能力及其学习程度，也能够使民办高校获得新的竞争优势。

（二）组织学习是促进民办高校个体能力转化为组织能力、提升核心能力的必要手段

在民办高校，核心能力提升的关键是在组织学习中提升知识和技能。民办高校组织学习中个体学习是最小学习单位，是提升个体知识与技能的主要途径。个体的知识与技能在集体学习中实现共享与交流，达到组织学习的目标，从而促进民办高校整体知识与能力的提升。人才培养能力提升的过程其实就是民办高校不断获取、传播和共享相关知识与技能的过程。在组织学习过程中，不仅可以促进民办高校内部每个个体知识和能力的提高，还可以促进知识和技能在个人与组织间的流动和转化，发挥组织内部已掌握知识和技能的最大合力，从而提升人才培养能力。可以说，民办高校组织学习是建立在个体学习与集体学习基础上，实现知识的积累与创新，提升人才培养能力的必要手段。比如，以专业学科建设为任务的教师团队，通过个体学习与集体学习，能够实现学科建设知识与能力的提升，进而实现民办高校人才培养能力的提升。

（三）组织学习有利于吸收外部一切先进因子，促进民办高校竞争优势的跃迁

通过组织学习，民办高校可以发现自身的不足，在学习中汲取营养，促进知识的整合与更新。民办高校组织学习不仅是内部的相互学习与提高，还表现为积极主动地吸收外部一切有可能促进其发展的先进因子，如人力资源、物力资源以及先进的制度或方法等。这些外部的先进因子主要表现为相关学科专业的专家、名师，先进的教学实验设备，先进的教学理念和丰富的管理经验等。相关领域的专家、名师在民办高校中往往起到学科带头人的作用，他们一方面为民办高校带来先进的知识和技术，另一方面运用其学术号召力促进民办高校整合资源，从而带动民办高校相关学科专业的整体发展，提高人才培养能力。先进的教学实验设备有利于民办高校在教学过程中让学生接触最先进的实验设备，学习最先进的生产技术，提高其教学质量和效率。先进的教学理念和丰富的管理经验有利于提高民办高校的资源配置效率，充分利用现有资源并发挥其最大教育作用。

在知识经济时代，组织要想在激烈的竞争中立于不败之地，需尽可能占有丰富的知识资源。组织学习有利于民办高校尽可能多地占有知识资源，并最终实现可持续发展。从长远来看，民办高校的长足发展不仅要依靠内部力量，同时更要积极吸收外部力量，在与外部进行能量交换的过程中不断充实自我，维持竞争优势。

第二节　举办者精神

民办高校可持续竞争优势动态系统模型同时综合了民办高校内外部的各种要素，而这个综合的过程体现在举办者精神这一要素上，举办者精神对民办高校竞争优势的跃迁提供了支持和保障。了解举办者精神的内涵及表现、把握举办者精神的特质是分析举办者精神对民办高校竞争优势跃迁的动力作用的基础和前提。

一、民办高校举办者精神的内涵

（一）民办高校举办者

当前，我国民办高校的举办方式主要包括一个社会组织单独举办民办学校、几个社会组织联合举办民办学校、个人单独举办民办学校、几个自然人联合举办民办学校、一个自然人与一个或者多个社会组织联合举办民办学校、一个社会组织与一个或者多个自然人联合举办民办学校、多个自然人与多个社会组织联合举办民办学校。① 本书所指的民办高校举办者是以提供资金、实物、土地使用权、知识产权等方式，负责创办与经营管理民办高校的个人。民办高校具有类企业的性质，同时又具备灵活的办学机制和较大的办学自主权，这些都为民办高校营造了相对宽松自由的发展空间，也对举办者提出了更高的要求。举办者对民办高校的生存和发展发挥着不可替代的作用，从某种意义上可以说，民办高校之间的竞争实质上是举办者之间的竞争。

（二）民办高校举办者精神的内涵

随着民办高等教育的发展，举办者所承担的角色呈现出多元化趋势，既是有一定的战略眼光和大局意识的政治家，又是具备一定学术涵养和先进教育理念的教育家，同时还是善于经营与管理的企业家和能够建立校内外关系网络的社会活动家。不同民办高校的举办者承担的角色是相似的，能够担当与胜任这些角色的举办者都具备一种相似的精神品质，即举办者精神。举办者精神是在创办与经营管理学校过程中形成的，反映举办者思维意识和心理状态，体现举办者活力与生气的求实求真、敬业奉献、团结协作、开拓创新等精神品质。每所民办高校都有举办者，但并不是所有的举办者都具备这些精神品质。举办者精神的形成与举办者积累的工作经验、自我学习效应、与生俱来的个人禀赋以及举办者与利益相关

---

① 《中华人民共和国民办教育促进法实施条例》。

者的贴近程度等因素相关。举办者精神的塑造过程是举办者个人理性权威的建立过程，也是举办者个人素质和能力转化为民办高校整体素质和能力的过程。举办者精神伴随着学校的创办与发展而逐渐形成，并在学校的可持续发展进程中不断巩固与提升。

在民办高校的创办与管理过程中，举办者精神由无数举办者所具备的众多精神品质凝聚而成，主要表现为：求实求真、敬业奉献、团结协作、开拓创新的精神品质。

1. 求实求真

求实是指讲求实际，不弄虚作假，反映了举办者坚持诚信办学的精神品质。诚信是民办高校生存与发展的基石，举办者求实的精神品质是民办高校承担社会责任、树立社会形象和打造品牌特色的基本品质要求。求真是指寻找事物发展的客观规律，反映了举办者在办学过程中，一方面遵循教育规律，以提高人才培养质量为出发点和落脚点，全面推进民办教育改革，提高应用型人才培养质量。另一方面遵循市场规律，坚持办学定位与区域经济相结合、专业设置与职业证书相结合、学校招生与学生就业相结合等，培养适应社会需求的高素质应用型人才。遵循两个规律还体现着举办者的教育服务意识与市场竞争意识。

2. 敬业奉献

敬业反映了举办者专心致力于教育事业的负责态度，奉献反映了举办者对民办教育事业不求回报的热爱与全身心的付出。民办高校的创办多为白手起家，举办者在条件有限的情况下，需要付出更多的努力、做出更大的牺牲才能够做好民办教育。具备敬业奉献精神的举办者能够处理好规模、质量与利益之间的关系，以促进社会公共利益增长为出发点，勇于承担对教育者、受教育者和社会等利益相关者的社会责任。举办者既要制定民办高校章程、发展规划，把握学校的发展方向，又要多渠道筹集经费解决办学之需；既要专注于人才培养质量，又要考虑师生员工的衣食住行，还要处理好与政府、企业、媒体等方方面面的关系。每个问题的处理都会遇到很大的困难，牵扯很多的精力，敬业奉献精神是支撑举办者做好这些事情的动力所在。

3. 团结协作

团结反映了举办者凝聚校内力量办学的精神品质，协作反映了举办者网罗社会力量办学的精神品质。相对于实力雄厚的高水平高校来说，民办高校仍处于弱势地位，资源有限是其面临的主要困境之一，正是在这种困境下磨炼了举办者的团结协作精神品质。团结协作既体现在举办者团结校内管理者、教师与学生，优化部门之间或个人之间的合作关系，提升资源配置效率；还体现在举办者与政府、企业、高校之间的协作关系，实现校政合作、校企合作与校校合作，构建社会关系网络，拓宽民办高校资源获取渠道。

4. 开拓创新

民办高校是在市场经济条件下产生并发展的，在以公办高校为主导的高等教育体系中占有一席之地，其发展离不开举办者开拓创新的精神品质。开拓反映了举办者开辟拓展学校发展空间的勇气与魄力，是在面临激烈竞争环境时，勇于承担办学风险，克服困难、迎难而上的必备精神；创新反映了举办者推动学校不断向前发展的睿智与创造性，特别在解决问题时表现出足智多谋、不拘泥于常规的开拓创新意识。民办高校灵活的办学机制和较大的办学自主权为举办者的开拓创新精神提供了孕育的土壤和施展的空间。

以上这四个方面的精神品质是对民办高校举办者这个整体而言的，是举办者在民办高校创办和经营管理过程中所形成的共同的观念和思想意识。每所民办高校的发展历程不同，举办者个人经历不同，形成的举办者精神的侧重点也是不同的。有的可能开拓创新精神比较突出，有的可能团结协作精神比较突出，但是从每一个成功的举办者身上都可以发现这几种精神品质。

二、民办高校举办者精神的特征

民办高校举办者精神的本质与形成过程使其具备了独特性与难以模仿性的特征。独特性体现在具备举办者精神的举办者在处理工作问题时能够采取独特而有效的行动，以促进民办高校的不断发展。通过分析举办者的认知发现、直观推断以及组织协调等活动，能够更加明确地认识举办者精神的独特性。认知发现活动中的独特性体现在，举办者能够在经济形势不明朗、政策导向不明显的情况下，凭借自身的经验和智慧进行前瞻性分析，优先发现并抓住潜在发展机遇。直观推断活动中的独特性体现在，举办者能够在遇到紧急情况时，凭借经验或过去集聚的综合知识快速做出有效决策，有助于抓住难得的机遇或有效处理危机。组织协调活动中的独特性体现在，举办者可能达不到教职工所具备的专业知识的深度和广度，但是可以认识到他们知识的潜在价值，并能够综合协调使其发挥最大效能。

民办高校举办者精神的难以模仿性体现在，其形成过程是举办者自身素质、胆略、知识、品德、修养与办学的实践活动相结合逐渐积累而成的复杂过程。同时，举办者精神的形成过程还伴有与校内外利益相关者（如教师、学生、家长、政府、企业等）之间的广阔联系，以及对这些关系综合驾驭与利用的能力。举办者精神形成的前因后果具有一定的复杂性和模糊性，是其他个体难以完全学习与模仿的。

三、民办高校举办者精神对竞争优势跃迁的作用

在激烈的竞争环境中，民办高校要实现对外部环境的综合审视和对内部资源

的综合利用及合理配置，离不开举办者精神作用的综合发挥。

（一）有利于诚信办学，实现科学发展

举办者精神有利于带领民办高校坚持走正确的发展道路，具体体现在坚持走诚信办学之路和坚持遵循"两个规律"办好民办教育。举办者的求实精神品质体现在办学过程中坚持诚实守信，不弄虚作假。举办者坚持诚信办学体现出三个方面的作用。一是坚持以诚待人有利于吸引优秀的管理团队与教学团队，从而夯实民办高校可持续发展的人力资源基础。民办高校在人事待遇方面不如公办院校那样优越，能够坚持以诚待人的举办者成为引进人才、留住人才的重要因素之一。二是坚持诚信招生有利于吸引生源，并在家长、企业方面为学校赢得良好口碑，从而增强民办高校可持续发展的财力资源基础。目前，民办高校的资金来源主要渠道还是依靠学生学费，在民办高校整体公信力不强的局势下，坚持诚信招生成为吸引生源的因素之一。三是坚持诚信有利于在学校师生员工面前树立良好榜样，引导师生员工人人以诚为本，以信为用，形成良好的精神文化氛围。

举办者的求真精神品质体现在办学过程中遵循教育规律与市场规律，实现科学发展。民办高校是市场经济发展的产物，其生存与发展既需要遵循教育规律又要把握市场规律。举办者坚持遵循教育规律有利于民办高校强化教学工作的中心地位，注重提升人才培养质量，较好地履行为社会培养人才的重要职能。举办者坚持遵循市场规律不仅有利于民办高校主动适应区域经济社会发展需要，灵活调整与设置专业，优化专业结构，还有利于民办高校在招生与就业方面借鉴市场化运作模式开展招生工作和就业工作。同时有利于民办高校结合市场需求拟定招聘办法，充分占有优质师资资源，不断优化队伍结构，提高教育教学水平。

（二）有利于凝聚人心，赢得社会认可

举办者精神有利于凝聚人心，赢得社会认可，既体现在创办初期时克服困难迎难而上的奋斗与拼搏，也体现在发展时期脚踏实地的坚守与努力。敬业精神有利于举办者对自己选择的民办教育事业充满工作热情，尽职尽责，充分地施展自己的才能，实现自身的价值。奉献精神有利于举办者坚持公益性办学，以此作为举办教育的根本出发点。与公办高校相比，民办高校目前仍处于弱势地位，在学校发展过程中仍会遇到很多的困难。举办者只有敬业奉献，才能够奋发进取，不计得失，全心全意谋发展，增强师生员工凝聚力与向心力；只有敬业奉献，才能积极承担对社会的责任与义务，为学校赢得社会认可。

（三）有利于整合校内外资源，实现高效运营

举办者精神能够在民办高校面临资源有限的竞争态势下，实现对校内外资源的高效整合与配置。举办者往往能够凭借自身具备的团结协作精神品质处理好校

内外各方面利益相关者之间的关系。一方面，举办者精神有利于民办高校加强内部团结，促进员工之间、部门之间的合作，实现对有限资源的合理配置与高效利用；另一方面，举办者精神有利于民办高校加强与外部协作，汲取社会一切有利因素，做到"不能为我所有，但能为我所用"，如校政协作、校企合作、校校联盟等。总之，在学校内部，举办者精神有利于通过塑造具有共同发展目标、教育理念与道德水准的师生员工群体，增强相互间的交流与合作，实现举全校之力推动学校发展；在学校外部，举办者精神有利于通过加强与政、企、校的合作，以共赢为目标，实现举全社会之力促进学校发展。

（四）有利于推动学校与时俱进，不断变革发展

举办者精神是推动学校不断变革与发展的动力。举办者开拓创新的精神品质不仅推动着民办高校资源配置方式、管理运营模式等方面的创新与变革，而且还会根据社会市场对人才需求变化来调整专业设置、创新人才培养模式。在不断发展过程中，民办高校依然面临着严峻的挑战。正是由于民办高校举办者具备开拓创新精神，才使得民办高校能够在公办高等教育系统的强大实力和宽广的市场覆盖面的夹缝中诞生并逐渐发展起来[①]。举办者开拓创新精神不仅有利于对原有模式、方式的变革与创新，还有利于对未知的发现与探索。变革与创新能够促进民办高校的发展；同时也会给民办高校带来一定的风险，具备开拓创新精神的举办者作为学校变革的推动者，能够发挥勇于创新、敢于承担风险的重要作用；而缺乏开拓创新精神的举办者往往固守稳定，裹足不前，只会使民办高校在发展变化的环境中面临更加艰难的生存空间。

第三节　高校文化

一、民办高校文化的内涵

（一）高校文化

高校文化是高校在长期的办学实践过程中经过历史的沉淀、多元文化的交融、自身的努力和外部环境的影响逐渐形成的一种独特的社会文化形态。[②] 作为一种独特的文化形态，高校文化是伴随着学校组织成员在长期发展过程中积淀下

---

① 徐绪卿，杨二辉. 民办大学精神探论 [J]. 民办教育研究，2008 (5).
② 王冀生. 绿色、人文、科技、和谐——大学校园文化的内涵和建设 [J]. 南昌航空工业学院学报（社会科学版），2006 (1).

来的思维方式和行为方式的综合，是社会文化的一部分。广义的高校文化包含环境文化、组织文化、行为文化、精神文化等方面；狭义的高校文化主要是指大学精神、大学理念等，是高校在长期发展过程中形成的气质和品性，极具个性色彩，是难以被竞争对手模仿和复制的，也是高校获得可持续竞争优势的重要因素。

（二）民办高校文化

民办高校文化是在我国社会主义政治经济改革和发展背景下形成的，"是大学文化和民企文化两种不同质的文化冲突交融的独特产物"①。民办高校作为自负盈亏的办学主体，其文化不可避免地存在民营企业文化的影子，表现为一种"求效"的文化。与此同时，民办高校作为社会的公益性事业，承担着为经济社会发展培养人才的重任，通过办学育人实现社会效益，又表现为一种"求真"的文化。民办高校文化是指一所"民办高校在长期的办学活动中，由其主要治学者倡导，经全体师生培育形成，并共同认同和遵循的办学理念、价值取向、管理制度、学校礼仪、行为规范、师生精神面貌等的总称"②。

（三）民办高校文化的构成

依照文化现象的结构层次，可以将民办高校文化分为表层的环境文化、浅层的行为文化、中层的制度文化以及深层的精神文化。③

1. 环境文化

环境文化是民办高校文化最直接的外在表现形式，是指那些视之有形、闻之有声、触之有觉的文化形象，是一种表层文化。环境文化是民办高校长期建设的物质成果，是民办高校文化的物质载体。环境文化包括外显于校容、校貌、教学科研设备、生活设施、校园环境以及其他可使人直观看到的现行文化现象。如在建筑文化方面，表现出的建筑布局、设计风格以及建筑色彩等；在校园美化方面，表现出的花草树木的培植、亭台楼阁的设计等；在人文建设方面，名人雕像以及广告栏、宣传栏等。环境文化体现着民办高校的文化理念对现实存在的客观改造，也体现了全校师生在一定时期内对文化的思考。

2. 行为文化

行为文化是校园文化在师生身上的具体体现，是师生员工的行为习惯、工作风格和学习风气及其相互作用、相互影响所形成的一种关系氛围。行为文化位于民办高校文化的浅层，是学校的"活文化"，具有开放性、多元性以及动态性等特征。按照主体不同，可以将行为文化分为管理者行为文化、教师行为文化和学

---

① 王晓瑜. 论民办高校文化力的能量流失与有效激发 [J]. 江苏高教，2010（1）.

② 张丹. 陕西民办高校文化与可持续发展研究 [J]. 中国民营科技与经济，2005（9）.

③ 张丹，许项发. 陕西高校文化建设思路探微 [J]. 唐都学刊，2004（1）.

生行为文化。

管理者行为文化是管理者在实施管理的过程中，通过管理行为如决策、指挥、沟通、执行、监督等，表现出来的办学理念、价值观念和管理风格，具有一定的号召力和凝聚力。教师行为文化是教师通过教学行为、科研行为等表现出来的教风、学术风气，是行为文化的主导力量。教师一方面通过传道授业，培育学生知识技能，同时引导学生树立正确的世界观、人生观、价值观；另一方面通过科学研究，加深对学科专业的探究，形成务实求真的良好学术风气。学生行为文化表现在学习、实践、文艺、体育等一系列的校园活动之中，大学生通过行之有效的活动，既能够提高自身综合素质，又能提升校园文化的层次和品位。

3. 制度文化

制度文化是指蕴含在高校规章制度、纪律要求以及约定俗成的规范当中的价值标准和取向，能够被教职员工认可并愿意自觉遵守的制度和准则[①]，是构成民办高校的制度设计、执行、监督等内在的价值取向、理性原则等的观念体系。制度文化体现了民办高校教育管理规范化和科学化程度，主要表现为学校的规章制度、组织结构、内外部关系以及人际关系状态等，涵盖了学校运行的方方面面，包括教学管理、学生管理、科研管理、人事管理、财务管理等。

民办高校制度规范从无到有，现已通过结合现代大学制度和企业管理思想，逐步摆脱家庭式管理的运营模式，形成独具特色的制度文化。制度文化经过实践运行和反复修订完善，成为积淀于师生内心的认知与习惯，不仅有利于规范行为、协调各方面关系、培养良好行为品德，也有利于提高管理效能，从而为个体行为与集体行为提供基本规范及一系列有效保障。

4. 精神文化

精神文化是渗透在师生员工头脑中的意识形态，即共同的价值观，并外化为校园精神的总和，是位于民办高校文化深层的一种隐性文化。精神文化一方面外显于校徽、校训、校标等物质形态中，另一方面隐含在办学理念、办学品牌、发展规划、价值取向、精神风貌等精神理念中，渗透在学校的方方面面，影响着校园内的每一个个体。精神文化的形成需要经过长期的凝练与发展，在一定程度上决定着民办高校文化的发展方向和高度，能够产生较大的向心力和凝聚力。

民办高校文化是一个动态系统，在发展过程中，环境文化是物质载体和外在表征，行为文化是约定俗成的行为风格，制度文化是维持运转提高效率的制度保障，精神文化是高校文化的最高表现。民办高校文化以环境文化为载体，以行为文化为表现，以制度文化为规范，以精神文化为指导，四者在民办高校的运行过程中，相互联系、相互作用，共同推动民办高校文化的革新与发展，为民办高校竞争优势的建立提供良好文化氛围。

---

① 李芹. 学校组织文化内涵、结构与功能探讨 [J]. 广东工业大学学报（社会版），2008（2）.

二、民办高校文化的特征

（一）民办高校文化的独特性

民办高校既要遵循教育规律，也要遵循市场规律。民办高校文化的形成融合了高校文化与企业文化。在教书育人方面坚持着高校文化的"求真"特质，在管理运营方面又不可避免地融合着企业文化的"求效"特质。"求真"与"求效"相融合使得民办高校文化具备了自身的独特性。

（二）民办高校文化的难以模仿性

一方面，举办者是民办高校文化的倡导者，举办者精神作为一种重要的精神理念塑造和培育着民办高校文化。举办者精神的独特性决定了民办高校文化的难以模仿性。不同文化、教育背景，不同能力、素质的举办者，他们的办学初衷、办学动机、办学目标、办学理念都有较大差异，这对其投资、领导的民办高校的文化理念都会带来长期的、直接的、主导性甚至是决定性的影响。另一方面，民办高校文化是在学校长期管理经营活动中形成的，与民办高校的发展紧密相关，具有一定的路径依赖性，由此使得民办高校文化难以被竞争对手学习或模仿。

（三）民办高校文化的价值性

民办高校文化的价值性首先取决于其在民办高校获取可持续竞争优势过程中能否做出贡献。民办高校坚守的诚信办学精神、公益办学的奉献精神、不屈不挠的艰苦创业精神和灵活自主的创新精神是民办高校文化不同于公办高校的主要体现。这些民办高校特有的文化内涵影响着师生员工的行为，而师生员工的行为则影响着民办高校利益相关者的感受，对内体现着对教学活动、管理活动的影响，对外则体现着政府、社会对民办高校的认识与评价。民办高校文化是影响民办高校发展的关键因素，对于民办高校的可持续发展具有重要作用和价值。

三、民办高校文化对竞争优势跃迁的作用

高校文化无论是环境文化、行为文化、制度文化，还是精神文化，都会作为一种力量，对高校师生和社会公众产生巨大的作用力和影响力。优秀的民办高校文化，能够创造一个良好的校园环境，提高师生的道德和科学文化素质，对内形成民办高校的凝聚力，对外提高民办高校的竞争力，从各个环节调动并合理配置有助于民办高校发展的积极因素。

（一）高校文化为民办高校发展提供内部精神动力

民办高校文化能够引导师生员工的价值取向和行为选择，为实现学校的可持续发展目标提供内部精神动力。

第一，有利于激发文化育人的效能，产生熏陶力。"在高校的人才培养、科学研究、社会服务三大职能中，文化传承、文化融合、文化创新是其主导性诉求，文化价值是其主导性价值，文化育人是其价值体系的核心和灵魂"[①]，民办高校同样如此，文化育人可以说是最好的育人方式。高校文化中所渗透的独特的价值观、文化氛围、社会氛围等可以填补学生知识成长之外的道德、心理以及社会性成长的空缺。同时高校文化营造的精神环境和文化气氛，能够培养学生的创造力、释放学生的潜能，并且还能够抑制学生不良心理、行为和习惯的产生，使他们选择正确的社会信息，接受先进的思想，逐渐形成与高校文化精神合拍的道德风尚、行为习惯和人格魅力。

第二，有利于增强教职员工的凝聚力，产生向心力。民办高校要提升自身的竞争力，最基本的前提是组织内部具有较强的凝聚力。民办高校整合机制有科层机制、文化机制和市场机制三种理想化的模型，相比科层机制和市场机制，文化机制更能增强民办高校的内部凝聚力。高校文化可以通过对全体教职员工和学生的精神同化，把不同层次、不同背景、不同价值观念的成员团结起来，凝聚到共同的理想目标上，使之产生统一、共享的价值观念。这种共同的价值观能够激发教职员工的认同感与信任力，从而形成巨大的向心力和凝聚力。一方面通过丰富多彩的校园生活以及教学科研的协同发展，能够满足广大师生多层次、多样性的精神需求；另一方面能够提高师生文化素质和文化品位，使师生员工充分发挥积极性、创造性，时时处处与民办高校的兴衰荣辱融为一体，产生强烈责任感和持久内驱力。

第三，有利于塑造核心价值观念，产生软约束力。民办高校文化建立起的价值观念和规范标准能够引导师生的行为心理，潜移默化中形成共同的价值观念，从而引导组织成员向着既定的方向发展。与此同时，高校文化通过共同的行为准则、习俗风尚以及价值观念等，形成一种软约束的力量影响组织成员。在这样的群体性氛围中，能够避免一些个体行为偏离群体行为轨道，及时主动调整自身的价值观念和行为范式，与群体行为保持一致，最终形成积极向上的群体力量。

第四，有利于实现知识共享，形成学习力。民办高校是知识的集合体，知识是其获得竞争优势的根本，知识的多寡直接决定了其对资源配置能力的大小，也决定了其创新能力的大小，而知识的积累又是通过不断的学习来获得的。因此，学习力直接影响着民办高校知识的获取及知识的存量，影响其新的竞争优势的构

---

① 刘克利. 高校文化育人系统的构建 [J]. 高等教育研究，2007（12）.

建。民办高校学习力的培养是在知识共享价值观指导下，教职员工的显性知识和隐性知识通过各种方式为集体所共享形成的。这种共享能否顺利实现，主要取决于民办高校是否构建了学习的文化。学习文化的构建可以促使人不断学习、不断创新，实现知识共享，最终形成组织学习力。

第五，有利于增强组织活力，产生创新力。民办高校可持续竞争优势的形成要有强大的文化氛围作支撑。受传统思想、观念的束缚，我国尚处在一个推崇中规中矩的环境之中，缺少变革性思维与氛围。民办高校要建立可持续竞争优势，需转变这种中规中矩的思维，建立创新、有活力的文化氛围。创新、有活力的文化氛围就像一只"无形的手"，不知不觉中调节着教职员工的思维模式和行为方式，使之形成饱满的精神状态和积极向上的创新动力，从而促使其更新教育观念，革新教育方法，并在潜移默化中影响学生的思维模式，激发其创新能力，提高其综合素质。民办高校文化的创新力通过创造开发新的竞争优势，为民办高校获得可持续竞争优势提供源源不断的精神动力。

（二）高校文化为民办高校发展创造良好外部环境

高校文化是一种亚文化，属于社会文化中的一个组成部分，对外提高了社会形象，增强了社会辐射力，为高校品牌的塑造提供了强力支持。

第一，有利于塑造良好品牌和形象，形成号召力。品牌是人们认知事物的主要标识，是区别于竞争对手的重要标志。品牌是民办高校声誉资源的重要表现形式，通过无形资源的增值带动有形资源的增加，增强资源吸附能力，为学校赢得广阔教育市场。民办高校的品牌是在长期的发展过程中积淀而成的，品牌的建设离不开高校文化建设，文化是将品牌由单一标识塑造成"有血有肉"的独特个体的重要推动力量。面对多元化的文化冲击和激烈的竞争，民办高校传统的价值观念受到挑战。民办高校必须以更加鲜明有力的方式塑造和宣示自身的文化，激发师生员工的斗志，维系其团结和忠诚，才能更好地打造品牌。

第二，有利于与社会良好互动，增强辐射力。民办高校通过向社会输送人才，加强与社会的联系，增强服务社会的功能，继而产生"文化辐射"的作用。一方面，民办高校文化根植于社会文化，其形成与发展深受社会环境的影响与文化变迁的制约。另一方面，民办高校作为一个开放组织，为获得可持续发展，必须建立与社会的广阔联系，尤其应与政府、企业和市场保持密切关系。在建立联系的过程中，民办高校会不自觉地将自身的文化通过行为方式传递到社会，能够给社会文化注入新鲜内容，对社会文化形成强力辐射和引导。民办高校也可以通过培养的学生将高校文化带入工作岗位，以间接方式对社会文化起推进、示范作用；还可以利用社会舆论与媒体宣传，增强高校文化与社会的良好互动。高校文化通过与社会文化之间多层次、全方位、多角度的互动，形成一种耦合互动的关系，为维持民办高校竞争优势提供良好氛围。

第四节　动态能力

一、民办高校动态能力的内涵

（一）动态能力

随着新技术的发展以及产业结构的升级，企业发展的环境越来越复杂，核心能力由于惯性形成的"路径依赖"，常常无法随之改变，原有的核心能力不仅不利于竞争优势的形成，反而会给企业带来负面价值，即存在"核心刚性"。传统的资源基础观已经不能有效地指导企业如何在复杂变化的环境中获取竞争优势，因此，动态能力的提出应运而生。

1994 年，蒂斯和皮萨诺（Pisano）根据伦纳德·巴顿（Leonard – Barton）的核心能力概念将动态能力定义为"能够创造新产品和新过程，以及对变化的市场环境做出响应的一系列能力"[①]。蒂斯等人在对科技产业研究的基础上，提出了动态能力框架，并将其定义为企业"整合、建立和重构内外资源，以适应快速变化的环境的能力"[②]。此后，国内外学者对动态能力的研究方兴未艾，学者们分别从不同视角对动态能力的概念、动因、运行机理等进行了一系列研究。这里主要以蒂斯等人 1997 年提出的动态能力定义为参考，进一步研究民办高校动态能力。

（二）民办高校动态能力

民办高校在发展过程中既面临着外部环境复杂性和不确定性带来的风险，也有内部因素隐含的潜在问题。很多民办高校面对环境变化反应迟钝或故步自封，坚守固有优势，缺乏战略柔性，使得已经形成的核心能力有了核心刚性，其产生的牵引性阻碍力使民办高校逐渐失去核心能力的领先优势。民办高校能否发挥灵活办学机制的作用，克服核心刚性，快速适应环境变化，进而形成可持续竞争优势，取决于民办高校动态能力的构建。

民办高校的动态能力是指民办高校在发展过程中不断适应环境变化，对内外部资源进行整合、配置，通过开拓创新实现与时俱进的能力。民办高校通过对教育规律与市场规律的准确把握，获得发展的灵活性，强调能力持续不断的培养、开发、运用、维护和扬弃，通过不断的能力创新而获得一系列的能力竞争优势，

---

①② Teece, D. J, Pisano, G. Shuen, The Dynamic Capabilities of Firm: An Introduction [J]. Industrial and Corporate Change, 1994 (3).

从而在整体上产生持续竞争力。① 民办高校动态能力能够有效克服核心能力刚性的阻碍,在一个竞争优势衰败之前,衍生出新的竞争优势,使能力的培养与更新成为一个连续不断的动态过程。由此,民办高校才能持续不断地构建一系列的竞争优势,也就具备了适应复杂环境变化的动态能力。

(三)民办高校动态能力的构成

动态能力整合了企业能力理论和动态演化理论。蒂斯与皮萨诺将动态能力划分为环境洞察能力、价值链整合配置能力和资源整合配置能力,并且强调"动态"是随环境变化而变化的能力。受此启发,民办高校的动态能力可包括环境适应能力、资源整合能力和开拓创新能力三个构成要素。这三种能力相互影响、相互作用、耦合互动,共同构成民办高校的动态能力。其中,环境适应能力是前提,资源整合能力是保障,开拓创新能力是关键。

1. 环境适应能力

民办高校作为一种开放性组织,不断与环境进行着物资、人才、信息、知识等多种资源的交流与交换活动,其生存和发展很大程度上受到环境变化的影响和制约。环境适应能力是指民办高校在发展过程中,通过洞察并分析环境变化,进行战略的调整与实施以适应环境变化的能力。具体来说,这种能力又包括机会辨识能力和主动适应能力。

(1)机会辨识能力是指民办高校通过对环境扫描、分析后发现一些"机会窗口"的能力。"机会窗口"即未被认识到的市场机会,如新的市场机遇、新的顾客需求与市场趋势等。机会辨识能力既可能来自举办者抑或管理者敏锐的战略眼光,也可能来自一线教职员工对市场需求变化的把握。面对激烈的竞争环境,民办高校只有紧跟政策导向指引、感知市场需求变化,才能识别高等教育市场机会,先于竞争对手占领市场先机,获得先动优势。比如,在国家颁布新的法规政策初期,具备较强政治敏锐性的民办高校,能比竞争对手更易识别和挖掘政策信息的深层指向,把握政策着力点,满足市场需求点,掌握发展转折点。

(2)主动适应能力是指民办高校根据环境变化主动进行战略的调整或重新定位,并动态实施与改进的能力。民办高校在调整发展战略时,需要重新制定发展规划并形成新的工作路线,然后对各项工作进行有序、规范管理;在发展战略实施过程中,还需要根据各个部门的反馈或评估对发展战略予以一定的调整。战略调整是一个允许不断试错性改进的过程,能通过鉴别并筛选有价值的环境信息为学校的发展提供科学的依据并指明发展方向。以专业设置为例,在产业结构或行业需求发生变化时,学校应主动调整专业定位与服务面向,使其与环境需求相适应,只有这样培养出的学生才能够满足市场的需求。

---

① 张媛媛,张莹. 从核心能力到动态能力 [J]. 管理观察,2008 (15).

2. 资源整合能力

民办高校是多种资源的集合体，资源的占有量和配置的合理性在其发展中起着关键性的基础作用。现实中不乏民办高校因资源利用率低导致办学效益不佳、办学质量不高而影响学校进一步发展的事例。对于资源有限的民办高校来说，优化配置并充分整合内外部资源显得尤为重要。资源整合能力是指民办高校对各种办学要素如人力、物力、财力、知识、关系等资源进行调整、协调与重组，并予以科学合理的优化配置，产生聚合能动效应的能力。根据所处社会环境和资源归属的性质，可将民办高校资源整合能力划分为对内优化配置能力与对外整合资源能力。

（1）对内优化配置能力。对内优化配置能力是指民办高校将所拥有的各项资源合理配置到各个办学环节中去，从而使有限的资源产生最大的办学效益的能力。民办高校资源分为有形资源和无形资源，其中，有形资源包括人力、物力和财力资源，无形资源包括声誉、文化、知识、关系等资源。人力资源优化配置包括对教师和管理人员两大群体数量和结构方面的配置，可通过加强优质师资引进、组建高水平的师资队伍、建立合理高效的师资管理体系等途径为人才培养做好师资储备，保证教育教学质量。物力资源优化配置，既要注意提高资源利用效率又要强调资源的侧重配置，加强特色学科专业、重点项目的资源投入。财力资源优化配置，以提高资金运营效率为目的，涉及民办高校获取办学资金的渠道、合理流向和分派问题。无形资源因其数量和价值难以度量，其优化配置主要依赖的是学校的办学理念、管理者的综合素质等因素。

（2）对外整合资源能力。在动态复杂变化的环境下，民办高校要实现可持续发展，需要不断地与外界进行人才、物资、信息、知识等多种资源的交流，并将有用的资源积极整合到学校中来，为学校所用，以填补资源不足的缺陷，改善资源相对贫乏的状况。首先，表现为维护好与利益相关者关系的能力。民办高校利益相关者包括核心利益相关者（学校举办者、学生、教职工等）、重要利益相关者（政府部门、金融机构等）和间接利益相关者（用人单位、校友、社会公众、新闻媒体、社会评估机构等）三个层次。[①] 民办高校应将外部利益相关者视为学校发展的重要力量和影响因素，并积极回应他们的合理利益诉求，以争取他们的支持与合作，创建一个良好的生存发展氛围。其次，表现为坚持开放办学、实现办学资源共享利用的能力。通过校企合作，为学生实习就业、教师培训提供广阔的平台；通过校校合作，结成战略联盟，交流办学经验，共享优质办学资源，提升学校整体发展水平；通过国际交流与合作，派遣教师和学生出国学习，利用国际教育资源，学习国外教育理念，扩大国际视野与影响力。

---

① 杨炜长. 利益相关者视野中民办高等教育质量保障体系构建 [J]. 黑龙江高教研究，2012（11）.

3. 开拓创新能力

为应对动态复杂变化的环境，民办高校只有紧跟时代步伐，走差异化、特色化道路，才能时刻保持生命活力。这就需要民办高校提升开拓创新能力。开拓创新体现在民办高校办学的各个方面，主要包括办学理念、人才培养、师资队伍、管理体制机制等方面的创新。

（1）办学理念创新。即对办学定位、办学模式等方面的重新设计，是培养哪类人才、开设哪些专业、采取何种人才培养模式和管理体制等的出发点，决定着一所民办高校与其他高校办学风格、办学形式和办学结构等方面的根本不同。

（2）人才培养创新。主要是对学科专业设置、人才培养方案、课程体系、培养模式等的革新或重组。学科专业设置创新强调面向区域经济社会发展，有针对性地调整现有专业设置、发展有潜力的新专业，并办出一些具有特色的专业。人才培养方案创新指根据专业调研、学生反馈及用人单位意见，紧紧围绕经济社会发展需求，立足学校办学定位，不断调整或修订人才培养方案，实施动态优化，以满足学生职业岗位要求和将来学习、发展的需要。课程体系创新是在遵循一定原则的前提下，不断地调整课程设置和优化课程体系结构。培养模式创新具体表现为教学组织形式、教学内容、教学方法、教学手段和教学评价标准与方法等多个方面的创新。

（3）师资队伍创新。通过引进充实、培养提高来建设一支素质精良、结构合理的师资队伍，主要体现在高层次人才的质量和数量、人才引进的方式方法、师资进修培训的方式方法等方面的创新。

（4）管理体制机制创新。即以自身发展需求为出发点，在理论和实践的基础上大胆创新，探索和建立优质高效的现代大学管理制度，以提高办学效率，保证人才培养质量。

二、民办高校动态能力的特征

（一）顾客价值性

与核心能力的顾客价值性有所不同，民办高校动态能力的顾客价值性体现为，在灵活办学机制作用下，能够根据市场环境变化动态地满足市场发展需求以及顾客价值需求，并且强调不仅满足现有顾客需求，还能通过发现新的市场机会，挖掘潜在市场需求，最大限度地满足顾客需求，从而获得更高顾客忠诚度和更大市场份额，以此建立可持续竞争优势。

民办高校作为一个顾客支持型组织，满足顾客需求就是根据劳动力市场对人才需求的变化和学生个人需求的调整，通过更新教育服务产品来满足企业和学生两类顾客的需求。例如紧跟市场变化和产业结构要求动态设置专业，一方面满足企业对人才培养规格的要求，另一方面满足学生自我发展与提升的需求。并且适时对专业发展进行调整与更新，对于缺乏市场需求的专业及时撤并或停办，对于新型热门专业进行重点投入与扶持，以此既满足现有顾客需求，又能吸引更多潜在顾客的关注，从而增强自身竞争优势。

（二）难以模仿性

民办高校动态能力具有难以模仿性特征。首先是过程的难以模仿。动态能力是民办高校在长期发展过程中，在资源与能力逐渐积累的过程中形成的，其形成过程具有因果模糊性，从而使得其他竞争对手难以仿制。如社会关系的织网与维护、隐含在学校内部的资源配置运行机理，都是竞争对手很难接触到并难以识别更难以模仿的。其次是形态的难以模仿。动态能力是无形的，属于缄默性知识，具有情境依附性、"非逻辑性"和"非公共性"，很难通过语言、文字或其他符号进行明确的逻辑论证与说明，也不能以显性的常规组织加以传递，也就决定了其形态的难以模仿。最后是要素的难以模仿。动态能力的生成是多种综合要素共同作用的结果，与民办高校文化、举办者精神、办学理念等密切相关，这些内生性的资源要素，属于民办高校的独特性，也是竞争对手无法模仿的。

（三）开拓性

民办高校动态能力强调持续不断地培养、开发、运用和扬弃，从而以开拓性动力克服核心能力中的惯性。民办高校动态能力的开拓性主要表现在三个方面。第一，具有动态性。民办高校所处的动态复杂环境决定了民办高校的动态能力具有动态性。环境的动态变化决定了战略决策的动态调整，战略决策的动态调整又以动态能力的发挥为前提。第二，具有创新性。核心能力强调能力的辐射性，在现有的条件下使能力和资源在有限的边界和时间内得以产生或得到增值性开发。动态能力关注的是开拓创新，通过克服核心能力的刚性和惯性，创造新的规则与能力。民办高校也正是在人才培养模式、运行体制机制等方面，通过开拓创新为竞争优势提供长期基础。第三，具有开放性。民办高校动态能力的生成既要积极吸收外部信息与能量，又要整合内部资源与能力，通过搭建内外部沟通的桥梁，实现与环境的互动，减少能力的刚性，通过开放办学，广泛利用社会资源，增强竞争优势。

三、民办高校动态能力对竞争优势跃迁的作用

动态能力对民办高校竞争优势跃迁的作用，具体体现在环境适应能力有助于民办高校审时度势、抓住机遇；资源整合能力有助于民办高校内外整合、增强实力；开拓创新能力有助于民办高校锐意进取、持续发展。

（一）感知环境变化，提高民办高校适应能力

动态能力能使民办高校在动态复杂的环境中迅速洞察各种变化，并根据感应到的变化及时调整发展战略，以适应并利用外部有利环境、应对不利环境，增强自身适应能力。

一方面，民办高校与大自然一切生物的生存法则是一致的，在变化的环境中能够生存下来的不是那些资源最多的，而是能够对环境变化快速做出反应的。与公办高校相比，政策、社会用人需求、生源等方面的动态变化使得民办高校面临的环境更加复杂，能否对环境变化做出及时反应和积极应对，将直接关系到其生存和发展。民办高校只有能够随环境变化及时做出调整，才具有领先的可能，也才能创造可以持续的竞争优势。

另一方面，民办高校是伴随着市场经济的发展而产生的，与公办高校相比，其市场化行为更加明显。主要表现在根据市场需求设置专业，根据行业及岗位需求设置课程，通过市场化方式争取生源和高水平师资，对学校品牌形象进行宣传和包装，以营销理念指导招生和就业工作，等等。这些市场化行为要求将市场机制引入教育领域，通过市场机制、价值规律来配置民办高校教育资源，通过市场价格信号调节民办高校教育的供给与需求。这就要求民办高校必须保持对市场的高度敏感性，在全面分析高等教育历史、现状以及存在问题的基础上，大胆预测未来发展趋势，以及时调整发展战略、优化资源配置、增强发展适应性。

（二）整合优化资源，夯实民办高校发展基础

资源是任何一个组织生存和发展的基础，绝大多数组织在产生、发展过程中都不同程度地存在着资源短缺的现象。民办高校是在改革开放后成长起来的、由国家机关和国有企事业组织以外的各种社会组织或公民个人自筹资金创办的教育组织，与公办高校相比，其资源短缺与不足问题更加突出。这就要求民办高校整合优化资源，以夯实发展基础，既要把自身有限的资源进行合理配置，发挥其最大效用，又要积极从外部整合资源，而不是仅仅依赖于学校已有资源。

一方面，民办高校是一个资源的集合体，包含的资源要素很多，所有资源在民办高校发展过程中均发挥着或大或小的作用。不同的资源对学校发展的重要性不同，一般资源如校舍、图书资料、办公设施等，是办学过程中必须拥有的，较其他同类学校没有较大区别，且大多可通过市场交易而获得，对民办高校实现可持续发展发挥着基础性的作用。特质性资源如品牌、声誉、高层次人才等，因具有价值性、稀缺性、难以模仿性和不可替代性，能为民办高校创造竞争优势。然而，随着民办高校自身实力和人才培养层次的不断提升以及外部环境的不断变化，有些资源能够发挥的作用也将随之减弱或者改变，不一定能继续有效支撑学校发展。这就需要民办高校根据环境及其发展目标的变化对资源进行重新配置，

放弃不再有用的资源，努力获取非常重要且缺乏的资源，保留经过革新后还可以继续发挥作用的资源，将资源投入到能发挥最大效能的地方。

另一方面，我国高等教育进入大众化阶段以后，高校对高等教育资源的无限需求与高等教育资源的有限供给之间的矛盾越来越突出①，民办高校仅依赖学校内部已有的资源将不能满足发展需要。通过维护好与利益相关者之间的关系，民办高校可以将丰富的校外资源整合为自己所用。维护好与政府部门的关系，将利于民办高校获得政府的支持，为自身发展构建一个和谐的生存环境；维护好与所在地区公办院校的关系，将利于民办高校获取丰富的办学经验和高水平的师资；维护好与企业的关系，将利于民办高校加强实习就业基地建设，提高学生的从业能力和就业率；维护好与新闻媒体的关系，将利于民办高校扩大社会影响，树立品牌和形象。

（三）坚持开拓创新，推动民办高校与时俱进

民办高校在发展过程中出现了许多趋同现象，主要表现在办学理念、学科与专业设置、人才培养模式等方面。这对于社会地位尚未被完全认可、竞争优势不够强大的民办高校的发展，是一个巨大的障碍。导致此现象出现的原因之一是，有些民办高校在获得短暂的成功之后，产生了惰性和思维惯性，过度依赖现有的资源和优势，故步自封，不求创新，在这种自我满足中逐步丧失了对外部环境变化的敏感性和适应力，不思进取，停滞不前。这就使得其他坚持开拓创新的民办高校能获得竞争优势，实现持续发展，跃居先进行列。

以动态复杂变化环境为依据，从自身办学条件与现状出发，坚持开拓创新，能够使民办高校紧跟时代步伐、时刻保持生命活力，大大延长竞争优势存续时间；能够使民办高校打造差异化优势，走差异化、特色化之路，在竞争中脱颖而出，并能相对容易地被社会识别，给公众留下较为深刻的印象，在竞争中树立独特、良好的公众形象，得到社会的普遍认可；能够使民办高校满足学生和用人单位的最大需求，进而获得更多的生源，产生招生规模扩大、办学经费增加、师资力量增强、人才培养能力提升等一系列连锁反应，在激烈的竞争中求得生存与发展。

第五节　民办高校可持续竞争优势跃迁动力要素的协同机理分析

组织学习、举办者精神、高校文化和动态能力四个要素组成了民办高校可持续竞争优势的跃迁动力模块。高校文化为民办高校竞争优势的跃迁创造了氛围和

---

① 吴菲菲. 对高等教育资源优化配置问题的几点思考 [J]. 内蒙古师范大学学报，2006（9）.

习惯，组织学习是促进竞争优势跃迁的方式与过程，举办者精神为竞争优势提供了支持和保障，动态能力是竞争优势跃迁的推动力量。这四个要素之间相互作用，从而形成整体合力，为民办高校竞争优势的跃迁提供了强劲的动力。

一、从各个要素相互关联的角度分析协同机理

举办者精神是民办高校组织学习的主导者，为知识的积累与创新提供原始推动力。组织学习又为民办高校举办者精神的凝练与提升创造了条件，其引发的知识积累与创新，又成为以民办高校举办者精神为推动力的创新活动的基础，从而培育持久的竞争优势。

举办者精神的作用不只在民办高校的管理与运营方面，更重要的是作为一种精神理念去塑造和培育良好的高校文化，从而为民办高校可持续发展提供精神动力和良好环境。举办者是高校文化的倡导者，对师生员工起着重要的示范作用。因此，在高校文化建设和实践中要重视举办者的作用，使其成为高校文化建设不可或缺的关键因素。

高校文化为组织学习创造氛围，高校文化能够增强教职工的凝聚力，增强组织活力，有利于调动师生员工的创新积极性，进而推动组织学习。在良好的文化氛围中，民办高校又能够促进高校文化的形成与发展。教育理念、学术知识与教学经验的共享，是民办高校组织学习的主要内容。教师之间相互学习、彼此帮助，共同构建民办高校健康的学习文化，这也是高校文化建设所追求和努力的目标。所以说，组织学习对高校文化的形成发挥着积极的促进作用。

培育动态能力的根本途径是举办者精神主导的组织学习，动态能力的培育需要师生员工吸收、交流和共享知识为基础。民办高校管理者之间、教师之间的学习是组织内部的知识循环，是动态能力形成的基础。民办高校通过组织学习将隐性知识与显性知识互相转化，并更新原有知识结构，人才培养能力才能够得到完善、提升和创新，进而促进动态能力的形成。动态能力的形成又能够推动民办高校实现创新，也就是实现对原有知识的重新组合和新知识的引入，形成民办高校知识的积累与创新，进而提升组织学习能力。

四个要素之间耦合互动，组织学习、举办者精神和高校文化共同作用促成动态能力的形成，反过来，民办高校具备了强大的动态能力，又反作用于其他三个要素的优化与提升。某一要素的形成与发展能够提升人才培养能力，那么，另外三个要素也会得以良性发展，共同促进民办高校竞争优势的跃迁；相反，某一要素缺失或者落后，则会导致其他要素不良发展，容易削弱民办高校竞争优势。

二、从整体角度分析跃迁动力要素的协同机理

从跃迁动力模块对模型整体作用来讲，四个要素越强，形成的合力越大，作

为模型纵向拉伸就越高，从而使民办高校竞争优势保持得越持久。在民办高校的发展过程中，受到外界环境影响或学校危机的冲击，引起了原本强有力的推动力中的某个要素不适应，这时如果及时调整、充实或完善，仍然能够发挥出强劲动力。如果民办高校缺乏举办者精神的引领，缺乏由举办者精神主导的组织学习，缺乏优秀的文化支撑，民办高校就不具备动态能力，也就不能够实现持续创新，民办高校的竞争优势即使已经形成也无法持续。

第七章

民办高校可持续竞争优势产生的跃迁路径

第一节 诚信办学

诚信是民办高校生存与发展的基石。民办高校要想获得可持续竞争优势，实现可持续发展，需要坚定不移地走诚信办学之路。

一、民办高校诚信办学的内涵

民办高校诚信办学是其内外活动中所体现出来的诚信意识和诚信行为，以及社会公众对民办高校群体所形成的诚信评价。诚信办学不仅停留在办学理念中，还体现在办学实践的方方面面。民办高校主要包括招生、教学、科研和就业等办学行为，因此民办高校走诚信办学之路，应坚持招生诚信、教学科研诚信和就业诚信。

（一）招生诚信

招生是民办高校办学过程的第一步，也是民办高校资金的重要来源。因此，招生是否诚信直接影响着民办高校能否正常运转。招生诚信不仅能够吸引生源，也能够维护良好声誉；招生失信则会损害学校社会形象，影响生源，进而危及资金来源，最终必然导致学校运转出现问题。

招生诚信首先体现在民办高校在招生宣传时要诚信。招生宣传是民办高校对外宣传的主要行为，体现着民办高校的整体形象。《民办教育促进法实施条例》明文规定，民办学校的招生宣传必须真实、准确、规范、合法、详尽，不得不负责任地随便许诺。[①] 民办高校在招生时要实事求是，不做虚假宣传，不说假话、

---

① 《中华人民共和国民办教育促进法实施条例》。

空话、大话，对招生原则、办法、优惠政策等逐一落实，认真实施。不欺骗公众，不中伤"兄弟学校"，自觉抵制不正当竞争行为。

招生诚信还体现在民办高校在收取学生费用时要诚信。民办高校收费既要参照年生均培养成本，还要充分考虑学生家庭的承受能力，依法合理确定和公开收费标准、收费项目等，做到透明化收费，不以各种莫须有的名目随便增收其他费用。各项费用一经审批，不能以任何理由、任何形式提高或变相提高。此外，严格执行退费管理办法也是收费诚信的重要体现。[①]

（二）教学科研诚信

教学是民办高校的中心工作。教学诚信主要指严格按照上级主管部门要求开展教育教学活动，并在具体教育教学过程中，秉承以学生为本的原则，遵循教育规律，真实、真诚地向学生传授知识与技能。具体体现在配备优秀的师资，保质保量地完成教学任务；配备充实的教学设备、实验设施，保障理论课、实践课课时充足；严格按照应用型人才的培养目标与培养方案组织课程教学内容，规范使用贴合民办高校学生身心发展规律的教材，不随便复制、翻印公办高校的教材；采用适切的教学方法与学生进行自由、平等、民主的交流；关注学生身心健康，特别注意日常教学过程中诚信教育的施行等。

教师除了日常的教学活动外，还承担科研任务，在开展科学研究的过程中也要讲诚信。科学研究是一项探究真理的创造性活动，要求研究者必须秉持诚信的道德品质，容不得弄虚作假。实践中，学术失范、急功近利、弄虚作假、学术腐败以及不尊重知识产权等现象屡见不鲜，在一定程度上影响了民办高校本就相对薄弱的科研工作的发展。科研诚信是开展学术研究的道德基础，民办高校教师应在具体的科研项目申报、研究、成果发表或转化等行为中自觉践行诚信，抵制学术不端行为。

（三）就业诚信

推荐就业是民办高校在招生宣传时对学生做出的承诺。民办高校要依靠与用人单位建立的合作关系，兑现招生与培养过程中的就业推荐承诺，也是不做虚假宣传的具体体现。现实中，有些民办高校为了提升形象，会选择虚报就业形势、虚高就业率等宣传行为，造成就业情况良好的假象。这就要求民办高校在为学生提供就业服务方面，在研究就业形势和市场变化以及各行业各类型用人单位对人才的需求状况基础上，为学生推荐就业掌握第一手信息，为毕业生顺利就业创造基本条件。

此外，民办高校诚信办学还体现在社会诚信方面。民办高校作为一种具有公

---

① 胡炳俊. 诚信办学是生存和发展的根本 ［N］. 河南日报，2013 - 3 - 15.

益性属性的教育组织，应当怀揣着对人才培养的使命感和责任感，以追求教育的社会效益最大化为目标，为社会培养应用型人才。民办高校举办者应以一种有利于社会的方式进行经营和管理，主动承担社会责任，坚持实事求是、守法经营、规范管理，积极做好教育这项公益性事业，服务于当地经济社会发展。

二、诚信办学是民办高校构建可持续竞争优势的基本路径

诚信是民办高校必须坚持的"立校之本、创业之基、守业之魂"，离开诚信，民办高校就失去了生存与发展的前提。诚信办学作为民办高校的指导思想，有效地规范和约束民办高校及其成员的各种行为，使其在教育教学活动中秉持诚信原则进行知识的传递、创新、发展和应用，是民办高校竞争优势向可持续竞争优势跃迁的路径选择。

（一）诚信办学有利于民办高校解决诚信危机，全面培植公信力

民办高校公信力是指民办高校在创建与发展过程中通过其诚信优质的办学活动而赢得公众认可、信任乃至美誉的能力，是民办高校依据其信誉和形象所获得的社会公众的信任度。有的民办高校在招生方面不诚信，不仅损害了自身办学声誉，而且还会由于生源质量较差，学校教学组织困难、教师教学热情受挫导致人才培养质量下降，学生就业竞争力不强，连带出现教学不诚信和就业不诚信等问题。有的民办高校办学失信，还导致了学校的倒闭。可见，不遵循诚信办学的路径，偏离办学的正确轨道，不仅实现不了学校的可持续发展，更连最基本的生存也难以保障。

坚持诚信办学是民办高校解决诚信危机、全面培植公信力的基本准则。坚持诚信办学，实事求是，规范操作，有利于民办高校生源链的保持；有利于民办高校维持好与政府、企业、银行等各相关利益主体的关系；有利于赢得办学市场，提升自身价值，增强公信力，使民办高校得以在激烈的竞争中发展与壮大，为可持续竞争优势的获得铺垫道路。

（二）诚信办学有利于民办高校树立良好社会信誉，提升社会认可度

现实中，由于传统观念的偏见和某些民办高校的失信行为，造成了社会对整个民办高等教育认可度不高的现象。这种有失偏颇的认识容易导致毕业生在就业市场中的竞争力不强，从而加重了生源及家长对民办高校的疑虑，使其更愿意选择公办高校。因此，坚持诚信办学是民办高校树立良好社会声誉、赢得社会认可的必然选择。

民办高校只有坚持依法办学、诚信办学、规范办学原则不动摇，诚实履行自己对学生及社会的承诺，才能赢得学生与社会的认可。民办高校应当坚持在"招

生—培养—就业"的各个环节中讲诚信。招生诚信能够吸引生源，教学诚信能够满足学生需求、培养诚信学生，就业诚信能够输送诚信人才、维护好与用人单位的关系。诚信有利于民办高校获得社会认可与信任，培育良好社会信誉。很难想象，一所不讲诚信的学校在社会上会有良好的口碑和认可度，会在激烈的市场竞争中存活。

（三）诚信办学有利于民办高校获得伦理优势，聚合社会资源

民办高校在市场经济条件下要实现长盛不衰，必须实践诚信办学，以获得伦理优势。伦理优势是通过市场的优胜劣汰展现出来的，相对竞争对手而言形成的一种显性优势。而那些不遵守基本伦理规范的民办高校，通过其他方面的努力或许能获得暂时的发展，但这种短暂的发展经不起竞争的考验。只有坚持基本的伦理道德准则，形成伦理优势，才能获得更大的发展空间。

民办高校的竞争，从某个角度来讲就是教育资源的竞争，谁拥有更多的优质资源，谁就在竞争中处于更有利地位。从社会学的角度而言，诚信是一种重要的社会资本，它为高校的发展提供了更多的机会。对于办学诚信的民办高校而言，发挥伦理优势能使民办高校吸引更多的社会资本，如优秀的师资和管理人员甚至政府的政策倾斜，从而实现资源的优化配置。民办高校树立"诚信为本"的教育理念，一方面能够增强学校的向心力、凝聚力，调动员工的积极性，激发工作热情，提高工作效率；另一方面还有利于吸纳企业的捐助、银行的贷款等，使民办高校的办学资源、发展空间和发展机会得到改善。诚信的建立无疑是民办学校向高层次发展的重要环节，为学校发展创造了良好的软环境。[1]

综上所述，民办高校只有遵循诚信办学之路，才能赢得良好的口碑，树立良好形象，增强优质资源吸引力，促进民办高校健康向上、稳步发展。诚信办学对于民办高校而言是一条确保生存与发展、获得可持续竞争优势的基本路径。[2] 民办高校要在以公办高校为主体的高等教育市场的强势挤压下求生存，必须坚定不移地走诚信办学之路，将诚信办学作为一种特质资本积累起来，用以维系可持续竞争优势。

第二节　持续创新

民办高校要想构建可持续竞争优势，不仅要能创新，还要坚持持续创新。民办高校持续创新贵在持续，也难在持续，持续创新是民办高校构建可持续竞争优势的必由之路。

---

① 尹晓敏. 论民办高校公信力的流失与重塑 [J]. 现代教育科学, 2009（1）.
② 何芳兵. 诚信办学才能健康发展 [N]. 长沙晚报, 2011 – 11 – 11.

一、民办高校持续创新的内涵

创新是指创新主体利用现有的资源和能力，在特定的环境中，对现有事物予以改进或创造新的事物，并获得一定有益效果的行为。持续创新是指创新主体持续不断地推出和实施新的创新项目，并持续不断获得有益效果的行为和过程。①民办高校持续创新即是在动态复杂环境下，持续不断地推出并实施新的创新点，分为对已有事物持续改进和持续不断地创造新的事物两个方面。

持续创新贯穿于民办高校基础平台模块和跃迁动力模块的各个要素，是夯实竞争优势、推动跃迁动力发展的不竭动力。民办高校以外部环境为基础，在资源、能力、制度等方面不断创新，是竞争优势的来源，是走持续创新之路的基础。跃迁动力模块是竞争优势得以不断积累和创新的一个阶段。其中，举办者开拓创新精神是民办高校一切创新活动的主导；组织学习能够创造新的知识，是民办高校得以积累知识和开展创新的前提和必要条件；极具个性色彩的高校文化是实施创新的土壤；动态能力本身具有开拓性特性，它将推动民办高校创新。同时，民办高校本身体制机制灵活，这又为其持续创新提供了更为有利的条件和保障。

持续创新是一个动态过程，它体现在民办高校的方方面面，贯穿于民办高校的整个办学历程。具体来说，主要体现在民办高校办学理念、人才培养、师资队伍、管理体制机制等方面。

（一）办学理念持续创新

先进的办学理念是维系学校生存和发展的内在力量，是其他一切创新的出发点，指引着其他方面创新发展的方向。创新办学理念，同时也是对办学定位、办学模式等方面的重新设计。创新办学理念，首先要符合社会发展的需要，看社会需要的是什么类型、什么层次的人才；其次要满足人全面发展的需求，以人为本，根据学生自我发展和全面发展的需要设定办学理念；最后还要符合学校自身实际条件，在能力范围之内设定合理的办学理念。

（二）人才培养持续创新

民办高校结合自身实际情况，充分利用灵活的办学体制，创新人才培养模式，是提升人才培养质量的关键，是形成比较优势的重要途径。人才培养涉及学校工作的方方面面，人才培养创新主要是对其各个构成要素的革新或重组，表现在学科专业设置、人才培养方案、课程体系、教学模式等方面。

---

① 向刚. 企业持续创新：理论研究基础、定义、特性和基本类型 [J]. 科学学研究，2005（1）.

1. 学科专业设置持续创新

学科专业设置是人才培养的重要组成部分。很多民办高校在专业设置上盲目"跟风"，追求大而全的学科体系，盲目开办新专业；较少考虑学科专业设置的合理性，缺少优势学科、特色专业。这将严重影响学校专业发展水平的提高。学科专业建设的水平直接关系到民办高校的办学水平和办学质量，是影响其生存和发展的重要因素。民办高校要想实现可持续发展，必须面向区域经济社会的可持续发展，有针对性地调整现有专业设置、发展有潜力的新专业，进而建设优势学科专业群。其中，重点在于打造特色专业，即根据市场对人才的需求，充分论证自身办学条件，扬长避短，发掘现有资源，确定自己的强项，建成"人无我有、人有我优、人优我特"的特色专业，实现错位发展，走差异化发展道路。

2. 人才培养方案持续创新

一套科学的人才培养方案应根据社会需求、自身办学条件以及所确定的人才培养规格来制定，它是培养高质量人才的前提条件。[1] 由于社会需求、自身办学条件是不断发展变化的，因此，人才培养方案也要适时地进行创新。人才培养方案创新即学校根据专业调研、学生反馈及用人单位意见，紧紧围绕经济社会发展需求，立足学校办学定位，以自身办学条件为基础，不断调整或修订人才培养方案，实施动态优化，以满足学生职业岗位要求和将来学习、发展的需要。

3. 课程体系持续创新

课程是构成学科和专业的最小单位，是由多门课程有机组织、合理搭配而形成的统一体。民办高校人才培养的目标、规格和模式最终需要通过课程体系的构建来实现。课程体系创新即是在遵循一定原则的前提下，不断地调整课程设置和课程体系结构。课程体系创新，一要在人才培养目标和人才培养规格的框架下进行调整和创新；二要以适应不断变化的社会需求为前提，结合学生的就业需求，满足不断变化的职业需求；三要满足学生共性和个性协同发展的需要。

4. 教学模式持续创新

教学模式创新是提高课堂教学质量的有效措施，能够达到优化学生素质结构、促进学生全面发展的目的。教学模式创新分为课堂教学模式创新和实践教学模式创新。课堂教学模式创新强调根据不同学科、专业对课堂教学的要求，合理制定并调整教学方案，形成以启发式为主导的多样化教学方法体系。实践教学模式创新强调根据不同课程的特点，通过实验、实训、实习等方式来使学生掌握一定的技术和技能，注重培养学生的实践应用能力。教学模式持续创新具体表现为教学组织形式、教学内容、教学方法、教学手段和教学评价标准与方法等多个方面的持续创新。

---

① 柴红敏，李秀芹，刘增进. 人才培养模式与培养方案改革的理论分析 [J]. 华北水利水电学院学报（社科版），2009 (3).

（三）师资队伍持续创新

师资队伍是民办高校专业建设的基础和关键，是提高人才培养质量的根本保障，是形成竞争优势的前提。为满足不断变化的经济社会发展对应用型人才培养的需求，民办高校师资队伍持续创新具体表现在结构与类型上的持续创新。一是民办高校目前应针对"哑铃型"师资队伍结构状况，不断增强中青年高层次人才队伍引进与培养，优化师资队伍结构。二是民办高校还应结合人才培养需求，注重建设"专兼结合"的师资队伍结构，民办高校由于自身资源有限，单一依靠专职教师难以实现人才培养目标，可以通过聘请高水平兼职教师，借助社会资源，完善与创新师资队伍。三是民办高校要加强"双师型"师资队伍建设。单一的"教学型"师资队伍难以实现民办高校应用型人才培养目标，民办高校可以通过加强校企合作，鼓励与引导教师到企业中参与生产与管理，不断提高教师自身的专业实践技能。同时可以选聘企业的优秀技术骨干或管理人员到学校来参与教育教学，也可以注重引进具有一定企业工作经验或具有职业资格证书的人才，充实民办高校"双师型"师资队伍。

（四）管理体制机制持续创新

在高等教育多元化发展的今天，世界上并不存在一个原封不动的适用于所有大学的管理体制[①]。民办高校要想获得竞争优势，就要充分利用机制灵活的特点，以自身发展需求为出发点，积极推进管理体制机制创新，以降低教育成本、提高办学效率、保证人才培养质量。具体可从以下几个方面着手：一要明确办学性质（营利性或非营利性）和办学定位；二要明确权责，清晰归属，健全产权制度；三要完善法人治理结构，加强董事会领导下的校长负责制建设；四要探索和建立现代大学管理制度，形成灵活高效的运行机制。

二、持续创新是民办高校构建可持续竞争优势的必由之路

（一）持续创新与民办高校可持续竞争优势的路径选择

民办高校发展战略一旦确定下来，相应的竞争优势就具有一定的周期和限度，而作为民办高校核心能力的人才培养能力也具有一定的刚性。由于环境变化、其他高校模仿等原因，民办高校因一项或几项创新而产生的竞争优势并不能保证持久性。也就是说，随着时间的推移，已存在的竞争优势面临着众多现有竞争对手和潜在竞争对手的模仿，会经历从形成、维持到被侵蚀的周期过程。而

---

① 徐绪卿. 我国民办高校内部管理体制改革和创新研究［M］. 北京：中国社会科学出版社，2012.

且，这个周期的时间会因环境变化速度加快和竞争激烈程度增大而缩短，竞争优势会以更短的时间、更快的速度被创造出来并被侵蚀掉。民办高校如果只依赖于已有竞争优势而不再创造新的竞争优势，那么在动态复杂的环境中是很难生存下去的。

在动态复杂的环境下，民办高校不存在永久的竞争优势。要想构建可持续的竞争优势，必须充分发挥机制灵活的特点，立足于现有的人才培养能力，不断创新，在旧的竞争优势被侵蚀掉之前创造出新的竞争优势，使竞争优势呈现出一种更迭和叠加的趋势，即通过持续创新，构建出可持续竞争优势。也就是说，持续创新是民办高校构建可持续竞争优势的必由之路。如图 7 - 1 所示。

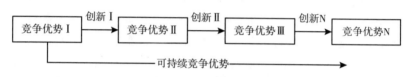

图 7 - 1　民办高校通过持续创新获得可持续竞争优势的路径

（二）持续创新对民办高校可持续竞争优势构建的运作机理

人才培养能力是民办高校的核心能力。民办高校走持续创新之路，将有助于人才培养能力的提升，进而促进民办高校可持续竞争优势的构建，如图 7 - 2 所示。

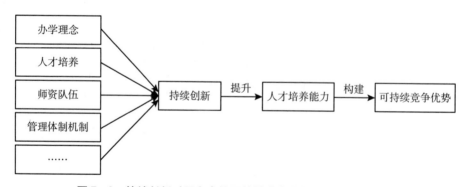

图 7 - 2　持续创新对民办高校可持续竞争优势构建的运作机理

根据经济社会发展需要，民办高校结合办学实际，在办学理念、人才培养、师资队伍、管理体制机制等方面不断地开拓创新，有助于发展学科专业特色，实现在激烈的竞争中脱颖而出，开辟出一条崭新的内涵发展之路；有助于从整体上优化人才培养过程，提升民办高校人才培养能力；有助于满足大学生全面发展的需求，培养创新型人才。

民办高校的核心职能是人才培养，办学的根本出发点和落脚点是培养应用型人才，其生命力源于并体现为为社会培养一批又一批的优秀人才。人才培养能力强的民办高校，培养出来的学生理论基础扎实、应用技术强、综合素质高，综合表现为就业率高、社会满意度高。这样的民办高校就能收获良好的社会声誉和更高的社会认可度，进而获取更为广泛的生源，在竞争中占据较大的市场份额，赢得更广阔的生存空间，获得可持续竞争优势。反之，人才培养能力弱的民办高校，将难以在激烈的市场竞争中立足，难以获得可持续竞争优势。

综上所述，持续创新是民办高校构建可持续竞争优势的必由之路。民办高校要积极主动地适应环境和政策变化，充分利用现有资源和能力基础，不断地开展创新，克服组织惯性，立足于已有竞争优势，构建新的竞争优势从而领先于同类民办高校，实现可持续发展。同时，竞争优势会被竞争对手模仿和复制，所以，民办高校在竞争优势被其他高校模仿和复制以前就应开始积极寻求新的机遇并不断进行创新，在创新的基础上获得可持续竞争优势，从而在长期的竞争中立于不败之地。

第三节　顾客价值

顾客价值理论是研究企业可持续竞争优势的重要理论之一，兴起于 20 世纪 90 年代。它认为，企业的竞争实际上就是顾客的竞争，能否实现顾客价值是企业构筑竞争优势的出发点，是竞争优势形成的源泉。民办高校具有类企业性，同时也是一种顾客支持型组织。民办高校要想在激烈的市场竞争中获得顾客、赢得市场，就必须以顾客为中心，持续创新，将资源和能力最大限度地转化为顾客价值，在学校与顾客之间建立一种价值—忠诚—价值的和谐关系，即学校为顾客创造最大化的价值利益，从而赢得顾客的忠诚和认可，进而实现学校更大的价值，形成可持续竞争优势。

一、民办高校顾客价值的内涵及其影响因素

（一）顾客价值

顾客价值这一概念来自企业管理，是提高企业顾客忠诚度，保持竞争优势的根本。20 世纪 80 年代末至 90 年代，学者们从不同的角度提出顾客价值的概念，泽瑟摩尔认为，顾客价值就是顾客感知价值，即"顾客所能感知到的利益与其在获取产品或服务时所付出的成本进行权衡后对产品或服务效用的总体评价"[1]。

---

[1]　Zeithaml V. A, Consumer perception of price quality and value: a means-end model and synthesis of evidence [J]. Journal of Marketing, 1988.

Gale 认为，顾客价值是质量与成本之差，"顾客价值是顾客根据产品的相对价格调整后而获得市场的感知质量"[①]。伍德拉夫（Woodruff）认为，"顾客价值是顾客在具体的使用环境中，在给定的利益与付出权衡下，对供应商给他们提供的价值进行评价"[②]。学者们对顾客价值概念的界定是多元的，理解是有分歧的，但又有其共同点：一是顾客价值是主观的，是被顾客所感知的；二是顾客价值与产品相关，是顾客通过使用产品后，对产品的总体评价；三是顾客价值是顾客对其所获得的利益与付出的成本间的一种权衡。

由此可见，顾客价值虽由企业创造，但最终由顾客决定。当企业为顾客设计、创造和提供的价值越多，顾客感知到的产品或服务的利益越高，顾客对产品或服务的购买意愿越强，顾客价值就越大，企业竞争力就越强。

（二）民办高校顾客价值

民办高校是高等教育事业的重要组成部分，一方面需要遵循教育规律，承担教育的责任，为社会培养人才，具有公益性属性；另一方面又需要遵循市场规律，具有类企业的性质，是一种顾客支持型组织，顾客的支持是其生存和发展的根本。顾客价值理论同样适用于民办高校的发展。

民办高校作为一种特殊的顾客支持型组织，其顾客和产品具有双重特征。一方面从民办高校内部来看，民办高校提供教育服务产品，学生成为使用该产品的顾客。另一方面从民办高校外部看，民办高校为社会培养应用型人才这一特殊产品，企业作为顾客对其进行评价。因此，民办高校拥有企业和学生两类顾客。民办高校的顾客价值应包括企业顾客价值和学生顾客价值。企业顾客价值是指企业在接收民办高校输出的人才后，通过权衡产生的价值与支付的劳动报酬成本后，对民办高校人才培养质量的满意度评价。学生顾客价值是指学生在权衡接受学校提供的教育服务与付出的教育成本后，对民办高校教育服务的满意度评价。

（三）民办高校顾客价值影响因素

正确分析民办高校顾客价值的影响因素，是提高民办高校顾客价值的前提。分析民办高校顾客价值影响因素应该从三个方面着手，一是民办高校自身因素，主要是提高人才培养的质量，增强学生的综合素质和从业能力。民办高校人才培养是实现学生供给与企业需求相对接的"桥梁"，是影响顾客价值的直接因素。民办高校人才培养质量的提高，即树立"以企业需求为导向"的办学理念、注重"双师型"教学团队建设和实践教学设施建设，优化人才培养方案，改革人才培

---

① Gale. B. T, Managing Customer Value: Creating Quality and Service that Customer Can See [M]. New York: Free press, 1994.

② Woodruff. R. B, Customer Value: the Next Source for Competitive Advantage [M]. Journal of Academy of Marketing Science, 1997.

养模式，在专业设置、课程设置、教学方法、教学评估等方面与企业用人标准相一致。二是学生方面，在提高综合素质的同时，要加强专业技能的锻炼。学生在掌握专业理论知识的基础上，通过加强实验、实训、实习等实践环节，提高知识应用能力、动手操作能力和独立解决问题的能力。三是企业方面，提高在人才培养过程中的参与度。企业通过参与民办高校人才培养过程，将企业用人标准与高校人才培养规格相衔接，满足企业应用型人才需求。企业应增强对民办高校人才培养的支持力度，包括技术支持、资金支持、信息支持和实践场地支持。另外，企业还应积极吸纳民办高校毕业生，并对其工作态度、工作能力、工作效果进行考核评价，及时反馈到民办高校，建立校企合作长效机制。

通过上述分析，民办高校、学生、企业三者相互联系，相互作用，共同促进民办高校顾客价值的提高。其中民办高校教育质量的提高能为企业输送应用型人才，满足企业人才需求，增强民办高校对企业的吸引力，推进校企深度合作。学生作为民办高校教育的直接受益者，学生素质能力的提高是民办高校人才培养的结果，从而实现学生的从业能力与企业岗位标准零距离对接，满足学生就业需求。企业是民办高校人才培养质量的评价者，企业人才需求是民办高校人才培养的依据，企业参与度的增强能够进一步推动校企深度合作，提升民办高校办学质量，全面提高学生素质能力。因此，提高民办高校顾客价值三者缺一不可，关键是在提高民办高校教育质量的基础上，重视民办高校顾客和产品的双重性特征，兼顾学生顾客价值和企业顾客价值的提高，加强学校与企业的深度合作，持续创新人才培养模式，实现人才培养规格与企业人才需求对接，提高民办高校竞争力。

二、顾客价值是民办高校构建可持续竞争优势的终极目标

（一）顾客价值是民办高校发展的引导者

人才培养能力是民办高校实现可持续发展的核心能力，是民办高校可持续竞争优势动态系统模型的中心轴，可持续竞争优势主要是通过提高人才培养质量实现顾客价值获得的。因此，可持续竞争优势系统动态模型中所有要素，诸如资源、制度、文化、组织学习、动态能力等都需要围绕人才培养能力这一中心轴，以实现顾客价值为目标进行构建与发展。正如郭树清所言："要想成为最具价值创造力的银行，最重要的一条就是，要为顾客提供最好的银行服务。衡量银行改革成败的最重要标准是看银行能否在市场中发展壮大，说到底，就是要看能不能为客户提供最好的银行服务。"[①] 顾客价值是民办高校发展的引

---

① 郭树清. 建立以客户为中心的理念和机制是股份制改造的中心内容 [J]. 中国金融，2006（9）.

导者，是民办高校发展的终极目标。民办高校一切活动都是为了实现其顾客价值，即为企业顾客价值和学生顾客价值服务的。同样，民办高校顾客价值的实现反过来又会促进可持续竞争优势系统动态模型中各要素的发展，比如可以繁荣招生市场，扩充财力资源；赢得社会认可，吸引高层次人才；指导教学实践，提升核心能力等。

（二）顾客价值是招生就业市场的主导者

如前所述，民办高校顾客价值主要包括企业顾客价值和学生顾客价值，而企业和学生又是就业市场和招生市场的直接参与者和决定者。随着精英高等教育转为大众高等教育，高等教育的市场由"卖方市场"转为"买方市场"。这种"买方市场"主要存在于高等职业教育领域和专科层次教育当中，而这恰恰是大部分民办高校所处领域。可以说，民办高校从诞生之日起，便面临着考生选学校而非学校选考生的严峻竞争局面。而生源是民办高校生存和发展的根本，是民办高校的生命线，民办高校应不断整合资源，提高办学质量，提升学生顾客价值。学生顾客价值的实现会增强学生对学校教育质量的满意度、提高学生对学校的认可度，进而促进民办高校招生市场的繁荣。另外，民办高校以培养应用型人才为目标，企业是民办高校最大的就业市场源。就业市场的大小是由民办高校为其创造价值的多少决定的，并且市场需求的容量也是由学生的市场适应性决定的。因此，民办高校只有得到企业对人才培养质量的满意评价，实现了企业顾客价值，才能赢得企业持久的满意和忠诚，进而拓展其就业市场。就业市场的拓展反过来还可以更好地促进招生市场的繁荣，实现良好互动，真正实现"进口旺、出口畅"。

第四节　民办高校可持续竞争优势路径选择

民办高校要想实现可持续发展，必须坚定不移地走诚信办学之路，偏离了诚信办学这条路径，就无法在日益激烈的竞争中生存，更无从发展。创新是民办高校发展的动力，民办高校不仅要创新，而且要持续创新，持续不断的创新才能够形成民办高校生存和发展的根本保障。民办高校持续创新贵在持续，也难在持续。实现顾客价值是民办高校构建可持续竞争优势的终极目标。在激烈的竞争环境下，民办高校要想获得持续的竞争优势，实现可持续发展，必须不断提升顾客价值。

诚信办学、持续创新与顾客价值之间呈现出依次递进的关系。诚信办学是持续创新的基准，偏离了诚信办学这一基本原则，民办高校即使刻意创新，其竞争优势也很难长久保持下去，甚至会产生反作用。持续创新行为有助于实现顾客价值这一目标，如果民办高校能够比竞争对手更有效地创造顾客价值，那么就可以获得可持续竞争优势。民办高校竞争优势依托基础平台，在得到跃迁动力的激发后，会产生跃迁行为，而在竞争优势跃迁成为可持续竞争优势过程中需要依据合理的路径。诚信办学—持续创新—顾客价值是民办高校可持续竞争优势产生的跃迁路径。

第八章

民办高校可持续竞争优势
定量分析及个案研究

第一节 民办高校可持续竞争优势指标体系构建

构建可持续竞争优势、实现可持续发展是民办高校最高的战略目标。民办高校可持续竞争优势动态系统模型，对构建可持续竞争优势进而实现可持续发展具有一定的理论指导作用。建立民办高校可持续竞争优势指标体系，能够对民办高校可持续竞争优势构建情况进行评价，能够为民办高校实现可持续发展提供一定的决策依据，起到理论指导实践的作用。一是能够促使民办高校领导团队反思学校发展现状，发现在可持续竞争优势构建过程中存在的问题；二是能够在动态系统模型的指导下，有针对性地改进这些问题，从具体的指标入手去构建自身的可持续竞争优势，制定可持续发展战略。

先进可行、科学合理的指标体系是民办高校实现可持续发展的重要理论支撑。民办高校可持续竞争优势研究中的一个重要问题就是指标体系构建问题，即民办高校可持续竞争优势的评价指标有哪些、评价指标相互之间的关系如何以及如何应用此指标体系开展定量分析等。

具体来说，利用指标体系对民办高校开展可持续竞争优势定量分析，有利于发挥4个方面的功能：一是反馈和调节。一方面，对民办高校开展可持续竞争优势定量分析，提供的分析结果等信息能够反映民办高校可持续竞争优势构建的现状，并且可以作为其调整或改进可持续发展战略的依据。另一方面，多次对民办高校实施可持续竞争优势定量分析，能够使得此项活动不断提高合理性、正确性和有效性，进而实现对民办高校发展战略的指导、调节和控制。二是预测和计划。通过调研大量占有有关民办高校发展现状的数据和材料，可以对民办高校未来可能的发展变化趋势进行预测，便于制定下一阶段的发展战略和规划。三是比较和评价。横向可以比较一省范围内及至全国范围内民办高校可持续竞争优势构建状况，通过对多所民办高校可持续竞争优势构建的现状进行比较，分析各自的成败得失、各自的优势和劣势；纵向可以比较一所民办高校不同时期的发展状况，使其较为清晰地认识自身的发展是前进的、还是后退的抑或停滞不前的。四是引导和激励。根据评价结果，引导民办高校按照评价活动所倡导的方向发展，推动民办高校构建可持续竞争优势，对促进民办高校可持续发展起到一定的导向和激励作用。

一、民办高校可持续竞争优势指标体系内涵

在民办高校可持续竞争优势动态系统模型基础之上，本书初步建立了民办高校可持续竞争优势指标体系。基于基础平台、跃迁动力和跃迁路径 3 个模块构建的指标体系可以从 3 个维度观测民办高校可持续竞争优势构建状况，即可列为 3 个一级指标。第一个维度是基础平台指标，分析民办高校的竞争优势情况，故也可称为竞争优势指标，包含环境基础、资源基础、能力基础和制度基础 4 个二级指标；第二个维度是跃迁动力指标，分析民办高校的跃迁动力情况，包含组织学习、举办者精神、高校文化和动态能力 4 个二级指标；第三个维度是跃迁路径指标，分析民办高校的跃迁路径情况，包含诚信办学、持续创新、顾客价值 3 个二级指标，共 11 个二级指标。确定如图 8 - 1 所示民办高校可持续竞争优势指标体系层次结构。

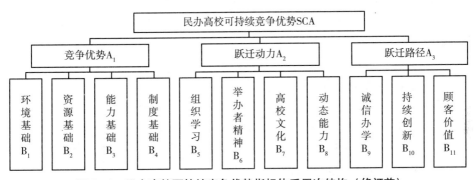

图 8 - 1　民办高校可持续竞争优势指标体系层次结构（修订前）

其中，诚信办学、持续创新、顾客价值是民办高校竞争优势跃迁路径模块的三个过程要素。在动态复杂环境中，诚信办学、持续创新与顾客价值三个路径要素是贯穿于民办高校各项办学活动中的过程要素，难以用某一个或某几个指标来衡量这三个要素的情况，衡量这三个要素的指标可以综合体现在基础平台和跃迁动力的多个指标上。因此，基于实际，从模型出发构建的指标体系从两个维度观测民办高校可持续竞争优势，第一个维度是竞争优势指标，评价民办高校的竞争优势情况，包含环境基础、资源基础、能力基础和制度基础 4 个二级指标；第二

个维度是跃迁动力指标，评价民办高校的跃迁动力情况，包含组织学习、举办者精神、高校文化和动态能力 4 个二级指标，共 8 个二级指标。由此形成的民办高校可持续竞争优势指标体系层次结构如图 8 - 2 所示。

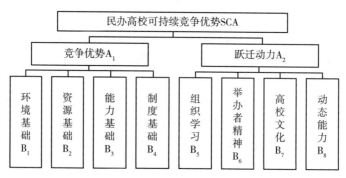

图 8 - 2　　民办高校可持续竞争优势指标体系层次结构（修订后）

在确定民办高校可持续竞争优势指标体系层次结构的基础上，需要对 8 个二级指标进行进一步的分析与考察。在对二级指标进行深入解读的基础上确定相应的三级指标，并在三级指标的基础上，遵循可操作性、可比性等原则进一步细化，最终列出四级指标。确定具体的、可操作的三级指标与四级指标是构建民办高校可持续竞争优势指标体系的关键。本书将通过两个步骤，以民办高校可持续竞争优势动态系统模型的内涵与可持续竞争优势影响因素为依据，选取具体指标构建指标体系。

（一）初步构建指标体系

在对民办高校可持续竞争优势动态系统模型要素内涵解析的基础上，通过收集、阅读大量有关民办高校的文献资料，参考相关的评估或评价指标体系，反复分析、归纳与整理，选取可以作为三级指标和四级指标的因素纳入指标体系，构建民办高校可持续竞争优势指标体系（初步），见表 8 - 1。

选取三、四级指标时主要遵循可操作性和可比性两条原则，力图充分反映 8 个要素的内在属性。一是可操作性，构建指标体系的目的在于反映民办高校可持续竞争优势状况，指标的确定需要充分考虑具体数据能否得到，保证每项指标数据采集的可行性和来源的稳定性，一般能够通过统计资料整理、抽样调查或从有关部门直接获得数据。二是可比性，选用的指标具有可比性。可比性就要求指标要易于量化、计算。只有具有可比性的计算结果，才可能给正确的决策以有力的支持。

民办高校可持续竞争优势指标体系（初步）包含 2 个一级指标、8 个二级指标、23 个三级指标、90 个四级指标。

表 8 – 1　　　　　　　民办高校可持续竞争优势指标体系（初步）

一级指标	二级指标	三级指标	四级指标
竞争优势 A_1	环境基础 B_1	地理区位 C_1	地区生产总值 D_1
			人均地区生产总值 D_2
		所在地区行业竞争强度 C_2	与公办高校竞争 D_3
			与民办高校竞争 D_4
	资源基础 B_2	物质资源 C_3	生均校园面积 D_5
			生均建筑面积 D_6
			生均教学行政用房面积 D_7
			生均实验室面积 D_8
			生均宿舍面积 D_9
			生均体育场馆面积 D_{10}
			生均图书馆藏书量 D_{11}
			生均教学科研仪器设备值 D_{12}
			校内外实习实训基地数量 D_{13}
			百名学生配教学用计算机台数 D_{14}
			百名学生配多媒体教室和语音实验室座位数 D_{15}
		人力资源 C_4	生师比 D_{16}
			专任教师中中青年教师比例 D_{17}
			专任教师中硕士学位及以上教师比例 D_{18}
			专任教师中副高职称及以上教师比例 D_{19}
			"双师型"教师比例 D_{20}
			专兼职教师比例 D_{21}
			教师忠诚度 D_{22}
			教职工中专任教师比例 D_{23}
			获省部级及以上表彰教职工数量 D_{24}
			国家级、省级教学名师数量 D_{25}
			国家级、省级教学团队数量 D_{26}
		信誉资源 C_5	第一志愿录取率 D_{27}
			录取新生报到率 D_{28}
			省部级及以上表彰数量 D_{29}
			省部级及以上社会媒体正面报道数量 D_{30}

续表

一级指标	二级指标	三级指标	四级指标
竞争优势 A_1	资源基础 B_2	社会资源 C_6	教育经费中学费比例 D_{31}
			校地合作伙伴数量 D_{32}
			校企合作伙伴数量 D_{33}
			校校合作伙伴数量 D_{34}
			国际交流与合作伙伴数量 D_{35}
	能力基础 B_3	办学效益 C_7	办学规模 D_{36}
			市场占有率 D_{37}
			资产负债率 D_{38}
			生均年教育经费 D_{39}
			收入支出比 D_{40}
		人才培养能力 C_8	应届毕业生初次就业率 D_{41}
			近3年毕业生年底平均就业率 D_{42}
			毕业生就业专业对口率 D_{43}
			考研率 D_{44}
			用人单位满意度 D_{45}
			学生获省部级及以上科技、知识等竞赛奖励数量 D_{46}
		学科专业建设能力 C_9	国家级、省级特色专业数量 D_{47}
			国家级、省级精品课程数量 D_{48}
			国家级、省部级重点实验室数量 D_{49}
		科研能力 C_{10}	近3年省部级及以上科研立项数量 D_{50}
			近3年省部级及以上科研成果获奖数量 D_{51}
			近3年发表中文核心期刊及以上级别论文数量 D_{52}
			近3年出版学术专著数量 D_{53}
			近3年科研成果转化所得 D_{54}
			人均发表论文数量 D_{55}
			人均科研经费数额 D_{56}
		社会服务能力 C_{11}	累计为社会培养各类人才数量 D_{57}
			近3年为社会培训各类人才数量 D_{58}
			近3年承担横向课题数量 D_{59}
			近3年累计为政府、企事业单位和个人提供信息、咨询等服务获得的收入 D_{60}

一级指标	二级指标	三级指标	四级指标
竞争优势 A_1	制度基础 B_4	教学管理制度 C_{12}	近3年教学事故数量 D_{61}
			学生对课程设置满意度 D_{62}
			学生对教学管理满意度 D_{63}
		人事管理制度 C_{13}	教职工中管理人员比例 D_{64}
			教职工报酬满意度 D_{65}
			教职工人际关系满意度 D_{66}
			妥善处理人事争议数量 D_{67}
		学生管理制度 C_{14}	学生对学生管理满意度 D_{68}
			百名学生配备管理人员数量 D_{69}
跃迁动力 A_2	组织学习 B_5	学习氛围 C_{15}	共同的组织愿景 D_{70}
		学习人员 C_{16}	近3年参加学习培训的中层及以上领导比例 D_{71}
			近3年参加进修培训的教职工比例 D_{72}
			近3年参加学历提升教育的教职工比例 D_{73}
		学习机制 C_{17}	近3年教育培训的经费投入比例 D_{74}
			组织结构的扁平化 D_{75}
	举办者精神 B_6	社会声望 C_{18}	社会兼任职务数量 D_{76}
		个人能力 C_{19}	省部级及以上获奖数量 D_{77}
			省部级及以上荣誉称号数量 D_{78}
	高校文化 B_7	精神文化 C_{20}	办学理念 D_{79}
			师生精神面貌 D_{80}
		环境文化 C_{21}	文体场馆数量 D_{81}
			校内媒体数量 D_{82}
			教职工工作条件及环境满意度 D_{83}
		行为文化 C_{22}	近3年与校外文化交流活动数量 D_{84}
			近3年学术活动数量 D_{85}
			近3年文体活动数量 D_{86}
			文化建设成果获奖数量 D_{87}
	动态能力 B_8	教学改革能力 C_{23}	近3年教学改革研究课题立项数量 D_{88}
			近3年教学改革研究课题结题数量 D_{89}
			近3年国家级、省级优秀教学成果奖数量 D_{90}

（二）逐步完善指标体系

为提高指标体系的科学性、有效性和适用性，本书采用德尔菲法来进行指标的修整，以完善指标体系。具体通过两轮专家咨询，第一轮问卷在发放两周后回收，并在回收后 1 周内完成专家意见的统计分析；第二轮问卷在向专家反馈第一轮专家咨询结果的基础上制作并发放，在发放 1 周后收回。

本书以代表性与权威性并重、学术专家与管理专家相结合为原则，专门邀请了 20 位在高等教育、民办高等教育研究和管理等方面卓有建树的专家、教授和政府官员作为咨询专家群进行咨询，主要包括教育管理部门领导、高校校长、高校管理部门领导及处于教学岗位上的专家学者，以及熟悉民办高校教学、管理工作的教育专家等。通过发放调查问卷，征求他们对已建立初步指标体系的看法和建议。在对每一轮专家调查的结果进行汇总、分析的基础上修改指标体系，经过两轮问卷调查后确定指标体系。

1. 第一轮专家调查结果与分析

为广泛征求专家意见，在第一轮问卷调查中，主要工作是指标的筛选、补充与修改。采用封闭式和开放式相结合的问卷调查形式，既有利于提高问卷回收率、便于统计分析，又有利于深入探寻专家意见。调查问卷见附录 1：民办高校可持续竞争优势指标体系专家调查（第一轮）。

（1）三级指标调查结果与分析。从问卷调查结果来看，20 位专家对初步设立的民办高校可持续竞争优势指标体整体给予肯定，对其中的 21 个三级指标的认可度达 80% 以上，一致认为三级指标中"学习氛围"与"精神文化"两个指标不很恰当。本书在参照专家意见的同时，结合民办高校可持续竞争优势动态系统模型的内涵，对初步设立的民办高校可持续竞争优势指标体系进行了修改，最终确定 20 个三级指标，具体修改措施如下：

①将指标体系中三级指标的名称与民办高校可持续竞争优势动态系统模型中对要素的内涵解读一致起来，将"物质资源"名称改为"物力资源"；"科研能力"名称改为"科学研究能力"；信誉资源属于无形资源的一种，故将"信誉资源"改为"无形资源"。

②社会资源属于民办高校从校外整合的资源，体现的是民办高校整合资源的能力，对应于模型中对动态能力内涵的解读，所以将"社会资源"名称改为"整合资源能力"，并作为二级指标"动态能力"的三级指标。

③办学效益体现的是民办高校的财力资源，属于基础平台中的资源基础要素，所以将"办学效益"名称改为"财力资源"，并作为二级指标"资源基础"的三级指标。

④学科专业建设是为人才培养服务的，体现的是民办高校的人才培养能力，故将"学科专业建设能力"和"人才培养能力"合并为"人才培养能力"。

⑤删除二级指标"组织学习"下的三级指标"学习氛围",原因在于其是定性指标,难以测量,难以获取数据。

⑥删除二级指标"高校文化"下的三级指标"精神文化",因其不具有可比性,不同的民办高校适合不一样的精神文化,没有好坏之分,且其内涵和外延过大,设立的具体指标如"办学理念""师生精神面貌"等不易操作,难以测量、难以获取数据。

(2)四级指标调查结果与分析。初步指标体系中大部分四级指标得到了20位专家的普遍认可,本书参照20位专家对个别指标提出的修改意见以及民办高校可持续竞争优势动态系统模型,对四级指标进行了修改,具体修改措施如下:

①删除"生均建筑面积"指标。因建筑面积含教学行政用房面积、实验室面积、宿舍面积和体育场馆面积,指标内涵范围界定上重复,不能保证指标相互之间的独立性和平行性。

②删除"教师忠诚度"指标。教师忠诚度更多地体现为教职工对学校管理制度、人事管理制度如薪酬制度等制度方面的满意度,放在人力资源三级指标下略显牵强,故将其移动到三级指标"人事管理制度"下面,并用"教职工离职率"这一定量指标代替,即在"人事管理制度"之下新增"教职工离职率"这个四级指标。

③删除"教职工中专任教师比例"指标。对于民办高校师资队伍建设水平的衡量,一般会关注生师比、师资队伍结构、专兼职比例等方面,而教职工中专任教师比例这一指标因学校发展各有侧重、实际情况不同,比例的高低并不能准确描述民办高校师资队伍建设可持续发展状况。

④删除"毕业生就业专业对口率""考研率"指标。毕业生就业与所学专业是否对口以及毕业生是否选取读研,取决于毕业生个人意愿、家庭因素、社会因素等多个因素,并不只取决于学校人才培养能力。因此,这两个指标不能作为评价民办高校人才培养能力的依据,予以删除。

⑤删除"学生获省部级及以上科技、知识等竞赛奖励数量"指标。学生获省部级及以上科技、知识等竞赛奖励,较大程度上取决于学生的个人爱好和自有天赋,通过学校培养,难以提高学生的兴趣和这些方面的能力,只能起到一定的引导作用。

⑥将"国家级、省部级重点实验室数量"这一指标改为"与企业合作建立实验室数量"。对于民办高校来说,重点实验室建设难度很大,在全国范围内,有重点实验室的民办高校数量很少,所以这一指标意义不大。与企业合作建立实验室数量能体现民办高校顺应高等教育发展形势,充分利用社会资源搭建实践教学基地,能够体现出其学科专业建设能力。

⑦在三级指标"人才培养能力"下新增"考取职业资格证书学生比例"这个四级指标。推行双证书制度,是民办高校培养基础理论扎实、专业知识面广、

实践能力强的应用型人才的重要途径。各类职业资格证书在就业市场能够得到用人单位的广泛认可，能够体现出人才培养的水平。

⑧将"出版学术专著数量"这一指标修改为"出版学术专著和教材数量"。仅出版专著还不够全面，加上教材后更符合民办高校的特点。

⑨删除"近 3 年科研成果转化所得"指标。因科研成果转化有很多形式，有些科研成果在本校内部得以使用，有些科研成果与企业合作获得后由企业直接使用，转化所得难以度量。

⑩将"人均发表论文数量"指标修改为"专任教师人均发表论文数量"。民办高校开展科学研究的主体力量是专任教师，行政管理人员虽然也在做科研，但相对来说，从事科研的人员数量较少，科研成果水平也不高。

⑪删除"人均科研经费数额"指标。人均科研经费是投入指标，反映出一所学校在科研方面投入的大小，并不是输出指标，不能体现一所学校的科研能力。

⑫将"累计为社会培养各类人才数量"这一指标改为"累计向社会输送毕业生数量"。累计为社会培养的各类人才包括培养的毕业生和培训的各类社会人士，概念界定不清晰，并且与"近 3 年为社会培训各类人才数量"指标有重叠。

⑬删除"近 3 年承担横向课题数量""近 3 年累计为政府、企事业单位和个人提供信息、咨询等服务获得的收入"两个指标。民办高校承担横向课题作为服务社会的一个指标略显牵强，有些学校承担横向课题并不是以服务社会为宗旨的；"近 3 年累计为政府、企事业单位和个人提供信息、咨询等服务获得的收入"这一指标难以度量，获取准确数值比较困难。

⑭删除"近 3 年教学事故数量"指标。这一指标与民办高校可持续竞争优势构建是一个负相关的关系，而指标体系中其他指标均与民办高校可持续竞争优势构建成正相关关系，使得在使用此指标体系开展实证研究时难以操作，故予以删除。

⑮删除"教职工中管理人员比例"指标。管理人员人数并不是越多越利于学校管理。不同规模的学校，所设立的机构和部门数量大致是一样的，各个部门的岗位也差不多是一致的，所以管理人员数量大致具有相同或相近的数量，而不是因数量不同而呈现出管理水平的差异。

⑯删除"组织结构的扁平化"指标。组织结构是否扁平化与学校的办学模式、人才培养模式等有密切关系，扁平程度视不同学校而异，且为定性指标，难以量化和操作。

⑰在三级指标"整合资源能力"下新增"社会捐赠数额"和"校友捐赠数额"两个四级指标。随着民办高校的发展，社会捐赠和校友捐赠虽然数量不大，但呈现出与日俱增的趋势，成为民办高校融资渠道多元化的表现形式，能够代表民办高校在社会上的声誉和所占有的社会资源。

⑱删除其他一些难以量化、或对三级指标解读较弱的四级指标，包括"省部

级及以上社会媒体正面报道数量""教职工人际关系满意度""妥善处理人事争议数量""文体场馆数量""校内媒体数量""近3年文体活动数量""文化建设成果获奖数量""校校合作伙伴数量""国际交流与合作伙伴数量"9个指标。

另有专家提出在"动态能力"指标下新增"环境适应能力"指标，但由于环境适应能力作为定性指标，一方面难以量化和操作，另一方面可以体现在学校的其他能力与现有资源指标中，所以并没有作为指标进行设置。

2. 第二轮专家调查结果与分析

第二轮专家调查采用李克特量表法制作调查问卷，请20位专家按照"很重要""重要""一般""不重要""很不重要"对各指标的重要程度评分，分别给予5、4、3、2、1的分值，原则上不要求专家提出指标的增减等建议。对问卷调查的结果进行统计分析后，根据评分的算术平均值、变异系数和肯德尔和谐系数三个参数删减指标。其中，算术平均值反映专家意见的集中程度，变异系数与肯德尔和谐系数反映专家意见的协调程度。调查问卷见附录2：民办高校可持续竞争优势指标体系专家调查（第二轮）。

参数1：平均值 $M_j = \dfrac{\sum_{i-1}^{m} X_{ij}}{m}$。$X_{ij}$ 表示第 i（$i = 1$，2，…，m）个专家对第 j（$j = 1$，2，…，n）个指标的评分，现共有 m 个专家，n 个指标。M_j 即 20 位专家对第 j 个指标评分的算术平均值。原则上若 $M_j \geqslant 3.5$，即达到总分的 70%，则保留该指标，否则，删除该指标。

参数2：变异系数 $V_j = \dfrac{S_j}{M_j}$。其中 $S_j = \sqrt{\dfrac{1}{m-1} \sum_{i-1}^{m} (X_{ij} - M_j)}$，即 20 位专家对第 j 个指标评分的标准差。V_j 是衡量各专家评分变异程度的一个统计量，用各个指标评分的标准差与其平均值之比来表示。变异系数的值越小，表明专家意见越统一。研究普遍认为，若 $V_j \geqslant 0.25$，则表明专家的意见一致性较差，该指标将予以删除；若 $V_j < 0.25$，则保留该指标。

参数3：肯德尔和谐系数 W，用于考察专家人数多于两人时的专家信度，反映专家对指标评分的一致程度。取值在 0 到 1 之间，若 W = 1，则所有专家的意见完全一致；若 0 < W < 1，则专家们的意见存在一定的分歧，不完全一致；W 值越大，表示专家意见一致程度越好。一般在经过多轮专家咨询后，W 值会在 0.5 左右浮动。求得肯德尔和谐系数后，还要判断一致性的显著性水平，即进行 χ^2 检验，一般认为，如果 P < 0.05，则专家意见的评分可信度好，评分结果可信。

结合第二轮专家调查所获得的数据，本书采用 Microsoft Office Excel 工作表（以下简称 Excel 表）对专家评分进行算术平均值和变异系数的计算，采用 SPSS19.0 进行肯德尔和谐系数的计算。统计分析结果如表 8-2 至表 8-5 所示。

表 8 – 2　　　　　　　　　　　　三级指标统计分析参数

二级指标	三级指标	$\sum\limits_{i=1}^{20} X_{ij}$	M_j	S_j	V_j
环境基础	地理区位	98	4.90	0.3078	0.0628
	所在地区行业竞争强度	97	4.85	0.4894	0.1009
资源基础	人力资源	97	4.85	0.3663	0.0755
	物力资源	96	4.80	0.6156	0.1282
	财力资源	94	4.70	0.7327	0.1559
	无形资源	95	4.75	0.6387	0.1345
能力基础	人才培养能力	95	4.75	0.5501	0.1158
	科学研究能力	96	4.80	0.4104	0.0855
	社会服务能力	95	4.75	0.5501	0.1158
制度基础	教学管理制度	94	4.70	0.6569	0.1398
	人事管理制度	95	4.75	0.4443	0.0935
	学生管理制度	95	4.75	0.5501	0.1158
组织学习	学习人员	91	4.55	0.6863	0.1508
	学习机制	90	4.50	0.7609	0.1691
举办者精神	社会声望	95	4.75	0.6387	0.1345
	个人能力	95	4.75	0.5501	0.1158
高校文化	环境文化	92	4.60	0.7539	0.1639
	行为文化	94	4.70	0.5712	0.1215
动态能力	教学改革能力	95	4.75	0.5501	0.1158
	整合资源能力	95	4.75	0.6387	0.1345

表 8 – 3　　　　　　　　　　　　三级指标检验统计

N	20
Kendall W^a	0.665
卡方	252.782
Df	19
渐近显著性	0.000
a. Kendall 协同系数	

表 8 - 4　　　　　　　　　　四级指标统计分析参数

二级指标	三级指标	$\sum\limits_{i=1}^{20} X_{ij}$	M_j	S_j	V_j
地理区位	地区生产总值	98	4.90	0.3078	0.0628
	人均地区生产总值	97	4.85	0.4894	0.1009
所在地区行业竞争强度	与公办高校竞争	96	4.80	0.6156	0.1282
	与民办高校竞争	98	4.90	0.3078	0.0628
人力资源	生师比	94	4.70	0.5712	0.1215
	专任教师中中青年教师比例	92	4.60	0.7539	0.1639
	专任教师中硕士学位及以上教师比例	92	4.60	0.7539	0.1639
	专任教师中副高职称及以上教师比例	95	4.75	0.5501	0.1158
	"双师型"教师比例	95	4.75	0.5501	0.1158
	专兼职教师比例	97	4.85	0.3663	0.0755
	获省部级及以上表彰教职工数量	97	4.85	0.4894	0.1009
	国家级、省级教学名师数量	98	4.90	0.3078	0.0628
	国家级、省级教学团队数量	96	4.80	0.4104	0.0855
物力资源	生均校园面积	97	4.85	0.3663	0.0755
	生均教学行政用房面积	96	4.80	0.5231	0.1090
	生均实验室面积	95	4.75	0.6387	0.1345
	生均宿舍面积	95	4.75	0.4443	0.0935
	生均体育场馆面积	·94	4.70	0.6569	0.1398
	生均图书馆藏书量	95	4.75	0.5501	0.1158
	生均教学科研仪器设备值	94	4.70	0.6569	0.1398
	校内外实习实训基地数量	93	4.65	0.7452	0.1602
	百名学生配教学用计算机台数	95	4.75	0.4443	0.0935
	百名学生配多媒体教室和语音实验室座位数	94	4.70	0.5712	0.1215
财力资源	办学规模	97	4.85	0.4894	0.1009
	市场占有率	94	4.70	0.6569	0.1398
	资产负债率	96	4.80	0.5231	0.1090
	生均年教育经费	96	4.80	0.5231	0.1090
	收入支出比	95	4.75	0.5501	0.1158

续表

二级指标	三级指标	$\sum\limits_{i-1}^{20} X_{ij}$	M_j	S_j	V_j
无形资源	第一志愿录取率	95	4.75	0.6387	0.1345
	录取新生报到率	95	4.75	0.6387	0.1345
	省部级及以上表彰数量	95	4.75	0.6387	0.1345
人才培养能力	应届毕业生初次就业率	97	4.85	0.3663	0.0755
	近3年毕业生年底平均就业率	95	4.75	0.5501	0.1158
	用人单位满意度	96	4.80	0.5231	0.1090
	国家级、省级特色专业数量	96	4.80	0.5231	0.1090
	国家级、省级精品课程数量	95	4.75	0.5501	0.1158
	与企业合作建立实验室数量	96	4.80	0.5231	0.1090
	考取职业资格证书学生比例	98	4.90	0.3078	0.0628
科学研究能力	近3年省部级及以上科研立项数量	94	4.70	0.6569	0.1398
	近3年省部级及以上科研成果获奖数量	94	4.70	0.6569	0.1398
	近3年发表中文核心期刊及以上级别论文数量	94	4.70	0.6569	0.1398
	近3年出版学术专著和教材数量	94	4.70	0.6569	0.1398
	专任教师人均发表论文数量	96	4.80	0.5231	0.1090
社会服务能力	累计向社会输送毕业生数量	96	4.80	0.4104	0.0855
	近3年为社会培训各类人才数量	95	4.75	0.5501	0.1158
教学管理制度	学生对课程设置满意度	95	4.75	0.6387	0.1345
	学生对教学管理满意度	96	4.80	0.5231	0.1090
人事管理制度	教职工报酬满意度	94	4.70	0.6569	0.1398
	教职工离职率	95	4.75	0.5501	0.1158
学生管理制度	学生对学生管理满意度	95	4.75	0.5501	0.1158
	百名学生配备管理人员数量	95	4.75	0.6387	0.1345
学习人员	近3年参加学习培训的中层及以上领导比例	94	4.70	0.6569	0.1398
	近3年参加进修培训的教职工比例	93	4.65	0.7452	0.1602
	近3年参加学历提升教育的教职工比例	95	4.75	0.5501	0.1158
学习机制	近3年教育培训的经费投入比例	95	4.75	0.5501	0.1158

续表

二级指标	三级指标	$\sum_{i-1}^{20} X_{ij}$	M_j	S_j	V_j
社会声望	社会兼任职务数量	95	4.75	0.5501	0.1158
个人能力	省部级及以上获奖数量	95	4.75	0.6387	0.1345
	省部级及以上荣誉称号数量	94	4.70	0.6569	0.1398
环境文化	教职工工作条件及环境满意度	94	4.70	0.7327	0.1559
行为文化	近3年与校外文化交流活动数量	96	4.80	0.4104	0.0855
	近3年学术活动数量	96	4.80	0.5231	0.1090
教学改革能力	近3年教学改革研究课题立项数量	96	4.80	0.5231	0.1090
	近3年教学改革研究课题结题数量	97	4.85	0.3663	0.0755
	近3年国家级、省级优秀教学成果奖数量	95	4.75	0.5501	0.1158
整合资源能力	教育经费中学费比例	94	4.70	0.7327	0.1559
	校地合作伙伴数量	94	4.70	0.6569	0.1398
	校企合作伙伴数量	96	4.80	0.6156	0.1282
	校校合作伙伴数量	95	4.75	0.5501	0.1158
	国际交流与合作伙伴数量	95	4.75	0.5501	0.1158
	社会捐赠数额	94	4.70	0.7327	0.1559
	校友捐赠数额	92	4.60	0.7539	0.1639

表8-5　　　　　　　　　　　　　四级指标检验统计

N	71
Kendall W^a	0.671
卡方	905.655
Df	19
渐近显著性	0.000

a. Kendall 协同系数

由表8-2至表8-5所示统计分析的结果可知：所有三级、四级指标的平均评分均在3.5以上，变异系数均小于0.25。三级指标专家评分的肯德尔和谐系数为0.665，四级指标专家评分的肯德尔和谐系数为0.671，均接近0.5，且P值都小于0.05。说明20位专家对所有指标的评价较高。综合分析第一轮和第二轮专家调查的结果，在再次查阅相关文献的基础上，本书重新拟定指标，建立如表 8-6 所示的民办高校可持续竞争优势指标体系，含 2 个一级指标、8 个二级指标、20 个三级指标、71 个四级指标。

表 8-6　　　　民办高校可持续竞争优势指标体系（二轮问卷后）

一级指标	二级指标	三级指标	四级指标
竞争优势 A_1	环境基础 B_1	地理区位 C_1	地区生产总值 D_1
			人均地区生产总值 D_2
		所在地区行业竞争强度 C_2	与公办高校竞争 D_3
			与民办高校竞争 D_4
	资源基础 B_2	人力资源 C_3	生师比 D_5
			专任教师中中青年教师比例 D_6
			专任教师中硕士学位及以上教师比例 D_7
			专任教师中副高职称及以上教师比例 D_8
			"双师型" 教师比例 D_9
			专兼职教师比例 D_{10}
			获省部级及以上表彰教职工数量 D_{11}
			国家级、省级教学名师数量 D_{12}
			国家级、省级教学团队数量 D_{13}
		物力资源 C_4	生均校园面积 D_{14}
			生均教学行政用房面积 D_{15}
			生均实验室面积 D_{16}
			生均宿舍面积 D_{17}
			生均体育场馆面积 D_{18}
			生均图书馆藏书量 D_{19}
			生均教学科研仪器设备值 D_{20}
			校内外实习实训基地数量 D_{21}
			百名学生配教学用计算机台数 D_{22}
			百名学生配多媒体教室和语音实验室座位数 D_{23}
		财力资源 C_5	办学规模 D_{24}
			市场占有率 D_{25}
			资产负债率 D_{26}
			生均年教育经费 D_{27}
			收入支出比 D_{28}

续表

一级指标	二级指标	三级指标	四级指标
竞争优势 A_1	资源基础 B_2	无形资源 C_6	第一志愿录取率 D_{29}
			录取新生报到率 D_{30}
			省部级及以上表彰数量 D_{31}
	能力基础 B_3	人才培养能力 C_7	应届毕业生初次就业率 D_{32}
			近3年毕业生年底平均就业率 D_{33}
			用人单位满意度 D_{34}
			国家级、省级特色专业数量 D_{35}
			国家级、省级精品课程数量 D_{36}
			与企业合作建立实验室数量 D_{37}
			考取职业资格证书学生比例 D_{38}
		科学研究能力 C_8	近3年省部级及以上科研立项数量 D_{39}
			近3年省部级及以上科研成果获奖数量 D_{40}
			近3年发表中文核心期刊及以上级别论文数量 D_{41}
			近3年出版学术专著和教材数量 D_{42}
			专任教师人均发表论文数量 D_{43}
		社会服务能力 C_9	累计向社会输送毕业生数量 D_{44}
			近3年为社会培训各类人才数量 D_{45}
	制度基础 B_4	教学管理制度 C_{10}	学生对课程设置满意度 D_{46}
			学生对教学管理满意度 D_{47}
		人事管理制度 C_{11}	教职工报酬满意度 D_{48}
			教职工离职率 D_{49}
		学生管理制度 C_{12}	学生对学生管理满意度 D_{50}
			百名学生配备管理人员数量 D_{51}
跃迁动力 A_2	组织学习 B_5	学习人员 C_{13}	近3年参加学习培训的中层及以上领导比例 D_{52}
			近3年参加进修培训的教职工比例 D_{53}
			近3年参加学历提升教育的教职工比例 D_{54}
		学习机制 C_{14}	近3年教育培训的经费投入比例 D_{55}
	举办者精神 B_6	社会声望 C_{15}	社会兼任职务数量 D_{56}
		个人能力 C_{16}	省部级及以上获奖数量 D_{57}
			省部级及以上荣誉称号数量 D_{58}

续表

一级指标	二级指标	三级指标	四级指标
跃迁动力 A_2	高校文化 B_7	环境文化 C_{17}	教职工工作条件及环境满意度 D_{59}
		行为文化 C_{18}	近3年与校外文化交流活动数量 D_{60}
			近3年学术活动数量 D_{61}
	动态能力 B_8	教学改革能力 C_{19}	近3年教学改革研究课题立项数量 D_{62}
			近3年教学改革研究课题结题数量 D_{63}
			近3年国家级、省级优秀教学成果奖数量 D_{64}
		整合资源能力 C_{20}	教育经费中学费比例 D_{65}
			校地合作伙伴数量 D_{66}
			校企合作伙伴数量 D_{67}
			校校合作伙伴数量 D_{68}
			国际交流与合作伙伴数量 D_{69}
			社会捐赠数额 D_{70}
			校友捐赠数额 D_{71}

二、民办高校可持续竞争优势指标权重的确定

本书构建的民办高校可持续竞争优势指标体系是两个一级指标、8 个二级指标、20 个三级指标和 71 个四级指标的集合，各个指标对民办高校可持续竞争优势构建所起的作用大小不同，同一层级中的各个指标对民办高校构建可持续竞争优势的重要程度不同，这种相对重要程度称为权重，权重大的相对较重要，权重小的相对不重要。确定权重值即给指标赋权，直接影响着评价结果的真实性和科学程度，是构建指标体系不可或缺的重要步骤。

从赋权要考虑的因素来看，给指标赋权重主要依据以下 4 条原则：一是指标含有信息量的多少。相关信息多，权重就大；相关信息少，权重就小。二是指标区分对象的能力。一个指标若能将多所民办高校区分开并排出先后的次序，这个指标即具有较强的区分对象的能力，应赋予相对较大的权重。三是数据的可信度。指标具体数值的质量会影响到定量分析的结果，数据质量好的指标，可信度高，权重相对较大；相反，可信度低的指标，权重相对较小。四是统计学的观点。赋权时要考虑指标之间的相关性，相关性大的指标体现的是同一个问题，权重可以设置得相对较小；相关性小的指标反映的是不同问题，权重可以设置得相对较大。

确定权重的方法可分为主观赋权法和客观赋权法两类。主观赋权法是根据主

观评判来给定各指标权重的一种方法，主要有层次分析法、专家评判法、德尔菲法、加权综合法等。该方法的特点在于能够集中专家的经验与意见，专家可以以事实为依据、根据自身工作经验确定各指标权重之间的排序，不至于出现指标权重与指标系数实际重要程度相悖的情况（这种情况常见于客观赋权法）。客观赋权法与主观赋权法相反，它旨在排除人为因素，利用调查所取得的数据、根据指标数值变异程度所提供的信息来确定权重，避免主观因素的影响。常见客观赋权方法有主成分分析法、灰色关联法、因子分析法、组合赋权法、变异系数赋权法、方差倒数赋权法、熵值法等。

本书选用层次分析法来给指标赋权。它是对定性问题进行定量分析的多准则、多层次目标分析的决策方法，是一种典型的定性与定量相结合，系统化、层次化的分析方法。具体实施可归纳为如下三个步骤：

（一）构造层次结构模型

根据问题的性质和要达到的目的，将研究问题分成多个层次，主要包括问题所涉及的范围、各种约束条件、实现目标的策略和所要采取的措施等。并按照从高层到低层的顺序排列起来，一般最高层为目标层，表示决策者所要达到的目标；中间层一般为准则层及子准则层；最低层表示要达到目标的各项措施。本书所构造的层次结构模型即为表 8 - 1 所示民办高校可持续竞争优势指标体系。

（二）构造判断矩阵及一致性检验

在层次结构模型的基础上，即可对各个层次的元素进行两两比较，进而构造出判断矩阵。判断矩阵表示针对上一层次元素，本层次相关元素两两之间的相对重要程度。本书通过引入 Saaty 评价尺度表的 1~9 标度方法，将指标之间的重要性评比定量化。指标体系含 71 个四级指标，因四级指标类目很细，相互之间的重要程度基本上差别不大，所以本书默认同属于一个三级指标的所有四级指标具有相同的权重，只对两个一级指标、8 个二级指标和 20 个三级指标的权重进行计算。

本书通过专家咨询的方式获得判断矩阵，即通过开展第三轮问卷调查获得判断矩阵的原始数据。仍然向前文所述 20 位专家发放问卷以征求其对指标权重的意见，调查问卷见附录 3：民办高校可持续竞争优势指标体系专家调查（第三轮）。本书在对判断矩阵进行层次单排序及一致性检验的过程中，采用 Excel 表对数据进行处理和计算。如表 8 - 7 所示，是其中一位专家给出的判断矩阵及一致性检验的结果。

表 8 - 7　　　　民办高校可持续竞争优势指标权重及一致性检验结果 (某一专家赋值)

SCA	A_1	A_2	乘积	开 n 次方	W	AW	λ_i
A_1	1	1/3	0.3333	0.5774	0.2500	0.5000	2.0000
A_2	3	1	3.0000	1.7321	0.7500	1.5000	2.0000

经计算可得最大特征值 λ_{max} = 2.0000, C. I. = 0.0000, R. I. = 0.0000, C. R. = 0.0000 < 0.1, 表明判断矩阵具有满意的一致性。

A_1	B_1	B_2	B_3	B_4	乘积	开 n 次方	W	AW	λ_i
B_1	1	1/5	1/7	1/3	0.0095	0.3124	0.4502	0.2537	4.0052
B_2	5	1	6/7	5/3	7.1429	1.6348	0.1061	1.3268	4.0025
B_3	7	7/6	1	2	16.3333	2.0103	0.2599	1.6328	4.0055
B_4	3	3/5	1/2	1	0.9000	0.9740	0.1838	0.7903	4.0013

经计算可得最大特征值 λ_{max} = 4.0055, C. I. = 0.0018, R. I. = 0.8900, C. R. = 0.0021 < 0.1, 表明判断矩阵具有满意的一致性。

A_2	B_5	B_6	B_7	B_8	乘积	开 n 次方	W	AW	λ_i
B_5	1	2	1/5	1/6	0.0667	0.5081	0.0810	0.3286	4.0585
B_6	1/2	1	1/8	1/9	0.0069	0.2887	0.0460	0.1877	4.0807
B_7	5	8	1	1/3	13.3333	1.9109	0.3045	1.2669	4.1605
B_8	6	9	3	1	162.0000	3.5676	0.5685	2.3819	4.1897

经计算可得最大特征值 λ_{max} = 4.1897, C. I. = 0.0632, R. I. = 0.8900, C. R. = 0.0710 < 0.1, 表明判断矩阵具有满意的一致性。

B_1	C_1	C_2	乘积	开 n 次方	W	AW	λ_i
C_1	1	3	3.0000	1.7321	0.7500	1.5000	2.0000
C_2	1/3	1	0.3333	0.5774	0.2500	0.5000	2.0000

经计算可得最大特征值 λ_{max} = 2.0000, C. I. = 0.0000, R. I. = 0.0000, C. R. = 0.0000 < 0.1, 表明判断矩阵具有满意的一致性。

B_2	C_3	C_4	C_5	C_6	乘积	开 n 次方	W	AW	λ_i
C_3	1	9	4	2	72.0000	2.9130	0.4848	2.0111	4.1482
C_4	1/9	1	2/9	1/9	0.0027	0.2289	0.0381	0.1577	4.1403
C_5	1/4	9/2	1	1/5	0.2250	0.6887	0.1146	0.4797	4.1852
C_6	1/2	9	5	1	22.5000	2.1779	0.3625	1.5208	4.1956

经计算可得最大特征值 λ_{max} = 4.1956，C. I. = 0.0652，R. I. = 0.8900，C. R. = 0.0733 < 0.1，表明判断矩阵具有满意的一致性。

B_3	C_7	C_8	C_9	乘积	开 n 次方	W	AW	λ_i
C_7	1	3	2	6.0000	1.8171	0.5396	1.6238	3.0092
C_8	1/3	1	1/2	0.1667	0.5503	0.1634	0.4918	3.0092
C_9	1/2	2	1	1.0000	1.0000	0.2970	0.8936	3.0092

经计算可得最大特征值 λ_{max} = 3.0092，C. I. = 0.0046，R. I. = 0.5200，C. R. = 0.0088 < 0.1，表明判断矩阵具有满意的一致性。

B_4	C_{10}	C_{11}	C_{12}	乘积	开 n 次方	W	AW	λ_i
C_{10}	1	8	5	40.0000	3.4200	0.7510	2.2573	3.0055
C_{11}	1/8	1	1/2	0.0625	0.3969	0.0872	0.2619	3.0055
C_{12}	1/5	2	1	0.4000	0.7368	0.1618	0.4863	3.0055

经计算可得最大特征值 λ_{max} = 3.0055，C. I. = 0.0028，R. I. = 0.5200，C. R. = 0.0053 < 0.1，表明判断矩阵具有满意的一致性。

B_5	C_{13}	C_{14}	乘积	开 n 次方	W	AW	λ_i
C_{13}	1	6	6.0000	2.4495	0.8571	1.7143	2.0000
C_{14}	1/6	1	0.1667	0.4082	0.1429	0.2857	2.0000

经计算可得最大特征值 λ_{max} = 2.0000，C. I. = 0.0000，R. I. = 0.0000，C. R. = 0.0000 < 0.1，表明判断矩阵具有满意的一致性。

B_6	C_{15}	C_{16}	乘积	开 n 次方	W	AW	λ_i
C_{15}	1	4	4.0000	2.0000	0.8000	1.6000	2.0000
C_{16}	1/4	1	0.2500	0.5000	0.2000	0.4000	2.0000

经计算可得最大特征值 λ_{max} = 2.0000，C. I. = 0.0000，R. I. = 0.0000，C. R. = 0.0000 < 0.1，表明判断矩阵具有满意的一致性。

B_7	C_{17}	C_{18}	乘积	开 n 次方	W	AW	λ_i
C_{17}	1	1/7	0.1429	0.3780	0.1250	0.2500	2.0000
C_{18}	7	1	7.0000	2.6458	0.8750	1.7500	2.0000

经计算可得最大特征值 $\lambda_{max} = 2.0000$，C.I. = 0.0000，R.I. = 0.0000，C.R. = 0.0000 < 0.1，表明判断矩阵具有满意的一致性。

B_8	C_{19}	C_{20}	乘积	开 n 次方	W	AW	λ_i
C_{19}	1	1/5	0.2000	0.4472	0.1667	0.3333	2.0000
C_{20}	5	1	5.0000	2.2361	0.8333	1.6667	2.0000

经计算可得最大特征值 $\lambda_{max} = 2.0000$，C.I. = 0.0000，R.I. = 0.0000，C.R. = 0.0000 < 0.1，表明判断矩阵具有满意的一致性。

在收集 20 位专家给出的判断矩阵并经过一致性检验之后，计算出 20 位专家给出的权重（如表 8 - 8 至表 8 - 18 所示）。

表 8 - 8　　　　　　　　20 位专家对一级指标赋权汇总表

专家 1~10	专家1	专家2	专家3	专家4	专家5	专家6	专家7	专家8	专家9	专家10
竞争优势	0.7143	0.6667	0.6000	0.6154	0.5833	0.5652	0.6154	0.5665	0.6021	0.5806
跃迁动力	0.2857	0.3333	0.4000	0.3846	0.4167	0.4348	0.3846	0.4335	0.3979	0.4194
专家 11~20	专家11	专家12	专家13	专家14	专家15	专家16	专家17	专家18	专家19	专家20
竞争优势	0.5781	0.5530	0.6130	0.5785	0.6064	0.5628	0.6260	0.6416	0.6067	0.6131
跃迁动力	0.4219	0.4470	0.3870	0.4215	0.3936	0.4372	0.3740	0.3584	0.3933	0.3869

表 8 - 9　　　　　　　　20 位专家对竞争优势二级指标赋权汇总表

专家 1~10	专家1	专家2	专家3	专家4	专家5	专家6	专家7	专家8	专家9	专家10
环境基础	0.0633	0.0655	0.0531	0.0490	0.0676	0.0766	0.0626	0.0673	0.1088	0.0344
资源基础	0.3315	0.1564	0.3198	0.2837	0.2458	0.3241	0.3220	0.2748	0.2594	0.3118
能力基础	0.4076	0.6217	0.5351	0.5691	0.6151	0.4847	0.4289	0.5456	0.5270	0.4400
制度基础	0.1975	0.1564	0.0920	0.0983	0.0715	0.1146	0.1865	0.1123	0.1048	0.2138
专家 11~20	专家11	专家12	专家13	专家14	专家15	专家16	专家17	专家18	专家19	专家20
环境基础	0.0125	0.1465	0.1183	0.0837	0.0911	0.0300	0.1278	0.1061	0.1242	0.1106
资源基础	0.2473	0.2088	0.2296	0.2138	0.1763	0.2057	0.2285	0.1816	0.1938	0.2142
能力基础	0.5522	0.4863	0.5214	0.5740	0.5395	0.6032	0.4699	0.6017	0.5347	0.5319
制度基础	0.1880	0.1584	0.1307	0.1285	0.1931	0.1611	0.1738	0.1106	0.1473	0.1433

表 8 – 10　　　　　20 位专家对跃迁动力二级指标赋权汇总表

专家 1 ~ 10	专家 1	专家 2	专家 3	专家 4	专家 5	专家 6	专家 7	专家 8	专家 9	专家 10
组织学习	0.0810	0.0981	0.1290	0.1558	0.0836	0.1482	0.1139	0.1487	0.1699	0.1580
举办者精神	0.0460	0.0416	0.0464	0.0519	0.0443	0.0741	0.0444	0.1081	0.1216	0.1044
高校文化	0.3045	0.2684	0.2363	0.2900	0.2137	0.2492	0.3170	0.2205	0.2053	0.2435
动态能力	0.5685	0.5918	0.5883	0.5023	0.6583	0.5286	0.5246	0.5227	0.5032	0.4941
专家 11 ~ 20	专家 11	专家 12	专家 13	专家 14	专家 15	专家 16	专家 17	专家 18	专家 19	专家 20
组织学习	0.1473	0.1125	0.1373	0.1368	0.1867	0.0922	0.1488	0.1132	0.1699	0.1561
举办者精神	0.0971	0.1026	0.0975	0.0533	0.1111	0.0485	0.1152	0.1010	0.1166	0.0931
高校文化	0.2603	0.2325	0.1632	0.2405	0.2237	0.2407	0.2056	0.2024	0.2195	0.1731
动态能力	0.4953	0.5525	0.6020	0.5694	0.4786	0.6186	0.5303	0.5834	0.4940	0.5776

表 8 – 11　　　　　20 位专家对环境基础三级指标赋权汇总表

专家 1 ~ 10	专家 1	专家 2	专家 3	专家 4	专家 5	专家 6	专家 7	专家 8	专家 9	专家 10
地理区位	0.7500	0.7500	0.7500	0.8333	0.8333	0.8000	0.6667	0.5258	0.6053	0.8729
所在地区行业竞争强度	0.2500	0.2500	0.2500	0.1667	0.1667	0.2000	0.3333	0.4742	0.3947	0.1271
专家 11 ~ 20	专家 11	专家 12	专家 13	专家 14	专家 15	专家 16	专家 17	专家 18	专家 19	专家 20
地理区位	0.7071	0.6138	0.6141	0.6965	0.8293	0.7247	0.7565	0.7393	0.8975	0.6162
所在地区行业竞争强度	0.2929	0.3862	0.3859	0.3035	0.1707	0.2753	0.2435	0.2607	0.1025	0.3838

表 8 – 12　　　　　20 位专家对资源基础三级指标赋权汇总表

专家 1 ~ 10	专家 1	专家 2	专家 3	专家 4	专家 5	专家 6	专家 7	专家 8	专家 9	专家 10
人力资源	0.4848	0.5724	0.5670	0.4531	0.4459	0.6270	0.4690	0.4964	0.5850	0.6140
物力资源	0.0381	0.0510	0.0423	0.0658	0.0634	0.0877	0.0797	0.0971	0.0474	0.0862
财力资源	0.1146	0.1092	0.1046	0.1369	0.1031	0.1260	0.1376	0.1075	0.0848	0.1333
无形资源	0.3625	0.2674	0.2861	0.3443	0.3877	0.1593	0.3137	0.2990	0.2828	0.1666
专家 11 ~ 20	专家 11	专家 12	专家 13	专家 14	专家 15	专家 16	专家 17	专家 18	专家 19	专家 20
人力资源	0.5422	0.5098	0.5621	0.5899	0.5207	0.4760	0.4927	0.5393	0.4652	0.5254
物力资源	0.0809	0.0651	0.1124	0.0528	0.0923	0.0661	0.1404	0.0584	0.1096	0.0786
财力资源	0.1627	0.1681	0.1468	0.1617	0.1746	0.1997	0.1650	0.1897	0.1910	0.1884
无形资源	0.2141	0.2570	0.1787	0.1956	0.2124	0.2582	0.2019	0.2126	0.2341	0.2076

表 8 - 13　　　　　20 位专家对能力基础三级指标赋权汇总表

专家 1~10	专家 1	专家 2	专家 3	专家 4	专家 5	专家 6	专家 7	专家 8	专家 9	专家 10
人才培养能力	0.5396	0.6267	0.7396	0.6483	0.6878	0.7510	0.6817	0.5972	0.6382	0.5808
科学研究能力	0.1634	0.0936	0.0938	0.1220	0.1295	0.0872	0.1025	0.1794	0.1728	0.1206
社会服务能力	0.2970	0.2797	0.1666	0.2297	0.1827	0.1618	0.2158	0.2234	0.1889	0.2986
专家 11~20	专家 11	专家 12	专家 13	专家 14	专家 15	专家 16	专家 17	专家 18	专家 19	专家 20
人才培养能力	0.6827	0.6117	0.6492	0.5846	0.6395	0.6523	0.6276	0.6579	0.7115	0.5727
科学研究能力	0.1357	0.1911	0.1455	0.2043	0.1357	0.1206	0.1504	0.1284	0.0259	0.0124
社会服务能力	0.1816	0.1972	0.2053	0.2111	0.2248	0.2271	0.2220	0.2137	0.2626	0.4149

表 8 - 14　　　　　20 位专家对制度基础三级指标赋权汇总表

专家 1~10	专家 1	专家 2	专家 3	专家 4	专家 5	专家 6	专家 7	专家 8	专家 9	专家 10
教学管理制度	0.7510	0.6548	0.7306	0.6370	0.7396	0.5584	0.7306	0.5750	0.6336	0.6176
人事管理制度	0.0872	0.0953	0.0810	0.1047	0.0938	0.1220	0.0810	0.2075	0.1527	0.1160
学生管理制度	0.1618	0.2499	0.1884	0.2583	0.1666	0.3196	0.1884	0.2175	0.2137	0.2664
专家 11~20	专家 11	专家 12	专家 13	专家 14	专家 15	专家 16	专家 17	专家 18	专家 19	专家 20
教学管理制度	0.6264	0.5642	0.6272	0.6234	0.5858	0.6226	0.7425	0.6910	0.7192	0.6563
人事管理制度	0.1642	0.1794	0.1439	0.1713	0.1762	0.1384	0.0149	0.1260	0.1209	0.1623
学生管理制度	0.2094	0.2564	0.2289	0.2053	0.2380	0.2390	0.2426	0.1829	0.1599	0.1813

表 8 - 15　　　　　20 位专家对组织学习三级指标赋权汇总表

专家 1~10	专家 1	专家 2	专家 3	专家 4	专家 5	专家 6	专家 7	专家 8	专家 9	专家 10
学习人员	0.8571	0.7500	0.8000	0.8000	0.8333	0.6667	0.7500	0.6893	0.6596	0.6348
学习机制	0.1429	0.2500	0.2000	0.2000	0.1667	0.3333	0.2500	0.3107	0.3404	0.3652
专家 11~20	专家 11	专家 12	专家 13	专家 14	专家 15	专家 16	专家 17	专家 18	专家 19	专家 20
学习人员	0.7205	0.7633	0.6729	0.6277	0.5982	0.6536	0.7148	0.6325	0.5530	0.7276
学习机制	0.2795	0.2367	0.3271	0.3723	0.4018	0.3464	0.2852	0.3675	0.4470	0.2724

表 8 - 16　　　　　20 位专家对举办者精神三级指标赋权汇总表

专家 1~10	专家 1	专家 2	专家 3	专家 4	专家 5	专家 6	专家 7	专家 8	专家 9	专家 10
社会声望	0.8000	0.7500	0.8333	0.7500	0.8333	0.8333	0.8333	0.6638	0.7475	0.7995
个人能力	0.2000	0.2500	0.1667	0.2500	0.1667	0.1667	0.1667	0.3362	0.2525	0.2005

续表

专家11~20	专家11	专家12	专家13	专家14	专家15	专家16	专家17	专家18	专家19	专家20
社会声望	0.6576	0.7350	0.6786	0.7719	0.6757	0.6218	0.7539	0.6033	0.6604	0.6741
个人能力	0.3424	0.2650	0.3214	0.2281	0.3243	0.3782	0.2461	0.3967	0.3396	0.3259

表 8 – 17　　　　　20 位专家对高校文化三级指标赋权汇总表

专家1~10	专家1	专家2	专家3	专家4	专家5	专家6	专家7	专家8	专家9	专家10
环境文化	0.1250	0.2500	0.3333	0.2500	0.2500	0.2000	0.2500	0.3205	0.4545	0.2223
行为文化	0.8750	0.7500	0.6667	0.7500	0.7500	0.8000	0.7500	0.6795	0.5455	0.7777
专家11~20	专家11	专家12	专家13	专家14	专家15	专家16	专家17	专家18	专家19	专家20
环境文化	0.1626	0.3355	0.4026	0.2564	0.4239	0.4421	0.4006	0.3444	0.1512	0.2783
行为文化	0.8374	0.6645	0.5974	0.7436	0.5761	0.5579	0.5994	0.6556	0.8488	0.7217

表 8 – 18　　　　　20 位专家对动态能力三级指标赋权汇总表

专家1~10	专家1	专家2	专家3	专家4	专家5	专家6	专家7	专家8	专家9	专家10
教学改革能力	0.1667	0.2500	0.1429	0.2500	0.1429	0.3333	0.2500	0.4351	0.3965	0.4575
整合资源能力	0.8333	0.7500	0.8571	0.7500	0.8571	0.6667	0.7500	0.5649	0.6035	0.5425
专家11~20	专家11	专家12	专家13	专家14	专家15	专家16	专家17	专家18	专家19	专家20
教学改革能力	0.3348	0.3652	0.2812	0.3006	0.2163	0.2090	0.1469	0.1591	0.3441	0.4788
整合资源能力	0.6652	0.6348	0.7188	0.6994	0.7837	0.7910	0.8531	0.8409	0.6559	0.5212

（三）最终权重计算及权重释义

对 20 位专家给出的权重值求算术平均值，作为各个指标的最终权重值，即指标体系中指标的权重，如表 8 – 19 所示。

1. 二级指标权重释义

在基础平台四个要素中，按对竞争优势的产生影响程度大小排序，从大到小依次为：能力基础、资源基础、制度基础和环境基础。在跃迁动力四个要素中，按对跃迁动力的形成影响程度大小排序，从大到小依次为：动态能力、高校文化、组织学习和举办者精神。

2. 三级指标权重释义

在环境基础两个三级指标中，按影响程度大小排序，从大到小为：地理区位、所在地区行业竞争强度；在资源基础四个三级指标中，按重要性排序，从大到小依次为：人力资源、无形资源、财力资源和物力资源；在能力基础三个三级

表 8 - 19　　　　　　　　民办高校可持续竞争优势指标体系最终权重

目标层	一级目标	权重	二级指标	权重	三级指标	权重	四级指标及权重	
SCA	A_1	0.6044	B_1	0.0800	C_1	0.7291	D_1，D_2	0.5000
					C_2	0.2709	D_3，D_4	0.5000
			B_2	0.2464	C_3	0.5269	D_5，D_6，…，D_{13}	0.1111
					C_4	0.0758	D_{14}，D_{15}，…，D_{23}	0.1000
					C_5	0.1453	D_{24}，D_{25}，…，D_{28}	0.2000
					C_6	0.2521	D_{29}，D_{30}，D_{31}	0.3333
			B_3	0.5295	C_7	0.6440	D_{32}，D_{33}，…，D_{38}	0.1429
					C_8	0.1257	D_{39}，D_{40}，…，D_{43}	0.2000
					C_9	0.2302	D_{44}，D_{45}	0.5000
			B_4	0.1441	C_{10}	0.6543	D_{46}，D_{47}	0.5000
					C_{11}	0.1269	D_{48}，D_{49}	0.5000
					C_{12}	0.2187	D_{50}，D_{51}	0.5000
	A_2	0.3956	B_5	0.1344	C_{13}	0.7053	D_{52}，D_{53}，D_{54}	0.3333
					C_{14}	0.2947	D_{55}	1.0000
			B_6	0.0809	C_{15}	0.7338	D_{56}	1.0000
					C_{16}	0.2662	D_{57}，D_{58}	0.5000
			B_7	0.2355	C_{17}	0.2927	D_{59}	1.0000
					C_{18}	0.7073	D_{60}，D_{61}	0.5000
			B_8	0.5492	C_{19}	0.2830	D_{62}，D_{63}，D_{64}	0.3333
					C_{20}	0.7170	D_{65}，D_{66}，…，D_{71}	0.1429

指标中，按重要性排序，从大到小依次为：人才培养能力、社会服务能力和科学研究能力；在制度基础三个三级指标中，按重要性排序，从大到小依次为：教学管理制度、学生管理制度和人事管理制度；在组织学习两个三级指标中，按重要性大小排序，从大到小为：学习人员、学习机制；在举办者精神两个三级指标中，按重要性大小排序，从大到小为：社会声望、个人能力；在高校文化两个三级指标中，按重要性大小排序，从大到小为：行为文化、环境文化；在动态能力两个三级指标中，按重要性大小排序，从大到小为：整合资源能力、教学改革能力。

三、民办高校可持续竞争优势指标体系算法

民办高校可持续竞争优势的构建以竞争优势的产生为基本前提，如果竞争优势不显著，即基础平台不够稳固，可持续竞争优势就无从谈起。民办高校构建可持续竞争优势，离不开跃迁动力的作用，如果跃迁动力不足，当跃迁时机来临时，也无法实现由竞争优势向可持续竞争优势跃迁，仍然无法实现可持续。民办高校可持续竞争优势的获得是竞争优势和跃迁动力两者协同作用的结果。

定量分析计算方法如下：用每个四级指标数值分别乘以该指标的权重得到该四级指标的最终数值，然后把同属于一个三级指标下面的所有四级指标的最终数值加和得到该三级指标的初始数值；同样用各个三级指标的初始数值乘以其相应权重得到该三级指标的最终数值，把同属于一个二级指标下面的所有三级指标的最终数值加和得到该二级指标的初始数值；最后用各个二级指标的初始数值乘以其相应权重得到该二级指标的最终数值，把同属于一个一级指标下面的所有二级指标的最终数值加和得到该一级指标的最终数值；用两个一级指标的初始数值乘以其相应权重得到该一级指标的最终数值，把两个一级指标的最终数值加和即得到可持续竞争优势的最终数值。计算公式如下：

$$SCA = 0.6044A_1 + 0.3956A_2 \qquad (8-1)$$
$$A_1 = 0.0800B_1 + 0.2464B_2 + 0.5295B_3 + 0.1441B_4 \qquad (8-2)$$

其中，

$B_1 = 0.7291C_1 + 0.2709C_2 = 0.7291 \times 0.5000(D_1 + D_2) + 0.2709 \times 0.5000(D_3 + D_4)$，

$B_2 = 0.5269C_3 + 0.0758C_4 + 0.1453C_5 + 0.2521C_6$

$\quad = 0.5269 \times 0.1111(D_5 + D_6 + \cdots + D_{13})$

$\qquad + 0.0758 \times 0.1000(D_{14} + D_{15} + \cdots + D_{23})$

$\qquad + 0.1453 \times 0.2000(D_{24} + D_{25} + \cdots + D_{28})$

$\qquad + 0.2521 \times 0.3333(D_{29} + D_{30} + D_{31})$，

$B_3 = 0.6440C_7 + 0.1257C_8 + 0.2302C_9 = 0.6440 \times 0.1429(D_{32} + D_{33} + \cdots + D_{38})$

$\qquad + 0.1257 \times 0.2000(D_{39} + D_{40} + \cdots + D_{43}) + 0.2302 \times 0.5000(D_{44} + D_{45})$，

$B_4 = 0.6543C_{10} + 0.1269C_{11} + 0.2187C_{12} = 0.6543 \times 0.5000(D_{46} + D_{47})$

$\qquad + 0.1269 \times 0.5000(D_{48} + D_{49}) + 0.2187 \times 0.5000(D_{50} + D_{51})$。

$$A_2 = 0.1344B_5 + 0.0809B_6 + 0.2355B_7 + 0.5492B_8 \qquad (8-3)$$

其中，

$B_5 = 0.7053C_{13} + 0.2947C_{14} = 0.7053 \times 0.3333(D_{52} + D_{53} + D_{54}) + 0.2947D_{55}$，

$B_6 = 0.7338C_{15} + 0.2662C_{16} = 0.7338D_{56} + 0.2662 \times 0.5000(D_{57} + D_{58})$，

$B_7 = 0.2927C_{17} + 0.7073C_{18} = 0.2927D_{59} + 0.7073 \times 0.5000(D_{60} + D_{61})$，

$B_8 = 0.2830C_{19} + 0.7170C_{20}$

$= 0.2830 \times 0.3333(D_{62} + D_{63} + D_{64}) + 0.7170 \times 0.1429(D_{65} + D_{66} + \cdots + D_{71})$。

现假设对两所民办高校 X、Y 进行定量分析。首先，分别比较各个指标的数值，可以发现两所民办高校在哪些指标上位于优势、哪些指标上位于劣势，进而有针对性地进行改进和完善；其次，通过算法计算可持续竞争优势的大小，以 SCA_X 和 SCA_Y 分别表示学校 X、学校 Y 的可持续竞争优势状况。从理论角度推算会出现如表 8 - 20 所示的 3 种结果。

表 8 - 20　　　　　　　　　　　　　　结果分析

序号	两校构建可持续竞争优势情况比较	定量分析结果释义
1	$SCA_X = SCA_Y$	X、Y 情况相同
2	$SCA_X > SCA_Y$	X 情况比 Y 好
3	$SCA_X < SCA_Y$	Y 情况比 X 好

第二节　民办高校可持续竞争优势定量分析

建立指标体系的目的在于将其应用到实际中，定量分析所选定研究对象的可持续竞争优势构建情况，从而帮助这些学校在动态系统模型的指导下，有针对性地改进自身可持续竞争优势构建过程中存在的问题，达到理论指导实践的效果。本书分别在山东省内范围和省际范围选取民办高校进行可持续竞争优势定量分析。

2013 年山东省教育事业统计资料显示，山东省共有民办普通高等学校 38 所，普通本、专科在校生 31.13 万人，占全省普通本、专科在校生总数的 18.33%。可见，民办高等教育已经成为山东省高等教育事业的重要组成部分。因此，本书选取山东省内 12 所具有代表性的民办高校作为研究对象，分本科和专科两个层次进行可持续竞争优势定量分析，其中 6 所为本科层次，6 所为专科层次。这 12 所民办高校经过多年的发展，均已确立了明晰的办学定位、具备了较为鲜明的办学特色，各自在民办教育市场占据了一定的市场份额。为了便于研究，本书分别以 U_A、U_B…U_L 代表这 12 所民办高校。其中，U_A、U_B…U_F 六所学校为本科高校，U_G、U_H…U_L 六所为专科高校；U_A、U_D 和 U_E 位于青岛市，U_B、U_F、U_J 和 U_L 位于济南市，U_C、U_G、U_H、U_I、U_K 分别位于德州市、东营市、日照市、潍坊市和曲阜市。

在省际范围选取的 6 所高校分别以 U_M、U_N…U_R 代表。之所以选择这 6 所民办高校进行省际范围的民办高校可持续竞争优势定量分析，主要是考虑了这 6 所民办高校的代表性、数据的可获取性和结果的可比性等方面。在学历层次方面，这 6 所民办高校都是民办普通本科高校，具有本科学历教育资质。在学校建址方面，其中 U_M 位于北京市，U_N 位于陕西省。U_O 位于河南省，U_P 位于浙江省，U_Q 位于湖南省，U_R 位于黑龙江省。可见，这 6 所民办高校覆盖了我国东部、中部、西部和东北四大地区，其中，U_M 和 U_P 属于东部地区，U_O 和 U_Q 属于中部地区，U_N 属于西部地区，U_R 属于东北地区。

一、山东省本科层次民办高校可持续竞争优势定量分析

（一）获取指标数值

在实证分析过程中，需要解决指标具体数值的获取问题。获得指标数值主要有三个渠道，一是从教育主管部门公开出版的教育年鉴或教育事业发展统计公报直接获得实际数据；二是从教育部官方网站及各大学官方网站公布的数据报表直接获得或经过简单计算获得实际数据；三是基于问卷调查或专家判断形成数据。为便于实证分析的操作和实施，本书所构建指标体系中的指标均设计为定量指标，所以所有三级指标的具体数值均可通过如上三个渠道获得。指标具体数值统计截止时间为 2013 年。表 8 - 21 为六所本科层次民办高校 71 个四级指标的具体数值。

表 8 - 21　　　　　　　六所本科层次民办高校四级指标初始数值

四级指标	U_A	U_B	U_C	U_D	U_E	U_F
D_1（亿元）	8 006.60	5 230.19	2 230.00	8 006.60	8 006.60	3 801.20
D_2（元）	90 746.91	75 254.53	40 000.00	90 746.91	90 746.91	82 889.00
D_3（个）	17	33	2	17	17	6
D_4（个）	6	8	2	6	6	2
D_5	17	10.2	27.7	16.8	15.16	15.30
D_6	46.04%	46.81%	48.79%	46.18%	44.30%	42.32%
D_7	58.79%	49.10%	45.97%	34.48%	38.00%	40.38%
D_8	31.54%	35.50%	35.32%	29.52%	35.00%	33.00%
D_9	13.19%	14.09%	26.45%	33.33%	50.00%	21.20%
D_{10}	6.2758	5.6180	7.9850	4.0970	2.4740	9.2700
D_{11}（人）	0	11	1	0	0	5
D_{12}（人）	5	4	1	0	2	5
D_{13}（个）	0	4	2	0	0	2

续表

四级指标	U_A	U_B	U_C	U_D	U_E	U_F
D_{14}（平方米）	42.20	70.00	77.92	94.76	62.73	45.16
D_{15}（平方米）	11.91	12.99	12.67	26.17	11.90	25.10
D_{16}（平方米）	1.33	1.70	6.56	5.62	8.56	2.31
D_{17}（平方米）	6.58	9.20	28.96	23.42	16.59	10.71
D_{18}（平方米）	7.26	8.39	17.54	10.26	9.63	5.20
D_{19}（册）	86	104	126	12	108	83.37
D_{20}（元）	5 100.00	6 350.00	6 050.00	10 581.00	5 274.06	7 463.90
D_{21}（个）	120	265	116	119	469	136
D_{22}（台）	28.64	26.70	18.98	41.00	21.63	15.65
D_{23}（个）	7.12	47.40	38.57	43.69	49.34	96.19
D_{24}（人）	18 000	14 069	13 378	7 095	14 588	12 259
D_{25}	6.00%	2.82%	33.45%	2.37%	4.86%	41.57%
D_{26}	28.94%	30.00%	17.80%	8.41%	0.00%	0.00%
D_{27}（元）	7 714.50	10 203.99	13 796.00	10 581.00	9 247.25	8 344.36
D_{28}	0.9400	0.9800	0.9600	0.9225	1.1000	1.0700
D_{29}	85.00%	89.37%	79.00%	85.23%	87.23%	82.36%
D_{30}	95.00%	95.00%	94.00%	90.00%	93.00%	92.00%
D_{31}（个）	10	16	7	10	9	11
D_{32}	94.00%	90.00%	92.00%	95.00%	98.53%	88.05%
D_{33}	96.00%	97.33%	98.00%	96.20%	97.23%	92.12%
D_{34}	94.00%	98.00%	95.00%	95.00%	96.00%	93.00%
D_{35}（个）	4	4	3	2	3	3
D_{36}（个）	16	43	13	2	8	9
D_{37}（个）	7	4	15	0	26	0
D_{38}	95.00%	98.00%	98.00%	97.00%	98.00%	96.00%
D_{39}（个）	39	25	15	9	1	7
D_{40}（个）	34	47	1	1	0	32
D_{41}（篇）	48	23	8	0	18	10
D_{42}（本）	156	69	66	47	27	70
D_{43}（个）	0.5861	0.6348	0.0779	0.9953	0.4352	2.0000
D_{44}（人）	65 000	35 000	28 305	30 000	32 000	40 000

续表

四级指标	U_A	U_B	U_C	U_D	U_E	U_F
D_{45}（人）	900	6 000	1 600	800	700	1 000
D_{46}	83.00%	88.00%	78.40%	85.00%	89.00%	82.00%
D_{47}	87.00%	85.00%	64.53%	82.00%	84.00%	80.00%
D_{48}	63.28%	78.00%	58.94%	75.00%	67.00%	75.00%
D_{49}	9.78%	6.42%	11.84%	8.25%	12.00%	7.00%
D_{50}	79.48%	80.00%	80.45%	78.00%	82.00%	75.00%
D_{51}（人）	2.35	2.81	1.98	1.89	2.53	1.92
D_{52}	4.00%	7.00%	6.00%	5.00%	5.50%	4.50%
D_{53}	23.57%	44.12%	35.46%	41.00%	38.15%	37.28%
D_{54}	7.55%	8.33%	6.34%	5.12%	7.20%	5.28%
D_{55}	0.97%	1.56%	2.38%	1.47%	1.67%	1.25%
D_{56}（个）	5	5	6	4	9	3
D_{57}（个）	4	7	5	3	6	6
D_{58}（个）	4	9	6	6	6	6
D_{59}	79.00%	80.00%	87.00%	76.00%	85.00%	73.00%
D_{60}（次）	42	30	24	15	21	27
D_{61}（次）	61	70	51	35	48	55
D_{62}（个）	11	21	12	6	8	6
D_{63}（个）	8	18	10	3	5	4
D_{64}（个）	7	8	1	0	1	2
D_{65}	87.56%	93.66%	76.00%	83.09%	88.47%	90.83%
D_{66}（个）	97	155	34	103	94	78
D_{67}（个）	107	111	15	256	142	112
D_{68}（个）	120	60	45	40	51	57
D_{69}（个）	42	30	16	7	17	22
D_{70}（万元）	17	35	46	20	26	30
D_{71}（万元）	11	15	17	13	9	10

（二）数值标准化处理

由表 8-21 可以看出，这 71 个指标具体数值的度量单位并不相同，即量纲不一致，所以不能直接进行定量分析。为了使指标能够参与定量分析，需要首先进行数值标准化处理以消除指标量纲的影响。所谓数据的标准化，即通过一定的数学变换把性质、量纲各异的指标数值转化为可以进行综合分析的一个相对数——"量化值",也可称为数据的无量纲化或归一化。

常用的数据标准化的方法有最小—最大标准化和 Z - score 标准化等方法。由于本书所建立指标体系中有些指标不存在最大值和最小值这样的属性,所以本书采用 Z - score 法对初始数值进行标准化处理,先求出每个指标对应 5 个数据的算术平均值和标准差,然后用原指标值减去算术平均值,再除以其标准差,即得到标准化后的指标数值。用 Excel 表对指标进行 Z - score 标准化处理后的结果如表 8 - 22 所示。

表 8 - 22　　　　　　六所本科层次民办高校指标数据标准化处理结果

四级指标	U_A	U_B	U_C	U_D	U_E	U_F
D_1	0.8454	- 0.2584	- 1.4512	0.8454	0.8454	- 0.8265
D_2	0.6234	- 0.1587	- 1.9384	0.6234	0.6234	0.2267
D_3	0.1540	1.6328	- 1.2323	0.1540	0.1540	- 0.8626
D_4	0.4082	1.2247	- 1.2247	0.4082	0.4082	- 1.2247
D_5	- 0.0060	- 1.1789	1.8479	- 0.0405	- 0.3233	- 0.2992
D_6	0.1356	0.4834	1.3778	0.1988	- 0.6508	- 1.5448
D_7	2.1987	1.1873	0.8607	- 0.3385	0.0289	0.2773
D_8	1.3801	2.8465	2.7799	0.6320	2.6614	1.9207
D_9	- 0.9526	- 0.8876	0.0053	0.5023	1.7066	- 0.3740
D_{10}	0.1297	- 0.1349	0.8173	- 0.7468	- 1.3997	1.3343
D_{11}	- 0.6373	1.8369	- 0.4124	- 0.6373	- 0.6373	0.4873
D_{12}	1.0139	0.5459	- 0.8579	- 1.3259	- 0.3900	1.0139
D_{13}	- 0.8226	0.9722	0.0748	- 0.8226	- 0.8226	1.4209
D_{14}	- 1.1645	0.2272	0.6237	1.4668	- 0.1368	- 1.0164
D_{15}	- 0.7102	- 0.5531	- 0.5996	1.3647	- 0.7110	1.2092
D_{16}	- 1.0114	- 0.8874	0.7423	0.4273	1.4110	- 0.6818
D_{17}	- 1.0617	- 0.7635	1.4843	0.8548	0.0778	- 0.5917
D_{18}	- 0.5798	- 0.3115	1.8479	0.1285	- 0.0198	- 1.0654
D_{19}	- 0.0168	0.4351	0.9962	- 1.8751	0.5433	- 0.0828
D_{20}	- 0.8367	- 0.2226	- 0.3700	1.8558	- 0.7511	0.3246
D_{21}	- 0.5934	0.4289	- 0.6216	- 0.6004	1.8671	- 0.4806
D_{22}	0.3558	0.1405	- 0.7162	1.7274	- 0.4217	- 1.0858
D_{23}	- 1.3948	0.0121	- 0.2963	- 0.1175	0.0800	1.7165

续表

四级指标	U_A	U_B	U_C	U_D	U_E	U_F
D_{24}	1.3338	0.2343	0.0410	-1.7165	0.3794	-0.2720
D_{25}	-0.5233	-0.7047	1.0417	-0.7306	-0.5881	1.5049
D_{26}	1.0892	1.1675	0.2665	-0.4270	-1.0481	-1.0481
D_{27}	-1.0496	0.1032	1.7665	0.2778	-0.3399	-0.7580
D_{28}	-0.7629	-0.2122	-0.4876	-1.0039	1.4398	1.0268
D_{29}	0.0827	1.2805	-1.5620	0.1457	0.6940	-0.6410
D_{30}	0.9446	0.9446	0.4294	-1.6316	-0.0859	-0.6011
D_{31}	-0.1657	1.8232	-1.1602	-0.1657	-0.4972	0.1657
D_{32}	0.2859	-0.7828	-0.2485	0.5530	1.4961	-1.3037
D_{33}	-0.0695	0.5610	0.8786	0.0253	0.5136	-1.9089
D_{34}	-0.6773	1.6450	-0.0968	-0.0968	0.4838	-1.2579
D_{35}	1.1070	1.1070	-0.2214	-1.5498	-0.2214	-0.2214
D_{36}	0.0577	1.9273	-0.1500	-0.9117	-0.4962	-0.4270
D_{37}	-0.1642	-0.4597	0.6238	-0.8537	1.7074	-0.8537
D_{38}	-1.5811	0.7906	0.7906	0.0000	0.7906	-0.7906
D_{39}	1.6547	0.6475	-0.0719	-0.5036	-1.0792	-0.6475
D_{40}	0.7093	1.3309	-0.8687	-0.8687	-0.9165	0.6136
D_{41}	1.7946	0.3074	-0.5850	-1.0609	0.0099	-0.4660
D_{42}	1.8906	-0.0792	-0.1472	-0.5774	-1.0302	-0.0566
D_{43}	-0.3044	-0.2310	-1.0697	0.3118	-0.5316	1.8248
D_{44}	1.9462	-0.2475	-0.7370	-0.6131	-0.4668	0.1182
D_{45}	-0.4518	2.0172	-0.1130	-0.5003	-0.5487	-0.4034
D_{46}	-0.3122	0.9535	-1.4766	0.1941	1.2066	-0.5653
D_{47}	0.8070	0.5616	-1.9495	0.1936	0.4390	-0.0517
D_{48}	-0.8227	1.1128	-1.3933	0.7184	-0.3335	0.7184
D_{49}	0.2362	-1.1683	1.0973	-0.4034	1.1642	-0.9259
D_{50}	0.1345	0.3497	0.5360	-0.4780	1.1775	-1.7197
D_{51}	0.2859	1.4856	-0.7106	-0.9453	0.7503	-0.8659
D_{52}	-1.2344	1.5430	0.6172	-0.3086	0.1543	-0.7715
D_{53}	-1.8428	1.0643	-0.1608	0.6229	0.2197	0.0967
D_{54}	0.7111	1.3184	-0.2310	-1.1809	0.4386	-1.0563

续表

四级指标	U_A	U_B	U_C	U_D	U_E	U_F
D_{55}	− 1.2167	0.0210	1.7411	− 0.1678	0.2517	− 0.6293
D_{56}	− 0.1614	− 0.1614	0.3227	− 0.6455	1.7751	− 1.1296
D_{57}	− 0.7926	1.2455	− 0.1132	− 1.4720	0.5661	0.5661
D_{58}	− 1.3524	1.7685	− 0.1040	− 0.1040	− 0.1040	− 0.1040
D_{59}	− 0.1890	0.0000	1.3229	− 0.7559	0.9449	− 1.3229
D_{60}	1.6882	0.3812	− 0.2723	− 1.2525	− 0.5990	0.0545
D_{61}	0.6437	1.3993	− 0.1959	− 1.5392	− 0.4478	0.1399
D_{62}	0.0590	1.8305	0.2362	− 0.8267	− 0.4724	− 0.8267
D_{63}	0.0000	1.8019	0.3604	− 0.9009	− 0.5406	− 0.7207
D_{64}	1.1175	1.4090	− 0.6316	− 0.9232	− 0.6316	− 0.3401
D_{65}	0.1527	1.1250	− 1.6897	− 0.5597	0.2978	0.6739
D_{66}	0.0894	1.5707	− 1.5196	0.2426	0.0128	− 0.3959
D_{67}	− 0.2165	− 0.1650	− 1.3997	1.6997	0.2336	− 0.1522
D_{68}	1.9751	− 0.0740	− 0.5863	− 0.7570	− 0.3814	− 0.1765
D_{69}	1.6065	0.6263	− 0.5173	− 1.2525	− 0.4357	− 0.0272
D_{70}	− 1.1339	0.5669	1.6063	− 0.8504	− 0.2835	0.0945
D_{71}	− 0.4867	0.8111	1.4600	0.1622	− 1.1355	− 0.8111

（三）六所本科层次民办高校定量结果分析

将表 8 – 22 计算出的标准化数据代入本章第一节给出的公式（8 – 2）和公式（8 – 3）可分别得到竞争优势和跃迁动力数值，进而利用公式（8 – 1）可得出最终的可持续竞争优势比较情况。具体结果如表 8 – 23 所示。

表 8 – 23　　　　　　　　六所本科层次民办高校定量分析结果

指标学校		U_A	U_B	U_C	U_D	U_E	U_F
三级指标	C_1	0.7344	− 0.2085	− 1.6948	0.7344	0.7344	− 0.2999
	C_2	0.2811	1.4288	− 1.2285	0.2811	0.2811	− 1.0437
	C_3	0.2710	0.6300	0.7214	− 0.2865	0.0192	0.4707
	C_4	− 0.7013	− 0.1494	0.3091	0.5232	0.1939	− 0.1754
	C_5	0.0174	0.1176	0.5256	− 0.7200	− 0.0314	0.0907
	C_6	0.2872	1.3493	− 0.7642	− 0.5505	0.0369	− 0.3587

指标学校		U_A	U_B	U_C	U_D	U_E	U_F
三级指标	C_7	-0.1488	0.6843	0.2253	-0.4049	0.6107	-0.9665
	C_8	1.1490	0.3951	-0.5485	-0.5397	-0.7095	0.2537
	C_9	0.7472	0.8849	-0.4250	-0.5567	-0.5077	-0.1426
	C_{10}	0.2474	0.7575	-1.7130	0.1938	0.8228	-0.3085
	C_{11}	-0.2933	-0.0277	-0.1480	0.1575	0.4153	-0.1038
	C_{12}	0.2102	0.9177	-0.0873	-0.7117	0.9639	-1.2928
	C_{13}	-0.7886	1.3084	0.0751	-0.2888	0.2709	-0.5770
	C_{14}	-1.2167	0.0210	1.7411	-0.1678	0.2517	-0.6293
	C_{15}	-0.1614	-0.1614	0.3227	-0.6455	1.7751	-1.1296
	C_{16}	-1.0725	1.5070	-0.1086	-0.7880	0.2311	0.2311
	C_{17}	-0.1890	0.0000	1.3229	-0.7559	0.9449	-1.3229
	C_{18}	1.1659	0.8902	-0.2341	-1.3959	-0.5234	0.0972
	C_{19}	0.3921	1.6803	-0.0117	-0.8835	-0.5481	-0.6291
	C_{20}	0.2839	0.6375	-0.3781	-0.1879	-0.2418	-0.1135
二级指标	B_1	0.6116	0.2350	-1.5685	0.6116	0.6116	-0.5014
	B_2	0.1646	0.6779	0.2873	-0.3547	0.0296	0.1574
	B_3	0.2206	0.6940	-0.0217	-0.4568	0.1872	-0.6234
	B_4	0.1706	0.6928	-1.1587	-0.0088	0.8019	-0.4978
	B_5	-0.9148	0.9290	0.5661	-0.2532	0.2652	-0.5924
	B_6	-0.4039	0.2828	0.2079	-0.6834	1.3641	-0.7674
	B_7	0.7693	0.6297	0.2216	-1.2086	-0.0936	-0.3185
	B_8	0.3145	0.9326	-0.2744	-0.3848	-0.3285	-0.2594
一级指标	A_1	0.2309	0.6532	-0.2332	-0.2816	0.2709	-0.4031
	A_2	0.1983	0.8082	-0.0056	-0.5852	-0.0564	-0.3592
可持续竞争优势	SCA	0.2180	0.7145	-0.1431	-0.4017	0.1414	-0.3857

（1）由表 8-23 最后一行的 SCA 数值可以看出，六所民办高校的可持续竞争优势构建情况排名是 $U_B > U_A > U_E > U_C > U_F > U_D$。因此，这六所学校可以从比较中得知本校在所处教育领域中的地位，找到自己进一步学习和追赶的对象。比如，由定量分析结果可以看出，U_A 和 U_B 在这六所学校中表现出较强的可持续竞争优势。排名比较靠后的 U_C、U_F 和 U_D，可以向 U_B、U_A 和 U_E 三所学校学习借鉴他们办学过程中的经验，以提升自身的可持续竞争优势。

（2）通过分析表 8 - 21 的指标初始数值和表 8 - 23 的定量分析结果，可以看出这六所学校具体在哪些方面处于优势或劣势，哪些指标比较强，哪些指标比较弱，从而找到出现如上排名结果的原因。比如，对于"资源基础"这一要素，U_B 表现出了较强的竞争优势，成为影响其可持续竞争优势构建的关键因素；对于"专任教师中副高职称及以上教师比例"这一指标，U_B、U_E 和 U_C 三所学校都达到了 35%，然而 U_D 还不到 30%，这就可以看出 U_D 需要加强教师培养及职称评审工作。进而，通过开展可持续竞争优势定量分析，这六所学校能够较为清晰地找出其可持续竞争优势构建过程中取得的成绩和存在的问题，并可以有针对性地制定措施，改进和完善相应指标，为构建可持续竞争优势不懈努力。

（3）通过表 8 - 24 的定量分析结果比较可以看出，六所学校的竞争优势、跃迁动力和可持续竞争优势情况排名分别为：$U_B > U_E > U_A > U_C > U_D > U_F$、$U_B > U_A > U_C > U_E > U_F > U_D$ 和 $U_B > U_A > U_E > U_C > U_F > U_D$。通过数据对比可以看出，$A_1$、$A_2$、SCA 三者大小排序的变化趋势基本相同。比如，$U_B$ 和 U_A 两所学校的跃迁动力仍然分别处于第一名和第二名的位置，领先于其他 4 所学校；U_F 和 U_D 两所学校的竞争优势和跃迁动力处于后两名。这就要求民办高校需要在竞争优势和跃迁动力两个方面分别着手以构建可持续竞争优势。

表 8 - 24　　　　　　　　　六所本科层次民办高校定量分析结果比较

指标学校		U_B	U_A	U_C	U_E	U_F	U_D
一级指标	A_1	0.6532	0.2309	- 0.2332	0.2709	- 0.4031	- 0.2816
	A_2	0.8082	0.1983	- 0.0056	- 0.0564	- 0.3592	- 0.5852
可持续竞争优势	SCA	0.7145	0.2180	- 0.1431	0.1414	- 0.3857	- 0.4017

（4）通过查阅多个社会评价给出的高校排名，发现定量分析得出的如上排名与这些社会评价结果基本相符，从一定程度上验证了本书所构建指标体系和定量分析算法的有效性和适用性。比如，中国校友会网大学研究团队给出的"2014 中国民办大学排行榜 100 强"中，U_B 学校名次为 9，U_A 学校名次为 27；"2014 山东省民办大学排行榜"中，U_B 学校名次为 2，U_A 学校名次为 4，与本书研究结果中的排名一致。

二、山东省专科层次民办高校可持续竞争优势定量分析

（一）获取指标数值

本书仍然通过本章第二节列出的三条渠道获取指标具体数值，统计截止时间仍为 2013 年。表 8 - 25 为六所专科层次民办高校 71 个四级指标的具体数值。

表 8 – 25　　　　　　　　六所专科层次民办高校四级指标初始数值

四级指标	U_G	U_H	U_I	U_J	U_K	U_L
D_1（亿元）	3 250. 20	1 500. 16	4 420. 70	5 230. 19	3 501. 50	5 230. 19
D_2（元）	157 486. 19	52 928. 77	48 125. 37	75 254. 53	42 997. 48	75 254. 53
D_3（个）	3	5	11	33	6	33
D_4（个）	1	1	2	8	1	8
D_5	19. 10	13. 00	11. 30	16. 00	11. 46	18. 50
D_6	27. 46%	35. 71%	48. 71%	15. 07%	23. 73%	30. 42%
D_7	18. 13%	38. 89%	59. 03%	38. 26%	14. 02%	27. 06%
D_8	6. 74%	22. 49%	23. 21%	41. 15%	9. 35%	26. 80%
D_9	20. 73%	26. 46%	25. 64%	17. 39%	16. 95%	52. 06%
D_{10}	2. 03	4. 72	2. 93	2. 95	1. 23	4. 41
D_{11}（人）	0	0	5	1	1	0
D_{12}（人）	0	0	5	1	1	0
D_{13}（个）	0	1	3	2	0	1
D_{14}（平方米）	108. 42	98. 92	170. 97	59. 10	258. 91	42. 57
D_{15}（平方米）	11. 40	65. 34	21. 05	19. 10	28. 35	23. 90
D_{16}（平方米）	1. 27	1. 32	1. 07	1. 16	0. 98	1. 24
D_{17}（平方米）	22. 32	5. 05	10. 82	10. 81	16. 75	5. 60
D_{18}（平方米）	10. 32	5. 26	5. 12	4. 56	3. 49	5. 08
D_{19}（册）	44. 00	103. 84	95. 36	79. 44	150. 00	83. 00
D_{20}（元）	6 510. 79	4 382. 85	6 274. 31	6 292. 89	13 966. 40	6 684. 00
D_{21}（个）	16	82	182	60	32	163
D_{22}（台）	53. 09	33. 86	30. 07	27. 56	48. 54	12. 69
D_{23}（个）	44. 38	70. 76	88. 34	149. 66	126. 21	20. 84
D_{24}（人）	5 500	5 971	5 264	7 402	1 030	12 215
D_{25}	21. 25%	10. 02%	4. 18%	1. 48%	1. 11%	2. 45%
D_{26}	5. 74%	0. 00%	0. 00%	0. 00%	56. 26%	21. 00%
D_{27}（元）	5 467. 62	11 149. 19	4 605. 62	5 096. 81	1 416. 60	8 859. 32
D_{28}	0. 9426	1. 3348	1. 0000	1. 7100	0. 4400	0. 8508
D_{29}	37. 40%	78. 10%	85. 00%	86. 00%	56. 00%	77. 59%

续表

四级指标	U_G	U_H	U_I	U_J	U_K	U_L
D_{30}	89.00%	93.00%	95.00%	92.00%	86.00%	93.00%
D_{31}（个）	20	8	10	9	5	6
D_{32}	72.16%	80.00%	85.00%	91%	95.14%	90.18%
D_{33}	75.12%	85.00%	88.00%	95%	96.00%	94.09%
D_{34}	90.00%	91.00%	93.00%	93%	90.00%	94.01%
D_{35}（个）	0	3	3	3	0	1
D_{36}（个）	1	1	10	6	0	6
D_{37}（个）	0	0	0	1	0	0
D_{38}	95.80%	96.00%	98.00%	92%	45.30%	85.91%
D_{39}（个）	18	26	8	15	0	7
D_{40}（个）	11	3	3	0	0	0
D_{41}（篇）	2	0	9	28	0	5
D_{42}（本）	83	325	952	154	42	60
D_{43}（个）	0.18	0.85	2.03	0.33	0.59	0.00
D_{44}（人）	35 000	20 000	32 000	30 000	12 000	30 000
D_{45}（人）	1 500	800	2 600	2 000	400	1 200
D_{46}	80.00%	81.00%	83.00%	78.00%	75.00%	85.00%
D_{47}	78.00%	70.00%	75.00%	72.00%	69.00%	76.00%
D_{48}	73.00%	69.00%	73.00%	70.00%	65.00%	72.00%
D_{49}	6.50%	8.00%	5.00%	9.00%	11.00%	6.38%
D_{50}	72.00%	71.00%	73.00%	70.00%	69.00%	71.00%
D_{51}（人）	1.96	2.01	1.90	1.75	1.94	2.16
D_{52}	4.00%	6.00%	6.50%	5.00%	3.50%	3.50%
D_{53}	28.35%	32.75%	31.69%	27.78%	25.42%	33.67%
D_{54}	6.13%	6.55%	6.41%	5.41%	5.12%	5.89%
D_{55}	1.33%	1.37%	1.19%	1.05%	0.96%	1.42%
D_{56}（个）	0	2	1	0	2	2
D_{57}（个）	2	3	1	0	0	1
D_{58}（个）	4	7	5	5	2	3
D_{59}	75.00%	78.00%	80.00%	76.00%	82.00%	81.00%
D_{60}（次）	19	25	31	22	15	30

续表

四级指标	U_G	U_H	U_I	U_J	U_K	U_L
D_{61}（次）	27	39	40	36	21	41
D_{62}（个）	0	6	4	15	1	6
D_{63}（个）	0	2	1	0	0	4
D_{64}（个）	85	1	2	2	0	0
D_{65}	44.80%	40.98%	30.97%	62.23%	70.44%	95.78%
D_{66}（个）	56	69	46	23	19	75
D_{67}（个）	50	25	89	100	38	267
D_{68}（个）	15	21	34	12	23	27
D_{69}（个）	6	24	11	5	7	12
D_{70}（万元）	20	15	20	10	6	14
D_{71}（万元）	0	10	8	0	1	7

（二）数值标准化处理

本书用 Excel 表对表 8 – 25 专科学校四级指标数值进行 Z – score 标准化处理后的结果如表 8 – 26 所示。

表 8 – 26　　　　　　六所专科层次民办高校指标数据标准化处理结果

四级指标	U_G	U_H	U_I	U_J	U_K	U_L
D_1	– 0.4251	– 1.6541	0.3969	0.9654	– 0.2486	0.9654
D_2	1.9322	– 0.5272	– 0.6402	– 0.0020	– 0.7608	– 0.0020
D_3	– 0.8652	– 0.7229	– 0.2963	1.2681	– 0.6518	1.2681
D_4	– 0.7128	– 0.7128	– 0.4277	1.2831	– 0.7128	1.2831
D_5	2.2468	0.6864	0.2515	1.4538	0.2925	2.0933
D_6	– 0.2387	0.4845	1.6231	– 1.3242	– 0.5655	0.0207
D_7	– 0.8767	0.3841	1.6074	0.3459	– 1.1263	– 0.3343
D_8	– 1.1889	0.0690	0.1268	1.5599	– 0.9804	0.4136
D_9	– 0.4425	– 0.0060	– 0.0684	– 0.6969	– 0.7305	1.9443
D_{10}	– 0.7558	1.2487	– 0.0852	– 0.0703	– 1.3520	1.0145
D_{11}	– 0.6011	– 0.6011	1.9751	– 0.0859	– 0.0859	– 0.6011
D_{12}	– 0.6011	– 0.6011	1.9751	– 0.0859	– 0.0859	– 0.6011
D_{13}	– 0.9980	– 0.1426	1.5682	0.7128	– 0.9980	– 0.1426

四级指标	U_G	U_H	U_I	U_J	U_K	U_L
D_{14}	− 0.1838	− 0.3023	0.5967	− 0.7991	1.6939	− 1.0054
D_{15}	− 0.8815	1.9504	− 0.3749	− 0.4772	0.0084	− 0.2252
D_{16}	0.7479	1.1347	− 0.7995	− 0.1032	− 1.4958	0.5158
D_{17}	1.5682	− 1.0287	− 0.1610	− 0.1625	0.7307	− 0.9467
D_{18}	1.9638	− 0.1585	− 0.2173	− 0.4521	− 0.9009	− 0.2349
D_{19}	− 1.3966	0.3228	0.0791	− 0.3783	1.6491	− 0.2760
D_{20}	− 0.2513	− 0.8871	− 0.3220	− 0.3164	1.9764	− 0.1996
D_{21}	− 1.0651	− 0.1043	1.3514	− 0.4246	− 0.8322	1.0748
D_{22}	1.2746	− 0.0300	− 0.2871	− 0.4574	0.9660	− 1.4662
D_{23}	− 0.8010	− 0.2590	0.1022	1.3622	0.8803	− 1.2847
D_{24}	− 0.2014	− 0.0715	− 0.2664	0.3231	− 1.4339	1.6501
D_{25}	1.8550	0.4182	− 0.3289	− 0.6735	− 0.7208	− 0.5501
D_{26}	− 0.3626	− 0.6198	− 0.6198	− 0.6198	1.9008	0.3211
D_{27}	− 0.1844	1.4741	− 0.4360	− 0.2926	− 1.3668	0.8057
D_{28}	− 0.2390	0.6644	− 0.1068	1.5286	− 1.3967	− 0.4505
D_{29}	− 1.6897	0.4189	0.7763	0.8281	− 0.7261	0.3924
D_{30}	− 0.7144	0.5103	1.1227	0.2041	− 1.6330	0.5103
D_{31}	1.9167	− 0.3091	0.0618	− 0.1237	− 0.8656	− 0.6801
D_{32}	− 1.5960	− 0.6636	− 0.0690	0.6446	1.1370	0.5471
D_{33}	− 1.7173	− 0.4832	− 0.1085	0.7659	0.8908	0.6522
D_{34}	− 1.0638	− 0.4841	0.6754	0.6754	− 1.0638	1.2609
D_{35}	− 1.1070	0.8856	0.8856	0.8856	− 1.1070	− 0.4428
D_{36}	− 0.7596	− 0.7596	1.5191	0.5064	− 1.0127	0.5064
D_{37}	− 0.4082	− 0.4082	− 0.4082	2.0412	− 0.4082	− 0.4082
D_{38}	0.5110	0.5209	0.6201	0.3224	− 1.9947	0.0203
D_{39}	0.6144	1.4818	− 0.4698	0.2891	− 1.3372	− 0.5783
D_{40}	1.9161	0.0391	0.0391	− 0.6648	− 0.6648	− 0.6648
D_{41}	− 0.4989	− 0.6860	0.1559	1.9334	− 0.6860	− 0.2183
D_{42}	− 0.5323	0.1590	1.9502	− 0.3295	− 0.6494	− 0.5980
D_{43}	− 0.7361	0.2188	1.9005	− 0.5223	− 0.1518	− 0.7090
D_{44}	0.9757	− 0.7461	0.6313	0.4017	− 1.6644	0.4017

四级指标	U_G	U_H	U_I	U_J	U_K	U_L
D_{45}	0.1040	− 0.7698	1.4772	0.7282	− 1.2692	− 0.2705
D_{46}	− 0.0937	0.1873	0.7493	− 0.6556	− 1.4985	1.3112
D_{47}	1.3112	− 0.9366	0.4683	− 0.3746	− 1.2176	0.7493
D_{48}	0.8667	− 0.4334	0.8667	− 0.1083	− 1.7334	0.5417
D_{49}	− 0.5332	0.1643	− 1.2307	0.6293	1.5593	− 0.5890
D_{50}	0.7071	0.0000	1.4142	− 0.7071	− 1.4142	0.0000
D_{51}	0.0496	0.4216	− 0.3968	− 1.5128	− 0.0992	1.5376
D_{52}	− 0.5795	0.9658	1.3522	0.1932	− 0.9658	− 0.9658
D_{53}	− 0.4917	0.8662	0.5391	− 0.6676	− 1.3960	1.1501
D_{54}	0.3763	1.1229	0.8741	− 0.9037	− 1.4192	− 0.0504
D_{55}	0.5931	0.8087	− 0.1617	− 0.9166	− 1.4018	1.0783
D_{56}	− 1.1866	0.8476	− 0.1695	− 1.1866	0.8476	0.8476
D_{57}	0.7128	1.5682	− 0.1426	− 0.9980	− 0.9980	− 0.1426
D_{58}	− 0.1903	1.5228	0.3807	0.3807	− 1.3324	− 0.7614
D_{59}	− 1.3073	− 0.2377	0.4754	− 0.9508	1.1885	0.8319
D_{60}	− 0.7466	0.2133	1.1733	− 0.2667	− 1.3866	1.0133
D_{61}	− 0.8590	0.6136	0.7363	0.2454	− 1.5954	0.8590
D_{62}	− 0.9961	0.1245	− 0.2490	1.8055	− 0.8093	0.1245
D_{63}	− 0.7282	0.5202	− 0.1040	− 0.7282	− 0.7282	1.7685
D_{64}	2.0405	− 0.4081	− 0.3790	− 0.3790	− 0.4373	− 0.4373
D_{65}	− 0.5387	− 0.7004	− 1.1239	0.1987	0.5461	1.6182
D_{66}	0.3440	0.9030	− 0.0860	− 1.0750	− 1.2470	1.1610
D_{67}	− 0.5024	− 0.7825	− 0.0654	0.0579	− 0.6369	1.9293
D_{68}	− 0.8750	− 0.1250	1.5000	− 1.2500	0.1250	0.6250
D_{69}	− 0.6879	1.8740	0.0237	− 0.8302	− 0.5456	0.1660
D_{70}	1.0551	0.1507	1.0551	− 0.7536	− 1.4771	− 0.0301
D_{71}	− 0.9626	1.2587	0.8145	− 0.9626	− 0.7404	0.5923

（三）六所专科层次民办高校定量结果分析

将表 8 − 26 计算出的标准化数据代入本章第一节给出的公式（8 − 2）和（8 − 3）可分别得到竞争优势和跃迁动力数值，进而利用公式（8 − 1）可得出最终的可持续竞争优势比较情况。具体结果如表 8 − 27 所示。

表 8 – 27　　　　　　　　　　六所专科层次民办高校定量分析结果

指标学校		U_G	U_H	U_I	U_J	U_K	U_L
三级指标	C_1	0.7536	– 1.0906	– 0.1216	0.4817	– 0.5047	0.4817
	C_2	– 0.7890	– 0.7179	– 0.3620	1.2756	– 0.6823	1.2756
	C_3	– 0.3840	0.1691	0.9970	0.2010	– 0.6257	0.4230
	C_4	0.0975	– 0.0106	0.3511	– 0.1582	0.3592	– 0.4792
	C_5	0.1735	0.3731	– 0.3516	0.0532	– 0.6035	0.3553
	C_6	– 0.1625	0.2067	0.6535	0.3028	– 1.0748	0.0742
	C_7	– 0.8776	– 0.1989	0.4451	0.8348	– 0.5085	0.3052
	C_8	0.1526	0.2425	0.7152	0.1412	– 0.6978	– 0.5537
	C_9	0.5398	– 0.7580	1.0543	0.5650	– 1.4668	0.0656
	C_{10}	0.6088	– 0.2069	1.3622	– 0.3707	– 0.7922	0.3550
	C_{11}	0.1668	– 0.1345	– 0.1820	0.2605	– 0.0871	– 0.0236
	C_{12}	0.3784	0.2108	0.5087	– 1.1099	– 0.7567	0.7688
	C_{13}	– 0.2316	0.9849	0.9217	– 0.4593	– 1.2602	0.0446
	C_{14}	0.5931	0.8087	– 0.1617	– 0.9166	– 1.4018	1.0783
	C_{15}	– 1.1866	0.8476	– 0.1695	– 1.1866	0.8476	0.8476
	C_{16}	0.2612	1.5455	0.1191	– 0.3086	– 1.1652	– 0.4520
	C_{17}	– 1.3073	– 0.2377	0.4754	– 0.9508	1.1885	0.8319
	C_{18}	– 0.8028	0.4135	0.9548	– 0.0106	– 1.4910	0.9362
	C_{19}	0.1054	0.0788	– 0.2440	0.2327	– 0.6582	0.4852
	C_{20}	– 0.3097	0.3685	0.3027	– 0.6595	– 0.5682	0.8662
二级指标	B_1	0.3357	– 0.9897	– 0.1867	0.6968	– 0.5528	0.6968
	B_2	– 0.2107	0.1946	0.6656	0.1780	– 0.6611	0.2569
	B_3	– 0.4217	– 0.2721	0.6192	0.6854	– 0.7529	0.1421
	B_4	0.5022	– 0.1063	0.9795	– 0.4523	– 0.6949	0.3974
	B_5	0.0114	0.9330	0.6024	– 0.5941	– 1.3020	0.3493
	B_6	– 0.8012	1.0334	– 0.0927	– 0.9529	0.3118	0.5016
	B_7	– 0.9505	0.2229	0.8145	– 0.2858	– 0.7067	0.9056
	B_8	– 0.1923	0.2865	0.1480	– 0.4070	– 0.5936	0.7584
一级指标	A_1	– 0.1760	– 0.1906	0.6181	0.3973	– 0.7059	0.2515
	A_2	– 0.3927	0.4188	0.3465	– 0.4477	– 0.6422	0.7173
可持续竞争优势	SCA	– 0.2617	0.0505	0.5107	0.0630	– 0.6807	0.4358

（1）由表 8 - 27 最后一行的 SCA 数值可以看出，六所民办高校的可持续竞争优势构建情况排名是 $U_I > U_L > U_J > U_H > U_G > U_K$。因此，这六所学校可以从比较中得知本校在所处教育领域中的地位，能够找到自己进一步学习和追赶的对象。比如，由定量分析结果可以看出，U_I 和 U_L 在这六所学校中表现出较强的可持续竞争优势。排名比较靠后的 U_H、U_G 和 U_K，可以向 U_I、U_L 和 U_J 三所学校学习借鉴他们办学过程中的经验，以提升自身的可持续竞争优势。

（2）通过分析表 8 - 25 的指标初始数值和表 8 - 27 的定量分析结果，可以看出这六所学校具体在哪些方面处于优势或劣势，哪些指标比较强，哪些指标比较弱，从而找到出现如上排名结果的原因。比如，对于"能力基础"这一要素，U_J 表现了较强的竞争优势，成为影响其可持续竞争优势构建的关键因素；对于"获省部级及以上表彰教职工数量"和"国家级、省级教学名师数量"这两个指标，U_I 遥遥领先于其他 5 所学校，U_G、U_H 和 U_L 三所学校尚且没有这两方面的荣誉。进而，通过开展可持续竞争优势定量分析，这六所学校能够较为清晰地找出其可持续竞争优势构建过程中取得的成绩和存在的问题，并可以有针对性地制定措施，改进和完善相应指标，为构建可持续竞争优势不懈努力。

（3）通过表 8 - 28 定量分析结果比较可以看出，六所学校的竞争优势、跃迁动力和可持续竞争优势情况排名分别为：$U_I > U_J > U_L > U_G > U_H > U_K$、$U_L > U_H > U_I > U_G > U_J > U_K$ 和 $U_I > U_L > U_J > U_H > U_G > U_K$。从定量分析结果比较 A_1、A_2、SCA 三者变化趋势基本相同，但也有异常情况出现。比如，U_J 这所学校整体可持续竞争优势不算太强，但竞争优势比较强，仅次于排名首位的 U_I。因此，这 6 所学校在可持续竞争优势构建过程中，可以从竞争优势和跃迁动力两方面分别着手并有所侧重，延续已有的优势，弥补发展中的不足。

表 8 - 28　　　　　　　　　六所专科层次民办高校定量分析结果比较

指标学校		U_I	U_L	U_J	U_H	U_G	U_K
一级指标	A_1	0.6181	0.2515	0.3973	- 0.1906	- 0.1760	- 0.7059
	A_2	0.3465	0.7173	- 0.4477	0.4188	- 0.3927	- 0.6422
可持续竞争优势	SCA	0.5107	0.4358	0.0630	0.0505	- 0.2617	- 0.6807

三、省际民办高校可持续竞争优势定量分析

（一）获取指标数值

本书通过查阅相关的各类统计年鉴和教育事业发展统计公报，通过开展问卷调查和专家判断等，获得省际民办高校可持续竞争优势定量分析所需的各项指标数值，具体如表 8 - 29 所示。

表 8 - 29　　　　　　　　六所省际范围民办高校四级指标初始数值

四级指标	U_M	U_N	U_O	U_P	U_Q	U_R
D_1（亿元）	19 800.81	16 205.45	32 191.30	37 756.59	24 621.67	14 454.91
D_2（元）	94 648.00	43 117.00	34 211.00	68 805.00	36 943.00	37 697.00
D_3（个）	74	62	92	93	91	62
D_4（个）	15	18	35	13	16	18
D_5	17.75	22.00	15.00	20.00	17.71	17.06
D_6	58.00%	49.00%	51.00%	54.00%	51.00%	47.00%
D_7	68.50%	65.00%	80.00%	70.00%	51.00%	63.83%
D_8	33.00%	34.00%	50.00%	40.00%	21.00%	45.83%
D_9	39.00%	33.80%	35.00%	34.00%	37.00%	32.00%
D_{10}	2.5625	1.8956	2.0031	1.9586	2.0683	1.7542
D_{11}（人）	132	119	150	154	124	125
D_{12}（人）	4	1	2	1	3	0
D_{13}（个）	1	3	1	0	1	0
D_{14}（平方米）	35.54	57.27	64.20	54.17	35.32	4.01
D_{15}（平方米）	14.81	25.64	10.25	20.00	8.83	16.02
D_{16}（平方米）	3.78	1.40	1.54	1.03	2.45	0.98
D_{17}（平方米）	15.60	21.16	29.63	23.75	10.33	9.10
D_{18}（平方米）	4.64	3.12	6.03	5.12	3.13	2.46
D_{19}（册）	57.56	95.35	108.89	84.56	59.85	104.38
D_{20}（元）	5 043.00	3 692.05	7 407.41	4 516.80	3 659.55	6 031.73
D_{21}（个）	140	87	118	109	126	72
D_{22}（台）	25.80	12.46	16.11	13.78	18.87	11.86
D_{23}（个）	85.00	61.25	98.21	75.13	86.13	71.59
D_{24}（人）	21 265	22 000	27 000	16 000	27 067	11 975
D_{25}	3.00%	2.00%	2.00%	2.00%	2.00%	2.00%
D_{26}	3.10%	2.10%	2.50%	2.40%	2.80%	6.00%
D_{27}（元）	12 183.21	97 916.00	10 742.00	98 712.00	11 089.00	77 413.00
D_{28}	0.91	0.88	0.94	0.93	0.95	0.86
D_{29}	82.40%	74.13%	79.80%	76.80%	81.90%	83.15%
D_{30}	98.00%	95.78%	96.56%	94.12%	97.02%	95.02%
D_{31}（个）	11	10	13	12	16	12

续表

四级指标	U_M	U_N	U_O	U_P	U_Q	U_R
D_{32}	96.10%	94.89%	95.12%	94.00%	95.56%	94.45%
D_{33}	98.00%	91.00%	93.00%	92%	97.00%	90.00%
D_{34}	90.00%	87.80%	90.00%	88%	91.00%	86.45%
D_{35}（个）	4	2	2	2	3	2
D_{36}（个）	2	9	6	5	7	2
D_{37}（个）	10	8	8	7	9	6
D_{38}	98.00%	96.00%	98.00%	97%	98.00%	96.00%
D_{39}（个）	107	75	88	96	98	76
D_{40}（个）	15	10	13	17	12	11
D_{41}（篇）	357	268	362	291	387	254
D_{42}（本）	77	63	81	76	84	71
D_{43}（个）	1.2471	0.8679	0.9718	0.9237	1.0978	1.0015
D_{44}（人）	64 000	62 123	69 858	70 718	77 669	31 785
D_{45}（人）	30 000	28 700	25 718	39 450	32 156	32 740
D_{46}	90.15%	87.58%	92.48%	91.75%	93.78%	89.16%
D_{47}	91.50%	83.12%	87.56%	84.51%	90.29%	90.40%
D_{48}	89.00%	79.00%	84.00%	81.00%	87.00%	74.50%
D_{49}	5.46%	5.78%	7.48%	8.14%	6.00%	4.75%
D_{50}	84.00%	73.90%	78.00%	76.80%	83.00%	90.00%
D_{51}（人）	3.00	1.98	2.15	2.00	2.75	2.70
D_{52}	9.00%	7.50%	7.90%	8.10%	8.90%	7.00%
D_{53}	64.00%	47.00%	57.00%	53.00%	60.00%	52.00%
D_{54}	12.00%	10.10%	9.74%	9.00%	10.89%	8.40%
D_{55}	4.80%	3.42%	3.00%	3.45%	3.45%	2.68%
D_{56}（个）	8	5	9	8	7	4
D_{57}（个）	6	3	5	4	5	3
D_{58}（个）	23	13	19	18	21	12
D_{59}	86.00%	78.00%	79.00%	77.00%	80.00%	84.00%
D_{60}（次）	58	52	52	41	54	47
D_{61}（次）	69	71	64	57	59	70
D_{62}（个）	21	17	17	18	20	16

续表

四级指标	U_M	U_N	U_O	U_P	U_Q	U_R
D_{63}（个）	18	13	14	10	19	11
D_{64}（个）	11	2	6	7	10	7
D_{65}	89.15%	76.38%	74.89%	69.18%	79.45%	85.79%
D_{66}（个）	115	89	94	96	108	94
D_{67}（个）	113	120	143	137	107	107
D_{68}（个）	69	42	67	60	71	50
D_{69}（个）	25	40	67	15	41	30
D_{70}（万元）	42	46	18	72	37	27
D_{71}（万元）	16	20	26	24	31	12

（二）数值标准化处理

本书用 Excel 表对表 8-29 的数值进行 Z-score 标准化，标准化处理后的结果如表 8-30 所示。

表 8-30　　　　　　　　六所省际范围民办高校指标数据标准化处理结果

四级指标	U_M	U_N	U_O	U_P	U_Q	U_R
D_1	-0.4735	-0.8630	0.8688	1.4717	0.0487	-1.0526
D_2	1.7394	-0.3908	-0.7589	0.6711	-0.6460	-0.6148
D_3	-0.3353	-1.1399	0.8717	0.9388	0.8047	-1.1399
D_4	-0.5218	-0.1461	1.9828	-0.7722	-0.3966	-0.1461
D_5	-0.2067	1.5387	-1.3361	0.7173	-0.2231	-0.4901
D_6	1.6316	-0.6870	-0.1718	0.6011	-0.1718	-1.2023
D_7	0.2231	-0.1467	1.4379	0.3815	-1.6256	-0.2703
D_8	-0.4156	-0.3191	1.2257	0.2602	-1.5742	0.8231
D_9	1.5446	-0.5326	-0.0533	-0.4527	0.7457	-1.2517
D_{10}	1.8832	-0.5222	-0.1345	-0.2950	0.1006	-1.0322
D_{11}	-0.1370	-1.0273	1.0958	1.3697	-0.6849	-0.6164
D_{12}	1.4720	-0.5661	0.1132	-0.5661	0.7926	-1.2455
D_{13}	0.0000	1.8257	0.0000	-0.9129	0.0000	-0.9129
D_{14}	-0.2833	0.7078	1.0239	0.5664	-0.2934	-1.7215
D_{15}	-0.1786	1.5565	-0.9092	0.6529	-1.1367	0.0152

续表

四级指标	U_M	U_N	U_O	U_P	U_Q	U_R
D_{16}	1.7778	−0.4298	−0.2999	−0.7729	0.5442	−0.8193
D_{17}	−0.3318	0.3613	1.4173	0.6842	−0.9888	−1.1422
D_{18}	0.4008	−0.6936	1.4015	0.7464	−0.6864	−1.1687
D_{19}	−1.2468	0.4642	1.0772	−0.0244	−1.1432	0.8730
D_{20}	−0.0106	−0.9392	1.6146	−0.3723	−0.9615	0.6690
D_{21}	1.2418	−0.8587	0.3699	0.0132	0.6870	−1.4532
D_{22}	1.7772	−0.7666	−0.0706	−0.5149	0.4557	−0.8810
D_{23}	0.4206	−1.4129	1.4404	−0.3413	0.5078	−0.6146
D_{24}	0.0634	0.1858	1.0185	−0.8135	1.0297	−1.4839
D_{25}	2.0412	−0.4082	−0.4082	−0.4082	−0.4082	−0.4082
D_{26}	−0.0348	−0.7303	−0.4521	−0.5217	−0.2434	1.9823
D_{27}	−0.8803	1.0469	−0.9127	1.0648	−0.9049	0.5860
D_{28}	−0.0470	−0.8933	0.7993	0.5172	1.0814	−1.4575
D_{29}	0.7587	−1.5623	0.0290	−0.8130	0.6184	0.9692
D_{30}	1.3652	−0.2161	0.3395	−1.3984	0.6672	−0.7574
D_{31}	−0.6455	−1.1296	0.3227	−0.1614	1.7751	−0.1614
D_{32}	1.4304	−0.1722	0.1324	−1.3510	0.7152	−0.7550
D_{33}	1.3757	−0.7643	−0.1529	−0.4586	1.0700	−1.0700
D_{34}	0.6528	−0.6238	0.6528	−0.5077	1.2331	−1.4072
D_{35}	1.7928	−0.5976	−0.5976	−0.5976	0.5976	−0.5976
D_{36}	−1.1363	1.3755	0.2990	−0.0598	0.6578	−1.1363
D_{37}	1.4142	0.0000	0.0000	−0.7071	0.7071	−1.4142
D_{38}	0.8476	−1.1866	0.8476	−0.1695	0.8476	−1.1866
D_{39}	1.3324	−1.1756	−0.1567	0.4702	0.6270	−1.0972
D_{40}	0.7670	−1.1504	0.0000	1.5339	−0.3835	−0.7670
D_{41}	0.6670	−0.9303	0.7568	−0.5175	1.2055	−1.1815
D_{42}	0.2222	−1.6442	0.7554	0.0889	1.1554	−0.5777
D_{43}	1.6805	−1.1047	−0.3415	−0.6948	0.5839	−0.1234
D_{44}	0.0812	−0.0353	0.4449	0.4982	0.9298	−1.9187
D_{45}	−0.3133	−0.5921	−1.2317	1.7136	0.1491	0.2744
D_{46}	−0.2919	−1.4171	0.7282	0.4086	1.2974	−0.7253

续表

四级指标	U_M	U_N	U_O	U_P	U_Q	U_R
D_{47}	1.0456	− 1.3861	− 0.0977	− 0.9828	0.6945	0.7264
D_{48}	1.2301	− 0.6384	0.2959	− 0.2647	0.8564	− 1.4793
D_{49}	− 0.6296	− 0.3804	0.9438	1.4579	− 0.2090	− 1.1827
D_{50}	0.5215	− 1.2054	− 0.5044	− 0.7096	0.3505	1.5474
D_{51}	1.2968	− 1.0238	− 0.6370	− 0.9783	0.7280	0.6143
D_{52}	1.1944	− 0.7251	− 0.2133	0.0427	1.0664	− 1.3650
D_{53}	1.3955	− 1.3955	0.2463	− 0.4104	0.7388	− 0.5746
D_{54}	1.5239	0.0603	− 0.2170	− 0.7870	0.6689	− 1.2491
D_{55}	1.8429	− 0.0645	− 0.6450	− 0.0230	− 0.0230	− 1.0873
D_{56}	0.6011	− 0.9446	1.1164	0.6011	0.0859	− 1.4599
D_{57}	1.3762	− 1.1010	0.5505	− 0.2752	0.5505	− 1.1010
D_{58}	1.2214	− 1.0687	0.3054	0.0763	0.7634	− 1.2977
D_{59}	1.4985	− 0.7493	− 0.4683	− 1.0302	− 0.1873	0.9366
D_{60}	1.2384	0.2252	0.2252	− 1.6324	0.5629	− 0.6192
D_{61}	0.6704	1.0056	− 0.1676	− 1.3408	− 1.0056	0.8380
D_{62}	1.4599	− 0.6011	− 0.6011	− 0.0859	0.9446	− 1.1164
D_{63}	1.0485	− 0.3191	− 0.0456	− 1.1397	1.3220	− 0.8661
D_{64}	1.2022	− 1.6204	− 0.3659	− 0.0523	0.8886	− 0.0523
D_{65}	1.3637	− 0.3760	− 0.5790	− 1.3569	0.0422	0.9060
D_{66}	1.5740	− 1.0382	− 0.5358	− 0.3349	0.8707	− 0.5358
D_{67}	− 0.5279	− 0.0754	1.4112	1.0234	− 0.9157	− 0.9157
D_{68}	0.7890	− 1.5350	0.6169	0.0143	0.9612	− 0.8464
D_{69}	− 0.6337	0.2050	1.7147	− 1.1928	0.2609	− 0.3541
D_{70}	0.0897	0.3051	− 1.2023	1.7047	− 0.1794	− 0.7178
D_{71}	− 0.7947	− 0.2167	0.6502	0.3612	1.3726	− 1.3726

（三）六所省际范围民办高校定量结果分析

将表 8 - 30 计算出的标准化数据代入本章第一节给出的公式 (8 - 2) 和公式 (8 - 3) 可分别得到竞争优势和跃迁动力数值，进而利用公式 (8 - 1) 可得出最终的可持续竞争优势比较情况。具体结果如表 8 - 31 所示。

表 8 - 31   六所省际范围民办高校定量分析结果

指标学校		U_M	U_N	U_O	U_P	U_Q	U_R
三级指标	C_1	0. 6330	- 0. 6269	0. 0549	1. 0714	- 0. 2986	- 0. 8337
	C_2	- 0. 4285	- 0. 6430	1. 4273	0. 0833	0. 2041	- 0. 6430
	C_3	0. 6661	- 0. 0485	0. 2419	0. 1226	- 0. 2934	- 0. 6886
	C_4	0. 3567	- 0. 0751	0. 7178	- 0. 0842	- 0. 2223	- 0. 8402
	C_5	0. 2285	- 0. 1598	0. 0090	- 0. 0323	0. 1109	- 0. 1562
	C_6	0. 4927	- 0. 9692	0. 2304	- 0. 7908	1. 0201	0. 0168
	C_7	0. 9113	- 0. 2814	0. 1688	- 0. 5504	0. 8329	- 1. 0813
	C_8	0. 9338	- 1. 2010	0. 2028	0. 1761	0. 6377	- 0. 7494
	C_9	- 0. 1161	- 0. 3137	- 0. 3934	1. 1059	0. 5395	- 0. 8222
	C_{10}	0. 3769	- 1. 2222	0. 9120	0. 8892	0. 3063	- 0. 6709
	C_{11}	0. 3002	- 0. 5094	0. 6198	0. 5966	0. 3237	- 1. 3310
	C_{12}	0. 9091	- 1. 1146	- 0. 5707	- 0. 8439	0. 5393	1. 0808
	C_{13}	1. 3711	- 0. 6867	- 0. 0613	- 0. 3849	0. 8246	- 1. 0628
	C_{14}	1. 8429	- 0. 0645	- 0. 6450	- 0. 0230	- 0. 0230	- 1. 0873
	C_{15}	0. 6011	- 0. 9446	1. 1164	0. 6011	0. 0859	- 1. 4599
	C_{16}	1. 2988	- 1. 0848	0. 4279	- 0. 0995	0. 6569	- 1. 1994
	C_{17}	1. 4985	- 0. 7493	- 0. 4683	- 1. 0302	- 0. 1873	0. 9366
	C_{18}	0. 9544	0. 6154	0. 0288	- 1. 4866	- 0. 2214	0. 1094
	C_{19}	1. 2367	- 0. 8468	- 0. 3375	- 0. 4259	1. 0516	- 0. 6782
	C_{20}	0. 2658	- 0. 3903	0. 2966	0. 0313	0. 3448	- 0. 5482
二级指标	B_1	0. 3454	- 0. 6313	0. 4267	0. 8037	- 0. 1625	- 0. 7821
	B_2	0. 5354	- 0. 2988	0. 2412	- 0. 1459	0. 1019	- 0. 4450
	B_3	0. 6776	- 0. 4044	0. 0436	- 0. 0777	0. 7407	- 0. 9798
	B_4	0. 4835	- 1. 1081	0. 5506	0. 4729	0. 3594	- 0. 3715
	B_5	1. 5102	- 0. 5033	- 0. 2333	- 0. 2782	0. 5748	- 1. 0700
	B_6	0. 7869	- 0. 9820	0. 9331	0. 4146	0. 2379	- 1. 3905
	B_7	1. 1137	0. 2159	- 0. 1167	- 1. 3530	- 0. 2114	0. 3515
	B_8	0. 5406	- 0. 5195	0. 1172	- 0. 0981	0. 5448	- 0. 5850
一级指标	A_1	0. 5880	- 0. 4979	0. 1960	0. 0554	0. 4561	- 0. 7445
	A_2	0. 8258	- 0. 3815	0. 0810	- 0. 3764	0. 3459	- 0. 4948
可持续竞争优势	SCA	0. 6821	- 0. 4519	0. 1505	- 0. 1154	0. 4125	- 0. 6458

（1）由表 8 - 31 最后一行的 SCA 数值可以看出，六所省际民办高校的可持续竞争优势构建情况排名是 $U_M > U_Q > U_O > U_P > U_N > U_R$。因此，这六所学校可以分别从比较中得知本校在所处教育领域中的排名及其地位，并能够找到自己进一步学习和追赶的对象。由定量分析结果可以看出，U_M、U_Q 和 U_O 在这六所学校中表现出较强的可持续竞争优势，排名比较靠后的 U_P、U_N 和 U_R 三所学校，可以向 U_M、U_Q 和 U_O 三所学校学习借鉴他们在办学过程中取得的经验，以提升自身的可持续竞争优势。

（2）通过分析表 8 - 29 的指标初始数值和表 8 - 31 的定量分析结果，可以看出这六所学校具体在哪些方面处于优势或劣势，哪些指标比较强，哪些指标比较弱，从而找到出现如上排名结果的原因。比如，对于"人均地区生产总值"这一指标，U_M 远远超过了其他五所学校，表明其具有较为优越的环境基础，是影响其竞争优势较强的关键因素，处于优势地位；对于"生均校园面积"这一指标，U_R 远远落后于另外五所学校，有比较大的差距，处于劣势地位。因此，通过开展可持续竞争优势定量分析，这六所学校能够较为清晰地找出其可持续竞争优势构建过程中取得的成绩和存在的问题，并可以有针对性地制定措施，改进和完善相应指标，为构建可持续竞争优势不懈努力。

（3）通过表 8 - 32 定量分析结果比较可以看出，六所学校的竞争优势、跃迁动力和可持续竞争优势情况排名都是：$U_M > U_Q > U_O > U_P > U_N > U_R$。从定量分析结果比较可以看出 A_1、A_2、SCA 三者数据呈现同样的变化趋势。进而，这六所学校在可持续竞争优势构建过程中，可以从竞争优势和跃迁动力两方面分别着手，查缺补漏，延续已有的优势，弥补发展中的不足。

表 8 - 32　　　　　　　　六所省际范围民办高校定量分析结果比较

指标学校		U_M	U_Q	U_O	U_P	U_N	U_R
一级指标	A_1	0.5880	0.4561	0.1960	0.0554	- 0.4979	- 0.7445
	A_2	0.8258	0.3459	0.0810	- 0.3764	- 0.3815	- 0.4948
可持续竞争优势	SCA	0.6821	0.4125	0.1505	- 0.1154	- 0.4519	- 0.6458

（4）通过查阅多个社会评价给出的高校排名，发现定量分析得出的如上排名与这些社会评价结果基本相符，从一定程度上验证了本书所构建指标体系和定量分析算法的有效性和适用性。比如，中国校友会网大学研究团队给出的"2014 中国民办大学排行榜 100 强"中，六所学校的先后排名依次为 $U_Q > U_M > U_O > U_P > U_N > U_R$，其中，$U_M$ 和 U_Q 排名相邻，与本书结果并无太大差异。

第三节　民办高校可持续竞争优势个案分析

本书从模型的角度对定量分析中的几所民办高校展开定性分析，通过梳理总结各自的发展历程，着重分析他们自办学以来在可持续竞争优势构建过程中的得与失、优势与劣势、优点与不足，从定性的角度对定量分析结果予以诠释。

一、U_A 个案分析

U_A 始建于 1992 年，于 2005 年升格为民办本科高校，2009 年获批学士学位授予权。办学 20 多年以来，U_A 一直遵循着夯实发展基础、强化跃迁动力、坚持正确路径的原则，得以发展成为理念先进、条件优越、专业特色突出的民办本科高校。

（一）建设成果

1. 发展基础夯实

（1）优越的地理区位环境。U_A 位于青岛市西海岸新区中心，胶州湾跨海大桥、胶州湾海底隧道环抱左右，地处繁华，交通便利。虽然青岛不是省会城市，但与济南相比，青岛是国际滨海旅游度假胜地，蔚蓝海洋，空气清新，被誉为中国最美城市、最具幸福感城市。青岛还是国际性海港和区域性枢纽空港，名企云集，人才需求旺盛。同时，我们从表 8 - 21 中 D_1、D_2、D_3、D_4 4 个初始数值也可以看出，青岛的地区生产总值和人均地区生产总值都高于济南，但其公办高校和民办高校数量都少于济南，也就是说青岛的经济发展水平高于济南，但行业竞争强度比济南弱。因此，从办学的地理区位选择上看，U_A 占据了优越的地理位置，比 U_B、U_C、U_F 更能够获得有利的区位优势。

（2）优良的师资队伍。从指标数值来看，U_A 自有师资队伍中专职教师比例较高，在 6 所学校中处于第 3 位，且其年龄结构、学历结构和职称结构均较为合理，中青年教师比例为 46.04%，硕士学位及以上教师比例为 58.79%，副高级及以上职称教师比例为 31.54%，均达到了教育部本科教学工作水平评估的标准。这得益于学校高度重视师资队伍建设，实施人才强校战略和"四大工程"，即专任教师工程、人才引进工程、名师建设工程、"双师型"教师工程。

①专任教师工程。学校以建立一支高水平的专任教师队伍为目标，高标准、高质量引进教学人员。引进教师时，注重专业、学历和学位，着重考察教师的职业道德和授课能力，考察教师的价值取向与学校价值观的符合度。

②人才引进工程。坚持"质量为本"的原则加大师资引进和培养力度，从国

内知名高校聘请专家教授，引进从海外归来的高层次人才。对学术大师、博士生导师等知名专家学者，采用专兼结合、项目合作、短期工作等方式引进；对学校重点发展的学科，设置特聘教授岗位，面向国内外公开招聘；以学科和学术团队为平台，构筑人才高地，不断提升学校的学术竞争力和社会影响力。

③名师建设工程。制定了《关于启动名师工程的实施意见》，出台实施《人才激励办法》，每年遴选教学团队带头人、科研团队带头人等四个层次人才。在教学科研工作中，充分发挥名师的示范带头作用，收到良好效果。结合重点专业建设、专业调研和人才培养方案修订、教学大纲修订等工作，对专业负责人进行相关培训，提高专业负责人的业务能力。

④"双师型"教师工程。出台《"双师型"教师培养办法》和《中青年教师实践能力考核方案》。建立"双师型"教师培养和引进机制，实施以企业实践为重点的教师继续教育制度。建立专业教师实践基地，安排教师到企业实习。在教师引进、岗位晋升、职称评定等工作中，强调教师企业工作经历和职业能力要求。将教师参与企业技术研究、产品开发、咨询服务等作为专业技术职务评聘和工作绩效考核的重要内容。从企业聘请兼职教师，使学校学科专业建设与区域经济发展密切结合，学生专业知识水平、实践能力符合企业岗位需求。

（3）较为充沛的财力资源。青岛经济发展水平高于济南和德州，使得 U_A 能够受到本地经济的带动，从多个方面整合资源，进而保证良好的生源，具有较为充沛的财力资源。目前，学校教育发展基金会基金已达 6 000 多万元，每年以 300 万元激励优秀学生和资助贫困生。具体表现在指标上，在 6 所学校中，U_A 的办学规模最大，即在校生数量最大，达到了 18 000 人；市场占有率仅次于 U_C，原因在于 U_C 所在地区学校数量非常少、基数小。

（4）厚实的能力基础。学校充分利用所处环境优势和资源基础，具备了较强的人才培养能力、科学研究能力和社会服务能力，整体水平在 6 所学校中名列前茅。

为提升人才培养能力，学校制定了"培养明德、践行、善事、创新之现代公民"的人才培养目标。始终秉承以德立校、立德树人，始终秉持"德育为首、人品为先，要学做事，先学做人"的育人准则。坚持以学生为本，把学生作为教学和管理等一切工作的根本，把学生的利益放在学校生存和发展的首位。学校获评"就业前景十佳高校""全国就业示范高校""山东省企校合作培养人才先进单位"等称号。具体表现为，学校应届毕业生初次就业率达到了 94%，近 3 年毕业生年底平均就业率达到了 96%。

学校以科研服务教学，积极研究经济社会发展重大课题，为企业提供技术服务，为企业培训技术力量。获批国家自然科学基金委员会青年科学基金项目等科研项目。科研水平在 6 所学校中遥遥领先，具体表现为，近 3 年获批省部级及以上科研立项 39 项，获省部级及以上科研成果奖 34 项，发表中文核心期刊及以上级别论文 48 篇，出版学术专著和教材 156 部。

服务社会方面，学校的世界动物标本艺术馆是省级科普教育基地，2014 年与青岛森林野生动物园联合签订服务社会协议，双方通过出版并发放科普宣传资料、举办科普教育活动等多种方式大力推进科普宣传工作，唤起社会的环保意识。另外，在为社会培养输送人才方面，U_A 累计向社会输送的毕业生数量最多，达到了 65 000 余人。

（5）合理的制度安排。通过调查数据统计发现，U_A 的教学管理制度、人事管理制度和学生管理制度均获得了较高的学生和教职工满意度，学生对课程设置、教学管理和学生管理的满意度分别为 83%、87% 和 79.48%，有力地保障了教育教学活动的高效运转。

2. 跃迁动力强劲

（1）秉承务实勤奋、敢于实践的举办者精神。U_A 举办者在整个办学过程中一直坚持务实求真、敢于实践和勤奋工作。作为民办高校，既要遵循教育规律，又要遵循市场规律。只注重社会效益，忽略经济效益，民办高校生存会存在困难；而只注重经济效益，忽视社会效益，又使民办高校难以实现可持续发展，因此在注重社会效益的同时应当兼顾经济效益。唯有把遵循"两个规律"有机地统一起来，才能使学校长久发展。举办者一直坚持用自己务实的行动，来潜移默化地培养师生员工务实、求真的学风；坚持在实践中不断总结经验，不断地完善自己、发展自己，最终成就自己；坚持锲而不舍的顽强意志，不畏艰难的精神和持之以恒的作风。举办者兼任 5 个社会职务，获 4 项省部级及以上奖励，拥有 4 个省部级及以上荣誉称号。

（2）注重建设精神文化、行为文化和环境文化。①精神文化。U_A 高度重视精神文化建设，营造宽松的教育教学氛围，形成良好的学风、教风，坚持以优秀的文化来熏陶、影响学生的成长，注重培养学生的人格魅力，先提升个人品质再学习专业知识，先学会做人，再学会做事。在精神文化建设的前提下，学校还非常重视环境文化和行为文化建设。表现在指标上，教职工工作条件及环境满意度达到了 79%，近 3 年组织了 61 次学术活动、42 次校外文化交流活动。②行为文化。学校定期或不定期地开展主题教育活动，进行思想政治、道德品质、爱党、爱国等教育；鼓励学生广泛参与到公益性活动中；通过读书有感、英语角等活动激发学生热爱学习、热爱生活的动机。③环境文化。学校高度重视校园文化建设，环境文化和精神文化并举，建设了姹紫嫣红、美丽如画的校园环境。着力打造与教学科研相配套的文化设施，用丰富载体支撑文化建设。建设主题文化长廊，修建名人雕像广场，建设专题艺术馆，陶冶学生的情操，提升学生的文化品位。学校建有综合运动场、篮球场、网球场、排球场、羽毛球场、室内体育馆、泳池游泳馆、形体训练厅等众多运动场馆；学校现为青岛市生态文化科普教育基地、山东省三星级科普基地、国家 AAA 级旅游景区。

（3）不断提升动态能力。学校致力于建设开放的国际化大学，坚持开放和鼓励交流是学校对外合作交流的指导思想，"走出去"和"引进来"相结合，先后与国内外 120 多所大学及科研机构开展友好交流合作。学校获得国家级、省级优秀教学成果奖 7 项，获评"企校合作先进单位"荣誉称号，获批"教育部本科专业综合改革试点项目""教育部应用技术大学战略研究改革试点院校"。

3. 发展路径正确

（1）坚持诚信办学。U_A 始终坚信坦诚是做人的品质和德性，是对人的最低要求同时也是最高要求。胸怀坦荡、光明磊落、大公无私、为人正直是做人的本分。"诚"，就是为人忠诚、守信，是做人的基本要求和立命、立身的基石，也是人与人相处的必要条件。"诚"与"忠"是紧密相连的，"忠"就是要忠于自己的民族，忠于自己的事业，忠于自己的家庭，忠于自己的集体。作为一所学校，U_A 坚持诚信办学，认为没有教育的诚信就没有诚信的教育，作为老师、学生，做人都要坦诚，只有坦诚的教师才能培养出坦诚的学生。正是得益于诚信办学这条基本原则，U_A 才得以引进了精干的师资、培养了优秀的学生、赢得了社会的认可。

（2）坚持持续创新。U_A 鼓励开拓精神，体现为创新的思想、创新的思维和创新的行为，敢于做前人没有做过、没有尝试过的事情。学校在诸多方面持续创新，办出了特色。学校学科专业群与区域产业链紧密对接——紧贴青岛发展"现代服务业"定位，设置了外语类、经贸类专业及软件外包方向；针对青岛发展"先进制造业"的目标，设置了机电和工程类专业；对接青岛发展"战略性新兴产业"目标，设置了材料、信息类专业；紧跟区域国际经济发展——日语、朝鲜语、英语等专业实施"外语 + 经贸"培养，国际经济与贸易、市场营销、经济学等专业实施"专业 + 外语"培养；计算机科学与技术专业设置了软件外包方向。学校日语、金属材料工程、机电一体化、会计电算化、应用韩语等 5 个专业被评为省级特色专业。机电一体化专业群被确定为青岛市重点建设专业群，金属材料工程被确定为市校共建重点学科，经济管理实验教学中心被评为省级实验教学示范中心。

（3）坚持顾客价值至上。学校始终坚持以学生发展为本，始终秉承一切从学生出发、一切为了学生的办学理念，创办人民满意的教育。学校开展教育、管理等一切活动的最终目的是使学生获得最大利益、保障实现学生顾客价值。

（二）存在的问题

通过定量分析结果我们可以看出，U_A 在物力资源、组织学习、动态能力等方面还存在一些问题，有待加大建设力度，着重在这些方面构建可持续竞争优势。

（1）在夯实发展基础方面，U_A 的基础设施建设要弱于其他 5 所学校，其生均校园面积、生均教学行政用房面积、生均实验室面积、生均宿舍面积、生均体育场馆面积、生均教学科研仪器设备值等数值均小于其他 5 所学校。从"双师型"教师比例这一指标可以看出，学校"双师型"教师比例较小，在 6 所学校中处于最后一位，这也导致了 U_A 考取职业资格证书学生比例也在 6 所学校中处于最后一位。另外，U_A 还需要加大社会服务能力建设，近 3 年为社会培训的各类人才数量仅为 900 人，远远低于 U_B 的 6 000 人。

（2）在强化跃迁动力方面，U_A 需要重视开展组织学习和培养动态能力。近 3 年，不论是中层及以上领导还是普通教职工，参加学习的人员比例都较低。这将不利于 U_A 创造新的竞争优势、提升人才培养能力。与其他学校相比，U_A 的动态能力也不是特别突出。在教学改革能力方面，学校近 3 年教学改革研究课题立项 11 个、结题 8 个，落后于 U_B 和 U_C 两所学校。在整合资源能力方面，U_A 获得的社会捐赠和校友捐赠数额要小于 U_B、U_C 和 U_D 三所学校。

二、U_B 个案分析

U_B 是教育部批准的普通本科高校。创建于 1993 年，当时隶属于山东中医学院（现山东中医药大学）中医中专培训部。2011 年 4 月，经教育部批准升为普通本科高校。20 多年的发展历程中，学校坚持从夯实基础、建立竞争优势，强化动力、实现顺利跃迁，遵循正确路径、保证跃迁方向三个方面构建可持续竞争优势，为实现可持续发展而不懈努力。从定量分析结果得知，U_B 在 6 所学校中排名第一，在可持续竞争优势构建过程中取得了可观的成果。

（一）建设成果

1. 夯实基础，建立竞争优势

（1）适应环境，科学定位。

①适应宏观政策环境变化，抓住有利发展时机。以 1992 年春邓小平南方谈话为标志，民办高等教育进入了思想解放、充满活力的探索时期，学校举办者抓住这一契机，适应国家高等教育政策走向，于 1993 年始创学校雏形——山东中医学院（现山东中医药大学）中医中专培训部。随后的 20 多年里，国家和地方政府为民办高校的发展创造了越来越宽松的政策环境。U_B 正是在适应国家政策环境发展变化的前提下，不断夯实基础、整合资源、提升能力，才得以从一个小的培训班不断成长为在校生规模几万余人的普通本科高校。

②占据有利地理区位，适应教育经济发展。U_B 选址于山东省省会城市——"泉城"济南，占据了有利地理区位。首先，济南是山东省政治经济中心、区域性金融中心，对于二、三产业的高素质应用型人才的需求量很大。由此，U_B 适应宏观政策环境和产业环境，定位于建设立足济南、面向山东、辐射全国、服务

基层和区域经济社会发展的教学型高等院校，以应用型人才为培养目标。其次，济南是山东省教育主管部门所在地，蕴含着丰厚、优质的办学资源，有公办高校26 所，民办高校 8 所，U_B 利用这一地理区位优势，便于获得各类教育信息、广泛开拓交流渠道、争取上级的有力支持，便于从知名高校学习、吸收先进的办学理念和办学经验，便于聘请知名高校的专家教授来校指导工作。再次，济南是山东省文化中心，是多种先进思想、先进文化交汇整合的地方，其厚重的文化积淀、浓厚的文化氛围能使学生无形中受到感染和熏陶，有助于学生开阔视野、活跃思维、提升综合素质。

（2）整合资源，奠定基础。U_B 一直坚持整合学校内外各种资源，主要有人力资源、物力资源、财力资源和无形资源，大力夯实办学基础。

①学校高度重视人力资源。U_B 把"人才"视为健康持续发展的关键，努力建设"三支队伍"，即教师队伍、管理队伍和服务队伍。教师队伍建设实施"三化"人才工程，即名师化、双师化、硕博化；管理队伍建设实施"专家化"工程；服务队伍实施"专业化"工程。正是在这样的战略指导下，U_B 现有 4 名国家级、省级教学名师，4 个国家级、省级教学团队，11 位教职工获省部级及以上表彰，与其他 4 所学校相比，显示出了绝对的优势，即使发展水平相当的 U_A 在这几个方面也稍逊一筹。

②努力建设无形资源。U_B 一直秉承先进的办学理念。坚持"办学以教师为本，教学以学生为本"，突出学生的主体地位和教师的主导作用，强化应用能力培养，实施素质教育，把立德树人作为根本任务。努力打造品牌，发挥品牌效应。自办学以来，U_B 获 16 项省部级及以上表彰，领先于其他 4 所学校。近年来，学校获得"全国先进社会组织""黄炎培优秀学校奖""全省教育工作先进单位""优秀民办非企业单位""山东省优秀省管非企业单位""五好先进基层党组织""最具影响力的中国十佳职业院校""规范化建设示范单位""中国品牌影响力民办高校""百姓口碑最佳荣誉单位""三十佳民办品牌学校"等诸多荣誉称号。

③大力兴建物力资源。为保证教学质量和人才培养质量，U_B 非常重视完善教育教学条件，现拥有较为完善的现代化教学基础设施和实验设备，建有 8 个教学实验实训中心和 258 个实验室。为了保证医学、护理学两个学科办出水平、办出特色，学校还建成了山东省重点建设的、由中央提供财政支持的医护实验实训中心。

（3）培育核心能力，提升办学能力。办学能力是衡量民办高校办学水平的重要指标，是竞争优势的综合体现。人才培养能力是民办高校的核心能力，是构建竞争优势的关键。U_B 始终围绕着人才培养、科学研究、社会服务三大职能开展一切工作，从这三个方面来提升整体办学能力。

①创新人才培养模式，提高人才培养能力。U_B 近 3 年毕业生年底平均就业

率达到了 97.33%，且用人单位满意度达到 98%，现拥有 4 个国家级、省级特色专业，43 门国家级、省级精品课程，与企业合作建立 4 个实验室，考取职业资格证书学生比例高达 98%。这一切成果得益于 U_B 把立德树人作为根本任务，坚持走产学研结合之路，以能力培养为重点，突出学生职业能力和职业素养的培养，在校企合作的基础上推行工学结合；根据专业调研、学生反馈及用人单位意见，不断调整人才培养方案，创新人才培养模式；根据社会需求优化教学内容，深化课程体系改革，不断创新教学方法和手段；探索适合不同专业发展的实践教学体系，强化实践教学。

②开展科学研究，促进教学质量提升。在开展科学研究方面，U_B 坚持以下 3 条原则，一是科研政策倾斜教学，学校设立了专项资金，激励教师开展教学研究。二是科研平台服务教学，学校搭建了教育教学研究交流平台，促进教师相互之间学术交流。三是科研项目促进教学，学校把科研项目立项与教学改革创新密切结合，鼓励支持教师把科研项目、创新成果与人才培养有机结合起来，并且支持学生参与教师的科研项目。虽然与 U_A 有一定差距，但从近 3 年统计数据来看，U_B 也取得了较为显著的成果，具体表现为，获省部级及以上科研立项 25 项，省部级及以上科研成果奖 47 项，发表中文核心期刊及以上级别论文 23 篇，出版学术专著和教材 69 部。

③无私服务社会，树立良好社会信誉。U_B 坚持在回报社会中育人，在服务社会中发展，以感恩之心、奉献之情回报社会。充分利用自身特色专业的资源优势，免费提供社会培训。U_B 被认定为山东省高级养老服务与管理人才培训基地，承办全省高级养老护理员培训工作；利用实训基地仪器设备优势，为企业提供技术攻关服务，开展横向课题研究；注重应用成果转化和技术服务。办学以来累计向社会输送毕业生 35 000 人，近 3 年为社会培训各类人才 6 000 人。因此，学校树立了良好的社会信誉，赢得了社会的普遍认可和高度赞赏。

(4) 完善体制机制，发挥体制机制优势。管理的制度化、规范化是学校有效运行与持续发展的有效保障，保障着学校工作有章可循、有法可依、运行有序。U_B 以"立足优势、更新观念、创新体制、优化机制、激发活力、推动发展"为总体要求，积极稳妥地推进学校体制机制改革。主要表现为：一是强化校内教学质量保障体系建设，完善教学质量标准系统、教学质量监控系统、教学质量信息系统、组织保障系统、条件保障系统、整改监督系统"六大"系统建设；二是注重过程管理、过程考核，构建自我评估体系；三是完善董事会领导下的办学体制和教职工代表大会制度；四是完善内部体制改革。学校逐步形成了符合高等教育发展规律和适应应用型人才培养的现代大学制度体系。通过满意度调查发现，在教学管理制度方面，学生对 U_B 课程设置、教学管理的满意度分别达到了 88%、85%；在人事管理制度方面，教职工报酬满意度为 78%，离职率仅为 6.42%，在 5 所学校中情况为最好；在学生管理制度方面，U_B 每百名学生配备管理人员

2.81 人，学生对学生管理满意度达到了 80%。

2. 强化动力，实现顺势跃迁

（1）加强组织学习，建设学习型组织。U_B 非常重视组织学习在学校发展中的作用，致力于构建学习型组织。第一，建立了共同的组织学习愿景，明确了组织学习的共同目标；第二，高度重视营造浓厚的学习氛围，建立了有效的学习与创新激励机制，激发师生员工创新潜质和创造潜能；第三，要求从校级领导到中层领导再到基层岗位上的专任教师、辅导员、行政管理人员等全员参与学习，坚持不懈地学习；第四，搭建了多种学习交流平台，鼓励全员互相交流学习经验，相互促进，共同提高。近 3 年，U_B 投入教育培训的经费比例占 1.56%，让 7% 的中层及以上领导参加了学习培训，让 44.12% 的教职工参加了进修培训，给8.33% 的教职工提供了参加学历提升教育的机会。

（2）弘扬举办者精神。建校以来，U_B 举办者带领师生员工艰苦奋斗、拼搏创新，形成了"协同奋进、和合向上"的校园精神，其内涵包括拼搏进取的奋斗精神、团结包容的合作精神、崇尚科学的求是精神和回报社会的奉献精神，全校师生员工发扬这四种精神，推动学校不断发展。举办者兼任 5 项社会职务，获 7项省部级及以上奖项，拥有 9 个省部级及以上荣誉称号，赢得了一定的社会声望，获得了良好的口碑。

（3）推行"和合"文化，构建和谐校园。U_B 重视文化育人，大力推行具有自身特色的"和合"文化。全面开展精神文化、环境文化和行为文化建设，努力建设充满活力、特色鲜明的校园文化。

①积极向上的精神文化。U_B 启动精神文化建设工程，着重提升校园文化品质。主要体现在"明道致远，德和崇文"的校训，"诚信、奉献、求真、务实"的校风，"勤学、善思、笃行、创新"的学风三个方面。U_B 坚持走以"和谐、合作"为内涵的"和合"办学之路，推行人人做到"三和"，即心和、人和、天和，也就是人自身要和谐、人与人要和谐、人与自然要和谐；倡导"树善良之心、成善良之事、做善良之人"的风气；注重团队精神培养，强化团队合作，构建"简化、净化、优化"的人际关系。

②优美高雅的环境文化。U_B 重视校园景观建设，用优美的校园景观影响和熏陶师生的情操。合理规划校园整体布局，加强校园人文环境建设，在校园布置名人雕像、艺术作品，建设完善校园导识系统。完善校内广播、校园宣传栏等文化设施建设。加强校园网站建设，充分发挥校园网在文化建设中的作用。通过调查发现，教职工对 U_B 工作条件及环境的满意度达到了 80%。

③知行合一的行为文化。U_B 经常精心组织校园文化活动，举办"大讲堂"等学术论坛，邀请专家学者来校举办专题报告会，营造浓厚的学术氛围。利用重大节庆日和纪念日，运用征文比赛、专题讲座、主题班会等形式，持续开展主题教育活动。积极组织大学生参加科技技能竞赛等活动，深入开展社会实践活动，

引导师生践行社会主义核心价值观。近 3 年，U_B 举办了 70 余次学术活动，领先于其他 4 所高校，校外文化交流活动 30 多次，也名列前茅。

（4）提升动态能力。U_B 充分发挥民办高校办学机制灵活的特点，有效整合、配置校内外各种资源和能力，有效克服核心刚性，提高学校适应环境的能力，推动协同创新，具有较为强劲的动态能力。

U_B 坚持开放办学，走产学结合之路。加强校企合作，推行工学结合，形成了校地、校企、校校深度合作的办学机制。与济南市地方政府签订了长期战略合作协议；与 111 家企业签订了合作协议，实施校企共建、协同育人；与国内 30 余家兄弟院校建立了友好合作院校关系，实现资源共享，联合培养；与 13 个国家 30 余所高校建立了对外合作关系，进行广泛的学术与教育交流，引进国际优质教育资源，形成多渠道、多层次、多形式协同育人的交流合作局面。

U_B 注重资源整合，积极吸纳社会资源。一是学校层面依托"一校五委"，实施"专家治校"，"一校"是指董事会领导下的校长负责制下的校委会，"五委"是指顾问委员会、学术委员会、专业建设指导委员会、教学指导委员会和教学督导委员会，通过"一校五委"平台，把高校的知名专家聚焦到学校，成为学校的管理核心，参与决策，落实管理，有力促进学校健康持续发展。二是教学单位层面依托公办高校教授，实施"教授治学"，教学单位负责人、专业负责人以来自公办高校相应专业的教授为主，利用他们所在学校的品牌优势、资源优势，借鉴他们的教学、管理经验，开展学科专业建设与教育教学改革，实施教学与管理。三是一线教师层面依托高校名师，实施"名师执教"，聘请从高校教学岗位退下来的专家、教授、名师来学校任教，开展课程建设与教学改革。

3. 遵循正确路径，保证跃迁方向

建校以来，U_B 始终坚持社会主义办学方向，以建设高水平民办大学为目标，主动适应区域经济社会发展，以培养高素质应用型人才为根本。20 多年的办学历程，U_B 始终坚持着正确的办学方向，坚持可持续发展目标不动摇。

（1）坚持走诚信办学之路。U_B 把诚信办学当作建校之基、立校之本、兴校之源、强校之魂。坚持依法办学、诚信办学、规范办学不动摇，严格遵守国家有关法律法规，认真落实教育行政主管部门的规定和要求，在招生、教学、就业、管理服务等工作中，认真履行承诺，不做虚假宣传、不做虚假承诺，连续多年零投诉、零举报，得到了社会的广泛认可，获得了良好的社会声誉。

（2）坚持走持续创新之路。U_B 立足自身实际，密切结合民办高校特点，以教学为中心，以市场为导向，强化人才培养，努力提高教育教学质量。遵循教育规律，强化教学工作的中心地位、教学质量的关键地位、教学投入的优先地位；遵循市场规律，主动适应区域经济社会发展，灵活设置与调整专业，优化专业结构。

U_B 坚持持续创新，充分运用民办高校体制机制灵活的优势，积极在专业建设和人才培养上开展创新，培育核心能力，以构建专业优势和人才培养特色。在专业建设方面，学校形成了以工学为主体，以医学为特色，工、医、管、文、教等学科相互渗透、互为支撑、协调发展的专业格局。在人才培养方面，学校创建了工学结合"六双"人才培养模式和"三结合、四经历、五环节"的医护人才培养模式。

（3）坚持走提高顾客价值之路。面对学生顾客，U_B 努力做好"五个结合"，提高学生顾客价值。在人才培养过程中，U_B 坚持专业设置与岗位需求、课程设置与行业标准、教学过程与工作过程、实习与就业、校园文化与企业文化等五个方面的结合，最终实现三个"零距离"的目标，即学生实践环境与实际工作环境零距离、企业用人标准与人才培养规格零距离、学生就业零距离，满足学生能力发展和就业的需求。

面对企业顾客，U_B 努力把握"四个关键点"，提高企业顾客价值。U_B 把握校企合作的切入点，在人才培养中以企业岗位标准为导向，充分调动企业合作积极性；把握校企合作认同点，形成共识，推进校企深度合作；把握校企合作的结合点，以企业的需求为导向制定人才培养方案，实现民办高校人才培养规格与企业的岗位标准相结合，学生实习与就业相结合；把握校企合作的利益点，构建校企长期合作机制。

（二）存在的问题

在这 6 所学校中，U_B 虽然排名处于第一位，但其在可持续竞争优势构建过程中仍然存在许多问题。比如，在所处地理区位方面，由于济南市高等院校数量比较多，使得 U_B 必然面临较为激烈的竞争，在各项资源的获取上困难较大，生源也较为紧张。在财力资源方面，生均年教育经费投入 10 203.99 元，属于中等水平，但资产负债率高达 30%，高于其他 5 所学校，这导致 U_B 在发展过程中必然会受到经费不足的影响。在科学研究能力方面，U_B 明显弱于 U_A，科研能力不强将在一定程度上影响学校的人才培养能力。鉴于这些问题，U_B 要在夯实现有基础的前提下，有针对性地采取有力措施，不断提升可持续竞争优势，实现可持续发展。

三、U_I 个案分析

U_I 坐落于享有"中国龙城·舜帝故里"美誉的历史文化名城山东诸城，是一所专科层次的全日制普通高校。学校以创办促进人民幸福的教育为目标，全面深化内涵建设，强化规范化、精细化管理，不断提升办学水平，实现了特色发展和品牌发展，为区域经济社会发展培养了大批高素质技能型专门人才，为全面建成小康社会做出了应有的贡献。

（一）建设成果

1. 夯实发展基础

（1）建立专业化的师资队伍。从人力资源的各项测评指标来看，U_1各项指标在六所专科院校中均比较靠前，其中拥有的教学名师数量、获得省部级以上表彰的教职工数量等指标在六所专科学校中处于第一位，且其余指标如师生比、专兼职教师比例、"双师型"教师比例、专任教师的职称结构等也较为合理。这与学校重视师资队伍建设、坚持人才强校战略有密切关系。

2009年以来，U_1在原有师资基础上，加大力度，陆续从知名企业聘请高级技师负责实践教学，聘请企业技术负责人作为专业建设顾问，聘请企业能工巧匠作为兼职教师。同时，在专任教师中实施了"教学名师""双师素质""专业带头人"等人才引进工程，不断提高原有师资队伍的学历层次、教学水平，鼓励教师积极参加各类进修培训，考取与专业相关的职业资格证书。为进一步加大双师素质教师培养力度，自2010年起学校又出台了一系列教师企业顶岗训练奖惩办法，要求各专业每年有1/3的教师到企业进行实践研修，时间不少于6个月，实践指导教师原则上要具备3年以上的企业实践或工作经历，同时，支持教师参与技术项目研发和各项职业技能竞赛，获取高层次职业资格。学校十分重视打造专业教学团队，以骨干专业为依托，注重人员整合，形成团队合力，打造出多支业务精湛的专业课程团队，整体水平明显提升。

（2）整合资源，不断提升各项能力。学校充分利用外部环境和自身资源，不断提升其人才培养能力、科学研究能力和社会服务能力。

人才培养方面，学校在专业建设、课程建设中都十分重视集群化。在专业建设上，学校按照"教改试点专业—重点专业—特色专业—省级品牌专业—国家级重点建设专业"的建设思路和目标，有针对性地调整和优化专业结构布局，以重点专业为核心，逐步形成优势专业群。通过几年来的建设，以机电一体化、数控技术、服装设计、建筑工程、食品营养与检测、会计电算化、计算机应用等为核心的专业群已具备较强实力；以涉外旅游、酒店管理、商务英语、报关与国际货运、市场营销、电子商务等为支撑的新兴专业也已初具规模。在课程设置上，学校着眼于整个职业生涯对人才培养的需求，把课程分成既相互联系又有区别的"职业基础""职业技术""岗位专门技术"三个模块，实施了"搭建框架、掌握工具、精熟一技、立体包装"人才培养模式改革，为社会和经济建设输送高素质、技能型人才。同时，学校以创建精品课程为突破，带动课程建设整体上水平、上档次，特别把创建省级精品课程作为课程建设的重要工作来抓。

科学研究方面，学校秉承"教学是立校之本，科研是强校之路"的理念，非常重视科研工作。首先成立学术委员会，由知名专家、客座教授指导并带头参与科研工作；其次调整学校有关政策，加大对教师科研工作的考核和奖励力度；再次修订学校科研项目和科研基金管理办法，在经费上保障、政策上倾斜、人员上优先，形成了在教学中实践科研、在科研中提高教学的良好氛围。近三年来，学校获得省部级以上科研立项 8 项，省部级以上科研成果奖 3 项，教职工在国家级、省级各类报刊发表论文 900 多篇，主编、参编教材 45 部，从而使 U_1 的科研水平在六所专科学校中名列前茅。

服务社会方面，学校充分利用自身优势资源，结合地方经济发展需求，积极为地方企事业单位开展各种职业技能培训、职业资格鉴定测试等；依托当地社区教育学院，为当地培训新型农民和致富带头人，3 年来共为社会培训各类人才 2 600 人，在六所专科学校中排名第一。

（3）进行制度改革，建立合理的制度安排。学校以全面提高教育教学质量为重点，对教学、管理、财务和人事等制度进行改革。学校遵循"高效、规范"准则，调整优化学校机构，科学定岗定编，健全岗位职责；深化二级管理，明确责、权、利，扩大系部的工作自主权；健全考核机制和激励机制，做到优胜劣汰；围绕教学中心，强化服务意识，提高服务水平。一系列改革措施的实施，使学校的制度更趋合理，表现在指标体系上，U_1 的教学管理制度、人事管理制度和学生管理制度均获得了较高的学生和教职工满意度。

2. 提升跃迁动力

（1）实施文化建设工程，构建特色文化。U_1 秉承自强不息的追求精神、坚韧不拔的奋斗精神、凝心聚力的团队精神、勇于奉献的创业精神，形成了"厚德尚文、精技强能、超然大气、创新求异"的校风和"精、严、熟"的校训。

第一，开展核心价值与高职文化研究，凝练具有本校特色的校园文化。学生社团共组织 5 000 多人次，利用征文、文体活动、辩论会等形式，开展了专题研究和大讨论，探索高职文化与企业文化内涵，进一步增强了学生对企业文化的认同，促进了校企文化交融。学校投资 40 多万元，接纳毕业生自愿捐款 5 万余元，建设了占地 100 亩的校友园，使之成为校内外学生交流的良好平台，增强了学生对学校文化的认同，凝聚了学校文化的向心力。

第二，注重公寓文化建设。学校专门设立了公寓文化节，开展丰富多彩的公寓文化活动，建设积极、健康、和谐的公寓文化，增强学生的主人翁精神，充实丰富学生的业余文化生活，积极引导学生养成良好的公寓生活习惯。学校被评为省级公寓管理先进单位。

第三，建设文化体育活动场馆。学校投入 40 多万元，不断充实建设校史陈列室，传承学校办学历史与精神；建成学生毕业设计主题展示馆，凸显师生科研、实践、创新能力；完善大学生艺术展览中心，进一步丰富了学生课余文化生活。学校还投资 800 万元，新建高规格体育运动场。

第四，开展学生基础素质促进计划，强化学生综合素质。学校通过修订完善专业人才培养方案，提高了人文必修、选修课的数量和质量；探讨、形成人文素质培养的机制；不断增加人文类讲座，开展了"百家讲坛""青年讲坛""文化之旅系列报告"等活动，组建了大学生文化艺术团。

经过文化建设工程，凝练了学校精神，提升了文化内涵；进一步完善了校园文化软硬件建设，强化了人文素质教育；全面营造有利于学生成人成才的文化氛围，为形成具有特色的高职文化奠定了扎实基础。表现在指标上：教职工工作条件及环境满意度达到了80%，近3年组织了31次学术活动、40次校外文化交流活动。

（2）实施校企合作和教改工程，不断提升动态能力。在校企合作上，实施校企合作工程，不断拓宽"校中企、企中校"培养的合作面向，继续扩大与企业在共建校内实验实训基地上的合作。校企共建实验实训中心，按照院级教改试点专业30万元、重点专业50万元、特色专业70万元和省级特色品牌专业100万元的配套标准，加大了与合作企业共建实验实训中心的建设力度。目前，7个院级教改试点专业、4个院级重点专业和2个院级特色专业的实验实训中心均实现校企共建共管；建立良性循环的深度合作机制和培养模式，推进合作人才培养的规模不断增长，培养水平不断提高。

在教学改革方面，为保证教改工作的质量和成效，学校采取了四项有力措施：

第一，加强学习，提高认识。全院上下一切以教改工作为中心，形成了处处关心教改、事事服从教改、人人服务教改、政策倾斜教改的良好氛围。

第二，加强领导，落实责任。学校成立了评估教改领导小组，下设评估教改办公室和职能工作组，负责处理日常教改事务，分工推进教改工作。各系部也分别成立评估教改机构，开展系部评估教改工作。

第三，分解任务，建立目标责任制。教改工作领导小组按照《教改实施方案》分解工作任务，明确职责，制定标准，分阶段落实各项工作。建立了各项考核评价和奖惩制度，将教改工作执行情况纳入员工年终考核范畴。

第四，保证经费投入，确保教改质量。为保证各项工作质量，学校在年度经费预算上统筹考虑，妥善安排了教改经费，满足了教改工作的各项需求，为教改工作质量提供了有效保障。

3. 坚持正确的发展道路

（1）坚持诚信办学。U_1 坚持办学以诚信为本，以国家各项教育方针政策为办学准则，严格遵守《社会力量办学条例》《民办教育促进法》等国家法律、法规和相关政策。招生宣传方面，学校坚持做到所有面向社会、面向学生的承诺言出必行，不隐瞒、不欺骗、不误导学生和家长，不贬低其他院校，不做不切实际的承诺。通过定期书面问卷调查、电话回访和不定期举办座谈会等多种形式，及时接受学生和家长的监督，推进办学承诺的落实。在学费收取方面，学校严格执行教育收费公示制度，通过招生简章、网站、宣传栏等方式，将各项收费项目及其标准等进行公示，接受社会、学生及家长的监督，增强收费工作的透明度。

（2）坚持持续创新。学校在诸多方面坚持创新，办出了特色。例如，学校大力实施"4+1"人才职业培养工程，"4"指4种基本技能，"1"指1项核心专业技能，把计算机应用、普通话、英语应用、阅读能力等4项内容作为学生必须掌握的基本技能，然后根据各专业实际确定1项核心专业技能。联合山东、江苏的25家企业，成立了"产学研一体化联盟"，该联盟着力构建以校企深度融合为特色、以职业能力培养为核心、车间与教室一体、学生与员工一体、资源充分共享的可持续发展的"校中企、企中校"的校企合作运作模式，独创了基于供应链先进管理理念下的"人才设备同步制造，产品服务捆绑销售"人才培养新模式。

（二）存在的问题

在这6所民办专科学校中，U_I虽然排名处于第一位，但其在可持续竞争优势构建过程中仍然存在许多困难和问题。比如，在所处地理区位方面，由于潍坊市经济发展水平比较低，不利于U_I整合到较为丰富的社会资源。同时相比于其他五所学校，潍坊市高等院校数量相对较多，使得U_I必然面临较为激烈的竞争，在各项资源的获取上困难加大，生源也较为紧张。在财力资源方面，U_I生均年教育经费投入仅为4 605.62元，在六所学校中排名最后，生均教育经费的不足必然影响学校人才培养的质量，进而影响顾客价值的实现，并最终影响学校的可持续发展。

四、U_L个案分析

U_L创建于1986年，是以中西医结合医疗和护理为主体，集医学、理学、工学、管理学、艺术等为一体，各专业协调发展的综合性民办普通高等院校。近30年的发展历程中，U_L坚持中医及中西医结合为办学特色，取得了良好的办学成果，在同类院校中具备了较为强劲的可持续竞争优势。

（一）建设成果

1. 成为全国唯一以中西医结合为办学特色的民办高校

办学28年来，U_L在资源基础建设、师资队伍建设、制度建设和文化建设方面狠抓落实，致力于提升人才培养能力，为社会培养了13万余名毕业生，为我国民办教育和中医及中西医结合教育事业的发展做出了较大贡献。

（1）资源基础建设。在物力资源方面，U_L引进了一流的教学设备，有许多来自美国、台湾地区的先进仪器设备，其中有斥资300万元购进的、由美国宇航局模拟技术研究中心研制的"高级智能仿真模拟人"；还购进了14套老年医护教材，为养老医护教育提供了最为先进的实训平台。现拥有直属附属医院1所，非直属附属医院 3 所，医药研究院 1 所。拥有校企共建的校内实训基地 68 个，校外实训基地 95 个。

为提升专业人才培养质量和社会服务能力，满足学生自主学习和个性化学习需要，服务从业人员终身学习，实现优质教学资源共享，U_L 在加强校园网络建设的基础上，通过开发自主学习平台，加快了开放式共享型数字化学习中心建设，推进了数字化校园的建设。制定了《数字化校园建设总体规划方案》；与正方公司合作，建设了办公自动化 OA 系统；与深圳新为软件公司合作，依托校园网建成了基于教务管理系统、成教管理系统、统一身份认证和共享数据中心等基础平台的多功能学习中心。

在无形资源方面，学校获得了诸多荣誉，如"全国民办高等学校先进单位""全国优秀民办高校""中国最具影响力民办高校""全国卫生产业先进单位""全国进城务工青年技能培训先进单位""全国诚信示范院校"等称号。

（2）师资队伍建设。在人力资源方面，学校专任教师中具有副高及以上专业技术职称的教师占 26.8%，具有硕士学位及以上的教师占 27.06%，"双师"素质教师比例 52.06%；聘请了 122 位行业企业高级技术人员、能工巧匠担任兼职教师。现拥有具有省级优秀教学团队称号的中药教学团队，也有省级优秀教师。

U_L 还注意加强"双师"教学团队建设，努力提高教师队伍素质。学校按照专业教学团队建设的开放性和职业性的内在要求，以校院（企）共享人力资源为目标，与主导行业企业合作，创新了专兼结合的专业教学团队建设机制。

同时，U_L 继续加大对教师的培训力度，实施教师素质提高工程。先后邀请 10 多位高职教育专家举办有关高职教育发展、人才培养模式改革、课程改革、教学方法改革等方面的专题讲座；有针对性地选派 50 余名专业教师前往国内有关高职师资培训基地，接受专业建设与课程开发、教学能力、教学模式等方面的培训，使教师树立"工学结合"的课程观和"行动导向"的教学观；举办兼职教师教学能力专题培训班，提升了兼职教师胜任高职教育的能力。为激励青年教师自觉提高教学能力，U_L 持续开展每年一届的青年教师教学观摩比赛。

（3）制度建设。以提高人才培养质量为最终目标，U_L 积极改革和创新教学管理制度，完善人才培养质量保障体系建设。

2013 年，U_L 全面推行了毕业生"多证书"制度，要求毕业生在获得学历证书和职业资格证书的同时，获得顶岗工作经历证书、英语等级证书、计算机等级证书和其他职业技能证书中的至少一种，学生双证书获取率达到了85.91%。为督促学生按时完成学业，U_L 实行"学生学业预警制度"，开发学生学业网络预警系统，加强对学生学业情况的动态监控，及时将学生未按计划完成的课程学习、技能鉴定等情况告知学生及家长，提示学生采取相应措施，避免影响正常毕业。

U_L 健全了教学改革与建设、实践教学管理、学生信息员、学生评教、督导员、教务管理、人才培养工作状态数据采集管理等方面的规章制度，进一步明确了教务处和专业教学单位的工作职责和业务流程。

（4）文化建设。U_L 重视"文化育人、文化兴校"，不断加强特色校园文化建设，营造良好的育人环境和氛围，促进专业教育与文化素质养成有机融合，强化对学生综合素质的培养。

①专业教育与文化素质教育相结合。首先通过"引企入校"，开设订单班，建设生产性实训车间以及"企业家进校园"，开展临床、口腔、护理专业技术大比武等活动，营造了浓厚的职场文化氛围，实现企业文化进校园；其次，建立了"四馆一中心"，即人体解剖标本博物馆、中医药博物馆、华夏匾额博物馆三个由省民政厅批准成立的博物馆和一个校史馆、一个遗体捐献中心。把传统优势医学专业的办学历史和办学成绩及突出特色进行了集中展示，同时也是在校学生实验、实习的重要基地，形成浓厚的校园文化氛围。

②深入开展品牌特色校园文化活动，营造良好的育人氛围。通过开展"在党旗下成长""国旗下的讲话""我与祖国共奋进""红色经典歌咏会"等主题活动，培养学生坚定的政治信念和忠实的爱国情怀；通过开展"好声音""校园十佳歌手大赛""校园主持人大赛"等活动，以及组建"大学生艺术团""大学生记者团""爱心公益社""大学志愿者团"等社团，提高学生的文化品位与格调；通过"大学生创业论坛"活动，邀请优秀毕业生、创业就业典型到校开展讲座，引导学生崇尚先进、学习先进、自觉成才，培育学生自主创业的思想观念。此外，U_L 还通过加强各类学生社团建设，增强学生自我发展、自我管理和自我教育的能力。

（5）人才培养能力。U_L 立足济南、服务山东、面向全国，以服务山东及环渤海地区经济发展方式转变、产业结构调整、社会发展需要和培养适应现代化产业发展要求的高端技能型人才为己任，把首岗胜任能力、岗位适应能力、可持续发展作为培养的重要内容，积极探讨创新人才培养模式。

U_L 将校训定为"慎思明辨，博学广识"，制定了"慎重独立思考，明辨真理是非，以博深学术和广见卓识的精神与气派，服务于社会，服务于人民"的人才培养目标。一直以来，U_L 以中西医结合为特色，以校院合作为手段，以工学结合为模式，以培养农村基层、社区一线需要的，掌握预防、诊断、治疗、保健、康复、健康教育技能的医护类高端技能型人才为目标，培养既会中医又会西医、还能兼具中西医结合优势的高素质人才，学生平均就业率高达94%，深受家长和用人单位的认可。目前，U_L 开设了41个国家计划内统招专业，拥有中药鉴定学、推拿治疗学、社区护理等六门省级精品课程。

学校现已形成四大优势专业群：一是中西医结合特色的培养（基层）全科医生的双专业教育专业群。这是 U_L 最具特色和竞争优势的专业群，是其中西医结合办学特色的最好体现，打造了培养基层全科医生的教学新模式。U_L 是唯一获准实施临床医学与中医学双专业教育的民办高校，学生能够双专业毕业，考取执业医师资格。二是护理专业群。U_L 创新设立了护理职教集团。在护理专业内部实行专本套读，学生在三年内完成学业，就能够获颁自考本科毕业证书。为适应用人单位需求，U_L 在全国率先开设学前幼儿护理和旅游护理等专业方向，全部实行订单培养，培养出来的学生供不应求。三是口腔医学和中外合作口腔医学专业群。口腔医学专业是省级特色专业，U_L 是在全国同类院校中唯一开设此专业的学校，此专业的毕业生能够参加执业医师考试。2012年，经省教育厅批准，中外合作口腔医学专业由 U_L 与日本知名教育机构合作举办，并纳入统招计划，利用日方师资、教材、设备，进一步提升了学生的从业能力和就业层次。四是以医药营销、医疗器械仪器维护、会计、计算机、物联网技术（电商方向）、旅游管理等专业为主的"校企合作、订单培养"专业群。学生在校即可享受合作企业提供的奖学金，边学习边实践，毕业后由订单培养单位全部安置就业。

为满足经济社会对人才的需求，提升服务社会能力，U_L 深化专业人才培养模式改革，以专业为载体，根据不同专业人才培养特点探索了"校院（企）合作育人"机制。如护理专业通过和学校"南丁格尔"护理服务有限公司合作提高就业质量；医学检验技术、医学影像技术、药学专业和原济南市 106 医院合作开展"1＋2"模式培养人才；旅游管理专业探讨"1＋1＋1"模式培养人才；口腔医学专业和日本深度合作，开展中日合作人才培养模式；临床医学专业积极申报教育部卓越医生培养计划"3＋2"人才培养模式改革试点；中医专业和临床医学专业开展"双专业"教育等。

2. 坚持从事养老服务工作

U_L 自 2006 年开始全面开展养老服务事业的发展和研究，不断创新工作理念，深入调研，结合实际，为我国养老事业的发展做出了较大贡献，现已成为国家民政部直属"中民养老规划院"理事和股东高校，主要开展了如下几个方面的工作。

（1）成立了以教育培训为主题的老年医护与管理学院。该学院以培养既具有管理能力又有医护知识的全科养老医护人才为目标，开设了养老医护与管理专业方向，举办了"南丁格尔"星级护士班，为广大养老机构培养并储备了大量后备人才。

（2）编写教材，填补空白，为养老医护与管理教学奠定了理论基础。该套教材共 13 册，700 多万字，面向全国发行，是我国第一套中西医结合养老医护教材，填补了一项专业教材空白，是我国养老医护与管理专业理论教学难得的宝贵财富。

（3）成立了养老医护与管理人才培训与外派公司——山东南丁格尔护理服务

有限公司。该公司依托 U_L 成立，以养老医护和管理人员培训与外派及医院、养老院护士托管为主要业务，是迄今为止国内唯一依托医科院校而建立的专业护理人才培训和派遣公司，开创了人才培训与外派之先河。

（4）创建了养老文化标本馆。U_L 斥资 800 余万元在省级人体奥妙博物馆的基础上建立了名为"夕阳红——生命之光"的养老文化标本馆。13 000 余件制作精美的人体标本，展示了生命由孕育到成长，由健康到衰老和机体变化与疾病侵蚀的全过程，是老年医护教育最为形象生动的教科书。

（5）获得全省"高级养老护理和管理人员培训基地"资格。U_L 已成功举办两期高级管理人才和三期高级养老护理人员培训班，收到了良好效果，受到学生和政府部门的一致好评。

（6）创建了以实习实训为主题的名为"幸福公社"的新型养老机构。该机构创新了养老模式，独具特色，以其新的办院理念引起了社会的巨大反响。

3. 建立了全国规模最大的华夏匾额博物馆

学校举办者踏遍祖国大江南北，搜集、抢救、保护了 3 200 余块中国古代不同时期的珍贵匾额，文化部、民政部授权山东省文化厅和民政厅批准使用"华夏"二字，成立了迄今为止全国规模最大的木质匾额博物馆——华夏匾额博物馆。另外，U_L 还建有总资产约 28 亿元的人体奥妙博物馆和中医药博物馆，共有三所标志性的博物馆，这在国内同类高校中是不多见的。

（二）存在的不足

1. 从整体上看，由表 8 - 26 的 A_1、A_2 和 SCA 数值以及图 8 - 4 可以看出，学校 U_L 虽然可持续竞争优势在 6 所学校中位于第 2 名，但其竞争优势水平却不是很高，位于 U_I、U_J 两所学校后面。因此，U_L 仍需在构建竞争优势方面加大力度，如加强资源基础建设、能力建设和制度建设等。

2. 从局部来看，由表 8 - 26 可以看出，U_L 的科学研究能力较弱，近 3 年省部级及以上科研立项数量和成果获奖数量都在 6 所学校中位于末两位，这就要求 U_L 加大开展科学研究的力度，以科学研究带动教学水平的提高。

五、U_M 个案分析

U_M 创建于 1984 年，是一所实行公有民办体制的新型高校，它以务实、创新而著称，被誉为中国高等教育改革的一面旗帜。建校以来，学校始终恪守为民办学的公益性宗旨，坚持以市场为导向，以应用型、实用性为特色，以服务区域发展为目标，走"本科立校，依法治校，优质强校，特色兴校"的发展道路；学校实施"适合教育、全人教育、有效教育、实用教育"的育人理念，全力创建高水平大学，全心造就高素质人才。

（一）建设成果

1. 发展基础夯实

（1）狠抓师资队伍建设。建校三十年来，U_M 通过专任和兼职相结合的方式，开创性地建设了一支素质高、能力强、结构合理、团结协作的优秀师资队伍。专任教师是学校师资队伍的骨干，主要从事公共基础课和骨干专业课的教学及专业主任、专业秘书、学生管理等工作。现有专任教师 1 000 余人，其中具有高级技术职称的教师占到 30% 以上，具有研究生学历的占到 60%。专任教师以具有国内外名牌高校学术背景的博士和正、副教授为主体，以"双师型"人才为骨干，其中有数十名国家级、市级专家和教学名师、优秀青年骨干教师，另有一批来自世界各地的英、法、德、西、葡、日等语种的外教。兼任教师队伍多为来自著名高校、科研院所的优秀教师和行业、产业部门的工程师、企业家、技术专家。学校从外校选聘富有经验的优秀退休教授、副教授 100 多人，讲师和行政人员共 640 多人，全时在校负责学生管理工作和部分教学工作，保障教学秩序的稳定和教育质量的提高，并带领青年教师尽快成长。学校聘请了一支相对稳定的兼课教师队伍，共 1 000 多人，理论课教师主要是北大、清华、北航、人大、外国语大学等全国重点院校的教师，其中教授、副教授占 60% 以上，同时还聘请了一批生产、建设、管理一线的实践专家组成"双师型"教师队伍。这支优秀的教师队伍，为把学生培养成为有用之才创造了良好条件，为教育教学带来了鲜明的特色和可靠的保障。

（2）夯实人才培养能力。在人才培养上，U_M 坚持德育、智育两手抓。教学管理实行"课内严格管理、课外放手搞活"的方式，使学生在自我教育中不断成长。学校努力培养大批城镇化进程急需的应用型优秀人才，并积极造就一批城市管理、城市建设、城市经济、城市文化、城市服务等领域的高水平精英人才。学校注重结合市场需要设置学科专业，注重学生实用能力培养，注重环境育人、以文化人。

富有特色的办学理念、准确的人才培养定位以及正确的教育方式取得了良好的效果，多年来，U_M 毕业生以"用人单位留得住、用得上、干得好"受到社会各界的广泛好评。毕业生初次就业率连续 12 年保持 95% 以上，始终位于首都高校前列。在保证"好就业"的同时，实现了"出路好"，通过提高就业质量，提供专升本、本升研、留学深造途径，为毕业生职业生涯打下了良好的基础。

U_M 始终以教学质量作为全校工作的重心，加强专业训练，全面推进素质教育。在教育教学工作上，发挥专业优势，采取一系列措施提高教学质量；实行教学制度改革，设立小学期，培养学生的创新精神和实际解决问题的能力；以信息化为载体，不断规范教学管理；以课堂教学为重点，狠抓教育改革，成为教育部、北京市教学改革试点单位，多项教学成果获教育部、北京市嘉奖。经过多年的努力，教学水平日益提高，受到社会各界的肯定和好评。

U_M 深化改革，注重培养学生三大核心能力。一是专业应用能力。二是社会公共能力，包括自主开发社会公共能力课程体系、广泛开展社会公共能力实践活动、充分发挥社会公共能力导师指导作用。三是就业创业能力，校企合作建立"就业训练营"，全面实施"城市新星计划"，加强创新创业教育与指导。2003年，被团中央批准为全国大学生素质拓展首批高校；2004年，被团中央、人力资源和社会保障部（原劳动和社会保障部）命名为全国青年创业培训基地；2009年，被团中央确定为全国首批青年成长引导项目学校；2010年，获批北京市首批大学生创新创业素质教育基地。其中，全国青年就业创业培训与服务中心占地5 000平方米，设有千人报告厅、心理咨询室、就业洽谈室、工商局、劳动局、银行、人才中心联合咨询厅，与全国30余家青年创业中心建立了联系，形成了工作网络。建立网上咨询室，开展心理咨询工作，有力地促进了青年就业和创业心理的良性发展。开展就业培训和创业沙龙，走进10多个高等院校，参加培训的学生共计6 000余人。建立了创业指导团，开展项目风险评估、创业方案设计、开业指导、融资服务、跟踪扶持等"一条龙"创业服务。

（3）重视科学研究能力。U_M 十分重视实用性科学研究与社会服务。建立了社会建设、城市管理、城市经济、教育发展、三维打印技术等多个校级、市级研究院所和基地，在多个领域走在全国同类院校前列，教师论著和科研成果不断获得全国性和省市级奖项。学校面向社会开展社区教育与职业培训、管理咨询、技术转让和志愿服务，积极传播先进文化。

U_M 不断加强科研工作，提倡以"人才培养与科学研究、社会服务相融合共发展"。学校拥有一支以高级职称教师、博士、硕士为骨干的高水准、多学科的科研团队，成为学科建设、社会服务和科学研究的中坚力量。学校承担各级科研课题与教改研究项目100余个，研究人员及项目获国家级、省部级奖项10余个。同时，学校积极拓展国际联系，加强校际合作，举办各类学术论坛。此外，学校主办的《北京城市学院学报》为北京市一级社科学报、优秀学报。

U_M 教师参与的国家级与省部级科研课题、各类横向课题200余项，出版教材专著150余部，发表高水平论文1 200多篇，其中百余篇被工程索引（EI）等三大索引收录，并多次获得国家和北京市的奖项。

（4）健全管理规章制度。学校根据自身是民办公助性质的高等学校的特点，实行年薪制，教师的各项待遇同本人的工作量和工作绩效直接挂钩。

为强化师德建设，学校出台了师德师风建设方案、教师行为规范等有关文件，将师德师风建设贯穿于教学和管理的全过程。制定任课教师课堂教风教德考察反馈表，通过召开座谈会、问卷调查等多种方式，建立学生评教、教师互评相结合的师德考核评价体系。将师德师风作为一项重要的考核标准，纳入教师选留、年度考核、职务晋升、派出进修和评优奖励等各项评比考核体系中，执行师德师风一票否决制。

广大教师将主要精力投入到教学工作中，教书育人，严谨治学，从严执教，遵守学术道德规范，涌现了一大批先进典型。经学生参与评选，122 名教师被评为校师德师风先进个人，2 名教师被评为校师德师风标兵，1 名教师被评为北京市师德先进个人。

通过举办青年教师教学基本功竞赛、优秀教师评选、教学能手评选、课堂教学优秀奖等活动，对获奖教师不仅给予一定资金等物质奖励，还在评定职称、教研改革立项等诸多方面予以加分。通过每年一轮的课堂教学质量评优活动，引导教师深入开展课堂教学方法研究与改革，涌现教学能手，促进教学质量的提高。

2. 跃迁动力强劲

（1）举办者精神。U_M 领导班子办学理念新，有很强的领导能力和创新能力，始终把制度创新和管理改革作为学校发展的关键，始终坚持以市场为导向，把提高教育质量放在学校一切工作的首位。

建校以来，在教育部和北京市委、市政府的领导和政策支持下，校领导率领全校师生弘扬"改革探索、勤奋进取、艰苦创业、开拓前进"的校训精神，从租小学校舍、借款 5 万元的基础上起步，学校从无到有、从小到大，逐步发展，目前，校园占地面积 1 000 余亩，学校固定资产总值已达 5 亿多元。

（2）教学改革能力。U_M 研究对接实际需求，构建了"政产学研"合作育人模式。主要体现在以下两个方面。

一方面，研究对接地方政府的实际需求，推动校政合作育人、协同创新。这些政府部门主要有北京市社会工作委、北京市人民政府信访办公室、北京市司法局、北京市城市管理综合行政执法局、北京市市政市容管理委员会、北京市中医管理局、北京市文物局等。地方政府部门的实际需求主要体现在两个方面，一是北京急需城市管理与社会建设方面的人才，二是北京急需研究并解决社会、城市等热点问题。比如，社会建设发展研究和咨询、药食安全、环境治理、文物修复、文化创意和工业设计等。U_M 根据这些方面的需求来设计人才培养联盟，主要体现在培养方案、招生环节、教材课程、专业实习、毕业论文和择优就业等方面。

另一方面，研究对接龙头企业的实际需求，推动校企合作育人、协同创新。这些龙头企业包括北京二商集团、北京建工集团、中铁建设集团、北京工美集团、北京同仁堂集团、北京翠微集团、北京 G20 企业以及各类央企北京分公司、协会、事务所、基金会等。龙头企业的需要体现在两个方面，一个方面是急需与岗位能力匹配的专业人才，另一个方面是龙头企业转型升级急需战略咨询、新技术新产品研发等。U_M 针对这第一方面的需要，开设了两个行业定制班、4 个定向实验班、两个校企学院、职业能力提升班（5 000 人次/年），注重培养规格与岗位需求整合、教学内容与实际工作融合、教师与能工巧匠融合；针对第二方面的需求，大量委托项目与科研。

U$_M$ 致力于建设开放的国际化大学，坚持开放和鼓励交流是学校对外合作交流的指导思想，"走出去"和"引进来"相结合，先后与国内外 120 多所大学及科研机构开展友好交流合作。获得国家级、省级优秀教学成果奖 7 项，获评"企校合作先进单位"荣誉称号，获批"教育部本科专业综合改革试点项目""教育部应用技术大学战略研究改革试点院校"。

（3）整合资源能力。U$_M$ 秉持立足自我、面向世界的发展战略，高度重视国际交流工作，通过多种形式开展国际交流，不断提升自身国际化水平。积极拓展国际交流的新领域，先后同美国、英国、法国、德国、西班牙、匈牙利、日本、韩国等 20 多个国家和我国香港、台湾地区的高校建立了学术交流和各类合作关系，加强了与世界知名高校的联系，推动了校际合作与交流，确保校际合作办学、教师学术交流、学生交流等方面的工作迈上新台阶。

近几年，U$_M$ 注重开阔师生的国际视野，多次组团访问欧美、亚洲各国和我国港澳台地区的著名高校，宣传办学理念，展示办学成果，并共同探讨合作与交流事宜，取得了一批实际成果，为对外交往搭建了良好的平台。建校以来，学校共派老师和学生 2 500 余人次，前往 31 个国家和地区进修留学、考察访问、合作研究和参加国际展览、学术会议。应邀赴 U$_M$ 讲学、进行学术交流的海外学者及专家共 100 余人次，接待的境外代表团组累计 170 余个，共计 1 600 余人次。U$_M$ 还和美国、英国，拉丁美洲地区产业界建立了长期联系，在校生赴外带薪实习和境外就业项目成果初现。

（二）存在的问题

虽然从整体上看，U$_M$ 的竞争优势、跃迁动力和可持续竞争优势在排名中处于第一位，但 U$_M$ 在发展过程中仍然表现出一些小问题。主要体现在以下几个方面：在人力资源方面，U$_M$ 的"双师型"教师比例在 6 所学校中处于第 3 名，低于 U$_P$ 和 U$_Q$；在物力资源方面，U$_M$ 的生均教学科研仪器设备值较小，在 6 所学校中仅高于 U$_N$ 和 U$_R$，校内外实习实训基地数量并不多，次于 U$_O$ 和 U$_P$；在无形资源方面，U$_M$ 获得的省部级及以上表彰数量较少，低于 U$_O$ 和 U$_Q$；在人才培养能力方面，U$_M$ 拥有的国家级、省级精品课程数量最少，在 6 所学校中处于最后一名；在科学研究能力方面，U$_M$ 近 3 年出版的学术专著和教材数量仅多于 U$_N$ 和 U$_R$；在社会服务能力方面，不论是累计向社会输送的毕业生数量，还是近 3 年为社会培训的各类人才数量，U$_M$ 都处于第 4 名的位置；在制度基础方面，与其他几所高校相比，U$_M$ 竞争优势较弱，尤其是教学管理制度和人事管理制度与 U$_O$ 和 U$_P$ 有较大的差距。

六、U_Q 个案分析

U_Q 是经教育部批准成立的民办普通本科院校。创建于 1997 年，2000 年被批准设置为高职专科学校，2005 年经教育部和湖南省人民政府批准，升格为本科院校。2009 年，学校通过学士学位授予权评估，获得学士学位授予权。学校现有全日制在校学生 2.7 万余人，其中统招本科学生 2.3 万余人，统招高职专科学生 3 000 人。建校 18 年来，学校累计为国家和社会培养各类专门人才近 8 万人。

(一) 建设成果

1. 发展基础夯实

(1) 资源基础。在人力资源方面，U_Q 拥有一支以博士教授为龙头、中青年教师为骨干的师资队伍。现有教师 1 528 人，其中自有教师 1 030 人（含专任教师 859 人，教学兼管理人员 171 人），外聘教师 498 人。自有教师中有博士学位的 73 人，硕士学位的 708 人；有正高级职称的 72 人，副高级职称的 256 人；享受国务院特殊津贴专家 5 人。

在物力资源方面，U_Q 现有校园面积 95.60 万平方米，建筑面积 48.46 万平方米，其中教学行政用房 23.89 万平方米，学生宿舍 22.54 万平方米；有纸质图书 162 万册，电子图书 110.4 万册，各类实验实训室 76 间（个），教学及办公电脑 5 108 台；有多媒体教室 284 间，多媒体座位 20 214 个；有语音室 7 间，语音室座位 392 个。教学设备仪器总值 9 905.31 万元。学校建有数控模具实训中心、汽车驾驶实训中心、汽车拆装及维护实训基地、酒店管理实训中心、波音 737 模拟实训舱、高尔夫球场、高尔夫练习场等一批实训基地与场所。

在无形资源方面，由于办学成绩突出，U_Q 荣获"中国民办教育创新与发展贡献奖"，被中国民办教育协会授予"中国优秀民办学校"荣誉称号，被湖南省评为"湖南省优秀民办学校""湖南省十佳民办学校"。被湖南省教育厅评为"湖南省高等学校毕业生就业工作先进单位"。由于办学成绩突出，学校连续被湖南省人民政府、湖南省教育厅评选为"湖南省民办教育先进单位""湖南省十佳民办学校"，相继入选"中国十大万人著名民办高校""中国十大品牌民办高校"。近年来，学校在中国民办高校排行榜上稳居前三名，被誉为中国最年轻、最具发展潜力的民办本科院校之一。

(2) 能力基础。U_Q 具有良好的人才培养能力，培养出的学生由于实际动手能力和创业能力突出，深受社会欢迎，就业率一直保持在 90% 以上。这得益于 U_Q 大力推行"专业 + 外语 + 技能 + 创业素质"的人才培养模式，按照"强岗位、厚基础、重实践"的原则构建"宽基础""活模块"的课程模式。

U_Q 按照服务地方经济和市场需求的思路进行学科专业布局，现有 11 个二级学院开设了 44 个本科专业、12 个专科专业，涵盖了经济学、法学、教育学、文学、理学、工学、管理学、艺术学等 8 个学科门类。同时按照国际化办学思路积极探索与国外大学合作办学。

U_Q 积极推进教学质量工程建设，现有国家级特色专业建设点 1 个，省级特色专业 2 个，省级综合改革试点专业 1 个，省级精品课程 6 门，省级优秀教学团队 1 个，省级优秀教研室 4 个，省级优秀实习教学基地 2 个，省级实践教学示范中心 1 个，省级大学生创新训练中心 2 个。

U_Q 坚持以科研促教学，在学科建设和科学研究方面取得了一系列成果，现有省级重点建设学科 2 个，省级工程技术研究中心 1 个，省级人文社科研究基地 3 个。近年来，学校教师获得国家级科研立项 2 项，省部级科研立项 96 项。

U_Q 以教学立校，人才兴校，视教育质量为学校的生命线；以创建"高水平教学应用型国际化本科院校"为目标，坚持应用型人才培养道路，实行"专业＋外语＋技能＋创业素质"的培养模式，努力培养学生诚信务实、自立自强、知能并举、敬业乐群的品格。

U_Q 开展满意度建设，将学生是否满意作为衡量学校教学和管理工作的重要标杆。学校加强学生成长成才平台建设，帮助学生自主创业、考研、考公务员、参加司法考试、参与学科竞赛、参加科技创新。

U_Q 倡导以国际化的视野"看世界、学世界、行世界"。依托劳瑞德国际大学联盟的平台，致力于为学生提供多语言的学习环境和国际化的优质课程，拓展他们的国际视野，提升他们的就业竞争力。

（3）制度基础。为发挥人力资源的最大作用，U_Q 从组织结构、人财物的配置等方面为"专家治校"和"教授治学"思想的落实充分创造条件。首先，机构和干部配置力求精干，因事设岗，二级机构下设行政科室数量以 3 个为限，二级机构负责人以一正一副为原则。其次，去行政化，不打官腔，没有官气。最后，学术权力与行政权力并行不悖，互不干涉，相互尊重。

2. 跃迁动力强劲

（1）高校文化。U_Q 以"至善至美，自立自强"为校训，体现出其对真善美的追求，对独立人格的坚持，既是办学目标的体现，也是精神的寄托。提出了"让学生真正学到东西"的九字目标，指学校一切工作"以教学为中心"；提出了"平等、尊重、敬责、高效"的机关作风八字方针，讲究人人平等的观念是最基础、最先决和最不可违背的理念，学校各项工作力求去行政化、去官僚化、去等级化，每名教职工心怀敬畏地对待自己的职责，形成了独特的校园文化。

（2）动态能力。在整合资源能力方面，面对高尔夫市场庞大的专业人才需求，U_Q 积极探索适合高尔夫本科专业人才培养的校企合作模式，与高尔夫行业的众多企业、球会、俱乐部合作，并寻求更广泛、更深入的校企合作机会。经过多年的努力，合作建设了一批开放性、多功能的体育服务平台，形成了校内与校外、学校与企业、学生与岗位有效对接的双向引进和双向服务的校企合作运行模式。

在教学改革能力方面，U_0根据高尔夫专业的学习和就业特点，把四年制本科学生"3＋1"的教学组织形式调整为"2.75＋1.25"的人才培养模式，即第一学期到第六学期的上半学期学生在校内进行课程学习与实践，第六学期的下半学期到第八学期，以校企合作为依托，学生到高尔夫企业进行专业实践学习、岗位综合能力训练和毕业设计，以培养学生综合应用专业基本技能的能力。另外，U_0还改革高尔夫专业课程的教学内容，开设39门突出专业方向和应用性的选修课，并更新和补充了一些课程，在课程教学中突出课程中知识的前沿性和实效性。

（二）存在的问题

U_0在可持续竞争优势构建过程中，主要存在的问题体现在管理上。首先，在学生管理方面，U_0从事学生管理工作的人员相对不足，离国家的要求还有一定的差距，而且现有的从事学生管理工作的教职工专业化程度不够高，不能采用专业的理论和方法对学生进行指导，不能做到更好地为学生的成长提供有效的帮助。其次，在人力资源方面，U_0师资队伍的年龄和性别结构不够合理，年龄要么偏高，要么偏小，以女性居多；专兼职比例失调，兼职教师数量较高，不能有效地保证工作效率。在组织学习方面，U_0并没有对学生管理工作人员进行专门的、系统的培训学习，导致开展工作时缺乏相应的理论指导。

第九章

可持续竞争优势理论视角下民办
高校实现可持续发展的策略

民办高校获得可持续竞争优势是实现可持续发展的前提条件。因此，本书以可持续竞争优势理论为视角，在构建民办高校可持续竞争优势动态系统模型的基础上，通过定量分析及个案研究，对应基础平台、跃迁动力和跃迁路径三个模块提出系统的、动态的可持续发展策略。

第一节　基于基础平台的策略

一、适应利用环境，营造民办高校可持续发展良好氛围

民办高校发展受外部环境影响，良好的环境能够为其提供所需的资源。学校是以适应环境变化来提高办学效益从而促进长期发展的组织，其所处的环境影响着内部结构及运作过程①。民办高校为了实现长期的生存与发展，需要对环境进行扫描与分析，制定科学合理的战略规划，积极适应并利用环境，与环境之间形成良好互动关系，营造有利于可持续发展的良好氛围。

（一）建立规划发展部门，扫描环境变化，制定发展战略

民办高校所处的外部环境呈现出动态性、复杂性特征。为应对环境变化，民办高校需要及时进行扫描与分析，把握发展机遇，构建竞争优势。民办高校可以通过设立独立的职能部门如规划发展部门，对外部动态复杂环境进行全面扫描，鉴别环境的影响程度、影响范围以及变化趋势等，以便于及时做出快速、有效的应对。

---

① 韦恩·K. 霍伊，塞西尔·G. 米斯克尔，教育管理学：理论·研究·实践［M］. 范国睿，译. 北京：教育科学出版社，2007.

　　规划发展部门应该在校行政部门的领导下，将主要职能定位于为学校事业发展规划进行研究、论证、编制，以及协调、检查、指导、督办战略实施情况等。日常工作中一方面通过对民办高校所处动态环境的界定与描述以及环境因素变化的扫描与识别，快速对市场竞争进行分析与预测，如对学科新动态进行扫描与搜集等。另一方面要对学校的各项统计数据进行收集、整理、上报并进行相应分析，也要对学校重要规划的执行、重要改革方案的实施进行实时监督和评估等。同时还要对动态的环境变化进行预警，适时调整发展战略。

　　民办高校规划发展部门在制定发展战略时，应该将经济社会发展特别是区域经济发展的基础、特点、方向乃至法规政策等环境要素纳入学校的改革发展中，反映社会需求，适应社会需求。① 面对激烈的市场竞争环境，民办高校应在遵循"两个规律"的前提下，扫描经济社会发展需求与教育政策导向，善于寻求并抓住机遇，预防与规避潜在风险；还应在适应环境变化的同时不断调整发展战略与办学行为，扬长避短，实现与环境的良性互动。

（二）与政府处理好关系，构建一个相对安全的政策发展环境

1. 做政府推荐或鼓励的事情

　　对于民办高校而言，要获得一个相对安全的发展环境，一个要解决的重要问题就是获得政府部门的认可。做政府推荐或鼓励的事情就是有效方式之一。其行为或倾向主要有以下几种：

　　一是尽力淡化在政府部门或公众心中投资办学的印象。我国相当一部分民办高校的创办者，最初创办学校的主要目的是为了获得经济利润。这无疑与政府对教育的公益性期望大相径庭，因此民办高校要获得政府部门的认可和支持难度很大，开发和维护与政府部门的纵向关系也就无从谈起。在这种情况下，不少民办高校竞相采取措施淡化甚至消除自身在政府部门眼中投资办学的印象。如1995年，西安外事学院主要办学者黄藤在学校召开的一次董事会上，主动宣布放弃自己的所有股份，同时要求学校其他董事都不要学校的股份，所有外事学院个人的投资不拿回报。再如1999年，江西蓝天学院的主要创办人立下了遗嘱："如果有一天我不幸死了，请按照我的意见办，请允许将我亲手创办的学校无偿捐献给国家，转交给省人民政府，任何人不得私分这份本属于国家的财产。"这些举措无疑淡化或消除了政府对其办学公益性的疑虑，拉近了政府与学校之间的距离，有利于民办高校开发和维护纵向关系网络。

　　二是积极主动规范自身办学行为。依法办学，自觉遵守政府制定的政策、法律、法令和条例，服务于教育事业的发展，是民办高校应尽的责任，也是对政府最大的尊重。可以说，遵纪守法、依法办学是民办高校开发和维持与政府部门的

---

① 吕红军. 民办高校可持续发展的路径选择［J］. 北京：中国商务出版社，2013.

纵向关系的必要前提。在实际办学过程中，不少民办高校努力规范自身办学行为，以质量求生存，以特色求发展，以贡献求支持。如 2006 年年底，西安外事学院率先向全国民办学校发出《关于民办学校加强行业自律、创建和谐校园倡议书》，倡议全国民办学校主动把学校发展与党和国家的要求、社会需要紧密联系起来，规范办学行为，加强自身建设，履行社会责任，提高育人质量，强化公益意识，优化育人环境，创建和谐校园。倡议书发出后，在业内引起不小的震动。作为中国民办教育第一大省，陕西省教育厅专门召开了两次会议研究讨论，同时号召省内民办高校都来响应这一倡议书，加强行业自律，为构建和谐社会贡献力量。民办高校这种做法能够赢得政府部门的支持，从而为自己开发和维护政府部门的纵向关系奠定良好的基础。

2. 主动为政府和社会服务，帮助政府排忧解难

任何政府都不是万能的，政府在行政管理过程中需要得到社会团体、组织及个人的支持和响应，在遇到困难的时候也需要有人帮助排忧解难。对给予支持、响应、帮助的社会团体、组织及个人，政府往往也会给予支持。政府支持的，不仅是依法办学、自觉规范办学行为的民办高校，还有能够想政府所想、为政府排忧解难的民办高校，这是民办高校开发和维护同政府纵向关系网络的更重要、更深层次的方式。

一是热心社会公益事业。慈善、环保等公益事业原本应由政府发起建立并加以发展，但政府的力量毕竟是有限的，需要包括民办高校及其办学人在内的社会团体组织和个人的支持、参与、分担。这既是民办高校应有的社会责任之一，也有利于其开发和维护同政府的纵向关系网络。在办学实践中，不少民办高校积极投身社会公益事业，捐资助学，参加慈善事业。如 1998 年，我国长江中下游及黑龙江、嫩江流域遭受了百年不遇的特大洪涝灾害，给灾区人民的生命、财产造成了极大的损害。受灾学生上大学问题更成为灾中之难。在这种情况下，不少民办高校向民政部等相关部门，申请助学赈灾，积极替政府排忧解难，从而与政府相关部门建立良好的关系。

二是帮助政府相关部门处理日常事务，支持政府日常工作。随着改革进程的推进，客观上我国政府部门的日常事务日趋繁杂，对政府公务人才的需求也逐步加大和提高，但由于人员编制限制及其他方面的原因，尤其是复合型、创新型、专业型的高级人才短缺问题比较突出。因此我国各级政府部门包括中央政府部门借调干部的现象比较普遍。这一现象在教育行政部门也屡见不鲜。对政府的借调需求，民办高校往往极力满足，抽出人手，帮助相关政府部门处理日常事务。尽力支持政府日常工作，帮助政府部门解决场地、人员、设备等方面的困难，也有助于开发和维护同政府部门的关系。

（三）发挥媒体宣传作用，构建一个良好的社会文化环境

社会文化环境方面，由于传统观念受历史文化的影响，不易被改变，因此民

办高校应把更多的注意力放到如何有效利用社会媒体方面。民办学校与媒体之间的互通互信不仅仅是两个产业彼此的需要，也是整个中国社会发展的需要、百姓的需要。民办学校发展中的自律和规范问题应该引起每位民办学校举办者的高度重视，与此同时，除了在招生时节打广告吸引生源外，民办教育界还面临着一个公共的职责，即让更多的人了解中国的民办教育。知道它的艰难、它的作用、它的追求。这样的公共关系将有利于整个民办教育环境的改善，也将有利于整个民办学校的生存与发展。

1. 加强信息网络建设，搭建对外宣传窗口

身处日新月异的网络时代，信息技术的迅猛发展和广泛、深入的应用，已经深入到社会的各个领域。对于民办高校而言，加强校园信息网络建设，更是大势所趋。它不仅对学校的教学、管理起到举足轻重的作用，而且也是加强对外宣传，与外界沟通的重要窗口。由于校园网具有跨地域、超容量、多媒体、交互性的特点，可以集纳传统媒体的资源优势，不断拓展网络新闻的广阔空间。然而，在一些民办高校中，有的至今还没有组建起自己的校园网络，有的同时拥有多个校园网主页，这都给对外宣传工作造成了困难。及时建立一个权威、高效的校园网主页，是民办院校加强对外宣传工作的首要事情。

2. 完善领导组织机制，打造新闻宣传队伍

民办院校应当及时建立对外宣传领导小组，并坚持和完善外宣工作领导小组联席会、对外宣传考核激励机制、新闻线索报送制度和重要信息、重大情况通报会制度。切实加强对外宣传工作的统筹协调、宏观指导和归口管理，加强各单位各部门对外宣传工作的指导和协调。与此同时，民办院校还应当努力打造一支新闻宣传队伍。要不断完善新闻宣传机构，健全各项规章制度。要加大设备更新、人员业务培训等各项工作的经费投入，要了解新闻宣传工作中采编的特点及基本工作规律，使得各项宣传工作有计划、有步骤地进行。组建新闻队伍工作所带来的直接效果将是既开辟了广泛的信息来源，又使得新闻报道内容更为深入和生动。

3. 加强与其他媒体的交流

民办院校要主动与新闻媒体保持联系，建立广泛的、长期稳定的合作关系，构筑起对外新闻宣传工作的平台。在民办院校的对外宣传中，不仅要善于打造优秀的"新闻产品"，还要不断构建和拓展广阔的"传媒市场"。如此才能逐步扭转民办院校对外宣传的被动局面。既要联系传统媒体，也要联系网络媒体；既要联系高层媒体，也要联系地方媒体。民办院校可以利用学校一些重大活动，诸如举办校庆，人物访谈、新闻辅导等形式邀请相关媒体走进校园，向他们主动推销学校，听取他们对宣传工作的建议。同记者交朋友，努力寻求民办院校与各类媒体的新闻对接点。此外，还要根据媒体的需要，积极为他们主动来校提供便利，在广泛的接触与合作中实现双赢。

4. 善于把握舆论导向，精心策划深度报道

民办院校在创作新闻作品时，要坚持"以科学的理论武装人，以正确的舆论引导人，以高尚的精神塑造人，以优秀的作品鼓舞人"的指导思想，与宣传党的教育方针，发展教育科学事业，坚持教育创新，深化教育改革，优化教育结构，合理配置教育资源，提高教育质量和管理水平等主流思想结合起来。同时还要努力遵循"三贴近"的原则。要立足自身实际，深入研究受众的阅读习惯，认真讨论新闻选题，整合新闻资源，精心策划独家新闻专题和独特视角的纵深报道。要围绕院校的中心工作，以撰写高层次信息为重点，对本校知名教授、优秀教师、科研名人以及教学团队、教学竞赛、学术报告、优秀学生团体等典型人物和重点事件进行深度挖掘，在及时、准确、全面地报送信息的基础上，在求深、求实上下功夫。

5. 建立危机公关制度，从容应对公关危机

金无足赤，人无完人。对于民办院校的发展而言，同样面临智者千虑，必有一失的问题。一旦出现突发事件，应对如何应对是摆在民办院校对外宣传上的另一个重要课题。民办院校要注重对社会舆情的研究和分析，树立正确的学校公共关系意识，主动联系大众媒体，积极配合社会发展的需要塑造形象，平衡利益，协调关系。要建立新闻发言人制度，与大众传媒形成良性互动，通过新闻发言人主动向社会公布学校的办学理念、发展思路、教学成果、培养成就，建立权威信息发布渠道。此外，还应积极建立危机公关制度，制定危机处理预案。在危机攻关中，要讲究诚实、守信的原则，保持对外口径一致，通过新闻发布会在第一时间发布权威信息，有效澄清传言、获得媒体和公众的认可和理解，消除负面影响，变被动为主动，保持良好的公众形象。

（四）调整战略，着手内涵建设，应对经济与教育教学环境变化

近年来，随着我国社会经济的快速发展，民办高校的经济环境与教育教学环境正在发生变化。学校应分析新形势，研究制定学校发展的长期战略。对民办高校而言，没有规模就无法生存，但只有规模，无法发展。因此，学校应考虑在规模相对稳定的前提下，进行内涵建设，提高学校的办学质量，提升学校的文化内涵。

对民办高校而言，内涵建设的核心是办学模式的创新问题，包括学校的定位、办学理念、专业建设方向、人才培养模式、商业模式、管理模式等如何进行调整和改革。不少人认为，高等学校的内涵建设就是师资队伍、实验实训条件和办学条件建设等。只要有了资金，这些问题都是可以解决的，因此学校的重心仍然是抓招生、抓规模和抓资金。这种观点有一定道理，但是片面，对学校发展也是十分有害的。一个学校，如果不认真研究办学模式问题，片面强调师资、实验实训等建设，其结果往往会导致多走弯路，甚至误入歧途，造成不必要的浪费，

提高办学成本。因此，一定要正确理解内涵建设的重要意义。

对民办高校而言，内涵建设的目的是促进学校可持续发展，这是一个长期的战略，不是权宜之计，更不能急功近利。民办高校一定要在充分调研、仔细比较的基础上，认真研究和提炼学校的办学模式，明确学校的办学定位，先充分务虚，形成相对一致的意见，然后再按照新模式进行师资队伍等办学条件建设。

办学模式主要有四个组成部分，即办学定位、人才培养模式、商业模式和管理模式。办学模式体现的是学校发展的一个战略。它应该是长期的，稳定的。办学模式必须立足于学校的长远发展，以持续获得核心竞争力为中心。同时，它也应该体现学校的核心竞争力。从这个意义上看，一个学校的办学模式必须符合三个要求：

第一，能反映举办者的办学目的和宗旨，包括办学的社会效益、经济效益，甚至是办学者的个人理想和抱负等。民办高校的差异和个性应该首先从这个方面体现出来。不同的办学者，不同的办学目的，应该有不同的办学模式。民办高校绝不能像公办大学那样办成千篇一律。

第二，要适应办学环境的要求。民办高校的办学模式应该和当时的政策环境、市场环境、社会环境和竞争环境相适应。一方面，学校确定办学模式应该遵守国家法律法规的要求，不能突破法律法规的底线；另一方面，学校的办学模式也应该遵守社会习俗和规范，高等学校本来就应该成为社会进步文化的倡导者和中国优秀传统文化的传播者，因而更应恪守高尚、务实和诚信等准则。此外，学校还应该和社区、政府及同行构建良好的公共关系。

第三，要和学校自身的竞争优势相一致。办学模式既是一个学校办学特色的体现，更是学校核心竞争力的体现。因此，民办学校研究设计办学模式必须突出自身的办学特色和优势。例如，有的学校是企业办学，在产学结合、校企联合培养人才方面就有独特的优势；有的学校地处社区，在社区服务方面就有明显的优势；有的学校是专家教授创办，在某些专业上就具有一定的优势；有的学校和企业、研究院所等联系密切，网络资源丰富，在工学结合方面就有优势；等等。每一所民办学校应该在充分调查研究的基础上，挖掘自身的优势，这是确定办学模式的前提。明确了优势只是第一步，更重要的是要把这种优势转化成为办学模式，转化成为人才培养方面的优势，并最终体现在办学质量上。这就要求在此基础上研究学校的办学定位、办学理念、管理方式和运行机制等。因此，办学模式必须建立在学校自身优势的基础上。一个学校，如果无视自身的优势，盲目套用别人的办学模式，其结果只能是逞一时之勇，不可能实现持续发展，更不可能建百年名校。

二、开发拓展资源，夯实民办高校可持续发展基础

资源是民办高校赖以生存和发展的重要条件。民办高校办学历史较短，优质

教育资源积累较少。夯实民办高校可持续发展基础，必须要开发拓展资源。第一应该建立健全管理制度，有效协调配置资源，提高资源利用率；第二要利用网络关系资源，广泛开拓资源获取渠道，增加资源基础量。

（一）协调配置有限资源，提高资源利用率

1. 物尽其用，优化资源管理制度

民办高校依据学校发展规划，合理配置资源。根据学校规划发展需要，针对特色专业，有侧重地加大物力资源的配置力度。同时要打破原有单一课程或单一专业配置资源的模式，在教学仪器设备、图书资料、体育设施及实习、实验场地等方面实行资源共享，提高利用率。学校的资产管理部门要加强对教学资源的有效管理，保证教学经费的有效利用与教学仪器设备的及时配备和更新；图书馆要围绕教学科研需要，不断扩充图书资源，优化图书结构，提高服务水平和服务质量；实验室要全面开放，为学生参加各种竞赛、科技创新及社会服务等提供良好的条件保障。

2. 勤俭节约，积累财力存量基础

民办高校面临着政府财政资助缺失的情况，要实现可持续发展，必须要加强经费使用管理，开源节流，勤俭办学。学校财务部门要科学制定预算，警惕和规避有可能出现的财务风险，提高经费使用效益。具体措施有：一是严格财务管理，降低基建与采购成本。坚持勤俭办学原则，在满足日常工作需要的情况下，适当控制支出，加强财务预算、决算，加强审批制度，避免弄虚作假、铺张浪费的现象发生。二是提高设备利用率，推动后勤管理社会化。高效利用现有的校舍、实验室、体育场馆、仪器设备、图书、网络等教育资源，加强设备的维护与维修，延长其寿命，最大限度地提高各项资源的使用效益。加快推动后勤社会化，分解学校经费的投入压力，减少支出，压缩管理成本。通过加强经费管理与使用，提高经费使用效益，进而为学校积累更多的财力基础，当财力实力达到一定程度时，就会形成资源位障碍，使得其他院校在一定时期内难以超越，从而更有利于学校获得竞争优势。

3. 建设调整，优化师资队伍结构

与公办高校相比，民办高校师资队伍在年龄、学历、职称、专兼比例等方面有其自身特色。优化民办高校师资队伍，应充分体现其自身的梯次性、层次性和持续性。在年龄结构上，形成老中青合理结合的教师梯队，加强对青年教师的培养，发挥中年教师的骨干作用；学历结构上，形成以硕博为主的高学历层次教师队伍，提高一线教学中主力队伍的水平与层次；在职称结构上，形成"以初级为基础，中级为主导，高级为指导"具有持续发展性的教师队伍，加强对初级职称教师的培养以充分开发其发展潜力，发挥中级职称教师的教学骨干作用以促进民办高校发展，充分发挥高级职称教师的学科带头人作用以促进学校学科建设和教

师队伍的整体发展。

4. 加强管理，建立健全无形资源管理制度

无形资源是民办高校蕴含的极具竞争价值的资源。无形资源中的声誉、文化、关系、知识等资源，都以间接方式为民办高校发展带来长期价值。在市场竞争空间相对饱和的情况下，民办高校要积极寻求与所在区域的高校之间错位发展，避免同质化倾向。

目前，民办高校尚不具备对无形资源进行全面管理的专门机构，以致发生学校声誉受损、社会关系淡化、文化缺失等情况时，存在无人追究或者管理失控等问题。民办高校的无形资源管理是一项贯穿教学、科研、管理等多方面的复杂系统工程，涉及学校发展战略规划与经营决策制定等，因此，有必要在民办高校行政管理制度中增加无形资源的管理内容。民办高校可以根据无形资源的类型，结合法律法规和学校实际情况，进一步完善各种无形资源管理制度，从而实现对无形资源的规范化、制度化管理。民办高校应将完善无形资源管理制度作为学校改革与发展的一项重要内容，从长远角度做出周密细致的布置和安排。

（二）开拓资源获取渠道，增加资源基础量

1. 建立战略联盟，实现物力资源共享

民办高校是教育的实践者，资源总量不足，优质资源匮乏，又得不到国家和地方政府资金扶持。在这种情况下，民办高校应充分利用关系资源，建立战略联盟，广泛吸纳社会资源。战略联盟是民办高校应对资源短缺与提高办学效益的战略选择。民办高校一方面要建立与企业的合作与联盟，通过设立实践教学基地、利用企业的仪器设备、设施等方式充实民办高校办学基本条件；另一方面要建立高校联盟，加强与公办高校间、民办高校间的合作，实现在图书资料、实验仪器设备、后勤保障设施、电子资源、校舍场地等方面的优势互补、合作共赢，以解决资源短缺的问题。

2. 加大经费筹集力度，拓展民办高校融资渠道

民办高校财力资源主要依靠学费收入，沿着"以学养学"的道路发展，具有一定的局限性，从长远来看，并不利于民办高校发展。随着民办高校的不断发展，学校的经费开支越来越大，依靠单一的经费来源难以满足学校发展需求。这种情况下，民办高校必须改变经费来源单一的现状，拓展经费来源渠道，多元途径筹措经费。

一方面，民办高校可借助自身体制机制上的优势获得政府、企业、银行等方面的财力支持。在政府方面，民办高校应当积极争取政府财政支持，通过承担政府培训、申请建设特色名校工程项目、申请省级优质特色专业建设等项目，获得政府财政资助。在企业方面，通过股份制形式与企业合作，充实资金投入；通过资产转让、资产入股、整体改制等方式集资办学。在银行方面，民办高校应不断

提升社会信誉，尽力争取银行低息贷款或信誉贷款。另一方面，民办高校应充分利用人力资源优势，借助高校资源平台，充分发挥学科专业方面的优势，建设校办企业，做好技术服务等。如工科类专业可以充分利用人力、物力开办工厂；医学类专业可以充分利用医药知识和人才，开办医院、药店等。民办高校还可以通过吸收校友捐赠、社会捐赠等方面补充办学经费。

3. 创新人才管理模式，做好优秀人才的引进与稳定工作

民办高校要按照"引进充实、稳定巩固"的师资队伍建设思路，加强优秀人才引进与稳定的工作力度，大力实施硕博化、双师化、名师化"三化"人才工程，为建立竞争优势提供智力资本支持。

首先，民办高校要加强高学历、高职称中青年师资的引进工作。民办高校要凭借自身灵活的办学机制、良好的社会形象和独特的高校文化以及优厚的薪酬条件吸引高学历、高职称中青年人才，做到"既能为我所有，又能为我所用"。

其次，民办高校要发挥区位优势，聘用驻地公办高校和企业的优秀资源，引进公办高校的教学名师、科研骨干以及企业的工程师、技术骨干等优秀人才，做到"不能为我所有，但能为我所用"。

在做好人才引进工作的同时，还要做好人才稳定工作。民办高校可以通过制定各种激励制度，为优秀人才提供发展机遇，搭建发展平台，创造发展条件等方面，充分发挥其在教育教学、科学研究等方面的引领作用，坚持以人为本的管理原则，理解人、尊重人、发展人、依靠人，做到事业留人、情感留人、待遇留人、品德留人、政策留人。

三、提高人才培养能力，抓住民办高校可持续发展核心

人才培养是民办高校的根本任务，民办高校的核心职能主要聚焦在如何提高人才培养的质量上。因此，民办高校要获得可持续竞争优势，必须注重人才培养能力的提升。

(一) 加强学科专业建设，凸显人才培养特色

学科专业建设是人才培养的基础，必须持之以恒、常抓不懈。学科专业建设是一个系统工程，民办高校要根据社会发展的需要，立足自身实际，按照"巩固优势、突出特色、扶持新兴、强化应用"的专业建设思路，根据社会需求设置学科专业，进一步加强优势学科专业建设，建设一批以优势学科专业为龙头的专业群，提高学校学科专业建设整体水平。具体来说要做到以下几点：

1. 建立专业建设分析与调整机制

民办高校要以培养应用型人才为目标，结合市场需求，建立专业建设分析与调整机制。一要分层次、递进式开展大学生、用人单位和社会需求调研，及时了

解和把握社会、用人单位以及毕业生对专业建设的需求，同时也要掌握地区、行业需求发展趋势。二要坚持新上专业论证制度，组建由行业企业专家参与的专业建设指导委员会，对拟增设的新专业从社会需求、教学条件、目标定位、培养方案等方面进行分析论证，形成新上专业论证报告。三要建立健全专业调整机制，通过专业建设研讨会的形式，结合专业调研报告对专业布局进行分析，提出专业结构优化调整方案。民办高校可以通过调研、论证与调整，停办冷门专业，新开热门专业，努力办出学科专业特色。[①]

2. 加强特色专业与专业群建设

民办高校要根据学校实际情况，因校制宜，灵活创新，走出有自己特色的学科建设之路。遴选具有较高水平和鲜明特色、赢得社会广泛赞誉的专业进行重点建设，集中优势资源打造特色专业，构建国家、省、校重点专业建设体系。根据学校学科专业发展规划，不断加强专业和专业群建设，完善系列建设文件与评审标准。进一步落实专业带头人负责制，建立评价机制，调动其积极性和主动性。要紧紧围绕区域经济社会发展，以重点专业建设为龙头，搭建专业群资源共享平台，在师资队伍、教学资源、实验实训基地等方面实现资源共享，辐射带动专业群建设。

3. 健全专业标准与评估体系

民办高校要在学校内部质量保障体系的框架下，根据教学质量标准系统要求和不同专业特点，结合专业与产业对接原则，借鉴专业评估指标体系和专业认证标准，从教学基本条件、人才培养方案、师资队伍、课程与教材、实践教学、人才培养质量等方面，提出专业建设应达到的基本要求，并依此制定出相应专业标准，形成完整的专业建设标准体系。依据专业标准，以学校总体评价、行业企业评价和专业评价相结合的方式，对所有专业进行评估，建设完善评估体系。

（二）深化教育教学改革，优化人才培养过程

民办高校要遵循教育规律和人才成长规律，以提高人才培养质量为出发点和落脚点，全面推进人才培养模式、教学内容、课程体系、教学方法、教学手段、考核内容与形式等多方面的综合改革，优化人才培养过程，着力提高应用型人才培养质量。

1. 优化人才培养方案

民办高校优化人才培养方案要以先进的教育理念为先导，在行业企业的参与、支持下，在专业调研的基础上，致力于培养基础理论扎实、专业知识面广、实践能力强、综合素质高，具有较强的适应能力、创业能力和创新精神的应用型人才。优化人才培养方案要以需求为导向，以能力为本位，以岗位需要为依据，

---

① 付立彬．创新民办高校应用型人才培养模式研究［J］．黄河科技大学学报．2012（2）.

从调研结果和职业岗位群分析入手，突出职业能力的培养和企业文化的融合，构建注重理论教学、强化实践环节、突出创新创业教育"三位一体"的人才培养体系。要突出人才培养方案的动态优化，应该针对不同届的学生或者是同届学生的不同培养阶段，优化调整培养方案。

2. 加强课程体系建设

民办高校要按照"基础牢、专业实、能力强、素质高"的原则，构建能力本位的"平台＋模块"课程体系。一是由专业教师、企业技术骨干、课程建设专家组成团队，通过专业调研，分析企业人才需求及岗位能力需求，即明确不同的岗位对人才专业知识、工作能力和自身素质的个性任职要求；二是确定与专业相关的关键工作岗位及需要具备的职业资格证书；三是根据关键工作岗位的各项任职要求和职业资格证书，设置各个专业的课程体系。以有用、可用、管用的文化知识和专业知识为基础，重点培养学生的创新精神和实践能力，把创新创业教育课程纳入课程体系，构建出具有应用型人才培养特色的"平台＋模块"课程体系。

首先，在"平台＋模块"课程体系下实施课程开发，突出能力培养，强化实践教学，依据岗位和岗位群需求开发建设课程。其次，建设国家级、省级、校级三级精品课程建设体系，进一步修订完善精品课程体系建设标准和验收评估标准，建立精品课程建设的激励和约束机制，以此带动全校课程建设，鼓励各专业与行业企业合作开发和建设课程。再次，强化全校课程建设与管理，实行课程负责人制度，构建课程负责人具体负责、院（系）进行日常管理、学校进行宏观把握的三级课程管理体系。按照资源共享的技术标准，对已经建成的国家级、省级、校级精品课程进行升级改造，更新完善课程内容。最后，完善教材建设与选用制度，重视教材建设工作，坚持选用优质教材，加强教材选用过程质量监管，形成从教材建设立项（编写、出版）到认证、评比和选用等一整套规范体系。通过进行优秀教材的评选和奖励，不断完善教材评价与选用机制，积极鼓励教师自行编写能反映本专业特色的教材和通识教育课程教材。

3. 创新人才培养模式

民办高校要以社会需求为依据，以校企合作为基础，创建并完善"课证岗对接、学训赛相通、教学做一体"的应用型人才培养模式。参照经济社会发展需要，分析职业岗位任职要求，邀请行业企业参与课程设计，引入行业企业真实的工作任务和案例，密切联系本专业职业岗位证书标准，实现课程训练与大赛训练一体化，教学做一体化。

开展"卓工计划"推进人才培养模式改革。以实施"卓越工程师教育培养计划"为契机，在教学内容、课程设置、教学管理、实践教学等方面进行综合改革，重点加强行业企业深度参与学校的人才培养全过程。按照行业企业的用人标准，制定并完善学校的人才培养标准，以强化实践能力、创新能力为核心，重构课程体系和教学内容，加强实践教学，保证在企业的学习和实践教学环节不少于一年，结合生产实际在企业进行毕业设计，强化学生的工作能力和创新能力培养。

为培养基础扎实、素质能力强的应用型人才，民办高校在人才培养过程中要实现理论教学和实践教学的结合，分别制定理论教学大纲和实践教学大纲，吸收企业有经验的技术人员直接参与课程的设计制定，实现"学中干、干中学"的人才培养模式，使教学过程和工作过程有机融合，保证学生毕业时同时获取毕业证书和相应的职业资格证书。

4. 改革创新教学模式

民办高校要围绕应用型人才培养理念，以学生为中心，以工作过程为主线，加强工作任务的真实性和教学环境的仿真性，实现"教、学、做"融为一体。教学方法上，要突出学生的主体地位、教师的主导地位，通过启发式、讨论式、案例式教学和相应的实践训练，让学生构建自己的知识体系，使学生的个性和创造思维在教学全过程中得到激发和鼓励，促进学生的全面发展；要积极推进弹性学习制度建设，加大选修课程开设比例，让学生根据个人喜好选择性地学习感兴趣的知识；适度减少教师课堂讲授所占的学时数，让学生自由分配学习时间，给其更多的时间投入到实验、实习等实践活动中。为满足学生越来越多的个性化需求，学校可以视情况推行导师制，为有需求的学生配备个人导师，提供全方位的、多方面的服务。课程考核方式上，要积极探讨适合职业能力培养的考核方式，改变以试卷考核为主的单一考核方式，实现考核方式的多元化。

5. 构建实践教学体系

实践教学是高等院校培养人才不可缺少的环节，尤其对于民办高校而言，其生源特点决定了必须格外重视实践教学。落实好实践教学，一方面要重视实践教学师资队伍的建设，这是决定实践教学成效的关键。为在职教师提供尽可能多的培训机会，定期组织教师到工厂、车间接受实践训练，鼓励教师考取实践技能的操作证书，结合企业实际加强实践教学。另一方面，给学生提供进厂实习的机会，接触不同类型的工作岗位，进行实际操作。另外，学校要紧密联系行业企业，建设模拟实验室、生产性实训基地，利用现代网络信息技术开展模拟训练等，重点建设好国家级、省级实验教学示范中心和大学生校外实践教育基地。鼓励引进企业科研、生产基地，建立校企一体、产学研一体的实验实训中心。

（三）完善教师管理制度，提高教师教育教学水平

为提高人才培养能力，首先需要提高教师的教育教学水平，这样才能赢得学生爱戴和社会拥护，使高校有更强的优势在日趋激烈的市场竞争中吸引顾客、赢得顾客。提高教师教育教学水平需要不断强化教师教学工作制度，完善教师教学考核机制。

在强化教师教学工作制度方面，学校首先要抓好教学常规管理，优化教师备课、上课、作业布置与批改、课后辅导、考试等一系列教学基本环节，保证正常教学秩序。鼓励教师开展集体备课等活动，发挥集体智慧，提高备课质量；上课时要求教师采用灵活多样的教学方法，掌握富有吸引力和启发性的教学艺术；布置作业关键在于启发学生的思维、激发学生的创造性，而不是简单的复习课堂学习内容；根据学生的个性化需求，开展课后辅导；不将考试作为教育教学的目的，只作为阶段性考核与检查，为改进教学提供依据。

在完善教师教学考核机制方面，将教学效果、工作业绩、学生反映作为考核的标准。具体而言，对教师考核应从日常考核、学期检查、年终考核等几个方面进行。日常考核主要考查教师教学工作量、常规教学工作、工作纪律和工作主动性等方面；学期检查主要对本学期教师课堂教学质量进行考核，包含督导评教、同行评价、学生评教三个方面；而年终考核主要集中在对教师师德师风、教学质量、日常教学工作和教学研究与改革等工作进行综合考核评价。考核结果除作为职称晋升、工作调整、解聘续聘的重要参照外，还作为教职工绩效工资的计发依据。

（四）强化教学管理，保证正常教学秩序

正常的教学秩序是保障教育教学工作顺利开展的基础，是提升人才培养能力、确保实现学生顾客价值的前提。教学管理是对教学工作各方面实施的管理，涉及的内容十分广泛，民办高校可着重从教学管理队伍建设、院系建设、教师管理和学生管理等方面强化管理力度。

1. 加强教学管理队伍建设，端正服务意识

教学管理人员与教师共同承担着学校教书育人的使命，其主要职能是整合教育教学资源、发挥各项资源的最大效率。首先，民办高校要结合学校实际情况，建设一支高水平、高素质的教学管理队伍。其次，要明确并规范教学管理各岗位工作人员的工作职责，定岗定责，合理分工，根据工作业绩来制定考核方案并发放绩效工资。最后，为提高教学管理人员的专业水平，保证管理的科学性、合理性，要定期对教学管理人员开展培训活动，为其提供多种可以选择的培训机会。

2. 加强教学基层单位建设，提升管理活力

二级学院是民办高校的教学基础单位，是实施校院两级管理、开展具体教育教学活动的场所，对提升人才培养能力起着不可或缺的作用。加强二级学院管理，一要结合本校实际，根据学科专业的特点合理设置二级学院，在数量上不宜过多，规模上不宜过大。二要强调二级学院在整个学校教育教学工作中的地位，开展一切工作都要本着为提高人才培养质量、实现顾客价值服务的原则。三要下放一定的教学管理权利给二级学院，允许二级学院在学校总的发展目标、政策方针不变的前提下，结合学院实际情况，确定发展重点，将资源优化配置在最能产生顾客价值的专业上，并制定适于本学院的规章制度。学校仅从宏观层面把握好

二级学院的发展方向，而不涉及二级学院的具体事务管理，在用人、用物、用钱等方面给予其更多的自主性。

3. 加强学生管理制度建设，突出学生中心地位

民办高校的核心职能是人才培养，教学管理的最终目的也是为了学生。民办高校开展教学管理应以学生为中心，加强学生管理。一要摒弃刚性的、机械的学生管理制度，让学生发展自己的特长、兴趣、爱好，给学生充分的自主选择学习内容、学习方式、学习时间的权利。二要让学生参与到管理中，充分发挥学生自我管理的能力。通过学生会、学生社团等组织形式，提高管理效率。鼓励学生对学校教学管理提出意见和建议，并尽可能地提出一些较为可行的改进措施。

四、完善管理制度，健全民办高校可持续发展保障

要想获得可持续竞争优势，实现可持续发展，对于机制灵活的民办高校来说，构建一个有效的管理和监控架构，形成独具特色的现代大学制度已成为必须。现代大学制度要求学校在政府的宏观调控下实现科学、民主、高效的管理。民办高校要跻身高水平大学之列，就必须按照现代大学制度的要求，完善法人治理结构，加强学校内部管理，提升科学管理水平。

（一）完善董事会议事规则，提高董事会科学决策水平

在组织管理结构上，民办高校与公办高校的主要区别是领导体制不同。我国公办高校大多实行的是党委领导下的校长负责制，民办高校则大多实行董事会领导下的校长负责制、董事会领导下的校务委员会负责制或者独立的校长负责制。

1. 优化董事会成员结构

优化董事会成员结构具体可从两个方面展开：一是利益主体多元化，二是身份来源多样化。利益主体的多元化主要体现在董事会成员应当包含举办者、教职工代表、政府代表、教育事业热心人士或教育专家以及社会、家长或者学生代表等多方面利益代表，主要代表了投资方利益、师生员工利益、社会利益等。多元利益主体的董事会成员构成，便于在战略决策、发展规划制定等方面综合考虑多方利益，形成高效、规范、紧贴社会市场需求的董事会议事制度。身份来源多样化主要体现在不同学术背景、发展经历、知识技能和教育观点的人作为董事会成员，能够使得董事会成员结构更加合理有效，也促使董事会从不同角度审视学校发展，反映社会的多样化需求。

2. 完善董事会章程

目前，许多民办高校由于董事会制度不完善，往往存在董事会形同虚设的情形，在这种情况下，董事会运作也常常由一两个较有实力的成员把控。因此，完善民办高校董事会章程，规范运行程序，细化规章条款是依法治校的必然选择。

民办高校依据相关法律法规，应当明确规定董事会的职责、人员构成、选拔资格及任期，董事会主席的选举程序、工作职责和任期，董事会换届制度等方面内容，规范董事会依据章程展开工作。

（二）明确董事会领导下的校长负责制，处理好董事会与校长的关系

《民办教育促进法》规定的董事会领导下的校长负责制是对两者的有机结合，即明确董事会在学校领导中的核心地位，并充分发挥校长在办学过程和管理工作中的重要作用。如前所述，董事会领导下的校长负责制是一种委托—代理关系，他们之间存在发展目标不一致和信息不对称的问题。为了克服这一问题，委托人即董事会就必须建立和健全各项监督机制和激励约束机制。

1. 建立董事会与校长之间的关系契约

董事会领导下的校长负责制的核心是决策权与经营权分离，它对竞争优势的贡献就在于明晰的责权利关系。因此，民办高校应在董事会和校长之间建立关系契约，使二者分工明确、各司其职。董事会应该集中精力在办学资金的筹措与分配、学校外部网络关系的构建与协调等事务上。董事会应在信任校长的前提下，赋予其更大的学校管理实际权力，明确校长责任范围，特别是在教学、科研、人才培养等方面的独立责任。校长应根据学校发展实际，制定科学合理的发展规划，致力于努力提高人才培养质量、不断提升学校经营管理效率，促进学校实现可持续发展。

2. 建立校长激励机制和约束机制

在民办高校经营管理中，把校长利益与学校的可持续发展结合起来，有利于学校实现可持续发展。因此，民办高校应充分发挥体制机制优势，创造性地设计校长的薪酬制度，使校长不仅顾及当前利益，更会考虑学校的可持续发展。在具体薪酬设计上，可以应用"基本工资＋奖金"模式，其中，基本工资与业绩无关，而奖金则和业绩挂钩。业绩考核指标的设定，不仅要有学校在经营方面和办学质量方面的指标，如招生规模、办学成本控制、专业建设、实习实训基地建设、毕业生专业对口就业率等，而且更重要的是考核学校可持续发展方面的指标，如学校声誉等。另外，民办高校还应该充分发挥校长的经营自主权，确保校长的权利和地位，从而实现对校长的有效激励。在激励的同时还应该有所约束，如通过合同、章程等进行约束。这就需要学校在制定章程时对学校的各利益主体的行为进行界定，特别要明确校长的职权范围；在合同中也要将学校发展机密、技术专利、竞争力等的保护体现出来，从而有效约束校长损害学校长期效益的行为。

（三）充分发挥监事会作用，完善监督制约机制

监事会是对民办高校进行监督、维护利益相关者权益、预防办学危机的监督

机构。充分发挥监事会作用，主要从以下几方面着手。

1. 确定监事会负责对象

设立民办高校监事会首先要明确监事会的负责对象是谁。为了便于监事会开展监督工作，应该以省级教育主管部门为负责对象。这是因为，如果以民办高校董事会为负责对象，监事会则容易成为董事会以其来控制学校工作的机构，达不到"监督保权"的作用，也失去了监督的意义。省级教育主管部门一方面可以作为学校内部利益相关者的公平代表，另一方面在监督过程中具有一定的权威性，是具有权威的仲裁者，能够较好地平衡与维护各方利益，起到公平公正、客观有效的作用。

2. 明确监事会的职权

监事会应该在充分尊重民办高校办学自主权，并且不干预学校的人事管理、教育教学以及科学研究等方面决策的前提下行使监督职权。监事会的职权主要有：一是对民办高校招生就业工作的监督，重点监督是否存在虚假宣传、违规招生、损害学生权益等问题，以此保障学生、家长以及用人单位的权益，预防群体性事件发生；二是对民办高校财务管理工作的监督，重点监督财务运行是否存在违规行为，以此保障民办教育的公益性质，预防因财务风险引发的危机。

3. 明晰监事会的组成人员和职责

监事会的职责范围主要包括招生宣传监督、财务决策监督、学生权益监督等方面。在人员组成方面应遵循精简高效、政校结合的原则，在人数方面一般为3或5这样的奇数。监事会向省级教育主管部门负责，其成员也应由政府和学校两方面人员共同组成。其中，监事会负责人应该主要由省教育厅主管部门委派的督导专员担任，其他成员应该包括熟悉民办教育政策法规、掌握高等教育管理理论以及懂得财务会计运作等方面的专家组成，以便于对民办高校进行科学有效监督。

（四）完善教代会制度，为利益相关者参与学校治理开辟渠道

民办高校治理的重要力量除了举办者、董事会成员、校长等管理人员外，教师、学生、校友以及专家学者等利益相关者也能够为学校治理贡献智慧与力量。因此，民办高校应完善教职工代表大会制度、工会制度、学生会规章制度等，接纳相关利益者的意见，为其参与学校治理开辟有效渠道。民办高校应结合实际，不断完善教代会制度，突出教职工的主人翁地位，让其参与到学校内部事务管理的工作中来，以实现科学、民主的管理，提高决策的有效性。为发挥教代会的最大作用，学校董事会要对其进行正面的引导，尽量尊重和满足教代会的合理诉求和合法权益，以充分发挥其在学校发展中的主体作用，为学校发展贡献力量。

（五）建立科学高效的大学内部运行机制，确保学校管理向专业化迈进

建立科学高效的内部运行机制，如治学机制、管理机制、激励机制、科研机

制等，使得法人治理结构在此基础上发挥最大作用，提高学校的管理效率。

建立健全学校学术委员会、学位委员会、教授委员会等学术组织。积极发挥学术权力在学校管理工作中的作用，在坚持董事会领导下的校长负责制前提下，强化党委监督、行政负责、专家教授参与的管理体制，确保学校各项管理工作向着专业化方向迈进。

健全内部管理体制，逐步推行校、院（部）两级管理，扩大二级学院管理权限，使管理重心下移；完善顾问委员会、教学指导委员会、教学督导委员会，实现学术与行政、教学与督导既相互独立，又相辅相成。完善校企合作制度，成立校企合作委员会，深化产学研协同育人机制；强化校内教学质量保障体系建设，强化过程管理、过程考核，构建自我评估体系，形成具有特色的教学质量监控保障体系；稳步推进人事制度改革，形成公平竞争、择优录用、优胜劣汰的用人机制；推行聘任考核办法，实行岗位绩效工资，完善工资和岗位津贴制度；建立与岗位职责、工作业绩紧密联系、公平合理的分配制度；完善专业技术职务评审、聘用、考核办法，实行评聘分离。

第二节　基于跃迁动力的策略

一、构建学习型组织，增强民办高校核心竞争力

组织学习是民办高校不断整合资源，积累知识和技能，提高人才培养能力，增强竞争力的过程。民办高校进行组织学习，最有效的方式就是构建学习型组织。民办高校通过构建学习型组织，开展高效率的组织学习，在整合资源的基础上实现知识的积累与创新，在充分占有知识的基础上对其高效运用，从而增强核心竞争力。

（一）创新学习理念，增强学习意识

民办高校要建立学习型组织，必须创新学习理念，增强教职员工学习意识。学习不能仅仅停留在董事长和校长的口头上或相关文件中，更要转化为每一位教职员工内部发展动力，形成一种共识。

创新学习理念，要弄清学习的重要性、学习什么以及怎么学习，从而增强学习意识。创新学习理念，就是要把学习当作是一个不断体悟和感知的过程，需要个体不断体悟并深刻认识民办高校作为一个组织之所以存在的真正意义。要把学习看成是民办高校组织自身所具有的功能和意义，在学习中充分发挥民办高校整体作用。在组织学习中，民办高校组织教职员工经常学习讨论，使其充分理解学

习型组织的内涵及其对民办高校和每个成员的真正意义，使教职员工逐渐领悟并主动接受学习型组织，提高学习意识。对于民办高校教职员工而言，在组织学习中，不仅要重视个人学习，更要从民办高校这一整体出发进行共同学习；不仅要学习普适性知识，更要及时学习最前沿的知识和理念，体现对知识占有的速度优势；不仅要学习自身专业领域的知识，还要进行全面学习，实现全面发展；不仅要重视当下学习，更要将学习作为一种良好的习惯伴随终身，实现终身学习。

（二）营造学习氛围，促进学习交流

民办高校学习型组织的建设与其内部教职员工的合作交流以及组织的氛围息息相关。目前，民办高校学习氛围相对较差，缺乏良好的学习风气，存在知识闭塞、交流不畅等问题。要改变这种现状，民办高校需要营造一种开放、信任、合作的组织学习氛围，使教职员工确立合作促发展的思想，实现组织内部信息公开和知识共享，从而促进高效率的组织学习。

对于民办高校领导者和管理人员而言，要带头学习，在与他人沟通和交流中学会倾听与包容，为他人探寻事情真相、发表个人意见营造宽松、自由的环境与条件。同时，也要与他人进行深度会谈，实现信息全面传递，保证决策民主，做到不刻意追求员工之间的意见一致，不刻意左右他人思想。对教师而言，其学习在民办高校中最具代表性，教师群体营造良好的学习氛围更有利于带动和促进民办高校的组织学习。民办高校教师队伍呈现专兼结合的特点，一些外聘专家、学者和教学名师在民办高校教师队伍中起到积极的学科专业带头作用。民办高校应充分利用这些专家学者的有限时间组织高效的共同学习。教师应在共同学习的过程中制定共同的学习内容，学习专家优点，了解自身不足，实现与专家学者的交流与互动，达到良好的学习效果。此外，为方便教师之间学习交流，民办高校还可以创建学习交流共享平台，通过网络技术建立专门的教研活动交流平台，使年轻教师与专家学者之间的交流打破地域空间的限制，共享学习资料，及时探讨交流。

（三）建立激励机制，提高学习积极性

建立学习激励机制，能够给予每一位教职员工积极的鼓励，使其参与分享劳动成果，发挥个人力量，实现个体价值，推动民办高校整体发展。学习激励机制主要包括两种，基于报酬的显性激励机制和基于职业观念的隐性激励机制。

显性激励机制主要是对教职员工的经济激励，一般表现为固定薪资、绩效工资和晋升奖金三种形式。固定薪资的高低对于教职员工而言是一种固定的收入，一方面主要作为一种保险机制为民办高校教职员工提供工资保险，是保障其参与组织学习必不可少的基础激励；另一方面是根据个体的能力和为组织所做贡献不同形成一定的工资梯度，这样可以保证教职员工参与组织学习的积极性，从而实

现固定薪资对全体教职员工的激励作用。绩效工资对于教职员工是一种有效的经济激励方式，增加个体间绩效工资的差距有利于刺激全体教职员工不断地学习以提高自身实力。在绩效工资设定时应充分考虑个体的工作能力以及全体教职员工的总体绩效水平。晋升激励也是一种比较有效的激励方式，可以作为一种显性激励落实到与民办高校员工签订的具体合同中。

隐性激励机制在某种程度上讲是对显性激励机制的补充与完善。对处于培养时期、还没有为民办高校的发展做出贡献的教职员工或其能力未被民办高校所证实且在短期内无法观测到时，不适宜进行显性激励。再加上民办高校受资金等条件限制，需要隐性激励发挥作用，将激励措施转移到精神层面。具体如，对其进行职业规划与开发，使教职员工的个人职业观念与学校的长期发展挂钩。通过这种激励不仅能够为教职员工提供成长机会，阶梯性地实现个体的职业生涯目标和自我价值，而且能够调动教职员工学习积极性，使其参与到组织学习中，为学校发展积极努力。同时，民办高校应对不同类型、不同年龄的教职员工采取差异化的激励手段。例如，对于年轻教职工而言，其职业观念较强，对未来职业发展充满了期待，因此可以适度降低其当期报酬对当期绩效的依赖水平；而对于临近退休或已退休的专家学者或外聘教师而言，民办高校已经不能或较小空间地为其创造晋升或补偿机会，应该最大限度地为其创造舒适的工作环境，实现其自我价值，使其工作报酬更多依赖于当期绩效水平。

（四）建立学习系统，实现学习多元化

学习系统主要包括学习的层次、类型及方法和技巧等。构建学习型组织，建立多维立体式组织学习系统，必须在人才培养过程中贯彻学习思想，融合多种学习类型，掌握多种学习方法和学习技巧，正确认识各个学习层级之间的相互关系和作用，实现多元化学习。

建立多维立体式组织学习系统，需要在学习过程中贯穿多种类型的学习。关于学习类型有多种划分维度，其中按照学习对象的不同划分为符号学习、操作学习、交往学习、观察学习和反思学习。在民办高校组织学习过程中，要根据学习主体的不同需要和不同的学习内容而采用不同的学习类型。民办高校可以通过符号学习组织全体教职员工共同阅读他人作品，听取专家讲座，通过网络、电话等形式开展学习，从而使教职员工在学习过程中对与实际事物相对应的文字、图像、声音和符号等进行更好的学习。要经常组织"双师型"教师进行操作学习，锻炼其实际操作能力，提高教育教学水平。而要想拓宽民办高校教师眼界，促进领导者和管理人员有效管理，则需要进行交往学习。同时，民办高校年轻教师在成长中，还需要充分应用观察学习，在学习模仿资深教师的基础上找到自身优点和特色，提高自身业务水平。此外，民办高校每位教职员工都要通过反思学习对自身生活、工作进行总结与反思，在反思中总结自身优势，发现不足之处，扬长

补短，从而更好地工作、学习。

建立多维立体式组织学习系统，需要在学习过程中使用多种学习方法和技巧。其中比较常见的有深层学习法、表层学习法以及策略性学习法。在民办高校个体学习中应较多采用深层学习法，促进个体深入探索自身感兴趣的问题，总结经验形成一定的研究成果。在集体学习中应贯彻使用表层学习法从而保证民办高校教职员工在工作中尽量避免失误，促使教职员工除了对自身比较感兴趣的问题加以关注外，还要听取他人研究报告积极总结成功经验，认真学习有关规章制度、法律法规。同时，为更大限度地吸收外部知识，民办高校及其每一位教职员工在学习过程中都要贯彻运用策略性学习法，广泛吸收外部知识和经验，从而提高学习效率，达到理想目标。另外，由于民办高校内部教职员工水平参差不齐，学习兴趣和思维方式都不相同，为增加学习的趣味性，提高学习效率，在组织学习中还要积极探索教职员工比较易于接受的新开发的学习方法，如深度会谈、学习论坛、案例分析、知识竞赛、参观考察、集体备课、研讨座谈等，适应多层次成员需求。

总之，构建学习型组织，调动民办高校全体教职员工学习积极性，促进知识和技能在民办高校的内部流动，充分发挥知识在民办高校发展中的重要作用，体现学习的重要价值和意义，是民办高校的本质要求，也是提高其人才培养能力的基础所在。

二、提升举办者精神，推动民办高校高效运营

举办者精神的形成是一个动态过程，永无止境，必须适应学校发展需求不断提升与完善，才能够充分发挥举办者精神在民办高校可持续发展中的重要作用。举办者精神由无数个举办者形成的具有共性的精神品质凝聚而成。因此，提升举办者精神可以从提升举办者的思维意识、品德修养以及学识经验入手。

（一）在学习中不断积累知识

知识是举办者管理与创新的重要基础。学习是实现知识积累与创新的主要方式。只有坚持不断地学习，理论水平才能够得到提升，也才能够不断地开阔眼界、创新思维，更有效地发挥举办者精神在民办高校可持续发展中的作用。具体可以从举办者承担的多元角色出发，通过学习不断提升举办者精神。作为政治家，要不断学习当代中国马克思主义理论，把握马克思主义的世界观与方法论，不断提高政治理论素养，坚定政治信仰和政治信念，培养大局意识和战略眼光。作为教育家，要不断学习教育原理，把握教育发展规律，提高对教育事业的认识，形成科学的教育理念。作为企业家，要不断学习企业管理运营知识，掌握市场发展规律，秉持高效运营的管理理念。作为社会活动家，要不断学习民办高校

内外部利益相关者所具备的、值得借鉴与参考的各方面知识，学人之所长，补己之所短。举办者应在不断的学习中，广泛积累知识，增强理论素养，完善思维意识。

（二）在修炼中提升道德修养

举办者精神品质应在推动民办高校可持续发展过程中不断地修炼与提升。举办民办高校的路程是艰辛而又曲折的，发展民办高校的过程也充满着挑战与磨难。举办者必须把发展民办高等教育作为自己终生奋斗的事业，遵守教育规律与市场规律，以社会主义核心价值体系为指导，不断提升道德修养。当民办高校发展到一定阶段、资源基础得到一定积累的时候，举办者应当保持清醒头脑，戒骄戒躁，继续发扬敬业奉献精神，养成"勤俭持家"、乐于奉献的行事风格。当民办高校办学达到一定规模时，举办者应当认清竞争形势，审视民办高等教育发展局势，做到不沉醉于成绩、不满足于现状，坚持开拓创新，才能推动民办高校不断发展，在竞争激烈的环境中立于不败之地。当民办高校举办者拥有较大权利时，举办者应当加强自律，为政以德，依法治校，自觉接受教职员工以及上级部门的监督与指导，坚守职业道德信念，提升职业道德境界。

（三）在管理中营造成长环境

举办者精神的提升依赖于主观努力与客观环境的相互作用。要提升举办者精神，必须依靠团队的力量，营造利于举办者成长的环境。民办高校领导班子的综合素质就是举办者成长的重要小环境。民办高校领导班子的组建依赖于举办者个人的影响力。举办者应当利用好在董事会中的主导地位，充分吸收一些高素质领导人才到民办高校中来，构建一支有利于举办者自身成长，并能够促进民办高校可持续发展的思想道德水平高、学术造诣深、管理才华卓越、创新意识领先、拥有实干作风的领导团队。同时，举办者还应当积极营造民主宽松的领导班子工作氛围。民办高校举办者作为学校领导班子的领军人物，要有磊落不凡的胸襟、尊师重教的理念、谦虚谨慎的态度、民主协商的作风，形成干事创业、团结和谐、务实高效的领导集体，使领导班子成员能畅所欲言，自由表达真实意见，充分发挥自己的才能。① 举办者应当在这种领导团队营造的小环境的熏陶与感染下，凭借自身的努力全面地提升自我，将领导团队的精英品质内化为自身的优秀品质。

（四）在实践中检验精神理念

举办者精神的提升过程还应当是一个通过办学治校将精神理念转化为办学经验的实践过程。精神理念的形成与提升依赖于实践的积累，也离不开实践的检

---

① 盛振文. 民办高校校长政治家教育家素质特征及培养 [J]. 理论观察，2014 (4).

验。举办者精神的形成属于高层次的理性实践活动，需要在理论知识的指导下，在实践积累过程中实现不断地提升与完善。举办者精神是在实践中不断积累与磨炼，才逐渐由开始的感性认识升华为理性认识，成为值得学习与弘扬的精神理念。同时，举办者精神的形成与提升还依赖于实践的检验。没有经过实践检验的精神理念就不足以指导实践。衡量举办者精神实践效果的标准，就是看其能否有助于提升学校人才培养能力、推动学校可持续发展。而这一标准又具体体现在上级主管部门或其他相关部门对举办者办学情况的考核与评估中。在考核与评估中，举办者应当做好评价与衡量，总结优势与不足，以便于在实践中不断地改进与完善。通过检验，能够找到提升举办者精神的切入点，实现举办者精神的不断充实与完善，使其在民办高校可持续发展中的作用得以充分发挥。

三、加强文化建设，增强民办高校发展软实力

高校文化是民办高校创造力和凝聚力的重要来源。我国民办高校发展历史短，在发展历程中民办高校将更多的精力放到校区规模的扩张和硬件设施建设上。随着文化在社会发展中的辐射力、影响力、作用力越来越大，对民办高校而言，校园文化建设是一项紧迫而艰巨的任务。

（一）以创新为方向：明确民办高校文化建设的定位

竞争优势是一个相对的概念，在不同时期和不同环境之中，民办高校原有的竞争优势可能会衰退或丧失。民办高校要在激烈的竞争环境中立于不败之地，需在前一个竞争优势衰退之前，创造出新的竞争优势，即坚持创新。创新是大学精神的价值所在，民办高校在文化建设中要以创新为方向，营造创新性的文化氛围。

营造创新文化氛围，首先要转变思想观念，大力改变束缚自主创新的陋习和陈规；其次要树立宽容失败、敢冒风险的创新理念。创新存在风险，而有风险就会有失败，失败并不意味着没意义，失败帮助后来者有效地规避了风险，并为后来者积累了经验。宽容失败的文化氛围能够激发广大教职员工的创新潜能，乐于创新、敢于创新，积极投入到学校的创新工作中去；能够发挥比奖励成功更有效的激励作用。因此，宽容失败比激励成功更为重要，不能够宽容失败则难以实现创新。

（二）以环境育和谐：营造民办高校和谐的环境文化

环境文化是看得见、摸得着的物化了的文化形态。在环境文化建设过程中，首先，要因地制宜，将合理规划校园纳入学校的整体规划之中。如建设功能齐全的教学楼、设施便利的生活区、功能强大的文化场馆以及现代实用的运动场地

等。与此同时，还要进行人文景观的点缀，设立名人雕像，布置宣传栏，展现人文精神；做好环境的绿化、美化工作，实现教育功能与审美的统一。其次，要完善更新教学设施设备。民办高校以培养应用型人才为目标，更要密切关注行业市场动向，更新完善教学设施设备，使学生接触到最前沿的技术技能及操作方法。此外，还应加强校园网络建设以及图书资料储备等，为学生创造良好的学习条件。通过环境文化建设，为师生提供学习生活的便利，为教学科研提供先进的环境设施，为民办高校创造一个整体、统一的和谐环境。

（三）以行动促发展：培养民办高校先进的行为文化

行为文化是民办高校的"活文化"，在一定程度上能够体现出民办高校文化的层次和品位。对管理层而言，就是要通过培训、组织学习、交流引导等方式，将科学的管理理念、价值观念等渗透在管理者的头脑中，并在领导、决策、沟通、执行等管理行为过程中展现出来，形成高效、独特的管理风格。具体来讲，民办高校管理者在制定决策时，应全方位、系统地分析学校面临的环境及自身发展状况，制定科学合理的战略规划，推动学校发展；在执行决策时，应做到上行下达，提高信息传递的效率和准确率，确保工作分配与执行的高效率传达。通过管理行为的改善与实施，从而不断提升管理层行为文化的层次和品位。对教师层而言，就是要在教学过程中，融入教学新理念和创新教学方法，提高教学技能和水平，增强授课能力。在科学研究上，要实事求是，尊重学科发展规律，探索学科前沿问题。通过言传身教，耳濡目染，充分发挥教师对学生行为的引导作用。对学生而言，加强行为文化引导，一要加强学生的社团组织管理，积极鼓励、正确引导学生社团的健康发展；二要组织开展多元化的校园活动，通过文体活动丰富学生的课余生活；三要开展丰富多彩的社会实践活动，鼓励学生通过勤工俭学、社会调研、志愿服务等，增强学生的社会责任感。总之，民办高校通过对行为文化的引导，促进师生不断充实自己、完善自己，提升文化品位，创造良好的人际关系氛围。

（四）以规范建和谐：创新民办高校科学的制度文化

制度文化包括以制度、条例等为表现形式的显性制度和以价值观念为表现形式的隐性制度。创新民办高校制度文化一方面要对那些不符合当前高等教育改革发展实际、不符合民办高校发展规律、不能满足师生员工需要的文件、规章、制度、措施等及时地加以废除、修订、改进和完善；另一方面要加强新的制度文化建设，在新制度文化建设中要结合民办高校的历史传统和时代要求，坚持以人为本的原则，树立学生和教师为主导的管理理念，鼓励师生员工积极主动地参与到制度的运营与管理当中。此外，建设制度文化还要加强对制度运行的监督与保障，在确保制度文化建设权威性的同时，还要防范制度运行机制不明、监督保障措施不到位的情况。通过制度文化建设，保证学校运行的规范、有序、协调，处处彰显人文关怀，充分发挥师生员工的主观能动性，为学校的文化建设注入活力。

（五）以特色求发展：培育民办高校独特的精神文化

民办高校要获得可持续竞争优势，促进可持续发展，必须走品牌发展道路，深入挖掘学校特色，培养独特的民办高校精神文化。精神文化是民办高校文化的灵魂，培育民办高校独特的精神文化，要从多个方面入手。首先，要适应时代要求，贯彻具有时代精神的办学目标，践行为国家和社会发展服务的宗旨。要紧扣时代发展的脉搏，围绕应用型人才培养的目标进行校园精神文化建设，把"立德树人"确立为教育的根本任务，将社会主义核心价值观融入教育管理过程之中。其次，要培育良好校风、提出符合本校特色的校训。培育崇尚高深学问、酷爱学习的精神氛围，即良好校风，在此基础上，结合学校的办学思想、文化传统、道德要求等，提出符合学校发展的校训，在对传统文化的继承中发扬创新，提炼属于自己的独特的大学精神。再次，营造浓厚的学术氛围。民办高校一方面可以通过开展一系列科技或文化活动来营造浓厚的学术氛围；另一方面可以建立校史展览馆，使学生通过这一载体感受到学校多年形成的文化积淀。精神文化建设还要实现校企精神文化的对接。民办高校要加强与市场、企业的联系，汲取先进的企业文化，使学生能够在学习、实习过程中接受多元文化的熏陶，尤其在实际的教学过程中要强化学生的诚信意识和职业素养，培养学生对企业的认同感，便于学生毕业后更加顺畅地走向工作岗位、融入集体。同时，在课程建设上要注重隐性课程建设，以培养学生的创新意识、增强创新能力。通过对精神文化的凝练与优化，与时俱进，不断积淀，形成民办高校独具一格的文化特色。

四、提升动态能力，增强民办高校发展驱动力

民办高校要想实现可持续发展，必须培育和提升动态能力。以动态能力的构成要素为角度，可以从提高环境适应能力、资源整合能力和开拓创新能力三个方面采取相应的对策。

（一）加强环境识别，提高环境适应能力

民办高校提高环境适应能力的关键在于建立畅通的信息沟通渠道。畅通的信息沟通渠道有利于提高学校在动态复杂环境中收集与处理信息、积极应对环境变化的能力。一方面，可通过网络、电视、报纸、杂志等多种媒体、多种渠道获取政治、经济、社会、文化和教育等各类环境变化的信息，了解这些信息将会给学校及其所处的环境带来怎样的影响，以把握学校进一步发展的方向，制定科学正

确的策略；也可通过参加多种形式的会议或活动加强与其他高校、政府部门和企事业单位的交流与合作，从中获取有用的信息。另一方面，通过办公平台、网站等多种交流与沟通平台及时传播信息，保证学校内部信息传递渠道畅通无阻。最后，要加强对各种信息的分析处理能力，对拥有的信息予以合理分类，鉴别真伪，判定其是否有用，并高效吸收有用的信息。

民办高校提高环境适应能力的根本在于加强自身能力建设。民办高校只有不断地壮大自己，才能以强劲的实力应对环境变化。从民办高校的职能来说，需综合提升人才培养能力、社会服务能力和科学研究能力，其中以人才培养能力为建设重点，科学研究能力和社会服务能力的提高以人才培养能力为落脚点。民办高校可从加强学科专业建设、深化教育教学改革、加强师资队伍建设和强化教学管理等方面提升人才培养能力，以树立良好的社会声誉，最终体现为综合实力的提升。

民办高校提高环境适应能力的前提在于提高识别环境变化的意识。民办高校所处的环境呈现出动态性、复杂性等特征，竞争对手在增多，竞争范围在扩展，竞争强度在加大。这就要求民办高校领导必须时刻高度关注外界环境的变化，重视提高识别环境变化的意识和能力。这里所指的民办高校领导既包括高层领导者，也包括中层领导者，高层领导者要站在学校整体发展的角度审视外部环境变化，对其保持高度的警觉和敏感性，及时调整应变策略；中层领导者要及时将获取的环境变化信息上传给高层领导者，并尽可能地提供一些应对性的建议。

（二）发挥领导团队作用，提高资源整合能力

领导团队是民办高校发展战略的制定者与推行者，负责学校的整体组织与协调，对学校应对动态复杂环境，实现可持续发展起着至关重要的作用。目前我国民办高校领导团队成员主要有公办高校离退休的专家学者以及企业退休或离职的高层管理者等。民办高校应充分发挥领导团队的作用来提高资源整合能力，以有效整合资源，提升动态能力。一方面，民办高校要充分利用领导团队具有的较高的人力资本，如丰富的工作经验、较高的受教育程度等，优化配置办学过程中所需的各项资源。对于具有丰富工作经验的领导成员来说，要发挥他们能够敏锐察觉外部环境变化、全面搜寻各种信息及运用先前经验迅速制定与执行决策的能力；对于受教育程度高的领导团队，要发挥他们整体把握战略目标、处理信息全面细致的作用，可将各项资源合理配置到能产生最大效益的办学环节中。另一方面，民办高校要充分利用领导团队具有的相对较广泛的社会关系，以积极整合外部资源。社会机构中的初始位置相对高的人，在获取和动员拥有的社会关系资源上比初始位置低的人具有优势。[①] 比如，公办高校离退休的专家学者能为民办高

---

① 林南. 社会资本——关于社会机构与行动的理论 ［M］. 张磊，译. 上海：上海人民出版社，2005.

校整合优秀师资；企业退休或离职的高层管理者能够帮助整合、吸纳在生产、建设、管理与服务一线工作的专家或技术人员参与到民办高校教育教学中。

（三）构建柔性组织结构，提高开拓创新能力

我国民办高校的组织结构大多采用科层制管理模式，这种模式由于权力自上而下、涉及层次较多、沟通渠道较长、反应速度缓慢，在实际操作过程中很容易造成各部门之间信息传递受阻、上下级之间信息单向流动，呈现出一定的刚性，不利于提升开拓创新能力。开拓创新能力的提升有赖于灵活、柔性的组织结构。柔性组织结构能够提高民办高校对环境变化的敏感性以及决策制定与执行的有效性，并有助于民办高校开拓创新。因此，民办高校应借助体制机制灵活的优势，构建柔性组织结构，即能够随着生存环境和自身成长而发生动态变化，简洁有序、聚散灵敏、高度协同的组织结构。简洁有序，指减少从领导层到基层的中间隔层，减少组织层级，实现组织结构扁平化。简洁有序的组织结构能增强学校内外部信息流动的有序性，缩短信息的传播路径，提高学校对各项信息的反应速度，进而加快开拓创新的步伐。聚散灵敏，指根据工作需要，灵活、快捷地组建正式或非正式的工作团队，从而方便快捷地完成一些临时性、跨部门的工作。聚散灵敏的组织结构能解决组织结构相对稳定与管理任务多变之间的矛盾，利于多个部门、多个个体之间组建新的工作团队，形成新的工作模式和工作方法，有助于激发工作团队的创新能力，推动学校开拓创新。高度协同，指建立一套便于部门之间交流沟通、统一行动的工作机制。高度协同的组织结构能提高教职员工的参与感，积极参与到学校的创新活动中来。

第三节　基于跃迁路径的策略

一、坚持诚信办学之路

诚信办学是民办高校的"立校之本、创业之基、守业之魂"，是其生存与发展的基石。民办高校要想实现可持续发展，应做到招生讲诚信、教学讲诚信、就业讲诚信，需要从树立诚信办学指导思想、加强诚信教育、完善诚信制度三个方面践行诚信办学之路。

（一）树立诚信办学指导思想是走诚信办学之路的先导

办学指导思想是民办高校一切办学行为的先导，走诚信办学之路，首先要端正办学指导思想，摆脱功利性观念；摒弃经济利益至上的思想，将教育的公益性

渗透在整个办学过程中，从根本上杜绝诚信缺失现象的发生。

诚信办学的指导思想不只是一种思想引领，更应该具体落实到民办高校的办学行为中。例如，在招生方面，要公开透明，严格执行教育部的有关规定，招生简章和各种招生广告需标明学校名称、办学类型、办学条件、招生专业及标准、证书发放等事项，这些事项的内容必须准确、真实，与学校备案相符。在收费方面，要将经价格主管部门批准或备案的收费项目、收费标准、收费依据等向社会、家长和学生公示。在就业方面，民办高校要向学生提供真实可靠的就业信息，对学生就业工作负起应有的责任。

（二）加强诚信教育是走诚信办学之路的重心

民办高校的核心职能是人才培养，人才培养过程是否讲诚信直接决定了民办高校是否真正坚持走诚信办学之路。在人才培养过程中，应始终贯彻立德树人的理念，加强诚信教育。

1. 在教学活动中加强诚信教育

首先，在思想政治教育课程教学中，要把诚信教育内容积极融入进去，突出诚信教育在思想政治教育中的分量。思想政治教育的教师应深入研究思想政治教育与诚信教育的内在联系，结合思想政治教育课程深化诚信教育。其次，在学生的专业课程学习中应渗透诚信教育。在课堂上，教师应充分挖掘教材的思想性，利用教学各个环节培养学生诚信品质；在课堂外，教师也应诚实守信，讲求做人诚信、科研诚信，并把个人的诚信理念贯穿到教学的各个环节，实现教书育人的统一。另外，进行教学活动时需注意方式的灵活多变，加强课堂教学内容的丰富性和针对性，选择较为典型的事例展开探讨、分析，增强课堂诚信教育的效果。如结合学生心理特点、社会热点及其生活实际，引导其正确认识问题、分析问题，帮助其理解诚实守信的重要意义，从而形成正确的诚信观。

2. 在实践活动中深化诚信教育

诚信教育不仅体现在理论课的教学过程中，更应深化到大学生具体的实践活动中。学校可以组织学生开展丰富多彩、生动活泼、寓教于乐的诚信文化实践活动，努力营造"人人知诚信，处处讲诚信"的良好氛围，如以诚信为主题的辩论赛、演讲、征文活动，诚信宣誓活动，诚信承诺签名活动等。让大学生在这一系列的诚信实践活动中，了解到在社会中因诚信而成功和因失信而告败的案例和教训，懂得诚信既是经济社会发展的基础，又是个人成长的重要前提。学校通过围绕诚信教育举办的实践活动，有利于学生树立正确的诚信观念，养成诚信待人、诚信处事、诚信立身的良好习惯，塑造其诚信品格。

（三）完善诚信制度是走诚信办学之路的保障

民办高校诚信办学离不开制度建设，诚信制度的建设可以避免失信行为的发生。完善诚信制度，主要是将诚信的观念和思想融入各种制度的建设里，落实到各种制度的实施中。

首先，行政管理体制上的诚信建设。民办高校出现诚信缺失问题主要是因为行政管理不善，所以，强化行政管理体制的诚信构建迫在眉睫。一是通过创建一系列规章制度控制行政管理体制上的诚信缺失行为出现。二是保证有章必循，防患未然，杜绝诚信缺失行为萌芽的环境和源头。三是建立快速接受和处理失信行为的举报受理机制，切实维护校园信用秩序。

其次，诚信监督评价机制的建立。民办高校要构建和完善诚信监督评价机制。诚信监督评价机制涵盖了学校行政管理机构、教师、学生及其他工作人员相关的诚信监督制度等。比如，建立对教师的监督评价机制，学校可以给每位教职员工建立个人诚信档案，记录其在职期间的诚信状况，如有无学术不端行为、有无教学失信行为等，并与其工资福利挂钩，可以实现对教师诚信行为的监督。完善学生的诚信评价机制，改变原有单纯以课业成绩为主的学生评价，建立新的评价机制，既包括对学生学习方面诚信的评价，如平时作业、考试、毕业论文等有无作弊作假情况，还包括对学生生活和就业诚信的评价，如学费、住宿费有无故意拖欠不交以及对就业单位的履约情况等，有利于减少甚至杜绝学生失信行为的发生。所以，积极创建学校的诚信监督评价机制，有助于在制度上防止民办高校诚信缺失行为的出现。

民办高校走诚信办学之路，就应该守法经营，规范管理，坚持诚信办学的理念，完善诚信制度，努力做到对学生负责、对家长负责、对社会负责，为实现可持续发展奠定基础。

二、坚持持续创新之路

（一）营造良好的持续创新环境

任何活动都是在一定的社会环境下进行的，创新活动也不例外。民办高校走持续创新之路，首先要营造一种创新的环境，形成宽松、自由、有利于创新的氛围。

1. 解放思想、更新观念是营造持续创新环境的前提

社会的进步、经济的发展要求任何组织、任何个人都要改变原有思维模式和传统思想观念，解放思想，树立新思维、新观念。尤其是民办高校，在发展过程中，必须突破固守的观念，打破旧思想的束缚，充分发挥民办高校机制灵活的优势，既不因循守旧故步自封，也不在公办高校后面亦步亦趋。观念创新是民办高校持续创新的动力源泉。只有在观念上与时俱进，才可能有学校管理、经营等方面的创新。

（1）培育持续创新意识。民办高校整体的创新氛围源自内部群体创新意识的提高。民办高校要形成持续创新的环境氛围，就必须让教职员工都了解创新给学校和个人带来的变化，提高师生员工的创新意识，积极主动地参与到持续创新活动中。人的潜能是无限的，关键是要去发现、去挖掘。教职员工可以从自身出发主动培养创新意识，如克服思维惰性，为提高效率不断地改进工作方式，培养积极思索、善于发现的灵感意识等。灵感是创新的导火索，在创新活动中起到非常重要的作用。民办高校应该为师生员工提供知识更新、开阔视野的学习机会，加强教职员工的理论学习，为培养创新意识奠定基础。

（2）培养持续创新思维。首先，创新思维以知识为基础和前提，因此培养创新思维的第一步就是做好知识的积累。民办高校可以设立校园学习日，营造一种全员学习的良好氛围，为持续创新提供良好的学习环境。其次，创新思维需要系统思维，不同的思维碰撞将产生创新。民办高校开展思维碰撞有许多途径，比如开展研讨会、读书会、学术报告等活动，使参与者尽可能地发散思维，交流思想；可以组织师生员工举办辩论赛，鼓励不同思维的碰撞、不同想法的汇集，还可以围绕某一社会主流议题开展专家论坛，为师生员工接受新思想、了解最新前沿动态创造条件。

2. 鼓励冒险、宽容失败是营造持续创新环境的关键

在创新过程中，要营造鼓励冒险、宽容失败的创新环境，尊重师生员工的创新成果，鼓励师生员工释放个性、大胆创新。民办高校应鼓励师生员工去发掘新事物，尝试新方法，为他们提供更多、更有利的创新机会。鼓励冒险，同时允许失误，而且要引导其从失败与错误中学会学习与成长。要形成良好的容错风气，对师生员工在创新过程中出现的错误采取温和、宽容的态度，并指导他们从错误中吸取教训，特别是对那些在观念和外显行为方面可能偏离现行的文化规范但又具有高度创造力的行为，应予以理解与尊重。总之，民办高校要为持续创新营造鼓励冒险、宽容失败的创新环境。

（二）引进培养创新型人才

坚持持续创新，人才是关键。民办高校要根据发展的需要，不断引进和培养创新型人才，为实现持续创新打造人才优势。创新型人才的引进与培养涉及民办高校的多个部门，需要各部门的紧密配合，其中作用最大的三个部门是人事处、教务处和科研处。

人事处要做好人才引进工作，通过激励机制吸引创新型人才，尤其是具有创新思想掌握先进知识和技能的高层次人才，并在人才引进中体现公平竞争、择优录用的原则，加强人才的交流与培训。教务处在日常教育教学管理工作中，通过组织各种教学竞赛推选出在讲课、课件制作等方面具有创新能力的教师及其作品作为范例供大家学习。同时，也可以通过教学改革立项、精品课程建设等多种形

式对教师尤其是青年教师的创新能力进行培养。科研处可以邀请一些著名的专家、教授来校开展学术活动，为培养创新型人才创造条件。同时，还可以通过建立校级创新科研专项，制定倾斜政策，积极为教师的科研创新搭建服务平台。

（三）完善持续创新激励机制

合理、完善、灵活的制度安排是持续创新的必要条件和有力保障，完善创新制度，构建持续创新的激励机制，成为保障民办高校持续创新之路畅通无阻的关键条件。

1. 建立人才激励制度

合理的人才激励制度不仅有利于激发教职员工自主开展创新活动的积极性和主动性，而且能够吸引更多具有创新精神的人才来校工作，进而促使民办高校持续创新。通过加强人事考核制度改革，推行聘任考核办法，实行岗位绩效工资，完善工资和岗位津贴制度，建立综合工作业绩、岗位职责履行情况和同事测评三方面内容的考核激励机制，实现公平与效率的有机统一。实施绩效管理，加强绩效考核，激发内在创新活力。具体而言，一要改革现有的人才绩效考核及评价管理系统，在系统中着重强调教职员工的创新能力，激励教职员工敢于创新、乐于创新；二要改革教职员工职位晋升与选拔方法，使教职员工的职位晋升与创新成果挂钩，为促进教职员工的创新行为提供动力；三要完善激励措施，优化激励手段，重视对创新业绩突出、有重大成果人才的奖励。

2. 完善科研激励机制

科研激励机制是激发教师科研创新能力又好又快发展的重要保障。具体来说，需要完善以下几种机制：一是健全科研经费资助、管理与运行机制，如对科研成果分等发放津贴与补助，根据科研工作量的多少确定弹性的激励力度，激励教职员工开展自由探索与自主创新活动；二是完善人才发现与培育机制，对积极参与科研创新活动的青年教师要重点培养，为其崭露头角提供发展平台；三是完善绩效管理机制，健全符合科学研究特点和规律的绩效评估体系，重点扶持具有创新性的学术团队和科研创新项目，以优化科研投入模式。民办高校通过完善科研激励机制，提高教师科研创新的积极性，从而提高整体科研水平，更好地为人才培养服务。

通过解放思想、更新观念，营造鼓励创新、宽容失败的宽松环境，加强创新型师资队伍建设以及完善各种激励机制，民办高校可以实现全方位、持续不断地创新，构建可持续竞争优势，实现可持续发展。

三、坚持提升顾客价值之路

民办高校的顾客价值包括企业顾客价值和学生顾客价值两个方面。当前，民办高校普遍采用校企合作的办学模式，通过校企双方共同培养人才，从而满足企业对应用型人才需求和学生就业需求，最终实现民办高校顾客价值。

（一）把握"四个关键点"，提高民办高校企业顾客价值

1. 把握切入点

切入点是解决校企深度合作最先着手的地方。企业是校企合作的重要推动者，企业的合作意愿是校企合作顺利开展的前提，因此，民办高校应把握企业合作意愿，将提高企业参与积极性作为校企合作的切入点。学生作为民办高校的最终"产品"，是企业员工的重要来源，人才培养质量直接影响企业合作意愿。因此，民办高校要以企业岗位标准为导向，提高人才培养质量，满足企业的人才需求，增强企业合作意愿，充分调动企业合作积极性，推进校企深度合作。

2. 把握认同点

在找到校企合作切入点的基础上，民办高校应获得企业的认同，增强对企业的吸引力，推进校企深度合作，建立长期稳定的合作关系。企业对民办高校的认同主要体现在民办高校教育质量上。喻忠恩认为社会对当前我国校企合作的总体评价不高，民办高校人才培养目标错位、科研能力不强，使得民办高校缺乏对企业的吸引力，多数校企合作只能局限于学校向企业提供廉价劳动力的方式[①]。可见，校企合作难以深入的一个重要原因是民办高校不能得到企业的认同。因此，民办高校要不断提高办学质量，秉持诚信办学，培养合格人才，获得企业的认同。企业认同民办高校，进而与之建立长期稳定的合作关系。

3. 把握结合点

推进校企深度合作的关键在于找准学校与企业的结合点。企业是民办高校毕业生就业的主要渠道，是民办高校大学生就业市场的"顾客"，因此，民办高校要以企业的需求为导向制定人才培养方案，实现民办高校人才养规格与企业的岗位标准相结合，学生实习与就业相结合。学生在民办高校进行一段时间的专业知识和专业技能学习后，到企业进行实习，参与企业工作过程，既有利于毕业生顺利就业，又可以提升企业效益。民办高校的专业设置、课程建设和师资队伍建设，最终都要落脚到人才培养上。民办高校的一切努力都是为了提高人才培养质量，为企业提供优秀的人才，从而实现民办高校、企业的共赢。

4. 把握利益点

在市场经济环境下，企业公益式地参与校企合作是不现实的。因此，有必要找准校企合作中企业的利益点，提高企业参与积极性，建立校企长期合作机制。企业发展以追求经济利益为主要目的，企业参与校企合作能够获得以下利益：一是得到学校的智力和技术支持，提高其核心竞争力；二是通过与民办高校共同培

① 喻忠恩. 论校企合作中的政府角色 [J]. 职业技术教育, 2009 (22).

养，获取所需的应用型人才；三是通过民办高校为企业职工提供再教育与培训的机会，提高职工素质；四是通过校企深度合作，塑造良好社会形象，提高企业知名度与信誉度。找准利益点，就能激发企业参与校企合作的热情，形成校企合作长效机制。

（二）做好"五个结合"，提高民办高校学生顾客价值

民办高校应主动适应经济社会发展，推进校企深度合作，在人才培养中做到"五个结合"，最终实现三个"零距离"目标，即实现学生实践环境与实际工作环境零距离，实现企业用工标准与人才培养规格零距离，实现学生就业零距离，满足民办高校学生能力发展和就业需求，提高学生顾客价值。

1. 专业设置与岗位需求相结合

专业设置直接关系到民办高校的招生和就业。因此，民办高校应积极进行市场调研，结合行业发展、产业结构调整、产品与技术升级设置专业，避免盲目设置专业，这是民办高校提高顾客价值，实现可持续发展的关键。民办高校根据人才培养的目标和定位，构建与岗位需求密切结合的专业体系，突破传统的专业设置，建立科学灵活的专业设置机制。

2. 课程设置与行业标准相结合

民办高校的课程设置以能力培养为主线，通过课程设置与行业标准相结合，注重培养学生的应用能力，能够迅速适应企业对人才的需求。在课程体系建设上，一方面，民办高校应着眼于校企合作的人才培养要求，邀请合作企业相关岗位负责人参与课程体系的构建。通过企业参与民办高校的课程建设，使课程设置既彰显行业企业特色，同时又体现以人为本，实现能力与素质的统一、应用型与复合型的统一。另一方面，民办高校应根据行业标准调整更新教学内容，保证学生综合素质提高的同时，强化专业技能。

3. 教学过程与工作过程相结合

民办高校应以就业为导向，以岗位能力提高为核心，将教学过程与工作过程相结合。一方面，民办高校将课堂引入企业，在车间或工厂进行教学，师生参与工作过程，提高学生的实践动手能力。另一方面，民办高校教师采用"项目教学法"，把工作内容融入教学中，使学生通过积极参与整个工作过程，即"确定工作任务—制订工作计划—实施工作计划—进行质量的控制与检测—反馈评估工作状况"，了解工作的流程和工作的难点，提高其工作适应性。

4. 实习与就业相结合

校企合作旨在工学结合，协同育人，确保毕业生进入相应的工作岗位。因此，民办高校在人才培养过程中应注重学生实习与就业相结合。一方面，学生到企业实习，企业可以为学生提供一个真实的环境，使学生更快更好地适应工作岗位，实习成绩优异的毕业生可以直接到企业工作，有利于学生就业。另一方面，

民办高校毕业生自主选取工作项目进行"顶岗实习""毕业实习"和"毕业设计",将理论知识应用到实践中,从而发挥其专业专长,提高工作创新能力。

5. 校园文化与企业文化相结合

校园文化是以培养人才、追求学术为主要特征,企业文化是以生产经营、追求利润为主要特征。民办高校应重视两种文化的差异,积极将优秀的企业文化引入校园中,从而增强学生的社会适应能力,培养学生良好的职业素质,实现毕业生"零距离"就业。民办高校将企业文化引入到校园文化当中,具有以下两方面优势:第一,将企业文化引入民办高校,可以提高学生职业素养。实习期间受企业文化的陶冶是提高学生职业素养的重要途径。第二,实现校园文化与企业文化相结合,有助于毕业生快速适应企业环境,实现由学生到员工的角色转变。只有了解一个企业的文化,才能更好地融入这个企业中。

综上所述,民办高校要实现可持续发展,必须以可持续竞争优势构建为前提,即在系统整合环境、资源、能力、制度四要素的基础上形成竞争优势,凭借高校文化、组织学习、举办者精神、动态能力四要素合力形成的跃迁动力,再沿着诚信办学、持续创新、顾客价值的跃迁路径,动态生成可持续竞争优势,继而实现可持续发展。民办高校要实现可持续发展仅从某一个或某几个角度片面地思考问题是难以实现的,必须采取系统思维、协同管理的指导思想,因此,民办高校实现可持续发展是一个系统工程。本书从民办高校可持续竞争优势动态系统模型中的基础平台、跃迁动力、跃迁路径三大模块出发,基于模块中各要素,提出较为全面系统的可持续发展策略,以实现民办高校可持续发展。

第十章

总结与展望

第一节 研究总结

可持续发展问题是民办高校一直关注的热点问题，呈现出多学科、多视角、多维度的研究态势。本书将在企业管理理论中较为成熟的可持续竞争优势理论运用到民办高校中，以新的研究视角，运用动态系统思想，展开对民办高校可持续发展问题的研究。

民办高校实现可持续发展不仅要遵循教育规律，更要遵循市场规律。从民办高校的发展历程来看，有机遇也有挑战，有成功也有失败；从民办高校发展取得的成果来看，仍有发展壮大的空间；从民办高校存在的问题来看，要克服发展障碍，走出发展困境。由此，民办高校实现可持续发展更具现实必要性。作为市场经济的产物，民办高校具有"民办非企业"的单位属性，在经营模式与发展方式方面与企业相似，也契合了可持续竞争优势理论的指导基础。可持续竞争优势理论为本书提供了新的着眼点，进行跨学科、多视角的审视与探索，也更突显了本书的学术价值和实用价值。

本书构建了民办高校可持续竞争优势动态系统模型，该模型由三部分组成，分别是基础平台模块、跃迁动力模块、跃迁路径模块。基础平台模块包含了民办高校竞争优势产生的环境基础、资源基础、能力基础和制度基础。环境基础是民办高校创造竞争优势的条件，从发展变化的环境中获取资源与能力。资源基础是民办高校竞争优势产生的基础，尤其是特质性资源是支撑民办高校核心能力的基础。能力基础是民办高校竞争优势产生的表现，是利用环境与资源等结果的综合体现。制度基础是民办高校竞争优势产生的保障，规范各个模块的有效运行。四个要素有机结合，协调互补，共同形成一种合力，它们之间的协同作用决定了民办高校竞争优势的稳定程度，从而为民办高校获得竞争优势奠定基础。

跃迁动力模块包括组织学习、举办者精神、高校文化和动态能力。高校文化为民办高校竞争优势的跃迁营造氛围和习惯，提高民办高校发展的软实力。组织学习是民办高校竞争优势跃迁的方式与过程，增强民办高校发展的核心竞争力。举办者精神为民办高校竞争优势提供了支持和保障，推动民办高校高效运营。动态能力是民办高校竞争优势跃迁的根本推动力量，增强民办高校发展的驱动力。四个要素之间的耦合互动作用会形成强大的力量，为民办高校竞争优势的跃迁提供强劲动力，促进民办高校竞争优势的全面提升。

跃迁路径模块主要是帮助民办高校竞争优势的跃迁，选择合理路径，以保证跃迁行为不发生偏离，从而为竞争优势顺利跃迁为可持续竞争优势提供保障，包括诚信办学、持续创新和顾客价值。诚信办学是民办高校构建可持续竞争优势的基本路径，持续创新是民办高校构建可持续竞争优势的必由之路，而实现顾客价值则是民办高校构建可持续竞争优势的终极目标。民办高校竞争优势依托基础平台，凭借跃迁动力，沿着诚信办学—持续创新—顾客价值的跃迁路径，动态生成可持续竞争优势。

本书在民办高校可持续竞争优势动态系统模型的基础上作了进一步研究，构建了民办高校可持续竞争优势指标体系，据其展开定量分析与个案研究。指标体系划分为两个一级指标、8 个二级指标、20 个三级指标和 71 个四级指标。通过对指标权重值的确定得出民办高校可持续竞争优势指标体系的算法，以此作为评判民办高校竞争优势状况和跃迁动力的依据。为了检验民办高校可持续竞争优势指标体系的适用性，本书选取了山东省内 12 所、省外 6 所具有代表性的民办高校作为研究对象，分三组（山东省内本科组、山东省内专科组、省外本科组）进行可持续竞争优势定量分析。经过数据整理与统计分析得出，定量分析结果与社会评价的结果基本相符，从一定程度上验证了民办高校可持续竞争优势指标体系和定量分析算法的有效性和适用性。并分别对三组定量分析结果中排名前两位的 6 所民办高校展开了个案研究，通过梳理总结发展历程，着重分析其自办学以来在可持续竞争优势构建过程中的成绩与不足，从定性的角度对定量分析结果予以解释。

本书在上述研究成果的基础上，提出了可持续竞争优势理论视角下民办高校实现可持续发展的策略。以可持续竞争优势理论为视角，要实现可持续发展，前提在于培育民办高校的可持续竞争优势。基于民办高校可持续竞争优势动态系统模型的三大模块 11 个要素，提出全面系统的、立体化的民办高校可持续发展策略。策略包含了民办高校发展所涉及的方方面面，外有宏观指导内含微观分析，从而为实现民办高校可持续发展提供智力支持和实施方略。

本书研究民办高校可持续竞争优势、指标体系以及可持续发展策略，既借鉴了可持续竞争优势理论综合分析企业可持续竞争优势来源研究框架，又反映出民办高校依靠多元因素实现可持续发展的办学理念，即把一切资源整合起来，把一切力量团结起来，把一切智慧凝聚起来，把一切潜能挖掘出来，把一切活力激发出来。

第二节　研究展望

作者 20 多年的办学经历以及对民办高校发展的深度思考是开展民办高校可持续发展研究的基础和前提，本书中问题的提出、分析和解决也是在实际工作中以问题为导向逐步解决的。然而，受研究条件和个人能力所限，还是留下了很多问题值得进一步探讨和商榷。

其一，关于民办高校可持续竞争优势指标体系的验证，由于地域所限和资料获取的困难，本书中选取了山东省内外 18 所具有代表性的民办高校作为研究对象进行定量分析。样本选取有一定的地域局限，对于民办高校可持续竞争优势指标体系的科学性与适用性的验证，还有待于放到全国更广、更大的范围内进行验证分析。

其二，在民办高校可持续竞争优势动态系统模型中，跃迁动力模块中的高校文化、举办者精神和动态能力，其在内涵、外延上有一些交叉，很难截然区分，也很难有简洁、明晰的界定。如何在未来的研究中对各要素进行更科学、明确地划分，也待今后有进一步研究。

此外，在民办高校可持续竞争优势动态系统模型中，三大模块之间以及各模块包含的各要素之间的相互作用及运作机理，也是未来研究民办高校可持续发展问题需要深度挖掘的重点。

实现民办高校可持续发展涉及一个庞大复杂的系统，需要更多的理论和实践进行验证。本书对建立民办高校可持续竞争优势，继而实现民办高校的可持续发展问题进行了初步研究与探索。正如弗兰克在《白银资本》中所言"研究结果可能只是一种不完善的近似"，希望本书能够为未来民办高校可持续发展的多学科及交叉学科的研究起到抛砖引玉的作用，今后仍需继续努力、不断完善。

参 考 文 献

[1] 阿特巴赫. 比较高等教育：知识、大学与发展 [M]. 人民教育出版社教育室译. 北京：人民教育出版社，2001.

[2] 鲍威. 关于我国民办高等教育发展路径和发展机制的实证研究 [J]. 教育发展研究，2005 (12).

[3] 别敦荣，孟凡. 民办本科院校办学水平评估的导向及内容 [J]. 教育发展研究，2008 (12).

[4] 别敦荣，田恩舜. 论大学核心竞争力及其提升路径 [J]. 复旦大学教育论坛，2004 (1).

[5] 柴红敏，李秀芹，刘增进. 人才培养模式与培养方案改革的理论分析 [J]. 华北水利水电学院学报（社科版），2009 (3).

[6] 陈洁. 民办高校构筑核心竞争力的若干措施 [J]. 浙江树人大学学报，2004 (3).

[7] 陈磊，唐建平. 民办高校办学水平评价研究 [J]. 理工高教研究，2003 (4).

[8] 陈明秀. 树立职业教育可持续发展理念 [J]. 职业技术教育，2003 (6).

[9] 陈逸洁. 从《普及科学——美国 2061 计划》看走"可持续发展教育"之路 [J]. 上海师范大学学报（教育版），2000 (11).

[10] 成长春. 赢得未来——高校核心竞争力研究 [M]. 北京：人民出版社，2006 (6).

[11] 迟景明. 论核心竞争力与大学发展 [J]. 辽宁教育研究，2003 (5).

[12] 崔波. 论民办高校的核心竞争力战略 [J]. 民办教育研究，2004 (6).

[13] 戴维·贝赞可，戴维·德雷霍诺夫，马克·尚利. 公司战略经济学 [M]. 武亚军译，北京：北京大学出版社，1999.

[14] 德里克·伯克. 大学评价：高等教育商业化 [M]. 杨振富译. 台北：天下远见出版股份有限公司，2004.

[15] 邓宗琦，孔德文，于宗高. 民办高校可持续发展的路径选择 [J]. 中国高等教育，2008 (2).

[16] 董圣足. 民办院校良治之道——我国民办高校法人治理问题研究 [M]. 北京：教育科学出版社，2010.

[17] 杜作润. 高等教育的民办和私立 [M]. 上海：科学技术文献出版社，1998.

［18］方铭琳. 民办高校产权明晰的法律保护［J］. 高等教育研究，2005（8）.

［19］方勇. 民办高等教育经费应多渠道筹措［J］. 教育与职业，2007（9）.

［20］方勇. 我国民办高校可持续发展评价指标研究［J］. 大学·研究与评价，2008（7）.

［21］房剑森. 中国民办教育发展报告［M］. 北京：中国社会科学出版社，2003.

［22］冯淑娟，徐绪卿. 论建立和完善民办高校法人治理结构［J］. 黑龙江高教研究. 2008（08）.

［23］弗里曼. 战略管理：利益相关者方法［M］. 上海：上海译文出版社，2006.

［24］付立彬. 创新民办高校应用型人才培养模式研究［J］. 黄河科技大学学报. 2012（2）.

［25］付晓蓉. 顾客关系导向的企业持续竞争优势［J］. 经济导刊，2005（1）.

［26］高书国. 21 世纪初中国高等教育大众化水平预测与分析［J］. 教育发展研究，2002（4）.

［27］郭秋平. 自主学习力：大学的核心竞争力——以哈佛大学为例［J］. 郑州大学学报（哲学社会科学版），2006（6）.

［28］郭树清，樊纲. 中国经济的内外平衡：一种三管齐下的战略［J］. 国际经济评论，2006（7 - 8）.

［29］郭树清，影响中国经济未来发展的几个决定性因素［J］. 经济社会体制比较，2002（2）.

［30］郭树清. 建立以客户为中心的理念和机制是股份制改造的中心内容［J］. 中国金融，2006（9）.

［31］郭树清. 影响中国经济未来发展的几个决定性因素［J］. 经济社会体制比较，2002（2）.

［32］韩忠春. 民办高校师资队伍建设问题研究［J］. 中国高教研究，2004（7）.

［33］何芳兵. 诚信办学才能健康发展［N］. 长沙晚报，2011 - 11 - 11.

［34］何元秀. 基于顾客价值的企业可持续竞争优势研究［D］. 武汉：武汉理工大学，2007.

［35］亨利·罗索夫斯基. 美国校园文化——学生·教授·管理［M］. 谢宗仙等译. 济南：山东人民出版社，1996.

［36］胡炳俊. 诚信办学是生存和发展的根本［N］. 河南日报，2013.03.15.

［37］胡祖光. 高校教学管理的双重角色及转变［C］//1993 浙江省高等教育学会第七届年会论文选集——社会主义市场经济与高教改革. 杭州：杭州大学出版社，1994.

［38］华灵燕. 民办高等教育定位研究［J］. 民办教育研究，2009（3）.

[39] 黄藤，谢安邦，曲艺. 外国私立教育 [M]. 北京：中国社会科学出版社，2003.

[40] 霍春辉. 动态复杂环境下企业可持续竞争优势研究 [D]. 大连：辽宁大学，2006.

[41] 霍春辉. 动态竞争优势 [M]. 北京：经济管理出版社，2006.

[42] 贾少华. 民办高校的核心竞争力及提升 [J]. 西南民族大学学报（人文社科版），2004（10）.

[43] 江维方. 上海高教界著名人士建议建立高校办学水平评估制度 [J]. 黑龙江财专学报，1985（2）.

[44] 姜大鹏，和炳全. 顾客价值与持续竞争优势 [J]. 商业研究，2005（6）.

[45] 柯佑祥，薛子帅. 我国民办高校发展定位现状的调查分析 [J]. 高等教育研究，2012（10）.

[46] 柯佑祥. 民办高校盈利问题研究 [D]. 厦门：厦门大学，2001.

[47] 寇小玲. 基于动态能力的企业可持续竞争优势培育的理论与实证研究 [D]. 重庆：重庆工商大学，2009.

[48] 赖爱春，陈洁. 透视民办高校管理干部的内部提升与外部引进之争 [J]. 民办教育研究，2010（3）.

[49] 赖德胜，武向荣. 论大学的核心竞争力 [J]. 新华文摘，2002（11）.

[50] 李长吉. 教育价值研究二十年 [J]. 高等师范教育研究，2001（4）.

[51] 李纯真. 辽宁省民办高等教育可持续发展研究 [D]. 大连：辽宁师范大学，2011.

[52] 李福华. 利益相关者理论与大学管理体制创新 [J]. 教育研究，2007（7）.

[53] 李海涛. 国内外高校评价体系最新内容比较及其启示 [J]. 高等教育研究，2010（3）.

[54] 李红霞，陆华良，胡永远. 高校人才培养核心竞争力形成的有效途径 [J]. 高等财经教育研究，2015（6）.

[55] 李静. 基于和谐管理理论的工程项目 HSE 管理体系设计与绩效研究 [D]. 天津：天津大学，2007.

[56] 李芹. 学校组织文化内涵、结构与功能探讨 [J]. 广东工业大学学报（社会版），2008（2）.

[57] [英] 李斯特. 政治经济学的国民体系 [M]. 陈万煦译，北京：商务印书馆，1961.

[58] 理查德·鲁森. 高等教育公司：营利性大学的崛起 [M]. 于培文译，北京：北京大学出版社，2006.

[59] 联合国环境与发展大会文件. 21 世纪议程（国家环境保护局）[M]. 北京：中国环境科学出版社，1993.

[60] 梁新弘，王迎军．动态环境中企业持续竞争优势构建探讨 [J]．华东经济管理，2003（4）.

[61] 林南．社会资本——关于社会机构与行动的理论 [M]．张磊译，上海：上海人民出版社，2005.

[62] 刘东华．企业战略的动态能力研究 [D]．天津：天津大学，2010.

[63] 刘建伟，张正堂．过程导向的可持续竞争优势因果关系链分析 [J]．中国管理科学，2003（2）.

[64] 刘克利．高校文化育人系统的构建 [J]．高等教育研究，2007（12）.

[65] 刘龙刚．价值链视角下民办高校核心竞争力评价 [J]．统计与决策，2011（9）.

[66] 刘鹏，席酉民．和谐理论：系统视角与时间透镜下的组织过程模型 [J]．系统工程理论与实践，2012（11）.

[67] 刘鹏，席酉民．基于和谐管理理论的多变环境下可持续竞争优势构建机理研究 [J]．管理学报，2010（12）.

[68] 刘秋华．现代企业管理 [M]．北京：中国社会科学出版社，2002.

[69] 刘志国，张玉清等．高校知识资源及其创新管理研究 [J]．现代教育科学，2007（4）.

[70] 陆奇岸．动态环境下企业可持续竞争优势的战略选择 [J]．工业技术经济，2004（5）.

[71] 吕红军．民办高校可持续发展的路径选择 [J]．北京：中国商务出版社，2013.

[72] 马继征．基于顾客价值的民办高校核心竞争力体系的构建 [J]．中国成人教育，2015（13）.

[73] 马越彻．亚洲高等教育的扩大与私立高校 [J]．高益民译，比较教育研究，1999（5）.

[74] 迈克尔·艾普尔，市场、标准与不平等 [J]．刘丽玲译，教育研究，2004（7）.

[75] 迈克尔·波特．竞争优势 [M]．陈小悦译，北京：华夏出版社，1997.

[76] 潘懋元，邬大光．世纪之交中国高等教育办学模式的变化与走向 [J]．教育研究，2001（3）.

[77] 潘喜润．竞争优势的形成：民办高校发展战略的选择 [J]．高教研究，2007（9）.

[78] 戚牧．从顾客让渡价值谈高校竞争力 [J]．科教文汇，2006（8）.

[79] 乔伊·A. 帕尔默．21世纪的环境教育 [M]．田青，刘丰译，北京：中国轻工业出版社，2002.

[80] 秦国柱．论广东民办高校的崛起与可持续发展 [J]．韶关学院学报

（社会科学版），2001（7）.

　　[81] 邱熠. 对高职院校和谐管理的认识 [J]. 中国成人教育，2015（8）.

　　[82] 饶爱京. 民办高等教育政策及其对民办高等教育发展的影响 [J]. 黑龙江高教研究，2006（10）.

　　[83] 任芳，李子猷. 中国民办高校可持续发展问题研究 [M]. 北京：北京出版社，2011.

　　[84] 单锋. 传统文化视域下的企业和谐管理研究 [J]. 管理世界，2015（7）.

　　[85] 沈月华. 企业可持续竞争优势理论文献综述 [J]. 商场现代化，2009（8）.

　　[86] 盛振文. 民办高校校长政治家教育家素质特征及培养 [J]. 理论观察，2014（4）.

　　[87] 史秋衡，王平，宁顺兰. 论我国民办高等学校教育评估的策略 [J]. 中国高等教育，2003（6）.

　　[88] 司晓宏. 教育管理学论纲 [M]. 北京：高等教育出版社，2009.

　　[89] 孙芳，魏佳佳. "顾客让渡价值" 理论视角下民办高校异质竞争力的生成 [J]. 教育与职业，2014（23）.

　　[90] 孙开香. 提升高校核心竞争力的策略探讨 [J]. 煤炭技术，2012（3）.

　　[91] 谭力文，彭志军，罗韵轩. 现代企业战略调整的成本与效益——从核心能力跃迁和持续竞争优势动态演化的视角 [J]. 经济管理，2007（17）.

　　[92] 王继华，文胜利. 论高校核心竞争力 [J]. 中国高教研究，2001（4）.

　　[93] 王冀生. 绿色、人文、科技、和谐——大学校园文化的内涵和建设 [J]. 南昌航空工业学院学报（社会科学版），2006（1）.

　　[94] 王伟. 组织学习理论研究述评 [J]. 郑州大学学报（哲学社会科学版），2005（1）.

　　[95] 王晓瑜. 论民办高校文化力的能量流失与有效激发 [J]. 江苏高教，2010（1）.

　　[96] 王一涛. 论公益性民办高校产权制度的构建 [J]. 中国高教研究，2010（9）.

　　[97] 王义高. 《俄联邦国民高等教育要义》概述 [J]. 比较高等教育研究，2002（7）.

　　[98] 王志健. 论高校和谐管理理念的科学内涵及其构建 [J]. 高等农业教育，2009（7）.

　　[99] 韦恩·K. 霍伊，塞西尔·G. 米斯克尔. 教育管理学：理论·研究·实践 [M]. 范国睿，北京：教育科学出版社，2007.

　　[100] 温红彦. 教育也要可持续——教育部部长陈至立答记者问 [N]. 人民日报，2002-1-8.

　　[101] 温锐，刘世强，熊建平. 略论当前我国民办高校发展定位的转型

[J]．教育研究，2008（11）．

[102] 邬大光．中国民办高等教育发展状况分析（下）——兼论民办高等教育政策 [J]．教育发展研究，2001（7）．

[103] 吴菲菲．对高等教育资源优化配置问题的几点思考 [J]．内蒙古师范大学学报，2006（9）．

[104] 吴华．民办教育在中国的前景 [J]．民办教育研究，2008（1）．

[105] 席酉民，刘鹏等．和谐管理理论：起源、启示与前景 [M]．管理工程学报，2013（1）．

[106] 席酉民，王亚刚．和谐社会秩序形成机制的系统分析：和谐管理理论的启示和价值 [J]．系统工程理论与实践，2007（3）．

[107] 席酉民，肖宏文等．和谐管理理论的提出及其原理的新发展 [J]．管理学报，2005（1）．

[108] 向刚．企业持续创新：理论研究基础、定义、特性和基本类型 [J]．科学学研究，2005（1）．

[109] 谢永川．浅谈高校和谐管理 [J]．中国成人教育，2007（3）．

[110] 谢永利．民办本科高校可持续发展研究 [J]．黑龙江高教研究，2012（10）．

[111] 徐君．浅析高校可持续发展的内涵 [J]．辽宁工程技术大学学报，2004（1）．

[112] 徐绪卿，杨二辉．民办大学精神探论 [J]．民办教育研究，2008（5）．

[113] 徐绪卿．树大模式和民办高校的可持续发展 [J]．民办教育研究，2004（1）．

[114] 徐绪卿．我国民办高校内部管理体制改革和创新研究 [M]．北京：中国社会科学出版社，2012．

[115] 徐绪卿．新时期中国民办高等教育发展研究 [M]．杭州：浙江大学出版社，2005．

[116] 阎凤桥．对我国民办教育有关政策的经济学分析 [J]．浙江树人大学学报，2005（3）．

[117] 杨炜长．利益相关者视野中民办高等教育质量保障体系构建 [J]．黑龙江高教研究，2012（11）．

[118] 杨炜长．民办高校治理制度研究 [M]．北京：国防科技出版社，2006．

[119] 杨移贻．教育是实现经济社会可持续发展的关键 [J]．教育导刊，1998（2）．

[120] 杨运鑫．多中心大学秩序研究 [D]．上海：华东师范大学，2004．

[121] 姚裕萍．论高校和谐管理机制的构建和创新 [J]．浙江工业大学学报（社会科学版），2008（12）．

［122］叶才福．谈民办高校如何发挥竞争优势［J］.教育探索，2011（6）.

［123］尹晓敏．论民办高校公信力的流失与重塑［J］.现代教育科学，2009（1）.

［124］于海波，方俐洛，凌文辁．组织学习整合理论模型［J］.心理科学进展，2004（12）.

［125］于冉冉．高校核心竞争力的构成要素分析［J］.河北青年管理干部学院学报，2013（4）.

［126］余传杰．高校核心竞争力的构成要素及其作用机理［J］.当代教育科学，2015（1）.

［127］喻忠恩．论校企合作中的政府角色［J］.职业技术教育，2009（22）.

［128］张博树，王桂兰．重建中国私立大学：理念、现实与前景［M］.北京：教育科学出版社，2003.

［129］张丹，许项发．陕西高校文化建设思路探微［J］.唐都学刊，2004（1）.

［130］张丹．陕西民办高校文化与可持续发展研究［J］.中国民营科技与经济，2005（9）.

［131］张国华．以评促建全面提升民办高校办学水平［J］.中国高等教育，2002（10）.

［132］张剑波．民办高等教育可持续发展的战略思考［J］.现代大学教育，2004（3）.

［133］张坤民．切实行动走可持续发展之路［M］.北京：中国环境科学出版社，1994.

［134］张媛媛，张莹．从核心能力到动态能力［J］.管理观察，2008（15）.

［135］赵骅，李德玉，陈晓慧．企业持续竞争优势动态模型［J］.中国软科学，2004（1）.

［136］赵敏，何华宇．民办学校可持续发展的战略路径［J］.教育发展研究，2009（4）.

［137］中国校友会网．2010中国大学排行榜评价指标体系，http：//www. cuaa. net/cur/2010/zhibiao. shtml［EB/OL］. 2012 - 3 - 5/2016 - 05 - 21.

［138］《中华人民共和国民办教育促进法实施条例》.

［139］中华人民共和国中央人民政府，《国家中长期教育改革和发展规划纲要（2010～2020年)》.

［140］钟秉林．我国民办高等教育和发展重要问题探析［J］.中国高教研究，2011（7）.

［141］周国平，胡一波．民办高校核心竞争力初探［J］.黑龙江高教研究，2006（9）.

［142］周国平．社会资本与民办高校资源整合研究［M］.广州：广东高等

教育出版社, 2012.

[143] 周建波. 中西思维范式差别与中国管理情境问题——和谐管理理论与信息经济学理论研究范式的比较 [J]. 管理学报, 2011 (7).

[144] 周江林. 我国民办高校存在问题的统计分析: 实证的方法——兼谈教育研究者的问题意识 [J]. 黄河科技大学学报, 2010 (6).

[145] 朱达. 可持续发展教育 [J]. 环境教育, 1997 (2).

[146] 朱九思. 高等教育必须两条腿走路——为刘莉莉著《中国民办高等教育的发展》作序 [J]. 高等教育研究, 2002 (6).

[147] 朱平. 民办高校定位问题浅析 [J]. 当代教育论坛, 2006 (9).

[148] 朱依萍. 论民办高校的发展优势及其发挥 [D]. 天津: 天津师范大学, 2006.

[149] 朱永新, 王明洲. 论大学的核心竞争力 [J]. 教育发展研究, 2004.

[150] 朱永新. 日本教育的问题与前瞻 [J]. 外国教育研究, 1993 (1).

[151] 朱中华. 论新建本科院校可持续发展必须处理好的十大关系 [J]. 现代大学教育, 2005 (1).

[152] 邹长城, 社会公信力——中国民办高校的核心竞争力 [J]. 船山学刊, 2005 (2).

[153] 邹国庆. 企业持续竞争优势的经济学评析 [J]. 当代经济研究, 2003 (4).

[154] Barney, J. B. Fim Resources and Sustained Competitive Advantage [J]. Journal of Management, 1986 (1).

[155] Charles W. Hofer, Dan E. Schendel. Strategy Formulation: Analytical.

[156] C. K. Prahalad, Gary Hamel, The Core Competence of the Corportation [J], Harvard Business Review, 1990.

[157] Concepts [M]. West Pub. Co. (St. Paul), 1978.

[158] Frank Newman, Lara Coutre, Jamie Scurry, The Future of Higher Education: Rhetoric, Reality and the Risks of the Market [M]. San Francisco: Jossey – Bass, 2004.

[159] Gale. B. T, Managing Customer Value: Creating Quality and Service that Customer Can See [M]. New York: Free press, 1994.

[160] John Chubb, Terry Moe, Politics, Markets and American's Schools [M]. Washington DC: The Brookings Institution, 1990.

[161] John Wiley, Sons. The theory of the Growth of the Firm [J]. New York: By Edith Tilton Penrose, 1959.

[162] Porter. Creating tomorrow's advantage [M]. London: Nicholas Brealey Publishing Ltd, 1997.

[163] Rumelt R. Towards a Strategic Theory of the Firm [M] /LAMB R. Competitive Strategic Management. Englewood Cliffs, NJ: Prentice – Hall, 1984.

[164] Sheila Slaughter, Gary Roades, Academic Capitalism and the New Economy [M]. Baltimore: The Johns Hopkins University Press, 2004.

[165] Sheila Slaughter, Larry L. Leslie, Academic Capitalism: Politics, Policies and the Entrepreneurial University [M]. Baltimore: The Johns Hopkins University Press, 1997.

[166] Sturgeon. T, Encyclopedia Americana of Management [J]. Danbury CT: Grolier, 1996.

[167] Teece, D. J, Pisano, G. Shuen, The Dynamic Capabilities of Firm: An Introduction [J]. Industrial and Corporate Change, 1994, (3).

[168] Woodruff. R. B, Customer Value: the Next Source for Competitive Advantage [J]. Journal of Academy of Marketing Science, 1997.

[169] Zeithaml V. A, Consumer perception of price quality and value: a means-end model and synthesis of evidence [J]. Journal of Marketing, 1988.

后　记

　　本书是国家社会科学规划教育学一般课题《可持续竞争优势理论视角下民办高校可持续发展研究》（BIA140095）的最终成果。该课题经过课题组全体成员近四年的努力工作，于2019年1月完成了预定任务并通过了专家评审。全书由盛振文负责总体设计、组织和统撰定稿。参与本书撰写的主要人员有：安波、王素琴、钱秋玲、刘娟娟、孟珍珍等。本书离不开教育界知名专家学者在选题、论证、调研以及撰写中给予的帮助与指导，尤其关于民办高校可持续竞争优势动态系统模型的构建，参考了多位专家学者的意见。感谢天津大学周志刚教授，济南大学范跃进教授，曲阜师范大学戚万学教授，山东大学徐向艺教授，山东师范大学张庆刚教授、马先义教授、陈德展教授，山东商业职业技术学院匡奕珍教授，济南职业学院申培轩教授等。良师益友，情深意长。

　　作者20多年的办学经历以及对民办高校发展的深度思考是开展民办高校可持续发展研究的基础和前提，本书中问题的提出、分析和解决也是在实际工作中以问题为导向逐步解决的。然而，受研究条件和个人能力所限，还是留下了很多问题值得进一步探讨和商榷。在民办高校可持续竞争优势动态系统模型中，跃迁动力模块中的高校文化、举办者精神和动态能力，其在内涵、外延上有一些交叉，很难截然区分，也很难有简洁、明晰的界定。如何在未来的研究中对各要素进行更科学、明确地划分，也待今后有进一步研究。

　　此外，在民办高校可持续竞争优势动态系统模型中，三大模块之间以及各模块包含的各要素之间的相互作用及运作机理，也是未来研究民办高校可持续发展问题需要深度挖掘的重点。实现民办高校可持续发展涉及一个庞大复杂的系统，需要更多的理论和实践进行验证。本书对建立民办高校可持续竞争优势，继而实现民办高校的可持续发展问题进行了初步研究与探索。正如弗兰克在《白银资本》中所言"研究结果可能只是一种不完善的近似"，希望本书能够为未来民办高校可持续发展的多学科及交叉学科的研究起到抛砖引玉的作用，今后仍需继续努力、不断完善。

　　本书的写作过程是艰辛孕育的过程，然初生之物，其形必丑，其神也旺。通过学习与历练，作者深刻体会到学术研究实属不易，必须有足够的耐心与意志力方能成行。如果说"门径"初步摸到，但要"登堂入室"，仍需不懈努力。作者潜心研究的岁月，也是引领学校飞跃发展的一段时光，希望在余生能够继续为民办教育的发展献出自己的绵薄之力，聊以慰藉！

盛振文

2019 年 3 月